普通高等教育经管类专业“十三五”规划教材

管理学原理

王 硕 胡 宁 主编

韦丽丽 姚 伟 副主编

清華大學出版社

北 京

内容简介

本书将管理学基本理论与管理实践相结合，遵循经典管理学理论架构的同时突出“问题导向”。全书共分十三章，主要内容包括管理概述、管理理论的形成与发展、中国管理理论与实践、管理环境概述、决策、计划、组织设计与变革、人力资源管理、领导、激励、沟通、控制和管理创新。本书强调创新思维和学科发展的前瞻性，设有“管理实战”模块，将主题以游戏和实例的方式再现，目的在于激发读者对管理学的学习兴趣，并培养一定的学术研究能力和实际问题解决能力。

本书结构清晰，语言简练，内容丰富，可作为高等院校经济管理类相关专业本科生和MBA学生的教材，也可作为企业及事业单位管理人员和研究人员的参考书。

图书在版编目(CIP)数据

管理学原理 / 王硕，胡宁 主编. —北京：清华大学出版社，2018(2024.7 重印)
(普通高等教育经管类专业“十三五”规划教材)
ISBN 978-7-302-51213-4

Ⅰ. ①管… Ⅱ. ①王… ②胡… Ⅲ. ①管理学－高等学校－教材 Ⅳ. ①C93

中国版本图书馆 CIP 数据核字(2018)第 211484 号

责任编辑：王　定
封面设计：周晓亮
版式设计：思创景点
责任校对：牛艳敏
责任印制：宋　林

出版发行：清华大学出版社
网　　址：https://www.tup.com.cn，https://www.wqxuetang.com
地　　址：北京清华大学学研大厦 A 座　　**邮　　编**：100084
社 总 机：010-83470000　　**邮　　购**：010-62786544
投稿与读者服务：010-62776969，c-service@tup.tsinghua.edu.cn
质 量 反 馈：010-62772015，zhiliang@tup.tsinghua.edu.cn
印 装 者：三河市春园印刷有限公司
经　　销：全国新华书店
开　　本：185mm×260mm　　**印　　张**：23　　**字　　数**：503 千字
版　　次：2018 年 10 月第 1 版　　**印　　次**：2024 年 7 月第 3 次印刷
定　　价：79.80 元

产品编号：064638-02

前　言

随着现代通信、新能源技术的飞速发展，人类迎来“第三次工业革命”(里夫金，2012)。知识经济被注入新的活力，以绿色经济、网络经济、共享经济等方式重构市场竞争环境。企业作为社会经济的主要载体，所受影响最为直接和剧烈。在消费端，需求日益呈现异质性、多变性、互动性；在生产端，则催生出新的产品/服务供给模式和企业组织变革。因此，现代企业管理工作必须结合新的社会发展形势，进行全方位的思考和创新。

本书重在将管理学基本原理和理论与管理实践相结合，遵循经典管理学理论架构的同时突出“问题导向”。在理论论述基础上，通过引例、案例分析、管理实战及复习思考题等多个模块加以丰富。全书共分十三章，首先明确管理学基本概念和学科特点，阐述西方古典管理理论、中国古代管理思想和现代管理理论的新发展，继而从决策与计划、组织、领导、控制、创新五大职能论述管理学经典理论和前沿成果。本书强调创新思维和学科发展的前瞻性，目的在于激发读者对管理学的学习兴趣，并培养一定的学术研究能力和实际问题解决能力。

本书可作为高等学校经济管理类相关专业本科生和MBA学生的教材，也可为企业及事业单位管理人员和研究人员学习的参考书。

全书由王硕、胡宁负责整体统筹设计和大纲编写，并进行统稿。书中内容由王硕、韦丽丽编写，姚伟提供相关资料和协调出版服务。本书在编写中参考和引用了许多国内外专家的相关资料，在此向有关作者表示衷心感谢。

由于编者水平有限，书中存在的不足之处，欢迎广大读者批评指正。

本书课件下载：

编　者

2018年5月

目　录

第一章

管理概述

管理活动作为人类最重要的一项活动，广泛地存在于现实的社会生活之中，凡是由两人以上组成的、有一定活动目的的集体就都离不开管理，管理是一切有组织的活动中必不可少的组成部分。因此，在社会生活中，特别是在组织活动中，有必要了解什么是管理，为什么要进行管理活动，怎样才能有效地进行管理活动。本章将介绍管理的基本概念及其二重性，管理的职能及过程，管理者的能力结构及其角色和技能，管理学的学科体系及其研究方法。

【学习目的与要求】

- 掌握管理的概念和职能
- 了解管理的二重性和重要性
- 熟悉管理者的类型
- 掌握管理者的角色和技能
- 熟悉管理学的研究对象、方法和特点
- 了解管理的发展趋势

【引例】

华为十大管理要点：最大的浪费是经验的浪费

1993 年 IBM CEO 郭士纳(Lou Gerstner)提出管理的四项主张：①保持技术领先；②以客户的价值观为导向，按对象组建营销部门，针对不同行业提供全套解决方案；③强化服务，追求客户满意度；④集中精力在网络类电子商务产品上发挥 IBM 的规模优势。

那时的华为，虽然官僚化还不重，但是苗头却不少，由于管理水平不够，面临“企业缩小规模就会失去竞争力，扩大规模却不能有效管理，又面临死亡”的窘境。华为每年投入的研发经费已达到几亿的规模，但由于经验不足，造成了一些内部的混乱。因此，华为 CEO 任正非意识到，华为必须学习管理，学习怎样由一个小公司向规模化转变，怎样通过管理走出混沌。

IBM 这四项主张引起了任正非的关注，他认为，IBM 的管理制度是付出数十亿美元代价总结出来的，其经历的痛苦是人类的宝贵财富。因此，他亲自于 1997 年圣诞节前，访问了 IBM 和贝尔实验室。通过此次访问，华为对 IBM 管理制度的规范、灵活、响应速度有了整体的认识。

由此，华为开始由运动式管理向系统性管理转变。1999 年，华为初步形成平衡发展的管理思想体系，并开始在公司内部发布十大管理要点，作为华为管理的纲领性文件：

一、继续加强研发、营销、管理体系的系统性的、建设性的均衡发展。

二、要坚持以流程优化为主导的管理体系的建设。

三、坚持从有实践经验、有责任心、有技能且本职工作做得十分优秀的员工中选拔、培养骨干。

四、公司将继续完善委员会民主决策的建设。

五、加强干部的民主作风建设，公司及各部门都要听得进来自内部与外部的批评，包括提意见方法不对的批评。闻过则喜，加快改进。

六、持之以恒地推行任职资格系统的建立、优化和完善。

七、坚决反对盗窃公司技术机密、商业机密与财物的恶劣行为；坚决反对员工的腐化，以及对周边、他人的不尊重和盲目骄傲的不良习气；反对在客户面前攻击竞争对手，宣传自己也要实事求是；反对不思进取的幼稚，一定要杜绝少年得志的不良习气的蔓延。

八、一切员工在公司长期工作的基础是诚实劳动和胜任本职工作。

九、要总结和复制成功的管理经验。

十、坚持以业务为主导，会计作监督的宏观管理方法与体系建设。

华为第一次提出了研发、营销、管理均衡发展的思路，开始建立顾问、部门主管、行政助理相结合的日常管理模式，把流程优化作为管理的主要切入点，并要求形成流程各环节的操作指导书。

在管理要点里，华为对人才的识别做出了非常清晰的定义：个人学历、职称和荣誉仅仅是一个标记，华为更看重个人学习能力的成长和实际才干的增长；没有自我批判能力的员工，不得再提拔；不能让员工浅薄的骄傲，成为华为的坟墓……

这十大管理要点，非常朴素，对中小企业具有非常强的借鉴和参考意义。正如任正非在学习 IBM 时说："好好学习，学明白了你就伟大了，靠自己去创新，自己去悟，是悟不出大道理的。"

（资料来源：搜狐科技. 华为十大管理要点：最大的浪费是经验的浪费[EB/OL]. https://www.sohu.com/a/113006733_386694，2016-08-31.）

第一节　管理的基本概念

管理是现代人类生产活动的重要组成部分，管理活动伴随着人类社会历史的发展而发展。它广泛存在于社会各个领域，大至国家、社会，小至家庭、学校、企业。从古至今，人类对于管理概念的认识也不尽相同，既有文献基于不同的实践经验和学术背景提出管理概念，通过这些论述可以让我们更全面地理解管理的含义。

一、管理的含义

管理活动自古即有，但什么是“管理”，从不同的角度出发，可以有不同的理解。从字面上看，管理有“管辖”“处理”“管人”“理事”等意，即对一定范围的人员及事务进行安排和处理。但是这种字面的解释是不可能严格地表达出管理本身所具有的完整含义的。关于管理的定义，至今仍未得到公认和统一。长期以来，许多中外学者从不同的研究角度出发，对管理做出了不同的解释，有代表性的主要有以下几种。

(1) 从工作任务的角度出发。如“科学管理之父”泰罗所说，管理就是要“确切知道要别人干什么，并注意他们用最好最经济的方法去干”。“管理的主要目的应该是使雇主实现最大限度的富裕，也联系着使每个雇员实现最大限度的富裕。”他强调的是寻求最经济的方法完成工作任务。

(2) 从职能和过程的角度出发。法国管理学家法约尔认为：“管理，就是实行计划、组织、指挥、协调和控制。”“是一种分配于领导人与整个组织成员之间的职能。”美国管理学家约瑟夫·梅西等基本上同意这一观点，把管理视为“一个合作的群体将各种行动引向共同目标的过程”。

(3) 从管理所产生的组织效果的角度出发。前苏联管理学家波波夫认为：管理同土地、劳力和资本一样，都是一种生产因素或资源。一个公司的管理，将在很大程度上决定其生产率和盈利能力。因此，管理是“生产的第四要素”。

(4) 从绩效和责任的角度出发。美国管理学家德鲁克指出，管理与所有权、地位或权力完全无关。管理是专业性工作，与其他技术性工作一样有自己专有的技能、方法、工具和技术。相应地，管理人员是一个专业的管理阶层，管理的本质和基础是执行任务的责任。同时，德鲁克认为“管理不只是一门学问，还应是一种‘文化’，它有自己的价值观、信仰和语言”。德鲁克指出，管理“根植于一种文化、一种价值传统、习惯和信念之中，根植于政府制度和政治制度之中”。

(5) 从决策在管理中所占重要地位的角度出发，把管理与决策等同起来。如诺贝尔经济学奖获得者西蒙教授就提出：“管理过程是决策的过程。”

(6) 从系统管理的角度出发，把管理当作根据系统的客观规律对系统施加影响的过程。许多系统论者认为任何社会组织都是由若干个单元或子系统构成的复杂系统，管理的职能就是找出系统固有的客观规律并施加影响于这个系统，从而使这个系统呈现一种新的状态。

以上对管理定义的表述有所不同，但其中也有不少共同的认识，如在定义中都不同程度地突出了组织、目标、人的活动，以及协调和管理工作所应包括的基本职能。综合以上定义，本书认为，管理是组织为了有效实现特定目标，通过各项职能活动，合理分配、协调相关资源的过程。进一步分析，管理活动还具有以下内涵。

(1) 管理工作是为了实现组织未来目标的活动。众所周知，在管理工作中有这样的一句名言：谁能更好地把握未来，谁就能更好地把握现在。但未来最大的问题就是充满悬念，充满风险。因此，管理既然是为了实现组织未来的目标，那就意味着管理工作本身就是一项充满挑战、充满创新的工作。

(2) 管理工作的本质是协调。法约尔指出："协调就是企业的一切工作都要和谐地配合，以便于企业经营的顺利进行，并且有利于企业取得成功。"由此可见，协调就是企业(组织)供、产、销活动合理地配置，就是企业(组织)人、财、物科学地衔接，就是企业(组织)各职能部门的相互协同，就是要在这样的配置、衔接和协同中高效率地完成企业(组织)的共同目标。

(3) 管理工作存在于组织之中。在现代社会浪潮的冲击下，人们为了自我的生存、自我的发展，都会依附于一个组织，借以实现自我的目标。但这并不意味着个人的目标与组织的目标会自动、完全地一致，相反，在组织中会出现个人目标与组织目标不相同、不一致，甚至冲突的情况。因此，通过管理进行协调，实现组织内部的个人、群体、组织目标的一致，是社会中每个组织重要的工作。

(4) 管理工作的重点是对人进行管理。虽然人、财、物、产、供、销各个要素、活动都需要管理，但人作为最为活跃的生产要素，却是管理工作的重点和难点。马克思对管理工作有著名论述：一切规模较大的直接社会劳动或共同劳动，都或多或少地需要指挥，以协调个人的活动，并执行生产总体的运动——不同于这一总体的独立器官的运动——所产生的各种一般职能。提琴独奏演员可以独展所长，一个乐队要有乐队的指挥，"以协调个人的活动"就充分表达了这样的思想。法约尔也指出："管理职能只是作为社会组织的手段和工具。其他职能涉及原料和机器，而管理职能只是对人起作用。"

(5) 管理追求效率和效果。作为一名管理工作者，要高度地注意，管理工作是追求效率和效果的统一。人们在现实的工作和生活中，往往会同效率(efficiency)和效果(effectiveness)打交道。效率是指投入与产出间的关系，它常常可用下列公式表示：效率＝产出/投入，而效果是管理人员实现组织目标的程度。由此可见，效率涉及的是活动的方式，而效果涉及的是活动的结果，它们构成管理工作中两个层面的内容。这意味着，管理工作者应注意到，在管理工作中效率(反映活动的投入产出比)和效果(反映活动目标的实现)并不是一回事，管理工作者应尽可能地通过对组织的有效管理，实现管理活动的高效率和好效果，要防止高效率、差效果和好效果、低效率现象的出现，如图 1-1 所示。

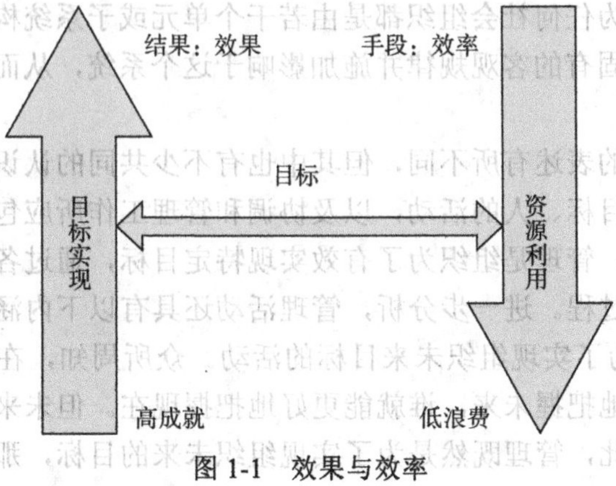

图 1-1　效果与效率

二、管理的二重性

管理的二重性是指管理的自然属性和社会属性，是马克思主义关于管理问题的基本观点。它反映出管理的必要性和目的性。所谓必要性，就是说管理是生产过程固有的属性，是有效的组织劳动所必需的；所谓目的性，就是说管理直接或间接地同生产资料所有制有关，反映生产资料占有者组织劳动的基本目的。

管理的自然属性是指管理是由许多人进行协作劳动而产生的，是有效组织共同劳动所必需的，具有同生产力和社会化大生产相联系的自然属性；它与具体的生产方式和特定的社会制度无关。管理要处理人与自然的关系，要合理地组织社会生产力，故也称作管理的生产力属性。

管理的社会属性是指管理体现着生产资料所有者指挥劳动、监督劳动的意志，因此，它又有同生产关系和社会制度相联系的社会属性。管理是为统治阶级服务的，受一定生产关系、政治制度和意识形态的影响和制约。也就是说，任何管理活动都是在特定的社会生产关系条件下进行的，都必然地要体现一定社会生产关系的特定要求，为特定的社会生产关系服务，从而实现其调节和维护社会生产关系的职能。所以，管理的社会属性也叫作管理的生产关系属性。管理的社会属性既是生产关系的体现，又反映和维护一定的社会生产关系，其性质取决于不同的社会经济关系和社会制度的性质。在不同的社会制度条件下，谁来监督、监督的目的和方式都会不同，因而也必然使管理活动具有不同的性质。

三、管理的重要性

管理作为一种行为、思想，可以说是与人类群体共存的，它有着与人类文明一样悠久的历史。管理是一种普遍的社会活动。在现实社会中，人们都是生活在各种不同组织之中的，如工厂、学校、医院、军队、公司等，人们依赖组织，组织是人类存在和活动的基本形式。没有组织，仅凭个体的力量，是无法征服自然，也不可能有所成就的；没有组织，也就没有人类社会今天的发展与繁荣。组织是人类征服自然的力量源泉，是人类获得一切成就的主要因素。然而，仅仅有了组织还不够，因为人类社会中存在组织就必然有人群的活动，有人群的活动就需要有管理，有了管理，组织才能进行正常有效的活动。简而言之，管理是保证组织有效地运行所必不可少的条件。

概括起来说，管理的重要性主要表现在以下两个方面。

（一）管理使组织发挥正常功能

管理，是一切组织正常发挥作用的前提。任何一个有组织的集体活动，不论其性质如何，都只有在管理者对它加以管理的条件下，才能按照所要求的方向进行。组织是由组织的要素组成的，组织的要素互相作用产生组织的整体功能。然而，仅仅有了组织要素还是不够的，这是因为各自独立的组织要素不会完成组织的目标，只有通过管理，使之有机地结合在一起，组织才能正常地运行与活动。组织要素的作用依赖于管理。管理在组织中协调各部分的活动，并使组织与环境相适应。在一个组织中，没有管理，就无法彼此协作地进行工作，就无法达到既定的目的，甚至连这个组织的存在都是不可能的。集体活动发挥作用的效果大多取决于组织的管理水平。

（二）管理的作用还表现在实现组织目标上

组织是有目标的，只有通过管理才能有效地实现组织的目标。在现实生活中，我们常常可以看到这种情况，有的亏损企业仅仅由于换了一个精明强干、善于管理的高层管理者，很快扭亏为盈；有些企业尽管拥有较为先进的设备和技术，却没有发挥其应有的作用；而有些企业尽管物质技术条件较差，却能够凭借科学的管理，充分发挥其潜力，反而能更胜一筹，从而在激烈的社会竞争中取得优势。有效的管理会使组织系统的整体功能大于组织因素各自功能的简单相加之和，起到放大组织系统的整体功能的作用。在相同的物质条件和技术条件下，由于管理水平的不同而产生了效益、效率或速度的差别，这就是管理所产生的作用。

第二节 管理的职能及其过程

管理的职能是管理过程中的基本要素或步骤。通过管理职能的划分，可以将管理的主要过程、各种原则、理念、方法、理论等归结到各项管理职能当中，从而建立起管理的理论体系，便于人们对管理的学习和掌握。人们对管理的职能有着许多不同的划分。本书沿用较为公认的管理职能划分，即决策与计划、组织、领导、控制、创新五个方面。

一、管理的职能

管理的主体通过管理的职能作用于管理的客体。人类的管理活动有哪些最基本的管理职能？从最早的古典管理理论到现代管理理论，人们从社会实践的角度或者理论研究的角度提出了各自不同的观点。一般认为，管理的主要职能有以下几个方面。

（一）决策与计划职能

决策所涉及的问题一般都与未来有关。尽管人们对决策的定义众说纷纭，但基本内涵大致相同，一般包含两层含义：①决策是一种自觉的有目标的活动。决策总是为了解决某个问题、达到某一目标而采取的行动。②决策必然伴随着某种行动，是决策者与外部环境、内部条件进行某种交互作用的过程。所以，决策是人们为了达到一定目标，在掌握充分的信息和对有关情况进行深刻分析的基础上，用科学的方法拟定并评估各种方案，从中选出合理方案并付诸实施的过程。

计划是管理工作的第一个环节，是一切组织管理工作的基础，也是各项管理工作的起点和依据。计划就是选定组织的目标，并围绕组织的目标，对组织活动的过程进行详细的统筹规划。科学完善的计划是实现组织目标的方法、途径和时间表。它包括对事项的叙述、目标和指标的排列、规定所采取的手段、完成任务的进度等。计划的具体内容一般有六项：组织的目标、具体活动与内容、人员安排、活动的地点、时间、手段与方法。计划不是一劳永逸的，而是一个连续不断的过程。由于组织的内外环境在不断发生变化，原有的计划就会不断地被修改、更新，不断地被新的计划所取代。只要组织存在，计划工作就会循环往复，一直进行下去。

（二）组织职能

管理中的组织工作是为了有效地实现计划目标，以及保证决策方案的顺利实施而进行的一系列管理活动。在计划工作确定了组织目标并对实现目标的途径做了大致安排后，为了使人们能够有效地工作，还必须设计和维持一种组织结构，努力使组织内各部分之间具有最为有效的关系结构，明确其在组织中的位置及相互间的配合关系和隶属关系，从而使组织有效地运行。同时，为了适应组织内外环境及自身发展的要求，组织还要适时地进行变革，谋求新的发展。

人事工作同样属于组织工作的范畴，并影响到之后的领导和控制。例如，训练有素的管理人员能够出色地发挥领导才能，并创造出一种良好的环境，使人们在其中得到积极鼓励，有效地沟通信息。同样，选拔合格的管理人员会影响到控制工作，例如，所选择的管理者及其下属素质越高，则按标准来纠正偏差的可能性就越小。人事工作的职能就是通过对人力资源的需求分析，进行恰当而有效的选择、考评和培训，以充实组织中各个职位，保证组织目标的实现。显然，人事工作是在组织工作基础上进行的，是组织工作的逻辑延续。

（三）领导职能

领导是管理工作的一项重要职能。领导职能是指领导的活动及其功能，其主要内容应当是指导、激励、沟通、协调。一个好的领导者，必须能够有效地调动组织中员工的士气，提高员工的工作满意度，从而达到组织活动物化效果与心理效果的有机统一。有效的领导有利于更好地发挥管理的计划、组织与控制职能的作用，从而高效地实现组织目标。

（四）控制职能

决策目标与计划任务的实施必须进行有效控制，因为实施计划的过程中环境复杂多变，若制约因素发生变化而工作不做相应调整则会使计划落空，所以控制是管理职能中最重要的内容之一，是成功管理不可缺少的部分。控制是日常生活中常见的现象，如交警指挥交通、质检机构抽检产品等。在工作中，虽然有计划、有组织、有领导，但由于组织成员的才能、工作动机、工作态度各不相同，且组织内外部环境因素的不确定性导致计划经常被修正，于是各项既定工作并不完全能够圆满完成，这时就需要“控制”这一职能来加以管理。尽管每级管理人员控制的范围不同，但他们都应有完成计划的责任，所以控制工作是从总经理到班组长在内的每个管理人员的职能，而绝不仅仅是组织中高层管理者的责任。

（五）创新职能

决策与计划、组织、领导与控制是保证计划目标的实现所不可缺少的。从某种意义上来说，它们属于管理中的“维持职能”，其任务是保证系统按预定的方向和规则运行。但在动态环境中，生存的社会经济系统仅有维持是不够的，还必须不断调整系统活动的内容和目标，以适应环境变化的要求。这涉及经常被人们忽视的管理中的“创新职能”。创新首先是一种思想及在这种思想指导下的实践，是一种原则及在这种原则指导下的具体活动，是管理的一种基本职能。

二、管理的过程

为了实现组织的共同目标，需要组织充分利用资源进行作业活动，如图 1-2 所示。在组织内部环境和外部环境影响下，管理主体可以通过计划、决策、组织、领导和控制来使实际的结果与预期的目标相一致。可见，每一项管理工作一般都是从计划开始，经过决策、组织、领导到控制结束。各项职能首尾衔接、相互交叉、互相渗透，形成一个相对封闭的管理回路，并不断循环下去，把管理工作不断推向前进。创新职能与其他职能相互结合发挥作用，将管理效能提高到新的水平。

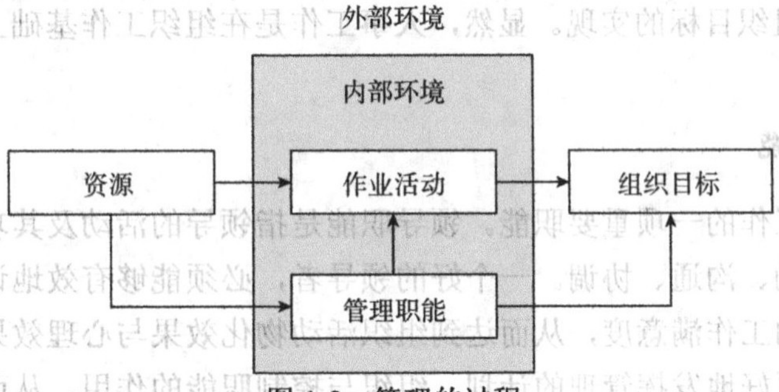

图 1-2　管理的过程

第三节　管 理 者

任何组织都是由一群人组成的集合体。根据其在组织中的地位与作用不同，组织成员可以分为两类：操作者和管理者。操作者是在组织中直接从事具体业务，且不承担对他人工作监督职责的人。管理者则是行使管理职能、指挥别人进行劳动的人。他们处于操作者之上的组织层次中，是管理的主体，对管理活动的顺利进行、组织活动及其目标的实现起着十分重要的作用。

一、管理者类型

管理者是在一个组织中，按照组织目的指挥别人活动的人。根据在组织中承担的责任和权力的不同，管理人员一般可分为基层管理者、中层管理者和高层管理者，如图 1-3 所示。

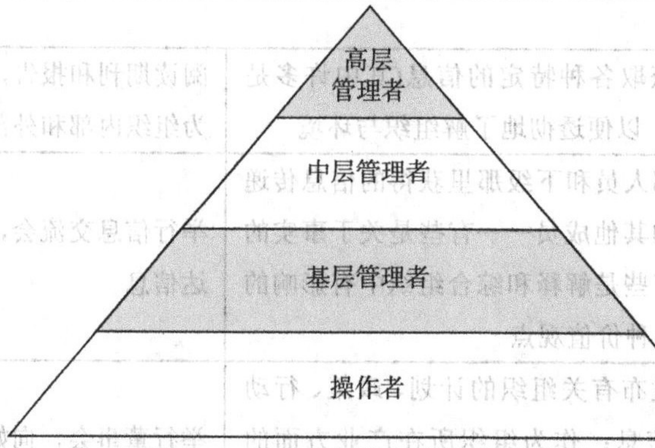

图 1-3 组织的层次及管理者的分类

基层管理者通常是作业现场的监督、管理人员，如我国企业中的班组长就属于这类人员。中层管理者通常是职能层和执行层的管理人员，他们往往在管理工作中就某一方面的工作进行具体的规划和发挥参谋作用，如我国企业中的计划、生产、财务等方面的负责人，工厂中的车间主任都属于这类人员。高层管理者是组织战略决策的制定者和报告者，他们往往由总经理、副总经理等人构成。受管理工作所在的层次、组织规模大小和其他因素的影响，管理者的知识结构、工作时间和分布、工作的内容都有很大的差距和不同。

二、管理者扮演的角色

20 世纪 60 年代末，亨利 • 明茨伯格(Henry Mintzberg)对 5 位总经理的工作进行了仔细的研究。他发现，许多对管理者工作的研究或看法与实际有很大差距。如通常人们认为，管理者是深思熟虑的思考者，在经营决策的过程中，他们总是认真地思考和系统地权衡。但明茨伯格却发现，所调查的经理们几乎很少有时间能坐下来认真地思考，他们经常陷入变化很快、无一定的模式和时间很短的活动中，甚至有半数的管理者工作持续的时间少于 9 分钟。在观察的基础上，明茨伯格提出了他所创建的管理角色理论(见表 1-1)。

表 1-1　明茨伯格的管理者角色理论

角色	描述	特征活动
人际关系方面		
1. 挂名首脑	象征性的首脑，必须履行许多法律性的或社会性的例行义务	迎接采访者，签署法律文件
2. 领导者	负责激励和动员下属，负责人员配备、培训和交往的职责	实际上从事所有的有下级参与的活动
3. 联络者	维护自行发展起来的外部接触和联系网络，向人们提供恩惠和信息	发感谢信，从事外部委员会工作，从事其他有外部人员参加的活动
信息传递方面		
4. 监听者	寻求和获取各种特定的信息(其中许多是即时的)，以便透彻地了解组织与环境	阅读期刊和报告，保持私人接触，作为组织内部和外部信息的神经中枢
5. 传播者	将从外部人员和下级那里获得的信息传递给组织的其他成员——有些是关于事实的信息，有些是解释和综合组织中有影响的人物的各种价值观点	举行信息交流会，用打电话的方式传达信息
6. 发言人	向外界发布有关组织的计划、政策、行动结果等信息；作为组织所在产业方面的专家	举行董事会，向媒体发布信息
决策制定方面		
7. 企业家	寻求组织和环境中的机会，制定“改进方案”以发起变革，监督这些方案的策划	制定战略，检查会议决策执行情况，开发新项目
8. 混乱驾驭者	当组织面临重大的、意外的动乱时，负责采取补救行动	制定战略，检查陷入混乱和危机的时期
9. 资源分配者	负责分配组织的各种资源——事实上是批准所有重要的组织决策	调度、询问、授权，从事涉及预算的各种活动和安排下级的工作
10. 谈判者	在主要的谈判中作为组织的代表	在主要的谈判中作为组织的代表

(资料来源：季辉.管理学[M]. 重庆：重庆大学出版社，2017：21.)

从表 1-1 中可以看出，在明茨伯格的心中，管理者的工作主要体现在三个方面：人际管理、信息传递和决策制定，并在不同的方面、场合扮演着 10 种不同的角色。

(1) 人际关系方面的角色。人际关系角色指所有的管理者都要履行的礼仪性和象征性的义务。它包含挂名首脑、领导者、联络者三类角色。公司的管理者参加剪彩、颁发奖品等都是挂名首脑角色的体现。在组织中，管理者进行雇用、培训、激励、奖惩下属时，扮演的角色是领导者。而当管理者在组织内外充当联络者时，与提供信息的源头接触就成为他的主要工作。

(2) 信息传递方面的角色。信息传递角色是指所有的管理者在某种程度上，都从外部的组织或机构接受和收集信息。它包含监听者、传播者、发言人三类角色。在管理人员通过外界媒体了解公众的变化、竞争对手的打算时，都是监听者角色的体现。在组织的管理者将外部的信息传递给组织的成员，起着通道作用时，扮演的角色是传播者。而当管理者在组织充当发言人时，代表组织向外界发布有关组织的信息就成为他的主要工作。

(3) 决策制定方面的角色。决策制定角色是指所有的管理者都会在其工作岗位上参与组织决策的工作。其中按参与的角色差异，分为企业家、混乱驾驭者、资源分配者、谈判者四类角色。企业家是具有创新思维、拥有战略头脑的一类人物，他在组织中常常起到寻找机会、促进变革、带领组织不断发展的重要作用。混乱驾驭者的作用是管理者为了防止组织内部出现重大问题而事先采取控制活动。资源分配者的作用是管理者对组织的人、财、物资源进行有效的配置，提高组织资源利用效率。而与组织有关的利益集团(如供应商、债权人等)进行谈判，确定成交条件的管理，就是组织中谈判者起到的角色作用。

三、管理者的技能要求

美国管理学家卡特兹(Robert L. Katz)在1955年发表的论文《有效管理者的技能》中，针对管理者的工作特点，提出了技术技能、人际技能和概念技能的概念。卡特兹认为，有效的管理者将依赖于这三种技能。卡特茨对技术技能、人际技能和概念技能的定义如下。

(一) 技术技能

技术技能是指“运用管理者所监督的专业领域中的过程、惯例、技术和工具的能力”。在特定工作岗位的人要有特定的相关专业的知识与能力，如生产技能、营销技能、财务技能等，这些都是管理岗位所需要的技能。例如，监督会计人员的管理者必须懂会计，熟知会计技能，才能知道按照一定的会计要求对会计人员进行监督。

(二) 人际技能

人际技能(人际关系技能)是指“成功地与别人打交道并与别人沟通的能力”。优秀的管理者应当具有良好的沟通、协调能力，对于组织内部能够激励人们成为上下一致的团队，对于组织外部能够与社会建立融洽的合作关系和沟通渠道。管理者在处理物的管理技能上和处理人的关系技能上，更注重对人际关系的处理。

(三) 概念技能

概念技能是指“把观点设想出来并加以处理，以及将关系抽象化的精神能力”。概念技能是一件事为什么做和形成公司整体概念的技能。概念技能是针对高层管理者的特别要求。要将在企业中遇到的问题概念化，是一个理论升华和文化创造的过程，高层管理者是企业理论的主要创造者和企业文化的主要创造者，需要有较高的概念抽象技能。同时在日常的工作中，他们明确地知道自己和企业的前进方向，并把此概念贯彻在自己和企业的行动中。

卡特兹认为，在不同的组织层次中，这三种技能应有不同的优化组合：在较低的层次，管理人员需要的主要是技术技能和人际技能。在较高的层次，管理者的有效性主要取决于人际技能和概念技能。而在最高的管理层，概念技能成为所有成功管理者工作中最为重要的技能。依据卡特兹的理论，美国的《财富》杂志对美国银行业、工业、保险业、公共事业、零售业和运输业中较大的 300 家公司进行了调查，调查结果支持了卡特兹的理论(见表 1-2)。

表 1-2　管理者在不同管理层次技能的最优组合

管理层次	技术技能	人际技能	概念技能
高层管理	17.9%	42.7%	39.4%
中层管理	34.8%	42.4%	22.8%
基层管理	50.3%	37.7%	12.0%

调查结果表明，有这样的规律存在(如图 1-4 所示)：在从基层管理到高层管理工作中，技术技能在逐渐减弱(降低了 32.4%)，概念技能在逐渐增加(增加了 27.4%)，而人际技能却变化不大(增加了 5%)。这充分说明，概念技能是组织高层管理人员的重要技能，技术技能是组织基层管理人员的重要技能，而人际技能却是管理人员普遍应具备的技能。

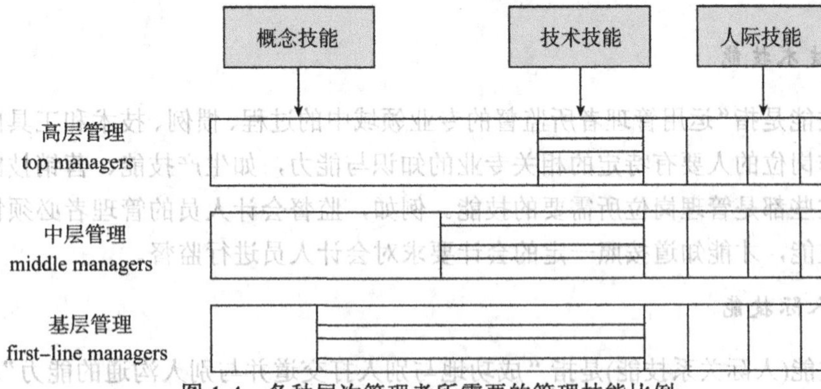

图 1-4　各种层次管理者所需要的管理技能比例

第四节　管 理 学

管理学是一门综合性的交叉学科，是系统研究管理活动的基本规律和一般方法的学科。管理学是适应现代社会化大生产的需要产生的，它的目的是：研究在现有的条件下，如何通过合理组织和配置人、财、物等因素，提高生产力的水平。与其他学科一样，管理学有其自身学科特点、明确的研究对象和针对性的研究方法。

一、管理学的学科特点

管理学研究的是一般管理中共同的、带有规律性的原理和方法。了解管理学的特点，有助于我们正确认识管理学的性质，掌握管理学的学习方法和研究方法，并运用管理学的知识和方法去指导管理实践。

(1) 管理学是一门交叉学科。管理学原理的研究要运用到许多学科的知识，既有社会科学，也有自然科学。管理学原理既涉及生产力，又涉及生产关系和上层建筑，它与经济学、政治学、心理学、数学及各种技术学科有密切的关系，是这些学科交叉渗透的产物。所以，管理学原理不同于一般文科，也不同于一般理科，而是文理交叉的学科。管理学研究的内容十分广泛，所涉及的学科也非常多，因此管理学原理是一门综合性的、多学科性的边缘学科。

(2) 管理学是一门软科学。人们把具有物质形态的技术称为硬技术或硬科学，把研究具有知识形态的技术称为软技术或软科学。而管理学主要研究组织资源的合理配置和利用的原理、程序和方法，以期达到组织的目标。所以说，管理学是一门软科学。

(3) 管理学是一门应用科学。科学的门类，一般由基础科学、技术科学和应用科学所组成。基础科学是研究基础理论的，如自然科学方面的物理学、化学、生物学等，社会科学方面的哲学、史学、经济学等。应用科学则是将基础理论和技术用于实践，解决应用理论和生产技术的矛盾。而管理学是研究管理活动的规律性，解决和管理与活动有关的生产力、生产关系和上层建筑等方面的问题。

(4) 管理学是一门模糊科学。管理学发展不过100多年历史，其许多原理是建立在调查、访问、观察、归纳的基础上的，没有经过严格的证明。另外，管理学还有许多未知的空白等待人们去研究，还有许多概念、观点等问题没有统一的定论，所以管理学是一门不精确的科学，需要量化研究与质性研究相结合。

(5) 管理学是一门科学，更是一门艺术。管理学研究管理活动的一般规律，但在实践过程中，要根据具体环境条件实施管理活动；而管理活动实施的效果，则依赖于管理者利用自身的知识、技能、方法和经验，根据现实条件加以创造地运用，去解决各种复杂多变的管理问题，以取得最优的管理效果。这种创造性的管理活动，体现了管理者的艺术性。

二、管理学的研究对象

管理学以各种管理工作中普遍适用的规律、原理和方法作为研究对象，以指导人们千差万别的管理活动。具体说来，管理学的研究对象有三个方面。

(1) 从管理的实践出发，研究管理思想和管理理论的发展史，即研究管理思想、管理理论及其研究方法的起源，追溯其发展过程，透视不同时期的管理环境，全面而深刻地理解管理发展的历史进程。

(2) 从生产力、生产关系和上层建筑三个方面研究管理学。在生产力方面，管理学主要研究生产力诸要素相互间的关系，即合理组织生产力的问题。在生产关系方面，管理学主要研究如何正确处理人与人之间的关系；研究如何建立和完善组织机构及管理体制问题；研究如何激励组织成员，从而最大限度地调动组织成员的积极性和创造性，为实现组织目标而努力工作的问题。在上层建筑方面，管理学主要研究如何使组织内部环境与不断变化的外部环境相适应的问题；研究如何使组织的规章制度与社会的政治、经济、法律、道德等政治上层建筑保持一致的问题，从而维护现行社会的生产关系，促进生产力的发展。

(3) 从管理者出发，研究管理过程。管理是由一系列活动组成的动态的过程，管理学不仅要研究管理活动涉及哪些职能，还需要对执行这些职能涉及的组织要素进行研究，对执行各项职能中应遵循的原理、采用的方法和技术进行研究，同时要对执行职能过程中遇到的阻力及如何克服阻力进行深入的研究。

三、管理学的研究方法

研究一门学科，要掌握正确的方法。因此，掌握一定的科学方法是研究和学习管理学不可缺少的。

(1) 理论联系实际的方法。理论联系实际的方法有两个方面，一是把已有的管理理论与方法运用到实践中去，通过实践来检验这些理论与方法的正确性与可行性；二是通过管理实践和实验，把实践经验加以概括和总结，使之上升为理论，去补充和修正原有的管理理论。

(2) 历史研究法。对以往的管理理论与方法及管理实践进行研究，从中发现和概括出规律性的东西，做到“古为今用，洋为中用”。中华民族是一个具有悠久历史的伟大民族，我国历史上的管理思想和管理经验为世界所瞩目，这些思想与经验有待于我们去总结和发扬。

(3) 调查研究法。管理的理论和方法来自于实践。“没有调查研究，就没有发言权”，实是至理名言，应该成为我们工作的一条守则。调查研究是进行管理活动的一个最基本要求，是搜集第一手材料的好办法。只有通过调查才能掌握全面真实的材料，弄清管理中的经验、问题、发展趋势，并从大量事实中概括出规律性的东西，作为理论的依据。

(4) 试验研究法。这是一种常用的研究方法，是在一定的环境条件下，经过严格的设计和组织，对研究对象进行某些试验考察，从而揭示管理的规律、原则和方法。试验研究法是一种有目的、有约束条件的研究方法，应事先做好计划和安排，方能收到良好效果。

(5) 比较研究法。比较研究法是研究管理的一个重要方法，是当今比较管理学产生与发展的一个基础。通过历史的纵向比较和各个国家的横向比较，寻其异同，权衡优劣，取长补短，以探索管理的规律。这一方法为当今世界管理科学的发展和先进的管理经验、方法、理论的传播发挥着巨大的作用，推动了管理科学和管理实践的迅速发展。

(6) 定量分析法。任何事物(包括管理现象)，不仅有其质的规定性，还有其量的规定性，量的变化突破了一定的临界点之后，就会引起质的变化。现代管理离不开数量分析的方法。在研究管理问题时，应尽可能地进行定量分析。一门学科只有同数学相结合，才能较为完善。

(7) 案例分析法。案例分析法通过对管理活动的典型案例进行全面分析，从而总结出理论、经验和规律。这一方法在西方国家的管理教学中广为采用，无论在理论上或实践上效果都很好。

第五节 小 结

管理是组织为了有效实现特定目标，通过各项职能活动，合理分配、协调相关资源的过程。管理具有明显的二重性，即自然属性和社会属性。

管理职能讨论的是管理者在管理过程中所从事的工作，也就是说，为了有效地实现组织的目标，应如何来履行各项管理的职能。我们把管理的职能分为决策与计划职能、组织职能、领导职能、控制职能和创新职能。

管理者是组织和利用人力、物力、财力等资源去实现组织目标的指挥者和组织者。按照管理者在组织中所处的不同位置，可分为不同的管理阶层，即高层管理者、中层管理者和基层管理者。

明茨伯格提出了他所创建的管理者角色理论，认为管理者的工作主要体现在三个方面：人际管理、信息传递和决策制定，并在不同的方面和场合扮演着10种不同的角色。美国的管理学专家卡特兹提出，作为管理者，必须具备技术技能、人际技能和概念技能。

管理学是研究管理活动及其内在规律性的科学。管理学的研究对象有三个方面：研究管理思想和管理理论的发展史，研究生产力、生产关系和上层建筑，研究管理过程。

【关键概念】

管理(management)　管理职能(function of management)
计划(planning)　组织(organizing)
领导(leading)　控制(controlling)
管理者(manager)　技术技能(technical skill)
人际技能(human skill)　概念技能(conceptual skill)
管理角色(management roles)　管理理论(theory of management)
现代管理(modern management)

第六节 复习思考题

1. 简答题

(1) 简述管理的含义。

(2) 简述管理的作用及二重性。

(3) 说明管理的职能及其内容。

(4) 如何理解管理者的概念及类型？

(5) 简述管理者的管理角色和基本技能。

(6) 简述管理学的研究对象。

(7) 如何理解管理学的特点？

(8) 管理学的研究方法有哪些？

2. 案例分析

杰尔·L. 斯特德生活中的一天

杰尔·L. 斯特德是斯奈尔第公司的董事长兼首席执行官，该公司设在伊利诺伊州，制造电力产品，年销售额16亿美元。斯特德担任此职务已有两年，下面是他工作一天的大事记。

上午 6：56 斯特德离开家驱车去当地的小型机场，在那里将登上公司的专机开始一天的工作。他要前往开关事业部设在田纳西州士麦拿工厂。与斯特德一同前往的还有副总裁约迪·格洛，他分管年收入5亿美元的开关事业部。途中，他们讨论采取什么方式鼓励公司员工相互之间，以及员工与上司之间开展不同观点的争论，斯特德感到以前的管理只是鼓励人们服从命令，从而使员工习惯于对权威逆来顺受。

上午7：43 两人坐在座椅上系好了安全带，飞机起飞，开始了80分钟的飞行。斯特德回忆起他在霍尼韦尔公司25年的经历，以及最终决定离开霍尼韦尔公司加入斯奈尔第公司的往事。他谈到他接手时斯奈尔第公司的懒散和无精打采的状况，眼下他主要关心的是他手下有一大批管理者，这些人不愿意承担责任或风险，应该拿他们怎么办。斯特德的办法是至少每隔一年半就视察一遍公司设在世界各地的5个经营机构。

上午9：38 飞机降落在士麦拿机场，迎接他们的是开关事业部经理吉姆·克拉克，在克拉克的车中，话题立刻转到电力工人国际工会试图在工厂中建立组织的问题上来。如果工会有可能获胜，那一定是因为士麦拿工厂糟糕的退休金福利计划。"这计划必须修改。"斯特德说。他一整天都会重复这句话。

上午 9：56 克拉克把车停在一栋红砖楼房前，新产品开发就在这栋楼里进行，斯特德向项目经理表示问候，并和软件设计师和工程师们交谈。匆匆地视察完这栋小楼后，项目经理向斯特德简要汇报了新产品计算机化的电子监控分析仪的情况。斯特德问了几个关于产品的获利性和市场潜力方面的问题，并指示格洛落实一下安全分析人员是否审查过新产品的试验报告。

上午 10：27 斯特德希望乘小型客车去士麦拿开关事业部工厂。在工厂的会议室里，他坐在会议桌的首席位子上，听取了 4 个汇报。斯特德提了许多问题，汇报中还不时插入评论、少量的建议和强调。他的风格是苏格拉底式的——问题尖锐但语气温和，深思熟虑但却像漫谈。

下午 12：31 在克拉克的办公室里，斯特德提到他曾收到过工厂会计师的一封信，信中控告工厂主计员的一位下级让他们篡改账目。主计员告诉斯特德这封信是“捏造事实和造谣中伤”，他敢说控告者的动机是出于报复，因为他知道自己将被解雇。斯特德同意：“我们不能要这种人。”他又加上一句：“此事就此了结。”

下午 12：43 斯特德给一位烦恼的顾客打电话，就交货问题向他道歉。斯特德称自己要花 20%的工作时间与顾客接触或处理顾客投诉。

下午 12：57 克拉克和他的助手向斯特德继续汇报。

下午 2：27 斯特德去员工食堂答复工厂工人们的问题。问题提得很不踊跃，犹犹豫豫，但所有问题集中在公司对组织工会的态度和退休金计划的缺陷上。

下午 3：44 与士麦拿工厂的工人代表进行简短会面。当话题转向组织工会时，斯特德催促格洛，“修改退休金计划，最好明天就开始”。

下午 6：57 从士麦拿回来，斯特德在开车回家的路上接到公司总法律顾问库茨沃斯基的电话。他在电话中说，上次董事会议以来的备忘录将通过快递的方式送到各位董事的手中，使他们有充足的时间审阅材料，为下周在多伦多市召开的董事会议做准备。

(资料来源：胡宁，韦丽丽.管理学教程[M]. 北京：中国社会科学出版社，2015：18-19.)

【思考题】

(1) 你是如何评价斯特德的管理工作的？他的工作特点是什么？

(2) 你认为斯特德的管理工作是否存在改进之处？如果有，如何改进？

3. 管理实战

给自己选个老板/助手

【形式】集体参与

【时间】20 分钟(另加列表时间)

【材料】空白卡片

【场地】不限

【应用】

- 决策技巧
- 领导艺术
- 团队建设

【目的】

揭示我们用来判断某个人是具有领导潜质还是只是个追随者时所采用的相关及不相关的标准。

【程序】

- 通过一个或多个介绍练习，让大家相互了解在座其他人的一些基本信息。然后让每个人在卡片上指定一个他们认为可以成为最佳老板的人选。在另一张卡片上，让他们选一个他们认为可以成为最佳助手的人选。
- 让他们将每张卡片翻转过来，列出他们是根据哪些特点选出老板和助手的。收回这些卡片，计算选票。宣布得票最多的老板(前 3 名)和得票最多的助手(前 3 名)。再用表列出(或通过讨论向大家了解)他们选择的依据，即两种岗位所具有的不同特性。

【讨论】

- 当你被选为(或未被选为)老板或助手时，你是怎么想的？
- 据以选择老板和助手的特性之间有无区别？为什么？
- 选择老板或助手的理由恰当吗？或者说这些理由根本不相干？我们怎样选出理想的老板或助手？

【总结与评估】

通过该活动，大家能在一定程度上了解老板或助手所必须具备的素质及各自须履行的义务。因此，该游戏对训练、培养具有领导能力的人才及高素质的员工有所启发。但要切忌把领导和员工理想化。

第二章

管理理论的形成与发展

在世界文明发展的历史长河中，管理思想自古有之，但形成一套比较完整的理论，则经历了一段漫长的历史发展过程。管理实践、管理思想、管理理论相互融合，不断演化。这一发展过程，符合马克思主义认识论的普遍规律，从中也看到管理所具有的一套科学方法论。更重要的是使人们认识到，管理理论的形成与管理的实践活动是紧密相连的，管理理论的形成与发展是在前人管理实践的基础上才得以实现的，而绝不是无本之木、无源之水。

【学习目的与要求】

- 了解管理理论、管理思想、管理实践三者的关系
- 掌握古典管理理论的基本观点
- 掌握行为管理思想重点
- 熟悉各管理学派的主要思想

【引例】

从古罗马军威到现代管理

古罗马的士兵在第一次服役时，要在庄严的仪式中宣誓，保证不背离规范，服从上级指挥，为皇帝和帝国的安全而牺牲自己的生命。宗教信仰和荣誉感的双重影响使罗马士兵遵守规范，所有罗马士兵都把金光闪闪的金鹰徽视作他们最愿意为此献身的目标，在危险的时刻抛弃神圣的金鹰徽被认为是最可鄙的行为。

同时，罗马士兵也深知他们行为的后果。一方面，他们可以在指定的服役期满之后享有固定的军饷、可以获得不定期的赏赐和一定的报酬，这些都在很大程度上减轻了他们生活的困苦程度；当然，另一方面，由于怯懦或不服从命令而企图逃避严厉的处罚，也是相当严厉的。军团百人队队长有权用拳打士兵以作惩罚，司令官则有权判处士兵以死刑。古罗马军队固定不变的一句格言是：好的士兵害怕长官的程度应该远远超过害怕敌人的程度。这种做法使古罗马军团作战勇猛顽强、纪律严明。显然，单凭野蛮人一时的冲动是做不到这一点的。

在西方，这种管理方法后来总结为一句格言：“胡萝卜加大棒。”拿破仑说得更形象：“我有时像狮子，有时像绵羊。我的全部成功秘密在于：我知道什么时候我应当是前者，什么时候是后者。”

在东方，则有“滴水之恩，涌泉相报”“视卒如爱子，故可与之俱死”等说法。又说：“将使士卒赴汤蹈火而不违者，是威严使然也。”“爱设于先，威设于后，不可反是也。”《孙子兵法》总结说：“故令之以文，齐之以武，是谓必取。”总之，可归纳为一句话：“软硬兼施，恩威并济。”

(资料来源：孙健. 从古罗马军威到现代管理[EB/OL]. http://resource.jingpinke.com/details？uuid=ff808081-29d52d50-0129-d52da488-4597，2010-07-15.)

第一节 早期的管理思想

了解管理思想的发展过程对学好管理学是十分重要的，有助于对管理学的形成及演变有一个概括的了解。中西方的管理实践和思想有着悠久的历史。在奴隶社会，管理实践和思想主要体现在指挥军队作战、治国施政和管理教会等活动上。古巴比伦、古埃及和古罗马人在这些方面都有过重要贡献。西方尤其是欧洲经过文艺复兴，特别在工业革命时期，人们已经开始注意到对管理活动的研究。对管理活动的研究是夹杂在经济研究中体现出来的，管理学还未成为一个独立的认识对象和研究对象，正处于萌芽阶段。

一、早期的管理实践与管理思想

由于缺乏文字记载，人们对人类社会最初阶段的管理思想的认识，具有很大的猜测成分。人类的管理实践，已有超过6000年的历史。素以世界奇迹著称的埃及金字塔、巴比伦古城和中国万里长城，其宏伟的建筑规模足以证明人类的管理能力与组织能力。约建于公元前2800年的埃及齐阿普斯金字塔，用230万块巨石砌成，平均每块石头约重两吨半。始建于公元前200多年的中国万里长城，服役者40多万人，全长6700公里。在当时的建筑条件下，如此浩大的工程，不但是古代劳动人民勤劳智慧的结晶，同时也是历史上伟大的管理实践。

中国自古就是世界人口最多、幅员辽阔的国家之一。早在公元前200多年，秦朝就形成了与现代中国国土相近的统一国家。在以后2000多年漫长的历史中，中国曾经发生过无数次战争和多次外国入侵，经历了数百次改朝换代，虽然也曾有过短暂的分裂，但历代统治者都能对如此辽阔的疆土和众多的人口进行有效的控制和管理。因此，从管理的角度来看，历史给我们留下了有关管理国家、巩固政权、统率军队、组织战争、治理社会和发展经济等极为丰富的经验和理论，其中包含许多至今仍闪耀着光辉的管理思想。

西方管理实践和思想也有着悠久的历史，古巴比伦、古埃及和古罗马在管理方面都有过杰出成就，做出了重要贡献。

(一) 奴隶社会

1. 古埃及人的管理思想

古埃及在国家制度上，建立了以法老为首的一整套专制体制的管理机构，掌握行政、司法、军事大权。国家统一后，开始统一管理灌溉系统，观测、记录尼罗河的水位，以便发展农业生产。法老下面设有各级官吏，最高的是宰相。宰相辅助法老处理全国政务，并且总管王室农庄、司法、国家档案、监督公共工程的兴建；宰相每天向法老汇报工作，接受指示并经常代表法老巡视各地，了解和监督地方工作。宰相下设一批大臣，分别管理财政、水利建设和各地的事务。这些机构和人员的设立，说明它们已经有了自上而下的管理者的责任和权力规定，有了较严格的国家管理机构和体制的管理思想。

埃及金字塔的修建，也反映了古埃及时代在管理方面的重大成就。其中，最有代表性的是建于公元前 27 世纪的胡夫金字塔。据估计，埃及人在修建这个金字塔上花费 10 万人次 20 年以上的劳动。这表明：他们已经有了分工和协作的思想，较好地把科学技术运用于劳动过程，体现了较严密的组织制度。

在埃及人的著作中也可以发现许多管理思想。《普塔—霍特普教诲书》大约成书于公元前 2700 年，在公元前 1500 年时已作为埃及学校教材，里面就包含着丰富的管理思想。

2. 古巴比伦的管理思想

巴比伦王国于公元前1894 年由阿摩利人建立，它是以两河流域为中心的古代东方的奴隶制国家。在当时建立的乌尔王朝，就以成文法典来管理国家。当时的法典针对经商、物价控制、刑事处罚等做了不少规定。其中尤以汉谟拉比王(公元前1792—前1750 年)颁布的《汉谟拉比法典》，较为集中地体现了巴比伦王国的管理思想。

从法典的内容来看，已经详细地涉及了工资、控制、债权、债务、财产、商业活动、租金、责任、行为等内容，从多方面反映了当时巴比伦人的管理思想。

3. 希伯来人的管理思想

公元前15 世纪左右，希伯来人居住在巴勒斯坦地区。希伯来人在征服自然、管理国家的过程中，萌发了许多管理思想。他们的管理思想主要反映在《圣经》中。据《圣经》记载，摩西是希伯来人的领袖，他在立法、人际关系、人员选择和训练方面都很出色。摩西的岳父曾对摩西的管理方法提出了批评，认为摩西处理政务事必躬亲，并不利于管理。他提出三点建议：第一，制定法令，昭告民众；第二，建立等级委任制度；第三，责成各级管理人分级管理，只有最重要的政务才提交摩西。这些建议表明现代管理理论的例外原则、授权原则、管理跨度原则等早在古代已有萌芽。

4. 古希腊的管理思想

希腊是欧洲古代文化的发源地，公元前 5 世纪至前 4 世纪，随着希腊经济的强盛，奴隶制度的确立，管理水平不断提高，出现了诸如苏格拉底、色诺芬、柏拉图、亚里士多德等思想家，他们的伟大思想对后人影响很大。

(1) 苏格拉底。苏格拉底主张，国家的领导及国家的各种职务，应由经过挑选并受过训练的人来担任；主张有才能的人才能当权。他认为，公众事业的管理技术和私人事业的管理技术是可以相互通用的。实际上他已认识到管理的普遍性。

(2) 色诺芬。色诺芬是苏格拉底的门生，曾著《家庭管理》一书，这是古希腊流传下来的专门论述经济的第一部著作。在这本书中，他详细地论述了奴隶主应如何加强对奴隶的管理，从而使自己的财富不断增加的经济思想。书中提出了劳动管理的思想并分析了分工的重要性等。

(3) 柏拉图。柏拉图是苏格拉底的学生，古希腊著名的哲学家、思想家。柏拉图在其代表作《理想国》里阐述了一系列的政治观点和经济管理学说，书中研究了国家范围内的分工和组织国家的原则。

(4) 亚里士多德。亚里士多德是柏拉图的学生，古代伟大的思想家，出生于塔吉拉城。亚里士多德在管理上的主要贡献是发展了色诺芬的“家庭管理”思想。他比色诺芬更加精确地规定了“家庭管理”的研究对象和任务。他认为“家庭管理”包括两方面内容：一是研究家庭成员之间的关系，即主权、夫权、父子之间的关系，其中奴隶和奴隶主的关系是首要关系；二是研究致富的技术，包括巧妙地经营房地产是发财致富的自然方式。

5. 古罗马的管理思想

古罗马在世界史上是最大的奴隶制国家之一，最初形成于意大利半岛的罗马城，后逐步扩张为横跨欧、亚、非三大洲的奴隶制大国。

首先，从罗马奴隶制的建立过程中我们可以看出，它们对于国家的政治体制已经有了集权、分权再到集权的实践，与不同的国家体制相适应，还建立了相应的管理机构。其次，一些奴隶主思想家在其政治、军事、经济、法律等著作中，也体现出了较为丰富的管理思想。这些思想家中的代表人物是贾图。

贾图(公元前 234—前 149 年)是古罗马的政治家、作家，历任执政官、监督官等职。其主要著作是《论农业》，这本书中的主要管理思想有三点：第一，认为农业是罗马人最重要的职业，主张奴隶主必须认真经营农业，用心管好自己的农庄。第二，强调对奴隶的严格管理。第三，明确提出管家要经过挑选，并规定了管家的职责。他认为：管家应受过一点教育，性情好，有节约的习惯，并且年纪要大一些，在农作方面有经验，有较多的技能，这样才有权指挥其他奴隶。

（二）封建社会

1. 西欧封建社会的组织结构

在西欧封建社会建立和发展的过程中，其社会组织结构始终是围绕集权—分权这一核心形成的。随着封建社会的发展，其内部终于形成了一整套等级制度，成为西欧封建社会组织的特点。它主要是通过由上而下的分级授权来体现的，即由拥有最高权力的国王，把除自己留用外的土地封给大诸侯，条件是要为国王提供军事和财税等方面需要的服务。各大诸侯又以同样的方式从自己的封臣那里获得各种服务。这种逐级分封的制度形成了一种连续的等级制，形成公、侯、伯、子、男等爵位和骑士采邑，骑士采邑又有他的从属门户，构成了由上至下的“金字塔”式结构。

2. 西欧封建社会的经济特点

西欧封建社会早期是非常蒙昧的“黑暗时代”，直到中期和后期，由于手工业从农业中分离出来并迅速发展，城市的兴起和商业与贸易的发展，西欧封建社会的经济才发生了一些新的变化。这主要是：第一，商业复兴、城市兴起。11 世纪西欧商业开始复兴，城市随之产生。商业和城市的兴起对西欧经济的发展具有重大意义。11 世纪—12 世纪，西欧各国都出现了城市，形成了一些设防的居民点，为手工业的发展打开了方便之门。商业和城市的兴起是西欧封建社会经济发展史上最重要的时期，也是它的显著特点所在。第二，行会手工业的形成和对外贸易的发展。由于城市的形成，大量的庄园手工业者转变为专业手工业者，走出了农奴手工业者和领邑、封建主彻底断绝关系的重要一步。在专业手工业者数量增加、生产品种增多的情况下，行会大量产生。行会就是手工业者的团体，是一定行业范围内手工业者的联合。由于行会的产生，便产生了专业化分工、产品质量管理、统一规章制度等可贵的经验。随着手工业生产水平的提高，产品的增加，仅在本地区内销售已不切实际，这样就促使了对外贸易的发展，当时西欧已开辟了多条海上商路，形成了多个贸易中心。贸易和商业的发展，各种核算制度和银行业务也发展了起来，产生了现代簿记学、银行、信用、期票等的雏形。所以说，行会和贸易是这一时期的又一显著特点。

3. 威尼斯的工商管理

威尼斯位于亚德里亚北海岸，到 10 世纪末，已成为一个富庶的商业国家。当时威尼斯的金币“松卡特”几乎成为全欧的通用货币，从而威尼斯商人也远近闻名。

威尼斯的商业管理最突出的两个方面是商业组织类型和会计制度。商业组织类型主要为合伙企业和合资企业，已经和现代企业类型比较接近。在 15 世纪早期，威尼斯商业企业中就开始用复式簿记，设立了日记账和分类账，实行了成本控制和会计控制。

二、管理理论的萌芽

18 世纪中叶，西方国家开始进行产业革命。产业革命始于工具机的变革，最终引起动力机革命，使劳动生产率迅速提高。生产过程专业化程度提高，分工与协作更为必要，开始了工场手工业向机器大工业的演变。管理问题日益突出，如缺乏各级管理人才，劳动报酬、劳动力训练与激励、劳动纪律等方面矛盾不断涌现，管理的指挥、组织、控制等职能逐渐被提上议事日程。

一般来说，这一时期资本家仍担任管理者，凭个人经验和判断管理自己的工厂，经理人员也没有完全独立出来成为现代意义上的专门管理者。此时尚未形成系统的管理思想，但有些学者提出了颇有影响的管理思想，为以后管理理论的形成做出了重要贡献。

(一) 亚当·斯密的管理思想

亚当·斯密(Adam Smith，1723—1790)是英国古典政治经济学代表人物，1776年发表代表作《国民财富的性质和原因的研究》(简称《国富论》)，首次系统阐述了古典政治经济学，成为以后西方经济学发展的鼻祖。同时，书中对劳动分工的作用与经济效益做出的论述，是对管理思想发展的重大贡献。

亚当·斯密认为，国民财富的增加，取决于两个条件：一是增加生产者人数；二是提高劳动生产率。后者更为重要。如何提高生产率呢？他认为应该依靠分工，这是因为："有了分工，同等数量的劳动者就能完成比过去多得多的工作量，其原因有三：第一，劳动者的技巧因业专而日进；第二，由一种工作转到另一种工作，通常须损失不少时间，有了分工，就可以免除这种损失；第三，许多简化劳动和缩减劳动的机械的发明，使一个人能够做许多人的工作。"在这里，亚当·斯密已经充分地认识到了劳动分工和合理组织能够使生产形成专业化、标准化和简化趋势。他对分工理论的系统论述，对以后的管理思想发展产生了深远的影响。

亚当·斯密在提出劳动分工提高生产效率的基础上，还提出了"生产合理化"这样一个重要的管理概念。同时他还指出，价值高的机器，在用旧以前所做的工作应能赚回本金，并至少能提供正常利润，这实际上是提出了投资效果的问题，是斯密对工业管理思想的一大贡献。

亚当·斯密在研究经济现象时的基本论点是所谓"经济人"的观点，即经济现象是具有利己主义的人们的活动所产生的。他认为：人们在经济活动中，追求的完全是私人利益，但每个人的私人利益又受其他人利益限制。这就迫使每个人必须顾及其他人的利益。由此产生了相互的共同利益，进而产生了社会利益。社会利益正是以个人利益为立足点的。这种"经济人"的观点，正是资本主义生产关系的反映，同样对以后资本主义管理思想的发展产生了深远的影响。

【小资料】

亚当·斯密与《国富论》

1723年，亚当·斯密出生在苏格兰法夫郡(County Fife)的寇克卡迪(Kirkcaldy)。亚当·斯密的父亲也叫Adam Smith，是一名律师，也是苏格兰的军法官和寇克卡迪的海关监督，在亚当·斯密出生前几个月去世；母亲玛格丽特(Margaret)是法夫郡斯特拉森德利(Strathendry)大地主约翰·道格拉斯(John Douglas)的女儿，亚当·斯密一生与母亲相依为命，终身未娶。

亚当·斯密常想事情想得出神，丝毫不受外物干扰，有时也因此发生糗事，例如：亚当·斯密担任海关专员时，有次因独自出神将自己公文上的签名不自觉写成前一个签名者的名字。亚当·斯密在陌生环境发表文章或演说时，刚开始会因害羞频频口吃，一旦熟悉后便恢复辩才无碍的气势，侃侃而谈。而且亚当·斯密对喜爱的学问研究起来相当专注、热情，甚至废寝忘食。

1723—1740 年间，亚当·斯密在家乡苏格兰求学，在格拉斯哥大学(University of Glasgow)时期完成拉丁语、希腊语、数学和伦理学等课程；1740—1746 年间，赴牛津大学(University of Oxford)求学，但在牛津并未获得良好的教育，唯一收获是大量阅读许多格拉斯哥大学缺乏的书籍。1751 年后，亚当·斯密在格拉斯哥大学不仅担任过逻辑学和道德哲学教授，还兼职负责学校行政事务，一直到 1764 年离开为止；这时期，亚当·斯密于 1759 年出版的《道德情操论》获得学术界极高评价。而后于 1768 年开始着手著述《国富论》，1773 年时《国富论》已基本完成，但亚当·斯密多花三年时间润饰此书，如图 2-1 所示。1776 年 3 月，此书出版后引起大众广泛的讨论，影响所及除了英国本地，连欧洲大陆和美洲也为之疯狂，因此世人尊称亚当·斯密为“现代经济学之父”和“自由企业的守护神”，其头像甚至被印到英镑上，如图 2-2 所示。

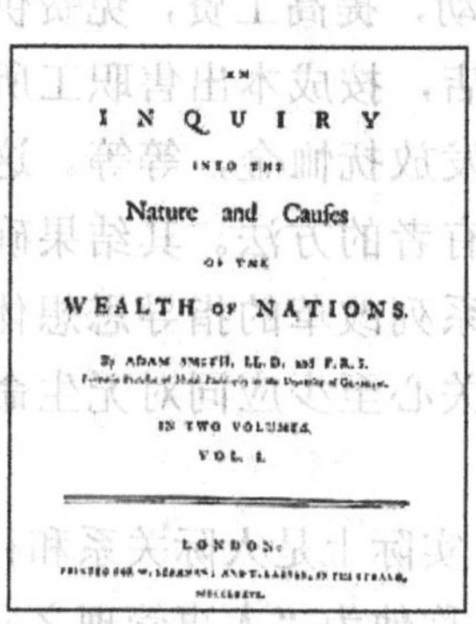
AN
INQUIRY
INTO THE
Nature and Causes
OF THE
WEALTH OF NATIONS.
By ADAM SMITH, LL.D. and F.R.S.
IN TWO VOLUMES.
VOL. I.
LONDON:

图 2-1　《国富论》扉页

图 2-2　英镑上的亚当·斯密

1778—1790 年间，亚当·斯密与母亲和阿姨在爱丁堡定居，1787 年被选为格拉斯哥大学荣誉校长，还被任命为苏格兰的海关和盐税专员。1784 年，斯密出席格拉斯哥大学校长任命仪式，因斯密母亲于 1784 年 5 月去世所以迟迟未上任；直到 1787 年才担任校长职位至 1789 年。斯密在去世前将自己的手稿全数销毁，于 1790 年 7 月 17 日与世长辞，享年 67 岁。

亚当·斯密并不是经济学说的最早开拓者，他最著名的思想中有许多也并非新颖独特，但是他首次提出了全面系统的经济学说，为该领域的发展打下了良好的基础。因此，完全可以说《国富论》是现代政治经济学研究的起点。

(资料来源：[英]柯亨. 亚当·斯密与《国富论》[M]. 王华丹，译. 大连：大连理工大学出版社，2013.)

《国富论》一书是斯密最具影响力的著作，这本书对于经济学领域的创立有极大贡献，使经济学成为一门独立的学科。在西方国家，这本书甚至可以说是经济学所发行过最具影响力的著作。《国富论》的重点之一便是自由市场，自由市场表面看似混乱而毫无拘束，实际上却是由一双被称为“看不见的手”(invisible hand)所指引，将会引导市场生产出正确的产品数量和种类。举例而言，如果产品发生短缺，产品的价格便会高涨，生产这种产品所能得到的利润便会刺激其他人也加入生产，最后便消除了短缺。如果许多产品进入了市场，生产者之间的竞争将会增加，供给的增加会将产品的价格降低至接近产品的生产成本。即使产品的利润接近于零，生产产品和服务的利润刺激也不会消失，因为产品的所有成本包括了生产者的薪水在内。如果价格降低至零利润后仍继续下跌，生产者将会脱离市场；如果价格高于零利润，生产者将会进入市场。斯密认为人的动机都是自私而贪婪的，自由市场的竞争将能利用这样的人性来降低价格，进而造福整个社会，而提供更多产品和服务仍具有利润的刺激。不过，斯密也对商人保持戒心，并且反对垄断的形成。

（二）罗伯特·欧文的管理思想

罗伯特·欧文(Robert Owen，1771—1858)是19世纪初英国卓越的空想社会主义者。从1800年开始，他在苏格兰新纳拉克经营一家纺织厂，在这个工厂里，他实行了前所未有的实验，推行了许多改革办法。他改善了工厂的工作条件：把长达十几个小时的劳动日缩短为十个半小时，严禁未满9岁的儿童参加劳动，提高工资，免费供应膳食，建设工人住宅区，改善工作和生活条件，开设工厂商店，按成本出售职工所需必需品，设立幼儿园和模范学校，创办互助储金会和医院，发放抚恤金，等等。这些改革的目标是探索既能改善工作生活条件，又有利于工厂所有者的方法。其结果确实改善了工人的生活，也使工厂获得了优厚的利润。欧文这一系列改革的指导思想体现了他对人的因素的重视。他认为：人是环境的产物，对人的关心至少应同对无生命的机器关心一样多。

欧文的管理理论和实践突出了人的地位和作用，实际上是人际关系和行为科学理论的思想基础，对以后的管理产生相当大的影响，有人称他为“人事管理之父”。

（三）查尔斯·巴贝奇的管理思想

在产业革命后期，对管理思想贡献最大的是英国的数学家、科学家、管理科学家查尔斯·巴贝奇(Charles Babbage，1792—1871)。他参观访问了英国许多不同的工厂，于1832年出版了代表作《论机器和制造业的节约》，其中对作业的操作、有关各项技术及每一道工序的成本等进行了分析。他是工时研究的先行者，曾经使用秒表记录生产大头针所需的操作时间，详尽阐述了劳动分工提高工效的原因和利润分配制度等问题。

巴贝奇对劳动分工问题的论述比亚当·斯密丰富得多。他认为，劳动分工能够提高生产效率的原因有以下几点：

(1) 节约学习所用的时间。分工使工人只学习某种操作，而不必学习所有工序的操作。

(2) 节约学习时的原料消耗。

(3) 节约原来每个工人变换工序时的时间耗费。

(4) 减轻工人劳动体能消耗。专门做一道工序比一个人完成全部工序体能消耗小，肌肉忍受能力大。

(5) 节省调整工具的时间，避免了非专业化操作中的各道工序的工具调整问题。

(6) 有利于提高技术熟练程度。

(7) 有助于各道工序的工具及机器改进。

巴贝奇认为工人和工厂主之间有着一致的利益，这一点与 70 多年后科学管理之父泰罗所见略同。为此他主张支付工人报酬的方式应改变，采用工资加利润分享的付酬方式，即工人除按其承担的任务获得固定工资外，还应随工厂利润水平按一定比例分享利润。此外，工人提出好的建议改进生产及管理，可获得建议奖金。这样做的好处是：

(1) 每个工人的利益同公司的利润直接联系。

(2) 激励每个工人都来防止浪费和推动管理改进。

(3) 使各部门的工作都有所改进。

(4) 促进工人提高技术和保持良好品行。

(5) 工人与雇主利益一致，取得和谐，消除对立。

巴贝奇还对经理人员提出了许多建设性的意见。他的研究，特别是在制造业研究中采取的科学分析方法，已展现出科学管理的萌芽，在泰罗之前就把科学管理方法应用于管理之中。

第二节　古典管理理论

人类系统地研究并形成管理理论是从 19 世纪末到 20 世纪初，这一时期的管理理论称为“古典管理理论”，代表人物泰罗、法约尔、韦伯从三个不同角度，即车间工人、办公室总经理和组织，分别创立了科学管理理论、一般管理理论和理想行政组织体系理论。

一、泰罗的科学管理理论

物质方面的直接浪费是人们可以看到和感觉到的，但由于人们不熟练、低效率或指挥不当而造成的浪费，人们既看不到，又摸不到。“所有的日常活动中不注意效率的行为都在使整个国家资源遭受巨大损失，而补救低效能的办法不在于寻求某些出众或是非凡的人，而在于科学的管理。”提出这个观念的人，正是被西方管理界誉为“科学管理之父”的泰罗，如图 2-3 所示。

图 2-3　弗雷德里克·温斯洛·泰罗

（一）泰罗的主要观点

弗雷德里克·温斯洛·泰罗(Frederick W. Taylor，1856—1915)，是美国古典管理学家、科学管理的创始人。1856 年出生于美国一个富有的律师家庭，后因眼疾从哈佛大学中途退学。1875 年进入工厂从一名学徒工开始职业生涯，1878 年转入费城的米德维尔钢铁公司，先后当过工人、技工、工长、车间主任、总机械师、总工程师。1893 年从事管理咨询工作。1906 年升迁为美国机械工程师协会主席，并获宾夕法尼亚大学和霍巴特学院的荣誉博士学位。1902 年获“埃利奥特·克雷森奖章”。泰罗从 1898 年起，着手进行了一系列著名的科学试验。

1. 搬铁块试验

1898 年，泰罗在伯利恒钢铁公司开展动作研究，进行了一项搬运铁块试验。他在从事管理研究时看到公司搬铁块工作量非常大，有 75 名搬运工人负责这项工作，把铁块搬上火车运走。每个铁块重 80 多斤，搬运距离为 30 米，尽管每个工人都十分努力，但工作效率并不高，每人每天平均只能搬运 12.5 吨的铁块。

泰罗经过认真的观察分析，最后测算出，一个好的搬运工每天应该能够搬运 47 吨，而且不会危害健康。泰罗首先科学地挑选工人，并进行了培训。经反复挑选，他找到一个名为施米特的强壮的荷兰移民。泰罗用金钱来激励施米特，使他按规定的方法装运生铁。泰罗的一位助手按照泰罗事先设计好的时间表和动作对这位工人发出指令，如搬起铁块、开步走、放下铁块、坐下休息等。泰罗试着转换各种工作因素，以便观察它们对施米特的日生产率的影响。例如，在一些天里，工人可能弯下膝盖搬生铁块；而在另一些天，可能直着膝盖去搬。在随后的日子里，泰罗还试验了行走的速度、持握的位置和其他变量。通过长时间的试验，这名工人平均每天工作量从原来的 12～13 吨猛增至每天装运 48 吨，工资也增加了 70%，于是其他人也渐渐要求泰罗指导他们掌握新的工作方法。

从这以后，搬运工作的定额就提高到了 47.5 吨。最后归结为四点核心内容：①精心挑选工人。②诱导工人使之了解这样做对他们没有损害，还可以得到利益。③对他们进行训练和帮助，使之获得完成既定工作量的技能。④按科学的方法去做可节省体力。

2. 铁锹试验

泰罗对伯利恒钢厂堆料厂工人的铁锹进行了系统研究，并重新进行了设计，使每种铁锹的载荷都能达到 21 磅左右，同时训练工人使用新的操作方法，结果使堆料场的劳动力从 400～600 人减到 140 人，平均每人每天的工作量从 16 吨提高到 59 吨，每吨操作成本从 7.2 美分降至 3.3 美分，每个工人的工资也由每日 1.15 美元增至 1.88 美元。

早先铲掘工人是自备铲子到料厂去干活的，用铲子去铲铁砂，每铲的重量太大容易疲劳；而用同一个铲子去铲煤则每铲的重量又不足。泰罗研究发现，当一个工人在操作中的平均负荷量大致是每铲 21 磅时，他就能干出最大的工作量。因此他在进行实验时就不让工人自己带铲子，而是准备了 8～10 把不同的铲子，每种铲子只适合于铲特定的物料，这不仅是为了使工人能平均铲掘达到 21 磅，也是为了使这些铁铲能适应若干的条件。为此他建立了一间大型工具房，里面存放着精心设计的各种工具。同时他还设计了两张有标号的纸卡，一张说明工人在工具房所领的工具和该在什么地方干活，另一张说明一天工作的情况，也就是一份工人干活的说明书，上面还记载着前一天的收入。在工人们取得白色纸卡的时候，工人就会明白一切正常，而当取得黄色纸卡的时候就意味着要加油干了，否则的话就要调离工作。

泰罗这项实验主要表明“每一项简单的动作都隐含一种科学的成分”。通过这个试验，他提出了新的管理思想：①将试验的手段引入到经营管理领域。②计划和执行相分离。③标准化管理概念的形成。④挖掘人和物的资源潜力，人尽其才、物尽其用是提高效率的最好办法。

3. 金属切削试验

泰罗从米德维尔钢铁公司工作开始，先后对金属切削进行了长达 26 年之久的各种试验，试验次数共计 3 万次以上，耗费 80 万磅钢材，资金 15 万美元。试验结果发现了能大大提高金属切削加工产量的高速钢，并取得了各种车床适当转速和进刀量的完整资料。

在米德维尔钢铁公司时，泰罗为了解决工人怠工问题，对金属切削进行了研究。这时他已具备了相当的金属切削的作业知识，于是他对车床的效率问题进行了试验，预定从事 6 个月的金属切削试验开始了。在使用车床、钻床、刨床等机床切削金属时，无论何时都必须决定适用什么样的刀具、用多大的切削速度，以便获得最佳的金属加工效率，需确定这些要素多达 12 种变量，如金属的成分、工件的直径、切削的深度、进刀量等。

这项试验非常复杂和困难，原来预计的 6 个月实际上用了 26 年，并花费了巨额的资金，耗用了 80 万吨钢材。最后在巴思和怀特等十几名专家的帮助下取得了重大进展。

这项试验的成果形成了金属加工方面的工作规范，另一重要的副产品是高速钢的发明并取得了专利。

泰罗的主要著作是《计件工资》(1895)、《车间管理》(1903)、《科学管理原理》(1911)和《科学管理》(1912)，其中所阐述的管理理论，使人们认识到了管理是一门建立在明确的法规、条文和原则之上的科学，它适用于人类的各种活动，从最简单的个人行为到经过充分组织安排的大公司的业务活动。

（二）泰罗科学管理原理的主要内容

泰罗“科学管理原理”的主要内容包括以下几点。

1. 科学管理的中心问题是提高效率

泰罗认为，要制定出有科学依据的工人的“合理的日工作量”，就必须进行工时和动作研究。方法是选择合适且技术熟练的工人，把他们的每一项动作、每一道工序所使用的时间记录下来，加上必要的休息时间和其他延误时间，就得出完成该项工作所需要的总时间，据此定出一个工人“合理的日工作量”，这就是所谓的工作定额原理。

2. 为了提高劳动生产率，必须为工作挑选“第一流的工人”

关于第一流的工人，泰罗认为：“每一种类型的工人都能找到某些工作使他成为第一流的，除了那些完全能做好这些工作而不愿做的人。”在制定工作定额时，泰罗是以“第一流的工人在不损害其健康的情况下维护较长年限的速度”为标准的。这种速度不是以突击活动或持续紧张为基础，而是以工人能长期维持正常速度为基础。泰罗认为，健全的人事管理的基本原则是使工人的能力同工作相配合，管理当局的责任在于为雇员找到最合适的工作，培训他成为第一流的工人，激励他尽最大的努力来工作。

3. 掌握标准化操作

要使工人掌握标准化的操作方法，使用标准化的工具、机器和材料，并使作业环境标准化，这就是所谓的标准化原理。泰罗认为，必须用科学的方法对工人的操作方法、工具、劳动和休息时间的搭配、机器的安排和作业环境的布置等进行分析，消除各种不合理的因素，把各种最好的因素结合起来，形成一种最好的方法。他把这看作管理当局的首要职责。

4. 实行刺激性的计件工资报酬制度

为了鼓励工人努力工作、完成定额，泰罗提出了计件工资报酬制度，制度包含三点内容：

(1) 通过工时研究和分析，制定出一个有科学依据的定额或标准。

(2) 采用一种叫作“差别计件制”的刺激性付酬制度，即计件工资率按完成定额的程度而浮动。例如，如果工人只完成定额的80%，就按80%的工资率付酬；如果完成了定额的120%，则按120%的工资率付酬。

(3) 工资支付的对象是工人而不是职位，即根据工人的实际工作表现而不是根据工作类别来支付工资。泰罗认为，这样做既能克服消极怠工的现象，更重要的是能调动工人的积极性，从而促使工人大大提高劳动生产率。

5. 互利原则

工人和雇主必须认识到提高效率对双方都有利，都要来一次“精神革命”，相互协作，为共同提高劳动生产率而努力。在前面介绍的铁锹试验中，每个工人每天的平均搬运量从16吨提高到59吨，工人每日的工资从1.15美元提高到1.88美元，而每吨的搬运费从7.2美分降到3.3美分，对雇主来说，关心的是成本的降低；而对工人来说，关心的则是工资的提高。所以，泰罗认为互利就是劳资双方进行“精神革命”、从事协调与合作的基础。

6. 把计划职能同执行职能分开，变原来的经验工作法为科学工作法

所谓经验工作法，是指每个工人用什么方法操作、使用什么工具等，都由工人根据自己的或师傅等人的经验来决定。泰罗主张明确划分计划职能与执行职能，由专门的计划部门来从事调查研究，为定额和操作方法提供科学依据；制定科学的定额和标准化的操作方法及工具；拟订计划并发布指示和命令；比较“标准”和“实际情况”，进行有效的控制等工作。至于现场的工人，则从事执行的职能，即按照计划部门制定的操作方法和指示，使用规定的标准工具，从事实际的操作，不得自行改变。

7. 实行“职能工长制”

泰罗主张实行“职能管理”，即将管理的工作予以细分，使所有的管理者只承担一种管理职能。他设计出八个职能工长，代替原来的一个工长，其中四个在计划部门，四个在车间。每个职能工长负责某一方面的工作，在其职能范围内，可以直接向工人发出命令。泰罗认为这种“职能工长制”有三个优点：①对管理者的培训所花费的时间较少；②管理者的职责明确，因而可以提高效率；③由于作业计划已由计划部门拟订，工具与操作方法也已标准化，车间现场的职能工长只需进行指挥监督，因此非熟练技术的工人也可以从事较复杂的工作，从而降低整个企业的生产费用。后来的事实表明，一个工人同时接受几个职能工长的多头领导，容易引起混乱。所以，“职能工长制”没有得到推广。但泰罗的这种职能管理思想为以后职能部门的建立和管理的专业化提供了参考。

8. 在组织机构的管理控制上实行例外原则

泰罗等人认为，规模较大的企业组织和管理，必须应用例外原则，即企业的高级管理人员把例行的一般日常事务授权给下级管理人员去处理，自己只保留对例外事项的决定权力和监督权。这种以例外原则为依据的管理控制原理，以后发展成为管理上的分权化原则和实行事业部制管理体制。

泰罗的“科学管理”理论在20世纪初得到了广泛的传播与应用，并且在他去世以后的一定时期内，仍有许多人从事这一理论的研究与发展。他的追随者中，主要有以下几位。

(1) 美国工程师弗兰克·吉尔布雷思(Frank Bunker Gilbreth，1868—1924)及其夫人心理学博士莉莲·吉尔布雷思(Lillian Moller Gilbreth，1878—1972)。弗兰克的主要著作有《动作研究》(1911)和《应用动作研究》(1917)，莉莲的著作有《管理心理学》(1916)，两人合著有《疲劳研究》(1919)和《时间研究》(1920)等。莉莲毕业于加利福尼亚大学，是

美国第一个获得心理学博士学位的妇女，被称为“管理学的第一夫人”。他们主要的研究领域在动作研究和工作简化方面，以寻求一种合理的、标准的动作(见表2-1)，从而提高效率，后来他们被人们称为“动作专家”。

表 2-1　吉尔布雷思夫妇研究的 17 种基本动作元素

类别	文字符号	名称	定义
1	RE	伸手	空手移动，伸向目标，又称运空
2	G	抓取	利用手指充分控制物体
3	M	移物	手持物从一处移至另一处
4	RL	放手	从手中放掉东西
5	U	使用	利用器具或装置所做的动作
6	H	持住	手握物并保持静止状态
7	DA	拆卸	对两个以上组合的物体做分解动作
8	A	装配	为了两个以上物体的组合而做的动作
9	ST	选择	在同类物件中，选取其中一个
10	I	检查	将产品和所制定的标准比较的动作
11	SH	寻找	确定目的物位置的动作
12	PN	计划	在操作进行中，为决定下一步骤所做的考虑
13	PP	预定位	物体定位前，将物体安置到预定的位置
14	P	定位	将物体放置于所需的正确位置而进行的动作
15	R	休息	因疲劳而停止工作
16	UD	延迟	不可避免的停顿
17	AD	故延	可以避免的停顿

(2) 亨利·甘特(Henry Laurence Gantt，1861—1919)，美国管理学家、机械工程师。他主要是利用“甘特图”把计划与控制生产有效地结合起来，如图 2-4 所示。从一张事先准备好的图表上，管理部门可以看到计划执行的进展情况，并可以采取一切必要行动使计划能按时或在预期的许可范围内完成。

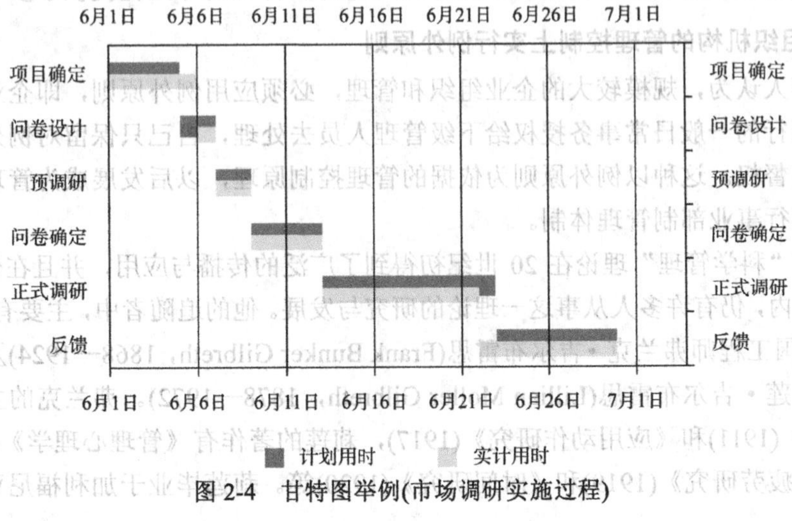

图 2-4　甘特图举例(市场调研实施过程)

还有许多有成就的追随者，他们都从不同的角度在一定程度上丰富与完善了泰罗的科学管理原理。然而，他们在很大程度上类似于泰罗，仅把研究范围限定在车间的劳动作业的技术方面。

(三) 泰罗等人的主要贡献

泰罗的科学管理主要有两大贡献。

(1) 从管理走向科学，这是有效管理的必要条件。古希腊哲学家柏拉图曾讲述了一段故事：航行在海上的一艘船上，在部分水手的拥戴下，某年轻力壮的水手杀了有点年老且耳聋的船长……结果船失去了方向，葬身海底。在当今，“精神革命”的实质就是通过合作将企业做大，否则企业只能在沉默中灭亡。当然，科学管理存在着过于重视技术、强调个别作业效率、对人的看法有偏颇、忽视了企业的整体功能等历史局限因素，所以，科学管理不是万能的，但没有科学管理却是万万不能的。

(2) 劳资双方的精神革命，这是有效管理的必要心理准备，也是实施科学管理的核心问题。许多人认为雇主和雇员的根本利益是对立的，而泰罗所提的科学管理却恰恰相反，他相信双方的利益是一致的。对于雇主而言，追求的不仅是利润，更重要的是事业的发展。而正是这事业把雇主和雇员联系在一起，事业的发展不仅会给雇员带来较丰厚的工资，而且更意味着可以充分发挥其个人潜质，满足自我实现的需要。只有雇主和雇员双方互相协作，组织才会取得较高的绩效水平，可见这种合作观念是非常重要的。

泰罗是科学管理的先锋，其追随者和同行者也对科学管理做出了重要的贡献。

(1) 吉尔布雷思夫妇在研究中开始注意到工作中人的因素，并在一定程度上试图把效率与人的因素结合。他们把新的管理科学应用到实践中，从而使它更容易被人们所接受并取得成功。人们可以根据他们的研究成果制定出更好的动作模式，提高生产率，并以此建立健全激励报酬制度。吉尔布雷思夫妇的思想对后来行为科学的发展有一定的影响。

(2) 亨利·甘特用图表进行计划和控制的做法是当时管理思想的一次革命。首先，“甘特图”是“时间项目网络分析”等现代计划方法的基础。其次，他强调“计件奖励工资制”，以及重视管理中人的因素，这对后来的管理理论的形成与发展，做出了较大的贡献。

(3) 亨利·福特在泰罗的单工序动作研究基础之上，进一步对如何提高整个生产过程的效率进行了研究，创建了第一条流水生产线——福特汽车流水生产线，使生产成本明显降低。同时，福特进行了多方面的标准化工作，包括产品系列化、零件规格化、工厂专业化、机器工具专业化、作业专门化等方面。

【小资料】

福特汽车公司

福特汽车公司之所以取得了今天的巨大成就，与福特汽车公司创始人亨利·福特推行科学管理是分不开的。1910年，福特开始在高地公园新厂进行工厂自动化实验。他率领一群高效率的专家，检查装配线上的每一个环节，试验各种方法，以求提高生产力。

而他最重要的突破就是利用甘特图表进行计划控制，创造了世界上第一条汽车装配流水线，实现了机械化的大工业，大幅度提高了劳动生产率，出现了高效率、低成本、高工资和高利润的局面。1914 年，福特宣布 8 小时日工资为 5 美元(取代了 9 小时 2.34 美元的工资标准)，这个报酬是当时技术工人正常工资的两倍。福特想：这样，制造汽车的工人就能够成为汽车的拥有者了。5美元一个工作日的消息一公布，有数万人不顾冰冷刺骨的天气，涌到福特的海兰公园制造厂申请工作。亨利·福特开创了一个新时代，他独特的汽车生产线和为大众服务的经营理念一方面给自己带来了丰厚的利润，另一方面也改变了美国人的消费观念，从此，美国成了汽车的王国。

(资料来源：科学管理铸就“福特汽车王国”[EB/OL]. http://www.ceconlinebbs.com/FORUM_POST_900001_900006_908980_0.HTM.)

科学管理的许多思想和做法至今仍被许多国家参照采用，对我国企业也仍具有重要的指导意义。泰罗最强有力的主张之一就是制造业的成本会计和控制，使成本成为计划和控制的一个不可缺少的组成部分。而现在我国许多企业仍存在低质量、高成本、低效率、高能耗现象。尽管很早就提出要向管理要效益，但在实践层次上，我国的企业还有很大的差距，这也是强调科学管理的原因所在。

然而，科学管理理论是建立在“经济人”假设的前提下的，并深受时代的局限性。因此，科学管理理论存在以下不足。

(1) 泰罗对工人的看法是错误的。

(2) 泰罗仅重视技术的因素，不重视人群社会的因素。

(3) 内容窄，局限于车间管理。

二、法约尔的一般管理理论

泰罗的科学管理开创了西方古典管理理论的先河。在其广为传播之时，欧洲也出现了一批古典管理理论的代表人物及其理论，其中影响最大的当属法约尔及其一般管理理论。

(一) 法约尔的主要观点

亨利·法约尔(Henri Fayol，1841—1925)，法国人(见图 2-5)。1860 年从圣艾蒂安高等矿业学校毕业后进入康门塔里-福尔香堡采矿冶金公司担任工程师和矿长职务，后担任该公司经理。1888 年，47 岁的他被任命为总经理。1918 年，他成立了管理科学方面的研究中心，专门从事对管理方面的研究，直到 1925 年逝世。其生涯主要分为四个时期：第一个时期从 1860 年至 1872 年，此时他还是个下级，主要致力于采矿的工程问题。第二个时期从 1872 年至 1888 年，这时他已是一批矿井的总管，其思路主要倾注在煤田地质和矿井寿命等问题上。第三个时期从 1888 年至 1918 年，此时期开始时该公司财政状况极为困难，几乎濒于破产。法约尔在这时立刻被任命为总经理，并改组了公司，成立

图 2-5 亨利·法约尔

了新的被称为“科芒博”的煤铁联营公司。法约尔获得巨大的成功，当他 77 岁退休时，公司财力已达到不可动摇的地位，人员素质也亦属不可多得。第四个时期从他退休直到逝世，虽已年逾古稀，但精力不衰。从 1918 年直到 1925 年，他致力于普及自己的管理理论工作，对他 30 年事业上的惊人成就加以总结。最后，作为一名管理学的哲理家和一名国务活动家，他在本国和很多其他欧洲国家的思想史上留下的影响并不逊色于弗雷德里克·温斯洛·泰罗给美国留下的影响。泰罗的研究是从“车床前的工人”开始，重点内容是企业内部具体工作的效率；法约尔的研究则是从“办公桌前的总经理”出发的，以企业整体作为研究对象。他认为，管理理论是“指有关管理的、得到普遍承认的理论，是经过普遍经验检验并得到论证的一套有关原则、标准、方法、程序等内容的完整体系”；有关管理的理论和方法不仅适用于公私企业，也适用于军政机关和社会团体。这正是其一般管理理论的基石。法约尔的著作很多，1916 年出版的《工业管理和一般管理》是其最主要的代表作，标志着一般管理理论的形成。

在《工业管理和一般管理》一书中，法约尔阐述了他的基本观点。

1. 区分经营与管理的概念，提出了企业的基本活动与管理的基本职能

法约尔指出，任何企业都经营着 6 种基本活动：①技术活动，即生产、制造、加工及其相关的技术等活动。②商业活动，即购买、销售等活动。③财务活动，即与资金运动有关的活动。④安全活动，即设备的维护与修理、工业卫生、职工安全、劳动保险等活动。⑤会计活动，即统计、核算等活动。⑥管理活动，即计划、组织、指挥、协调与控制 5 项职能活动。他指出，在上述 6 种基本活动中，管理是企业经营的活动之一，而且处于核心地位，其他 5 项活动无一不需要管理活动。上述活动之间的关系，可以简单地用图 2-6 表示。

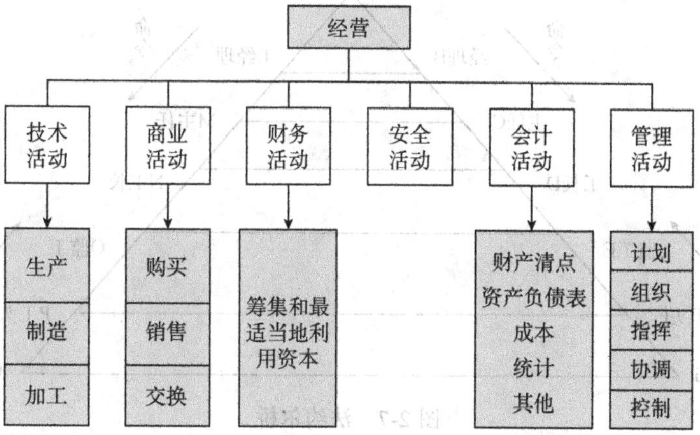

图 2-6 企业的 6 种基本活动关系图

在区分了经营与管理的概念之后，法约尔指出，管理就是对经营活动的计划、组织、指挥、协调与控制的一项综合性工作。他对管理的5项职能活动也做了界定：

(1) 计划就是仔细研究未来，然后对未来活动及其成果做出安排。

(2) 组织就是建立企业的物质与人事机构，把企业的人力、物力与财力组织起来，为组织的每个成员分工，并规定他们的任务、职权和责任。

(3) 指挥就是指导下属有效地去完成工作，以保证目标的实现。

(4) 协调就是把所有的工作统一与联系起来，使各项活动协调一致。

(5) 控制就是设法使一切工作都按制订的计划和已下达的命令去做。

2. 提出了14条管理原则

法约尔根据自己的工作经验，结合实践研究，归纳出了14条管理原则，分述如下：

(1) 分工。只要有可能，就应实行劳动分工与劳动专业化。

(2) 职责与职权。职权是发号施令的权力和要求服从的威望。职权与职责应该相互对等，领导者在行使职权时必须承担相应的责任。一旦授予任务，必须授予相应的职权。

(3) 纪律。纪律是管理所必需的、是对协定的遵从。

(4) 统一命令。组织内一个下属只能接受一个上级的命令，不能有多头领导。

(5) 统一指挥。对同一目标的系列活动，只应有一个领导人和一项计划。

(6) 个人利益服从整体利益。个人利益必须与整体利益相一致。当个人利益与整体利益不一致时，个人利益必须服从整体利益。

(7) 报酬公平。个人报酬应以公平的概念为基础，它应以激励人们实现最佳工作业绩为目的，并应使雇主与雇员双方都感到满足。

(8) 集权。集权与分权是相对的，任何增加下级作用的重要性的行动就是分权，而减少这种作用的行动就是集权。集权与分权应视不同情况而定。

(9) 等级链。等级链指在管理机构中，最高一级到最低一级应该建立关系明确的职权等级系列。法约尔为之专门设计了一种“法约尔桥”(见图2-7)。

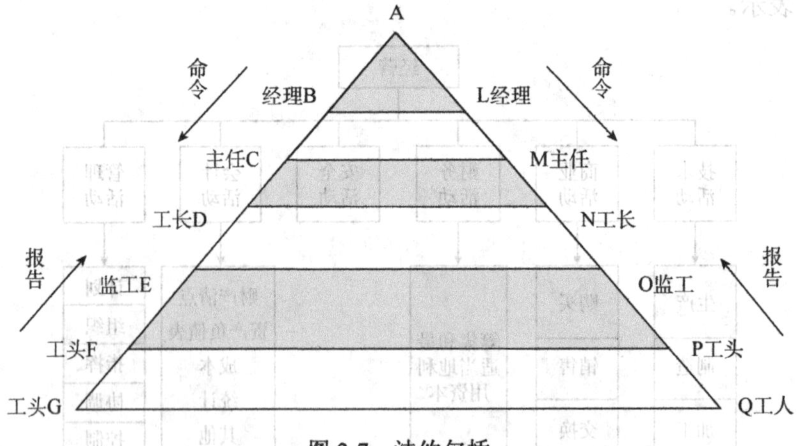

图2-7 法约尔桥

(10) 秩序。一切工作都应按部就班地进行。不管是人或物，都应该有自己适当的位置。

(11) 公正。主管人员对其下属应仁慈、公平。只有这样，才有可能使其对上级表现出热心和忠诚。

(12) 人员的稳定。应保持组织内人员的稳定，制订有秩序的人员安排和人员来源计划。如果人员不断变动，工作将无法实现良好的效益与效率。

(13) 首创精神。就是要提高组织内所有成员工作积极性与主动性。

(14) 团结精神。指必须注意保持与维护组织内和谐与团结的关系，特别是人与人之间的关系。

法约尔根据其经验强调，上述 14 条原则在具体应用时不应照搬，要考虑具体的可变因素灵活运用，并指出它们仅是个尺度问题。

3. 提出了管理者应具备的品质与能力

法约尔认为，所有的管理人员都需要具有以下品质与能力。

(1) 身体条件：拥有健康的体魄，精力充沛。

(2) 智力条件：具有理解与学习能力、判断能力、分析能力，思维敏捷，适应能力强。

(3) 道德品质：干劲十足，坚定不移，愿承担责任，具有主动性，忠诚、机智。

(4) 知识：对本职工作之外的知识有广泛的了解。

(5) 专业：应具备本职工作所特有的知识，包括技术、经营、财务与管理等知识。

(6) 经验：应具备从本职工作获取知识、经历方面的经验与教训。

当然，法约尔也指出，上述品质与能力是所有管理者都必须具备的，所处的管理层次不同，要求的程度也有所不同。

（二）法约尔的主要贡献

法约尔是直到 20 世纪上半叶为止最杰出的管理学大师，人们习惯把他的理论称为管理过程理论或管理程序理论。后人称法约尔为“现代经营管理之父”，也有人称其为“管理程序之父”。他最主要的贡献在于：从经营职能中独立出管理活动；提出管理活动所需的 5 项职能和 14 条管理原则。这也是其一般管理理论的核心。

法约尔的管理程序理论与泰罗的科学管理并不是矛盾的，只不过是从两个方面来看待和总结管理实践的。这些管理的职能和原则对企业而言，是“为和不为”的问题，而不是“能和不能”的问题；实质上也是企业维系长期的有效竞争的平台，有之未必然，无之必不然。尽管法约尔早就提出了“管理能力可以通过教育来获得”的思想，但直至今日，企业界的许多领导人仍然信奉“经验至上主义”，认为“实践和经验是取得管理资格的唯一途径”。

三、马克斯·韦伯的理想行政组织体系理论

马克斯·韦伯(Max Weber，1864—1920，见图 2-8)，是与泰罗、法约尔同一时代并

且对西方管理理论的确立做出杰出贡献的德国著名社会学家和哲学家。他从小受过良好的教育，对社会学、宗教、经济学与政治学有着广泛的兴趣，上学期间还曾入军队服役，从而对德国军队的管理制度有较多的了解，这对他以后从事组织理论的研究工作多有裨益。他先后担任过教授、主编等工作。他在管理思想上的主要贡献是提出了理想的行政组织体系理论或者叫官僚行政组织理论。这集中体现在他的《社会组织与经济组织》及《经济史》中，正是由于他对古典组织理论有杰出的贡献，所以后人称他为“组织理论之父”和“官僚主义之父”。

韦伯的理想的行政组织体系的核心，是组织活动要通过职务或职位而不是通过个人或世袭地位来管理。所谓“理想的”，是指现代社会最有效、最合理的组织形式，而不是最合乎需要的。

图 2-8　马克斯·韦伯

（一）韦伯的主要观点

韦伯的管理思想的主要内容包括以下几方面。

1. 权力论

韦伯首先把社会所接受的权力分为三类：第一类是法理型的权力，其特点是由社会公认的法律规定的或者掌有职权的那些人通过命令下达的权力；第二类是传统型的权力，其特点是由历史沿袭下来的权力，它是以古老的传统为基础的；第三类是超凡魅力型的权力，其特点是以对某人特殊的、神圣的或模范的品德的信仰为基础的。

韦伯认为，任何一种组织都必须以某种形式的权力为基础。权力是理想的行政组织体系的基础。

2. 理想的行政组织体系理论

韦伯认为，“理想的行政组织体系”应具有如下特征。

(1) 明确的分工。即对行政组织的每一个职位的权利与义务做出明确的规定，人员要实现专业化分工。

(2) 自上而下的等级系统。即要把各种公职或职位按权力等级组织起来，形成一个责权分明、层层控制的等级制度。

(3) 人员的任用。人员的任用要完全根据等级职务的要求，以及通过正式考试或者训练和教育所获得的技术资格来进行。

(4) 职业管理人员。即行政人员领取固定的“薪金”，他们是“专职的”公职人员，所有担任公职的人都是任命的，而不是选举的，除了按规定必须通过选举产生的公职以外。

(5) 组织中人员之间的关系。韦伯认为，组织中的行政管理人员必须遵守规定的规则和纪律，要按程序办事。同时，组织中人员之间的关系，完全由相关的规则和制度来约束，而这些规则和制度都是以理论准则为指导，不受个人情感的影响。

最后，韦伯认为，理想的行政组织体系和其他组织形式相比，具有高效率的特点。

而且从组织的有效性来看，它符合理性原则，具有明确性、纪律性、可靠性。而实质上，人们则常把它看作官僚组织模式，不过它为组织理论的发展已基本上提供了框架。

（二）韦伯的主要贡献

韦伯的理想行政组织体系理论虽然同法约尔的理论一样，在 20 世纪四五十年代以前并没有受到欧美各国的重视，然而随着资本主义的发展和企业规模的扩大，人们越来越认识到其价值，西方管理学界已经普遍承认了它的贡献。在今天，这种管理体制已成为各类正式组织的一种典型结构和主要的组织形式，并且被人们广泛应用于各种组织设计当中，发挥着有效的指导作用，而韦伯有关管理的精辟的论点也对后来的管理理论发展产生了广泛又深刻的影响。

第三节　现代管理理论

古典管理理论主要在生产作业管理方面及组织结构等方面进行研究，因而它们的核心思想都是为了提高生产现场的作业效率。所有这些理论都极大地促进了社会生产力的发展及管理理论的发展。但是，随着生产力的发展，这些以“工作为中心”的管理理论在提高生产率方面也表现出一定的局限性。随着经济科技的发展和社会人文、民主的进步，新的管理思想应运而生。

一、巴纳德的组织管理理论

图 2-9　切斯特·巴纳德

切斯特·巴纳德(Chester Irving Barnard，1886—1961，见图2-9)出生于美国，1906 年进入哈佛大学经济系学习，两年内以优异的成绩学完全部课程，但因缺少实验科学学分未获学士学位。1909 年进入美国电报公司统计服务部。1927 年担任美国新泽西贝尔公司的总经理直到退休。他一生中还在许多组织中兼职，如：在洛克菲勒基金会任董事长四年，在联合服务组织任主席三年等。巴纳德将社会学概念用于管理上，在组织的性质和理论方面做出了杰出的贡献。他一生中获得了七个荣誉博士学位。他从自身的实践经验出发，通过大量的例证研究，最后总结出一套“自觉协作活动系统”理论。他的代表作是 1938 年出版的《经理的职能》。

（一）巴纳德的主要观点

1. 组织是一个协作系统

巴纳德认为，组织是两个人或更多人用人类意识加以协调的活动或力量系统。他所强调的是人的行为，是活动和相互作用的系统。他认为在组织内主管人是最主要的因素，只有依靠主管人的协调，才能维持一个“努力合作”的系统。

2. 组织存在的三要素

巴纳德认为，组织不论大小，其存在和发展都必须具备三个基本要素：明确的目标、协作的意愿和良好的沟通。

(1) 明确的目标。首先，一个组织必须有明确的目标，组织的目标不明确，组织成员不知道需要做出哪些行为和努力，就不知道协作会给他们个人带来哪些满足，他们的协作意愿也就无从产生。其次，目标必须为组织的成员所理解和接受，否则也就无法统一行动和决策。然而，组织目标能否为其成员所接受，又要看个人是否有协作意愿，因此，目标的接受与协作意愿是相互依存的。再次，对于组织目标的理解可以分为协作性理解和个人性理解，这两种理解往往是矛盾的。当目标简单具体时，两者的矛盾较小；当目标复杂抽象时，两者产生矛盾的可能性较大。一个目标只有当组织成员认为他们彼此的理解没有太大差异时，才能成为协作系统的基础。因此，管理者的重要职能就是向组织成员灌输组织目标，统一对组织目标的理解。最后，必须区分组织目标与组织成员的个人目标。巴纳德认为，参加组织的个人具有双重人格，即组织人格与个人人格。这两者之间并无直接的关系，也并不一致。一个人之所以愿意为组织目标做出贡献，并不是因为组织目标就是个人目标，而是因为实现组织目标将有助于达成个人目标。因此，个人目标的实现是个人参与组织活动的决策基础。如何协调组织目标与个人目标的差异，是管理者另一项重要的任务。此外，一个组织要生存和发展，必须适应环境的变化，组织目标也必须随环境做出适当的变更。

(2) 协作的意愿。协作的意愿是指组织成员对组织目标做出贡献的意愿。某人有协作的意愿，意味着他需要自我克制，放弃部分个人的行为控制权，服从组织。若无协作意愿，组织目标就无法达成。因此，巴纳德提出了一个著名的关系式：

$$诱因 \geqslant 贡献$$

所谓诱因是指组织给成员个人的报酬，这种报酬可以是物质的，也可以是精神的。所谓贡献是指个人为组织目标的实现而做出的贡献和牺牲。由于诱因和牺牲的尺度通常是由个人主观决定的，不是由客观决定的。因此，组织满足这些诱因也是有点困难的。有的人看重金钱，有的人则看重地位，有的人侧重于自我目标的实现，对于不同的人，组织要给予不同的激励。可以说协作的意愿如果没有共同的目标是发展不起来的。如果组织成员不了解组织要求他们做什么，做成功以后他们会得到什么样的回报，就不可能诱导出协作的意愿来。

巴纳德认为只有当组织给个人的报酬大于或等于个人为组织做出的贡献时，个人才可能愿意为组织目标的实现做出个人的努力和贡献。在管理中把组织目标与个人目标结合起来的思想，被认为是管理思想发展史上具有里程碑意义的思想。巴纳德强调个人目标与组织共同目标之间相互协调的问题，并指出管理人员必须能够协调个人目标与组织目标之间的矛盾。

(3) 良好的沟通。组织的共同目标和个人的协作意愿只有通过意见交流，将两者联系和统一起来，才具有意义和效果。有组织目标而无良好的沟通，将无法统一和协调组织成员为实现组织目标所采取的合理行动。所以，良好的沟通是组织内一切活动的基础。

以上三个要素是一个正式组织存在的必要条件，这三个条件中若有一条不满足，组织就要解体。

3. 组织效力原则与组织效率原则

巴纳德还认为，要使组织存在和发展，不仅要具备上述三个基本要素，还要贯彻组织效力和组织效率这两个基本原则。

(1) 组织效力是组织实现其目标的能力或实现其目标的程度。一个组织协作得很有效，它的组织目标就能实现，这个组织就是有效力的。反之，一个组织无法实现其目标，这个组织就是无效力的，组织本身也必然瓦解。组织具有较高的效力是组织存在的必要前提。组织效力是随组织环境及其适应环境能力而定的。

(2) 组织效率是指组织在实现其目标的过程中满足其成员个人目标的能力和程度。一个组织如不能满足其成员的个人目标，就不可能使其成员具有协作意愿和做出实现组织目标所必需的努力，他们就会不支持或退出该组织，从而使组织的目标无法实现，并导致组织的瓦解。因此，组织效率就是组织的生存能力。

4. 权威接受论

巴纳德认为，管理者的权威并不是来自上级的授予，而是来自由下而上的认可。管理者权威的大小和指挥权力的有无，取决于下级人员接受其命令的程度。他认为单凭职权发号施令是不可取的，更重要的是取得下级的同意、支持和合作。他在《经理的职能》一书中对权力有这样的论述："如果经理人员发出的一个指示得到执行，在执行人的身上就体现了权威的建立，违抗指示则说明他否定这种权威。据此，指示是否有权威性，检验的标准是接受指示的人，而不是发布指示的经理人员。"

5. 组织平衡

组织提供的诱因能满足组织成员的个人目标，激发他们为组织做出合理的贡献，诱因与贡献平衡称为组织平衡。组织平衡有以下三个特点：

(1) 在组织内部，个人与组织整体平衡，即组织提供的诱因与成员的贡献平衡。

(2) 组织与环境平衡，即在组织目标的选择与实现过程中维持与环境的平衡。

(3) 组织平衡是动态平衡，在组织提供的诱因、组织成员的个人目标发生变化或环境改变时，旧的组织平衡被打破，在新的条件下建立新的组织平衡。

6. 管理的职能

根据上述理论，巴纳德认为，管理就是维持组织的能力。管理的职能包括：确定组织目标，并设法使其实现；提供适当的诱因，以满足组织成员的动机，确保组织成员对组织的贡献；确定组织的信息传递系统，并使命令具有权威性。

（二）巴纳德的主要贡献

巴纳德的组织理论对管理理论做出了重大贡献，主要表现在以下几方面：

(1) 创立了社会系统学派，首先把组织看作一个社会系统，强调人们之间的协作。

(2) 采用了动态性和分析性的研究方式，理论带有演绎色彩，使管理学获得了高度的科学性，在社会科学领域被广泛使用。

(3) 对“沟通”“动机”“决策”“目标”和“组织关系”等问题进行了开创性的专题研究。

(4) 从心理学和社会学的角度来研究管理，为管理理论的研究开辟了新的领域。

(5) 针对权威提出了全新的看法，对后人很有启发。

巴纳德的组织管理理论的不足之处主要在于：某些概念缺乏明确性，如对“组织效力组织效率”的概念，巴纳德没有做出更明确的解释和说明。

二、梅奥的人际关系理论

人际关系理论的代表人物是乔治·埃尔顿·梅奥(George Elton Mayo，1880—1949)。梅奥原籍澳大利亚，20 岁时在阿德雷德大学获得逻辑学与哲学的硕士学位，并在澳大利亚昆士兰大学讲过多年的逻辑学和哲学，后又到苏格兰研究精神病理学，对精神上的不正常现象进行分析。在洛克菲勒基金会的资助下，梅奥移居美国，在宾夕法尼亚大学任教。1926 年进入哈佛大学从事工业管理问题的研究。

（一）梅奥的主要观点

1. 霍桑实验

古典管理理论的杰出代表泰罗、法约尔等人在不同的方面对管理思想和管理理论的发展做出了卓越的贡献，并且对管理实践产生了深刻影响，但是他们有一个共同的特点，就是都着重强调管理的科学性、合理性、纪律性；而未给管理中人的因素和作用以足够重视。他们的理论是基于这样一种假设，即社会是由一群群无组织的个人所组成的；他们在思想上、行动上力争获得个人利益，追求最大限度的经济收入，即“经济人”；管理部门面对的仅仅是单一的职工个体或个体的简单总和。基于这种认识，工人被安排去从事固定的、枯燥的和过分简单的工作，成了“活机器”。从 20 世纪 20 年代美国推行科学管理的实践来看，泰罗制在使生产率大幅度提高的同时，也使工人的劳动变得异常紧张、单调和劳累，因而引起了工人们的强烈不满，并导致工人的怠工、罢工及劳资关系日益紧张等事件的出现。此外，随着经济的发展和科学的进步，有着较高文化水平和技术水平的工人逐渐占据了主导地位，体力劳动也逐渐让位于脑力劳动，也使得西方的资产阶级感到单纯用古典管理理论和方法已不能有效控制工人以达到提高生产率和利润的目的。这使得对新的管理思想、管理理论和管理方法的寻求和探索成为必要。

在美国芝加哥郊外的西方电器公司的霍桑工厂具有比较完善的娱乐设施、医疗保险制度和养老退休金制度。本来工人应有较高的劳动效率，应有一定的积极性、主动性和创造性。然而实际上，工人们仍有强烈的不满情绪，生产效率依然很低。为了探究原因，1924 年，美国国家研究委员会组织了一个包括许多专家在内的研究小组进驻霍桑工厂，进行了大规模、多方面的实验。1927 年，梅奥参加了中途遭遇困难的霍桑实验。

总体来说，霍桑实验可以分为四个阶段：照明实验、继电器装配工人小组实验、大规模的访问交谈，以及对接线板接线工作室的研究。

(1) 照明实验(1924—1927)。这一实验的研究目的是研究照明情况对生产效率的影响。在开始实验前，专家小组以泰罗的科学原理为指导思想，他们认为工作的物理环境与生产效率之间应该存在着因果关系，而照明度又是工作的物理环境之一，所以他们决定做此实验。在具体做实验时，专家小组选择了两个实验小组。其中一个小组称为实验组，另一个小组称为控制组。实验组的照明度不断变化，控制组的照明度始终不变。通过对比研究，专家小组发现，照明度的改变不是引起生产效率变化的决定性因素，而另外肯定有未知的因素在起决定性作用，所以专家小组决定继续研究。

(2) 继电器装配工人小组实验(1927—1928 年)。为了研究影响生产效率的因素，专家小组决定单独分出一组工人进行研究。在研究时，专家小组对实验小组分期改善工作条件。例如，增加工间休息、公司负责供应午餐与茶点、缩短工作时间、实行团体计件工资制等。研究发现这些条件的变化会引起劳动生产率的不断上升与变化。专家小组为了进一步研究影响劳动生产率变化的影响因素，把可能的因素列为五大类分别加以研究，这五大类因素分别为：①改善休息时间，减少工作日数，减轻疲劳。②减轻工作中的单调性。③改善材料供应方法与供应情况。④改善劳动工资制度。⑤改善监督与指导方式，从而改善工人的工作态度。

通过对上述因素的研究，结果发现第五个因素有利于提高工人的劳动生产率，于是决定继续研究。

(3) 大规模的访问交谈(1928—1931)。到此时实验已进行到第三个阶段，通过大规模的访问交谈和反复的对比实验研究(见图 2-10)，结果发现，在众多因素中，影响工作效率的重要因素是工作中发展起来的人际关系，而不是工资待遇与工作环境等。并且经过进一步的反复实验研究，发现每个工人的劳动效率的高低，不但受自身的条件与因素的影响，而且也受到人际关系或者同事的影响。由于初步的倾向性认识，为了进一步研究具体的影响劳动生产率的因素，专家小组决定进行第四阶段的研究。

(4) 对接线板接线工作室的研究(1931—1932)。主要是以集体计件工资制刺激工人，企图形成“快手”对“慢手”的压力以提高效率。公司当局给工人规定的产量标准是焊合 7312 个接点，但他们完成的只有 6000～6600 个接点。实验发现，工人既不会为超定额而充当“快手”，也不会因完不成定额而成“慢手”，当他们达到他们自认为是“过得去”的产量时就会自动松懈下来。其原因是，生产小组无形中形成了默契的行为规范，即工作不要做得太多，否则就是“害人精”；工作不要做得太少，否则就是“懒惰鬼”；不应当告诉监工任何会损害同伴的事，否则就是“告密者”；不应当企图对别人保持距离或多管闲事；不应当过分喧嚷、自以为是和热心领导，等等。根本原因则有三：一是怕标准再度提高；二是怕失业；三是为保护速度慢的同伴。这一阶段的实验，还发现了“霍桑效应”，即对于新环境的好奇和兴趣，足以导致较佳的成绩，至少在初始阶段是如此。

图 2-10 “霍桑实验”访谈现场

在这一阶段的实验中，专家小组以接线工、焊接工和检查员为研究对象进行研究，专家小组发现：

(1) 工作室的大部分成员都故意自行限制工作定额。

(2) 工人对待他们不同上级的态度不同。

(3) 工作室的成员存在几个派系。这些派系后来就被称为非正式组织。

上述四个阶段的霍桑实验，为人际关系理论的形成及行为科学的发展，奠定了坚实的基础。

2. 梅奥人际关系理论的主要观点

梅奥在代表作《工业文明的人类问题》中，总结了其人际关系理论的主要思想。其主要观点有以下几点。

(1) 工人是“社会人”，而不是“经济人”。以前泰罗的科学管理原理假定工人是追求最大限度的工资收入，雇主是追求最大限度的利润的“经济人”。而霍桑实验的研究发现，工人作为集体的一员，不但追求最大限度的工资收入，而且追求多方面需求的满足，还要受到社会和心理等多方面因素的影响，因而是“社会人”而不仅仅是“经济人”。所以，影响工人积极性的因素，不但有经济方面的因素，还有社会和心理的因素。

(2) 工人的工作态度与士气是影响工作效率的关键因素。泰罗的管理原理说明生产效率、作业条件与作业方法三者之间存在着因果关系。但是，通过霍桑实验的研究表明，作业条件与作业方法并不是影响生产效率的决定性因素，其决定性因素应该是工人的工作态度与士气。从上述意义上说，提高生产效率的主要途径是提高工人的满足度，通过提高满足度来提高职工的士气。当然，可以把途径更具体化，例如了解并满足职工的复杂需要、善于处理人际关系、创造良好的工作气氛等。另外，专家还发现组织中存在着霍桑效应。所谓“霍桑效应”，就是指那些意识到自己正在被别人观察的个人具有改变自己行为的倾向。社会心理学家所说的“霍桑效应”也就是所谓“宣泄效应”，比如让员工将自己心中的不满发泄出来；由于受到额外的关注而引起绩效或努力上升。霍桑效应的基本条件是，重要的工作环境属性能够被大量捕获，没有暗藏的或隐晦的信息。

(3) 企业中存在着“非正式组织”，而且非正式组织影响工人的工作效率与正式组织的运行效率。因而，要求企业的主管人员既要能够识别与发现企业中的各种“非正式组织”，也要善于利用各种“非正式组织”来提高工人的劳动生产率与组织的运营效率。例如，“非正式组织”的领袖人物是组织中威望比较高、对“非正式组织”成员有较大影响的人员，因而企业的有关主管人员要善于做好这位“非正式组织的领袖”的工作，通过提高他的积极性来带动和影响整个“非正式组织”成员积极性的提高。

（二）梅奥的主要贡献

梅奥的人际关系理论克服了古典管理理论的不足，其管理的措施到现在仍然是管理者所遵循的原则。其贡献主要有以下几点：

(1) 激起了管理层对人的因素的研究兴趣。

(2) 改变了人与机器没有差别的观点，恢复了人是“社会人”的本来面目。

(3) 为行为科学奠定了基础。

(4) 为管理思想的发展开辟了新的领域。

(5) 为管理方法的变革指明了方向。

当然，上述结论虽然开创了在管理中重视人的因素的时代，为行为科学的发展奠定了基础，但是，在管理过程中应考虑的因素较多，并不仅仅是要建立良好的人际关系。而且，人也绝非是在任何情况下都感情用事，在许多方面人都是有理性的。因此，霍桑实验的结论也有一定的局限性。

第四节 现代管理理论的发展

20 世纪 50 年代之后，随着社会生产力和现代科学技术的迅速发展，世界各国特别是发达国家对管理理论、方法、手段的研究也日臻深入，形成了各具特色、流派纷呈的现代管理思想丛林，对各国生产力的发展起到了进一步的推动作用。

现代管理理论和管理思想的新特点主要体现在以下方面。

(1) 广泛地运用现代自然科学和技术的最新成果研究探讨现代管理理论、管理方法和管理手段。例如，现代系统论、控制论、信息论的理论和观点已被作为重要的指导思想运用于管理理论与方法的研究；在数学领域，概率论、运筹学及模糊数学的发展，大大促进了现代管理学管理模型和定量分析方法的研究和运用；特别是计算机科学的发展，对现代管理方法和手段的改进起到了巨大的推动作用，加速了企业信息的采集、加工和运用。

(2) 更加重视人的因素。行为科学的产生和发展，使管理者更加重视对组织中人的行为的分析和研究，并从研究个体行为发展到研究群体行为乃至整个企业文化。同时，管理者也开始重视社会文化对人的心理与行为的影响，以人为中心的现代管理思想已经成为管理者的共识。

(3) 系统理论和权变理论的发展与运用。现代管理学界注意运用系统的、动态的、开放的观点去研究组织与管理，即把组织看成一个开放的社会技术系统。

到20世纪80年代初，管理学派的数量空前提高，哈罗德·孔茨(Harold Koontz，1908—1984)把各种管理理论和学说归纳为11个学派，并称其为“管理理论丛林”现象(见表2-2)。

表 2-2 管理学派的代表人物及其主要思想简介

学派名称	代表人物	主要思想
经验或案例学派	德鲁克、戴尔	通过分析经验(通常是案例)来研究管理，管理者通过研究各种各样的成功和失败的案例提高分析问题和决策能力，进而有效地进行管理
人际关系学派	梅奥、马斯洛	运用心理学和社会心理学理论研究人与人之间的关系，人们的价值观念、激励、行为修正、领导和沟通等是这一学派研究的重点
群体行为学派	卢因、谢里夫	运用社会学、人类学和社会心理学的理论研究群体中的人的行为，并着重研究群体行为方式
合作社会系统学派	巴纳德	把组织当成人、群体相互作用的合作的社会系统来研究，是对人际关系和群体行为学派的一种修改
社会技术系统学派	特里斯特	重点研究技术系统(机器、方法、技术)和社会系统(态度、价值观念、行为)之间的相互作用
决策学派	西蒙、马奇	强调管理者的主要任务是决策和解决问题，着重研究如何制定决策的问题，以及决策对组织管理的影响
系统学派	卡斯特、约翰逊	认为任何事物都是一系列相关要素的组合，组织是由相关的职能部门或子系统组织的系统，应按照系统方法研究管理
管理科学学派	伯法、鲍曼	开发解决管理问题的数学模型，重视定量分析技术的研究及其在管理工作中的应用
权变学派	莫尔斯、洛希	主要研究管理工作与环境条件之间的关系，认为管理理论和方法是环境函数
管理角色学派	明茨伯格	通过观察管理者的实际活动来明确和研究管理者的工作内容
经营管理学派	孔茨、穆尼	强调管理职能及与管理职能相关的管理原则的研究，力图把用于管理实践的概念、原则、理论和方法结合起来，形成系统的管理学科

一、现代管理理论中的主要学派

在现实实践中，随着生产力的发展和理论研究的进步，现代管理理论也逐渐表现出一定的局限性。于是，管理理论逐渐转向科学化与人际化的结合。而在结合中，由于研究的侧重点等不同，出现了一系列的学派，下面分别做简单介绍。

（一）管理过程学派

管理过程学派又称管理职能学派，是美国加利福尼亚大学的教授哈罗德·孔茨和西里尔·奥唐奈里奇提出的。该学派主张按管理职能建立一个作为研究管理问题的概念框架。法约尔被认为是这个学派的创始人。第二次世界大战后，该学派的观点得到了很多学者和从事实际管理人员的支持和接受。孔茨和奥唐奈里奇合著的《管理学》是战后这一学派的代表作。

孔茨和奥唐奈里奇在法约尔理论的基础上仔细研究，将管理职能分为计划、组织、人事、指挥和控制五项，而把协调作为管理的本质。孔茨利用这些管理职能对管理理论进行分析、研究和阐述，最终得以建立管理过程学派。孔茨是管理过程学派的集大成者，他继承了法约尔的理论，并把法约尔的理论更加系统化、条理化，使管理过程学派成为管理各学派中最具有影响力的学派。

该学派的主要观点有以下几点。

(1) 管理是一个过程，即让别人同自己去实现既定目标的过程。

(2) 管理的职能有五项：计划、组织、人事、指挥、控制。

(3) 管理职能具有普遍性，即各级管理人员都执行着管理职能，但侧重点则因管理的级别不同而不同。

(4) 管理应具有灵活性，要因地制宜，灵活运用。

但该学派也存在明显的缺陷：

(1) 将管理看成一些静态的、不含人性的程序，忽略了管理中人的因素。

(2) 归纳出的管理原则适用性有限，对静态、稳定的生产环境较为合适，对动态、多变的生产环境难以适应。

(3) 管理程序的通用性值得怀疑。管理职能并不是普遍一致的，不仅因职位的高低和下属的情况而异，而且也因组织的性质和结构的不同而发生变化。

（二）管理科学学派

管理学界中形成的所谓管理科学学派，又称作管理中的数量学派，也称之为运筹学。这个学派认为，解决复杂系统的管理决策问题，可以用电子计算机作为工具，寻求最佳计划方案，以达到企业的目标。管理科学其实就是管理中的一种数量分析方法，它主要用于解决能以数量表现的管理问题。其作用在于通过管理科学的方法，减少决策中的风险，提高决策的质量，保证投入的资源发挥最大的经济效益。

管理科学学派的主要代表人物有伯法、布莱克特等人，其主要内容有运筹学、系统分析与决策科学化三部分。

管理科学学派认为：管理就是制定与运用数学模型和程序的系统，来进行定量分析，并在此基础上选择优化方法。该学派的特点主要表现在以下六个方面：①注重选择与运用科学的方法。②通过建立数学模型来解决管理中存在的问题。③注重系统分析方法在管理实践中的应用，强调系统性。④注重决策的科学化，例如对于不确定性问题的合理决策。⑤强调的是经济与技术问题，而不注重社会心理问题。⑥注重与强调计算机在企业管理实践中的应用。

因此，从一定意义上说，管理科学学派注重对技术经济问题定量地、系统地分析。基于管理科学的特征，大多数管理学家认为管理科学只是一种有效的管理方法，而不是一种管理学派，它仅适用于解决特定的管理问题。

管理科学学派有以下三个优点：

(1) 使复杂的、大型的问题有可能分解为较小的部分，更便于诊断、处理。

(2) 强调制作与分析模式必须重视细节并遵循逻辑程序，这样就把决策置于系统研究的基础上，有利于增进决策的科学性。

(3) 有助于管理人员对不同的选择做出评估，如明确各种方案包含的风险与机会可能，做出正确的选择。

但是，也必须指出，管理科学学派方法的应用也有它的局限性：

(1) 管理科学学派的适用范围有限。并不是所有的管理问题都是能够定量的，这就影响了它的使用范围。例如，有些管理问题往往涉及许多复杂的社会因素，这些因素大都比较微妙，难以定量，当然就难以采用管理科学的方法去解决。

(2) 实际解决问题中存在许多困难。例如，管理人员与管理科学专家之间容易产生隔阂。一方面，实际的管理人员可能对复杂、精密的数学方法很少理解，无法做出正确评价。另一方面，管理科学专家一般不了解企业经营的实际工作情况，因而提供的方案不能切中要害，无助于解决问题。这样，双方就难以进行合作。

(3) 采用此种方法大都需要相当数量的费用和时间，这使它往往只是用于那些大规模的复杂项目，从而应用范围受到限制。因此，管理科学不是万能的。我们要充分认识到它是一种重要的管理技术和方法，而起决定作用的还是人。所以，管理人员应尽快地掌握管理科学，使之与各种管理技术、管理方法相结合，以便发挥更大的作用。

(三) 组织管理学派

组织管理学派的突出特征是将组织作为一个合作的社会系统进行研究，试图对人际关系学派的观点做出修正。实际上，把人际关系看成社会系统的观点最早是由意大利社会学家帕累托提出的，组织管理学派的创始人巴纳德受其影响，提出组织就是一个协作的社会系统。此外，他还强调了管理者的最重要任务是领导，他们都是在合作的社会系统中工作并维护着这些系统的。

组织管理学派认为，组织作为一个社会协作系统，其存在取决于三个方面：一是协作效果，即组织目标的达成；二是协作效率，即在实现目标的过程中，协作的成员损失最小而心理满足较高；三是组织目标应与环境相适应。在一个正式组织中建立这种协作关系需具备三个条件：共同的目标，组织成员有协作意向，组织中有一个能彼此沟通的信息系统。因此，作为一个管理者或经理人员，必须完成以下相应的三项职能：一是设定组织目标；二是筹集所需资源，使组织成员能为实现组织目标提供贡献，为此管理者应带头工作，以使其权威为员工所接受；三是建立并维护一个信息联系系统。此外，任何在行政职位上的管理人员都应充分运用各种基本的管理原则。

此后，有不少管理学者把有关概念扩展应用于各种合作性的、有目的的群体关系和行为，并笼统地归入组织理论。组织管理学派对管理的分析确实非常中肯，但此学派的研究领域过于宽泛，有的已经超出了管理学的范畴；同时，也有一些对管理者来说很重要的概念、原理和方法却又有所忽视。

(四) 行为科学学派

在 20 世纪 20 年代末到 30 年代初，由梅奥指导并参与的霍桑实验的研究结果，否定了古典管理理论对于人的假设。梅奥还提出了自己的一系列观点，指出新的领导能力在于提高工人的满意度。梅奥的这一理论在当时被称为人际关系理论，也就是早期的行为科学。

梅奥等人创建人际关系学说(早期的行为科学)以后，许多社会学家、人类学家、心理学家、管理学家也纷纷从事行为科学的研究，先后发表了大量优秀著作，提出了许多很有见地的新理论，逐步完善了人际关系理论。1949 年，在美国芝加哥召开了一次跨学科的会议，在会议上首先提出了各种学科互相结合的一门边缘性学科——行为科学。行为科学据其研究侧重点的不同，总体上可分为两个分支：人际行为学派和群体行为学派。

对行为科学有重大贡献的代表人物和理论有很多，其中主要有马斯洛的“需求层次理论”、赫茨伯格的“双因素理论”、费隆姆的“期望价值理论”、卢因的“群体力学理论”、斯金纳的“强化理论”、亚当斯的“公平理论”等。下面主要介绍以下几种理论。

1. 马斯洛的“需求层次理论”

马斯洛认为，人类有五种需求，这五种需求由低到高依次为：生理的需要、安全的需要、社会交往的需要、尊重的需要与自我实现的需要。在需求理论这一派别中，还有两个重要的代表人物及其理论。其一就是奥尔德弗的等级需求理论，该理论认为人类只有三个层次的需求，它们依次是：生存的需求(E)、相互关系的需求(R)、发展的需求(G)，因而该理论也被人们称为 ERG 理论。其二就是美国哈佛大学心理学家戴维·麦克利兰的成就需求理论，这是他在对成就需求进行了数十年的研究后提出的。成就需求理论不研究人类的基本生理需求，而是研究在人类的基本生理需求得到满足后，还有哪些心理需求。麦克利兰认为，这些心理需求主要有权力、友谊、成就三种。

2. 赫茨伯格的“双因素理论”

双因素理论是赫茨伯格与他的助手通过对200名工程师、会计师进行一系列研究后提出的。他们认为，对人们的积极性有影响作用的因素主要有两类，即保健因素和激励因素。其中，保健因素是对人们的积极性起保持与维持作用的因素；激励因素是对人们的积极性起激发和促进作用的因素。而且他们认为，激励因素主要是指与工作本身有关的因素；保健因素主要是指与工作环境有关的因素。两种因素对人们工作行为的激励作用是不同的，其中激励因素在激励人们工作的积极性方面占主导地位。

3. 弗隆姆的“期望价值理论”

美国心理学家弗隆姆在 20 世纪 60 年代提出了“期望价值理论”。他认为，人们在预期他们的行为将会有助于达到某个目标的情况下，才会被激励着去做某些事情以达到这个目标。而从事某一行动的激励力量，是由他所认为的行动结果的价值乘以这个人预期这种结果将会达到所要求目标的概率决定的。用公式表示是：

$$M = V \cdot E$$

其中，M 代表激励力量，V 代表满足个人需要的价值大小，E 代表获得该价值的概率。也就是说，一个人认为某目标价值越大，可能实现的概率越高，那么被激励的力量就越大。反之，就没有激发力或激发力很小。

实际上，行为科学研究的主要领域有：人性的假设；有关需求、动机和激励问题；组织中非正式组织及人与人之间的关系；群体行为；领导模式等。

行为科学对管理学的贡献主要表现在以下两个方面。

(1) 行为科学引起了管理对象重心的转变。传统的古典管理理论把重点放在对事和物的管理上，忽视了人的主动性和创造性。行为科学与此相反，它强调要重视人这一因素的作用，把管理的重点放在人及其行为的管理上。这样，管理者就可以通过对人的行为的预测、激励和引导，来实现对人的有效控制，并通过对人的行为的有效控制，达到对事和物的有效控制，从而实现管理的预期目标。

(2) 行为科学引起了管理方法的转变。传统的古典管理理论强调自上而下的严格的权力和规章制度的作用，把人看成会说话的机器，忽视了人的社会关系和感情因素的作用及人的主动性和创造性。与此相反，行为科学则强调人的欲望、感情、动机的作用，因而在管理的方法上强调满足人的需要和尊重人的个性，以及采用激励和诱导的方式来调动人的主动性和创造性，借以把人的潜力充分发挥出来。与此相对应，企业界提出了“以职工为中心的”“弹性的”管理方法，出现了“参与管理”“目标管理”“工作内容丰富化”等各种新的管理方式。

但从霍桑实验至今，管理学者对人际关系理论的批评却未曾间断过，很少有管理理论受到如此之多的批评。首先，管理学者对人际关系理论的研究方法，包括霍桑实验中所运用的方法和过程进行批评。在他们看来，整个实验过程中，研究者一方面受到实验室中受控实验的需要束缚，另一方面受到正在进行中的实际经验的束缚，尤其是主观愿望的先入为主的影响。其次，行为科学研究的对象是人，它告诉我们对人进行管理时应采取什么行为，但在管理中，被管理的对象不仅仅是人，这正是行为学派的缺陷。比如，管理者往往要从整体上、从系统的角度研究管理，要考虑建立管理制度、对组织整体战略进行决策，这些是行为学派没有触及的。

对于行为学派存在的缺陷，孔茨是这样评论的：人际行为领域并不包括管理学的全部内容。很可能一个公司的经理懂得心理学，但在管理上却并不有效。事实上，有一个相当大的公司对各级管理者进行广泛的心理学教育，结果发现这些训练并未解决有效管理的需要。

行为学派是由于当时社会矛盾的加剧才应运而生的。为了解决资本主义经济危机问题，许多管理学者把社会学和心理学等引进企业管理的研究领域，提出用调节人际关系、改善劳动条件等办法来提高劳动生产率。行为学派主要对工人在生产中的行为及这些行为产生的原因进行分析研究，以便调节企业中的人际关系，提高工人的生产积极性。

（五）经验主义学派

经验主义学派又称为经理主义学派，以向大企业的经理提供管理企业所必需的当代的经验和科学方法为目标，主要代表人物是彼得·德鲁克(Peter F. Drucker，1909—2005，见图 2-11)。德鲁克的主要代表作有《管理实践》《管理：任务、责任、实践》等。另一个代表人物是欧内斯特·戴尔(Ernest Dale)，代表作是《伟大的组织者》。该学派认为，管理与管理学就是研究经验。通过对成功的管理经验与失败的管理教训的研究与分析，并在管理实践中具体运用，就能实现有效的管理。因而，其最大特点就是强调案例分析与实践性。

图 2-11 彼得·德鲁克

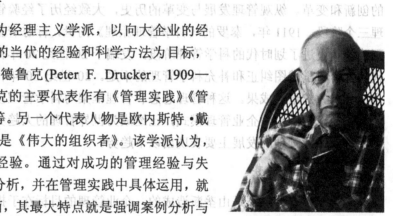

经验主义学派理论的研究内容主要涉及以下几方面的管理问题。

(1) 管理应侧重于实际应用，而不是纯粹理论的研究。管理学同医学、法律学和工程学一样，是一种应用学科，而不是纯知识的学科。但管理又不是单纯的知识、领导能力或财务技巧的应用。管理的实际应用是以知识和责任为依据的。

(2) 管理者的任务是了解本机构的特殊目的和使命，使工作富有活力并使职工有成就，处理本机构对社会的影响和对社会的责任。德鲁克认为，作为企业主要管理者的经理，有两项别人无法替代的职责：一是创造出一个大于其各个组成部分的总和的真正的整体，创造出一个富有活力的整体，把投入其中的各项资源转化为较各项资源的总和更多的东西；二是在其每一项决定和行动中协调当前的和长期的要求。为此，每一个经理都必须这样做：制定目标和措施并传达给有关的人员，进行组织工作，进行鼓励和联系工作，对工作和成果进行评价，使员工得到成长和发展。

经验主义学派提出的管理方法可以说在管理理论丛林中较具特色，但他们受到了许多管理学家的批评。经验主义学派由于强调经验而无法形成有效的原理和原则，无法形成统一完整的管理理论。管理者可以依靠自己的经验，而无经验的初学者则无所适从。而且，过去所依赖的经验未必能运用到将来的管理中。孔茨在他的书中指出："没有人能否认对过去的管理经验或过去的管理工作'是怎样做的'进行分析的重要性。未来情况与过去完全相同是不可能的。确实，过多地依赖于过去的经验，依赖历史上已经解决的那些问题的原始素材，肯定是危险的。其理由很简单，一种在过去认为是'正确'的方法，可能远不适合于未来情况。"这段话说明，由于组织环境一直处于变化之中，过分地依赖未经提炼的实践经验和历史来解决管理问题，是无法满足管理需要的。

二、现代管理发展的新趋势

回眸 20 世纪，是管理理论和实践迅速发展的 100 年；展望未来，管理面对着更大的创新和变革。纵观管理发展与变革的历史，大致经历了经验管理、科学管理、文化管理三个阶段。1911 年，泰罗的《科学管理原理》问世，标志着企业管理由漫长的经验管理阶段，迈进了划时代的科学管理阶段。发端于 20 世纪 20 年代、流行于 20 世纪 70 年代的行为科学试图纠正和补充科学管理的不足。20 世纪 80 年代兴起的企业文化理论，是这种努力的最新成果。这种管理思想和管理框架与科学管理模式完全不同，它是以企业文化建设为龙头的企业管理模式，已经成为世界管理的大趋势。

现代企业管理的发展主要表现出以下趋势。

（一）经营化趋势

传统的生产型管理是由垄断造成的，企业管理的目标在于提高生产效率。对企业来说，生产效率是第一位的，而经营、营销则是第二位的。随着生产力的发展和竞争的加剧，卖方市场变成了买方市场，营销开始被摆到首位，西方管理界提出了"一顾客，二市场，三生产"的经营管理思想，生产型管理开始转变为经营型管理，从而使企业管理呈现出愈来愈强烈的经营化趋势。

（二）战略化趋势

随着企业间竞争的日趋激烈、企业与环境联系的日益紧密，企业的经营管理不能再仅仅局限于内部因素和眼前的得失，而必须达到前所未有的高度和广度，因而中国传统的兵法思想、战略原则被国内外企业广泛采用。国际上出现了一门新的管理学科——企业经营战略学，正是管理的战略化趋势在理论上的结晶。越来越多的企业开始重视经营战略的研究和制定，那些行动较早的企业则已经看到了正确的经营战略所带来的巨大利益。

（三）非理性化趋势

1982年，美国管理学者彼德斯和沃特曼出版了《追求卓越——美国管理最佳公司的经验》一书，迅速引起了美国管理界的广泛关注，它所提出的一些论点，至今仍是西方管理界的热门话题。该书的主要观点之一，是对作为美国企业界主流思潮的以泰罗为代表的纯理性主义的批判。作者认为，人不是纯理性的，感情因素不容忽视；管理不仅是一门科学，还是一门艺术；管理不仅要靠逻辑和推理，还要靠直觉和热情；理性化的解析手段和技术方法有一定作用，但不能迷信和滥用。在该书的推动下，管理学界对纯理性的科学管理进行了深刻的反思，非理性化思潮一浪高过一浪。具体表现在：企业文化热在全球迅速蔓延；传统的规范的组织结构和管理模式被按照具体目标而临时构建的各种“团队精神”所否定；对人的非理性因素的关注等。

（四）权变化趋势

权宜应变。由于市场和企业的外部环境越来越变幻莫测，企业就需要通过不断变更自己的管理方式来适应这种变化，权变管理应运而生。这种管理方式在诸多方面都提出了相应的、新的管理理论，如组织结构的变异性、经营方式的灵活性、领导模式的权变性及运行控制的多元性等。其特点是随着环境的变化而采取相应的管理方式，所以，又被称为以现实为中心的管理方式。可以预测，这种管理方式在未来将越来越普及。

（五）计算机网络化趋势

计算机和网络技术大概是现今更新最快的技术了，计算机在企业经营管理中普及应用的速度也是惊人的，而且呈现出加快发展的态势，这给现代企业管理带来了很多新的观点。在信息高速膨胀的今天，管理越来越依赖于计算机，现代经济竞争从某种意义上讲已经成为信息竞争。网络技术的迅速发展，使“电子商务”“虚拟企业”迅速发展，这对企业及其经营来说是一个新的课题。

（六）风险化趋势

企业管理的风险化趋势是变幻的市场环境和高科技发展的产物。随着经营环境越来越捉摸不定，一方面，企业经营、决策的风险日益增大；另一方面，一种以高科技为导向，追逐新产品和新市场的新兴开拓型企业——风险企业正迅速崛起。不论企业对风险采取何种态度——躲避或是追逐，它们所面临的风险是不可避免地越来越大了。这导致了一门独立的管理学科——风险管理的发展。显然，风险管理不是一种可以循规蹈矩的规范管理和逻辑管理，它需要一种极强的冒险精神和创新意识，既要有战略头脑，又要善于把握市场机遇，找到盈利的机会。

（七）国际化趋势

随着冷战的结束，全球经济一体化的时代已经到来，跨国经营成为越来越普遍的现象，其中碰到的主要难题是跨文化管理问题。不同地区、不同民族和不同国家的固有文化差异很大，造成管理上难以克服的困难。如何处理文化冲突，实现文化融合，在此基础上弘扬母公司的企业文化，是一个崭新的管理课题。

（八）知识化趋势

美国微软公司的迅速崛起，标志着知识经济时代的到来，知识经济将主导21世纪的全球经济。与此相应，企业的知识管理将很快成为一个热门的前沿领域。知识管理不同于信息管理，它是通过知识共享、运用集体智慧来提高应变能力和创新能力的。如何搞好知识管理，是另一个吸引人们去进行探索的崭新领域。

总之，由科学管理走向文化管理是 21 世纪的必然发展趋势。未来的企业将更像一所学校、一个文化团体，在公司工作将不再是单纯的谋生手段，而是学习知识、共享知识、创造知识、造福人类的精神享受和强烈要求。对于这种公司的管理，必然只有一种选择——文化管理。

第五节　小　结

把管理思想进行总结、提炼并系统化为管理理论是在19世纪末才开始的。本章主要阐述了管理理论的演进与发展过程，在简要回顾了早期管理思想之后，着重介绍了古典管理理论、现代管理理论的形成与发展，以及各种有代表性的管理理论分支与流派。管理理论形成与发展经历了三个主要阶段，即古典管理理论阶段、行为管理理论阶段和现代管理理论阶段。古典管理理论主要指19世纪末20世纪初产生于西方国家的最早的管理理论，包括泰罗的科学管理理论、法约尔的一般管理理论等。本章还介绍了行为科学理论的产生及其主要内容。同时，对现代管理理论中渐趋成型的一系列管理理论体系(学派)，本章择其要点介绍了管理过程学派、管理科学学派、组织管理学派、行为科学学派、经验主义学派的主要内容及其特征。20 世纪 80 年代以后，知识经济的迅速发展，使得现代管理呈现出了经营化、战略化、非理性化、权变化、计算机网络化、风险化、国际化、知识化的趋势。因此，随着新时期组织管理的实践，势必会进一步促进管理新思想的不断涌现。

【关键概念】

管理思想(management thoughts)　　管理理论(management theories)
古典管理理论(classical management theories)　　科学管理(scientific management)
一般管理(general administrative theories)　　行为科学(behavioral science theories)
现代管理理论(modern management theories)　　霍桑实验(the hawthorne experiment)
权变(contingency)　　流程再造(business process redesign)
学习型组织(learning organization)

第六节 复习思考题

1. 简答题

(1) 管理理论的发展分为哪几个阶段？各阶段的主要特征是什么？

(2) 泰罗的科学管理理论的主要内容是什么？为什么把泰罗称为“科学管理理论之父”？

(3) 简述法约尔提出的14条管理原则及5项管理职能。

(4) 法约尔的管理理论与泰罗的管理理论有何区别？

(5) 试述霍桑实验及其结论对管理实践与理论的贡献。

(6) 行为科学理论的研究对象和研究内容是什么？

(7) 巴纳德认为“管理就是维持组织的能力”，你是如何理解这句话的？

(8) 现代管理理论主要包括哪些学派？各学派的主要观点是什么？

2. 案例分析

管理理论真能解决实际问题吗？

海伦、汉克、乔、萨利四个人都是美国西南金属制品公司的管理人员。海伦和乔负责产品销售，汉克和萨利负责生产。他们刚参加过在大学举办的为期两天的管理培训学习班。在培训班里主要学习了权变理论、社会系统理论和一些有关职工激励方面的内容。他们对所学的理论有不同的看法，现正展开激烈的争论。

乔首先说：“我认为社会系统理论对于像我们这样的公司是很有用的。例如，如果生产工人偷工减料或做手脚的话，如果原材料价格上涨的话，就会影响到我们的产品销售。系统理论中讲的环境影响与我们公司的情况很相似。我的意思是，在目前这种经济环境中一个公司会受到环境的极大影响。在油价暴涨时期，我们当时还能控制自己的公司。现在呢？我们要想在销售方面每前进一步，都要经过艰苦的战斗。这方面的艰苦，你们大概都深有体会吧？”萨利插话说：“你的意思我已经知道了。我们的确有过艰苦的时期，但是我不认为这与社会系统理论之间有什么必然的内在联系。我们曾在这种经济系统中受到过伤害。当然，你可以认为这是与系统理论是一致的。但是我并不认为我们就有采用社会系统理论的必要。我的意思是，如果每个东西都是一个系统的话，而所有的系统都能对某一个系统产生影响的话，我们又怎么能预见到这些影响所带来的后果呢？所以，我认为权变理论更适用于我们。如果你说事物都是相互依存的话，系统理论又能帮我们什么忙呢？”

海伦对他们这样的讨论表示有不同的看法。她说：“对社会系统理论我还没有很好地考虑。但是，我认为权变理论对我们是很有用的。虽然我们以前也经常采用权变理论，但是我却没有认识到自己是在运用权变理论。例如，我有一些家庭主妇顾客，听到她们经常讨论关于孩子和如何度过周末之类的问题，从她们的谈话中我就知道她们要采购什么东西了。顾客也不希望我们逼他们去买他们不需要的东西。我认为，如果我们花上一两个小时与他们自由交谈的话，那肯定会扩大我们的销售量。但是，我也碰到一些截然不同的顾客，他们一定要我向他们推荐产品，要我替他们在购货中做主。这些人也经常到我这里来走走，但不是闲谈，而是做生意。因此，你们可以看到，我每天都在运用权变理论来对付不同的顾客。为了适应形势，我经常改变销售方式和风格，许多销售人员也都是这样做的。”

汉克显得有点激动，他插话说：“我不懂这些被大肆宣传的理论是什么东西。但是，关于社会系统理论和权变理论问题，我同意萨利的观点。教授们都把自己的理论吹得天花乱坠，他们的理论听起来很好，但是他们的理论却无助于我们的实际管理。对于培训班上讲的激励要素问题我也不同意。我认为泰罗在很久以前就对激励问题有了正确的论述。要激励工人，就是要根据他们所做的工作付给他们报酬。如果工人什么也没有做，则就用不着付任何报酬。你们和我一样清楚，人们只是为钱工作，钱就是最好的激励。”

(资料来源：徐国良，王进. 企业管理案例精选精析[M]. 4 版. 北京：中国社会科学出版社，2009：42.)

【思考题】

(1) 你偏向哪一个人的意见？他们的观点有什么不同之处？

(2) 如果你是海伦，你如何使萨利相信和接受系统理论？

3. 管理实战

纸飞机公司

【形式】四个人为一小组

【时间】30 分钟

【材料】课堂资料、剪刀、画图用纸、胶水或胶带

【场地】不限

【应用】员工激励

【目的】

- 加强团队成员对不同的团队成员所做的独特的贡献的认识。
- 加强团队成员个体对他们为团队成就所做贡献的重要性的认识。
- 加强个人对团队任务成功完成的责任感。

【程序】

- 将团队合理地分成四人以上一组的小组。
- 给每组提供剪刀、几张画图用纸、速干胶水或胶带。

给出下列指令：

- 每组的目标是做出试飞过的最好的纸飞机。
- 每组将有 15 分钟来制作和试飞纸飞机。
- 15 分钟时限后将测试每只飞机并与别的组作比较，看看哪只纸飞机飞得最远。

一旦宣布获胜设计组，便发放课堂资料，如表 2-3 所示。让各组用表 2-3 帮助思考每个团队成员对飞机的设计、制作和测试所起的作用或所做的贡献，并至少分享每个团队成员的一个贡献。此步骤所需时间由该组的大小和讨论的深度决定。

表 2-3　参与者工作表——小组用

<table>
<tr><th colspan="2">填表说明</th></tr>
<tr><td colspan="2">可用时间：15 分钟
各组列出每个团队成员对他们纸飞机的设计、制作和试飞所做的贡献。以下问题是用来激发您的思考，不是将您的思路限制在所列出的这些可能的贡献内。
哪些成员 ——担任领导任务？
——最积极地参与？
——最大程度地影响了决策？
——给此任务带来了特别的技能或经验？
——最有创意？
——表现出热情？
——鼓舞了别人？</td></tr>
<tr><th>团队成员的名字</th><th>贡献</th></tr>
<tr><td></td><td></td></tr>
</table>

【讨论】

从此活动学到了什么？

【总结与评估】

提高对成员带给团队的不同力量的认识；对更好地开发团队成员的技能和才干的需要的认同；对更好地利用团队成员才能的措施的一系列承诺。

第三章

中国管理理论与实践

中国是具有五千年悠久历史的文明古国，在中华民族长期生存繁衍发展的历史长河中，创造了光辉灿烂的传统民族文化。中国有许多世界历史上的伟大工程，在科学技术尚不发达的当时，其计划、组织、领导、控制等管理活动的复杂程度是现代人难以想象的。悠久的中国古代传统文化孕育了博大精深的管理思想，产生了多姿多彩的、独具特色的管理方式和方法，并产生了深远的影响。如果说中国近现代管理思想主要以引进西方管理思想为主，那么代表农业文明的中国古代管理思想则具有无比辉煌的历史。其内容之丰富、体系之全面、思想之深刻，闪烁着管理智慧之光，对今天的管理实践仍然具有不可缺少的指导作用。

【学习目的与要求】

- 了解中国早期的管理实践活动
- 了解中国早期的主要管理理论
- 掌握中国古代管理思想要点
- 掌握儒家思想的核心内容

【引例】

《道德经》中的管理哲学

西方管理大师德鲁克认为，一个成功的企业必须有一个好的流程与组织架构，而好的流程与组织架构是从正确的战略中来的，而正确的战略取决于企业的使命。这就是著名的使命决定战略，战略决定组织结构，组织结构决定结果的管理论断。

衡量一个企业是否成功，最主要的还是看它能否基业长青、能否可持续发展、能否长长久久。使企业基业长青其实是每一个企业家的理想，那么企业怎样才能做到基业长青呢？比德鲁克早2500多年的老子就给出了答案。

老子在《道德经》中说："天地之所以能长且久者，以其不自生，故能长生。"这句话的意思是："天地是永世长存的，天地之所以永世长存，是因为它不是为自己而生，故此才能得到永恒。"老子告诉我们，天地之所以能长久，原因很简单，是因为天地不是为自己活着的。同样，如果一个企业家和他领导的企业的使命和定位能效法天地精神，能做到在为自己活着的同时，更为社会和大众活着，那么他的企业一定就会基业长青。

诚然，有一些企业因为各种机遇和社会环境的特殊性取得了某种意义上的成功，但是这种成功能否持续、企业能否长青，是摆在每个所谓成功企业家面前的一个大课题。一个企业只拥有好的战略、科学的流程与组织结构是远远不够的，企业要想基业长青，必须树立一个有益于社会与大众的企业使命和核心价值观，这样的企业才能与天地一样长长久久，这也正是中国古代先哲老子对我们的忠告。

(资料来源：段俊平. 大道行简——中国化管理哲学经典 36 则[M]. 北京：新世界出版社，2014.)

第一节 中国早期的管理实践活动

中国古代在国家治理、军事思想、工程建筑方面一直是名列世界前茅。这其中包含着千百万人的生产与研究实践，也蕴藏着丰富的管理思想。从管理学角度来看，历史给后代留下了有关管理国家、巩固政权、统率军队、组织战争、治理经济、发展生产等方面极其丰富的经验和理论，其中也有很多至今为人所用的管理思想。

一、行政管理

中国是世界上历史最悠久的文明古国之一。早在 5000 年前，中国已经有了人类社会最古老的组织——部落和王国，有了部落的领袖和帝王，因此也就有了管理。到了公元前约 17 世纪的商、周时代，中国已形成了组织严密的奴隶制和封建制的国家组织，出现了从中央到地方、高度集权、等级森严的金字塔形的权力结构。

公元前 200 多年，秦朝就形成了与现代中国国土相近的统一国家。在此基础上，以后历代统治者都能对如此辽阔的疆土和众多的人口进行有效的管理。

二、军队管理

中国在漫长的历史中，经历了无数场战争，规模之大，也是世界各国少有的。早在春秋战国时期就经常发生投入几十万军队的大战役，战争在给人类带来灾难的同时，也推动了如何治理军队、如何带兵作战的军事思想的发展。如《孙子兵法》就是当时著名的军事著作，阐述了各种战略、策略，如“为将之道”“用人之道”“用兵之道”等，这些思想对我们今天的各项管理工作仍有极大的参考价值。

三、工程管理

始建于春秋战国时期的中国万里长城，服役者 40 多万人，全长 6700 公里，在当时的建筑条件下，其宏伟的建筑规模足以证明人类的管理能力和组织能力。如此浩大的建筑工程，不但是劳动人民勤劳智慧的结晶，同时也是历史上伟大的管理实践。

第二节　中国早期管理理论概述

中国早期经济管理思想的基本特点是：“中华民族是一个历史悠久的民族，中国是世界上的文明古国，在汉唐鼎盛时代，经济的发展曾经处于世界的领先地位，商品经济和国内外贸易具有一定程度的发展。因此，反映在经济管理思想方面也比较丰富，大大超过西方古代的经济管理思想。但是，由于中国历史发展的特点，封建制度延续的时间比西方各国长，商品经济的发展受到很大的阻碍，资本主义的发展不如西方各国长，直到明清之际才有产业资本主义萌芽及一定的发展，到清代中叶由于外国资本主义的侵入，使中国逐步沦为半殖民地半封建社会。明清以来中国经济发展的这些特点，反映在经济管理思想上，近代的管理思想就比西方一些主要国家出现得晚一些，而且缺乏系统的论证，不少经济管理思想还带着浓厚的封建宗法观念的烙印……”中国宏观经济管理的基本指导思想主要体现在，几千年来历代思想家围绕经济管理的目标、动力、结构、分配和消费等基本问题，展开了长时间的激烈争论。

一、目标论

目标论突出集中在“富国之学”的探讨上。

“富国之学”主要是研究如何在封建经济基础上，增加国家财富，增强中央政府的经济实力，巩固封建王朝的统治。其主要内容有：以农业生产为根本，即农本思想；以轻徭薄赋和足民为必要条件；以加强封建国家的经济实力为最高目标。

早在西周之时，太师姜子牙就指出，要实现“国富而家娱”，就必须“务农桑，不夺其时；薄赋敛，不匮其财；罕徭役，不使其劳”。春秋初期，齐相管仲提出：“凡有地牧民者，务在四时，守在仓廪，国多财则远者来，地辟举则民留处，仓廪实则知礼节，衣食足则知荣辱。”儒家创始人孔子把富国富民看作治理国家的重要任务。在他周游列国到卫国后，称赞卫国的人口恢复得很快，说：“庶矣哉！”他的学生冉求问他，人口增多后应怎么办？孔子曰：“富之。”孔子的富国富民思想对以后的思想家产生了重要的影响。

在“富国”思想的基础上，到战国时期，商鞅在理论和实践结合的基础上提出了“富国之学”。商鞅的“富国之学”是以“农战论”为核心的，他指出：“国之所以兴者，农战也。”在农和战的关系上，他提出农是战的基础；在富和强的关系上，他主张富不离强，富是为了强；在富国和富民的关系上，他认为要达到富国，就必须限制富民。荀况在其著名的《富国》篇中认为，富国不是单纯地为了强兵，富国要放在发展整个国民经济和增加国家财富的地位上；在富国与富民的关系上，“下贫则上贫，下富则上富”，提出“上下俱富”的主张，把国富与民富统一起来，而且把民富作为国富的基础；在财政和经济的关系上，农业生产是财富的本源，而财政只是对财富的使用与再分配，提出了“开源节流”的财政方针；在生产和消费的关系上，提出“强本节用，则天不能贫”，主张“强本”(发展农业)，“节用”(节约消费)。到了西汉时期，商人出身的桑弘羊，辅佐汉武帝推行了一整套富国之策。他认为，农业不是富国的唯一之道，商业也是富国之道，而且是富国的根本之道；要“抑商”，但不是抑一切商，而是抑大私商，发展官商，使国家财政富起来；“民大富，则不可以禄使也；大强，则不可以罚威也”，强调“国富”，而不主张“民大富”。

二、动力论

动力论突出表现为义利之争。

首先提出重义轻利观点的是孔子。他认为：“君子喻于义，小人喻于利。”因此，他“罕言利”。儒家学派的正宗传人孟轲，也认为：“何必曰利，亦有仁义而已矣。”西汉时期，董仲舒继承和发扬了儒家学派的重义轻利论，提出“正其谊不谋其利，明其道不计其功”的主张。但与此同时，桑弘羊却大谈其利，坚决批驳儒生贤良文学的重义轻利论，强调“本末并利，上下俱足”，指出：“今内无以养，外无以称，贫贱而好义，虽言仁义，亦不足贵者也！”司马迁更主张“天下熙熙，皆为利来；天下攘攘，皆为利往”的重利论，并为那些经商致富、理财有术的人立传。

在以上诸家的言论中，虽各人对“义”“利”的认识有差异，在重义或重利上的看法也有不同，但在两千多年的封建社会中，只有儒家的重义轻利论成为统治者的思想，在舆论上占了支配地位，而重利轻义论仅成为人们实践中的准则，很少在理论上加以发扬。但这种状况，在封建社会晚期，乃至中国近代却有了改变，如谭嗣同就认为：“故通商者，相仁之道也，两利之道也，客固利，主尤利也。”

这种义利之争，涉及宏观经济管理的目标问题，更涉及宏观经济管理的动力问题，即在宏观经济管理中，究竟以什么作为推动国民经济发展的动力。

三、经济结构论

经济结构论主要表现为本末之争，即如何正确认识处理农业与工商业的关系问题。

“重本轻末”(即重农业轻工商业)是中国几千年的封建社会中重要的经济管理指导思想。首次提出“禁末”概念的是《商君书》。其中写道：“末事不禁，则技巧之人利，而游食者众之谓也。”这里的“末”是指奢侈品之类的生产，而不是指整个工商业。稍后的《荀子》一书中，首次提出“务本禁末”的观点，把“务本”与“禁末”联系起来，认为“工商众则国贫”，但依然在一定程度上肯定了工商业在国民经济中的地位与作用。韩非提出了“明王治国之政，使其商工游食之民少而名卑，以寡趣本务而趋末作”，并把工商业者同儒士、纵横家、侠士、侍臣等并列为社会的“五蠹”，彻底形成了“重本轻末”的思想。

这种“重本轻末”的思想一直在封建社会中沿袭，但随着生产力的发展和社会的进步，一些贤人志士提出了不同的意见和看法。如桑弘羊曾认为，本与末并不对立，而是相辅相成的。他说：“古之立国家者，开本末之途，通有无之用，市朝以一其求，致士民，聚万货，农商工师，各得所欲，交易而退。”“故工不出，则农用乏；商不出，则宝货绝。农用乏，则谷不殖，宝货绝则财用匮。”其结论是“农商交易，以利本末”“民不困乏，本末并利”。到了明末清初，卓越的启蒙思想家黄宗羲率先提出了“工商皆本”的观点，认为不应该按部门划分本末，凡是有利于社会财富增长的都是本业，否则就是末业。但真正彻底与重本抑末论决裂的，是近代的资产阶级思想家。如王韬提出“恃商为国本”，康有为号召“定为工国”，即实现资本主义工业化，直到孙中山提出的实现中国经济现代化的宏伟蓝图——《实业计划》。本末之争反映了中国古代宏观经济管理思想的发展过程。因为这一发展过程反映了中国国民经济结构中工商业的地位和重要性的逐步提高，预示着自然经济向商品经济的转化。对本末关系的认识，在实质上涉及宏观经济管理中经济结构的战略安排。

四、分配论

分配论主要是指如何通过财政税收进行财富的分配和再分配。

孔子和以他为代表的儒家学派在财政赋税方面提倡薄赋敛的思想。孔子对当时鲁国的税制改革一直持批判的态度，把鲁国君王按土地面积征税的税制改革视为“非礼也”“非正也”“聚敛”“贪冒无厌”，并提出了“敛从其薄”的主张。而长期与儒家学派持不同政见的法家学派却不是片面地强调薄赋敛，而是要求从宏观经济管理的目标出发，根据具体情况而定税赋。如商鞅主张对农业“訾粟而税，则上壹而民平”，对工商业则主张“不农之征必多，市利之租必重”，用税制的差别为其推行的农战政策服务。《管子》的作者提倡通过财政赋税来分配和再分配财富，提出了“相地而衰征”“取于民有度”的理论方针。这个理论方针标志着战国时期封建剥削形式由劳役租税向实物租税的转变。“度”意味着财政赋税制度必须在考虑巩固封建国家的统治之基础上进行确定。

在漫长的封建社会中，分配问题一直围绕是“薄赋税”还是“理财”增加国家收入来减轻百姓的负担存在争议。一般说来，前者代表着儒家的传统思想，居于统治地位。进入近代以后，封建社会的赋税制度逐渐动摇，资本主义的赋税制度开始从西方输入。受西方思想的影响，一些人提出用赋税制度来抵制外国资本的侵入，也有人把财富的生产和分配明确加以区分，采用了“生之”“移之”“夺之”的概念，即在商品生产和分配的关系上，首要的是“生之”，尽量少用“移之”“夺之”的方法来再分配财富。孙中山则在其分配纲领中提出了“平均地权”“节制资本”的思想。

五、消费论

消费论集中表现为俭奢之争。

一般说来，中国的诸多思想家都主张节俭，而反对奢侈。如在先秦的思想家中，墨子认为，“凡足以奉给民用则止，诸加费不加于民利者，圣王弗为”。这意味着，凡是超出“民用”“民利”的消费，都是“无用”“不加利”的，必须制止。“去大人之好聚珠玉、鸟兽、犬马，以益衣裳、宫室、甲盾五兵、舟车之数。”这明确提出，要限制上层统治者的奢侈浪费。孔子也主张节俭，反对奢侈。他主张把节用与他的根本思想“仁爱”联系起来，认为“仁者爱人”“节用而爱人”，节用就是“仁”。道家学派的创始人老子提出了更为独特的消费观，把“俭”作为自己的三“宝”之一。他提出：“我有三宝，持而保之：一曰慈，二曰俭，三曰不敢为天下先。”把原始的生活标准作为俭的标志，反对人们生活水平的提高。法家学派的消费观，可以《管子》一节的观点为代表。该书认为“俭则伤事，侈则伤货”，即主张节俭，又提倡侈靡。这是因为，节俭会使生产停滞和流通不畅，而侈靡则会造成对财富的浪费。对于这似乎互相矛盾的结论，《管子》一书认为，应把它们统一到发展农业生产和实现富国安民的目标上。

以上墨、儒、道、法四家的消费观，对后世的影响巨大，但儒家的观点始终占有支配地位。进入近代以后，人们的奢俭观开始与资本主义商品经济的愿望和实际联系起来。如资产阶级改良派代表人物谭嗣同公开提出了黜俭崇奢的口号。他认为，奢俭的划分本来就是相对的，崇俭与社会的发展相矛盾，并与那些宣扬崇俭者的事实不相符。如他曾极力赞扬“奢”的好处：奢之“害止于一身家，而利十百矣。锦绣珠玉栋宇车马歌舞宴会之所集，是固农工商贾从而取赢，而转移执事者所奔走而趋附也”。这种对“奢”的赞誉之言已体现出了资产阶级的奢俭观。

第三节　中国传统管理思想的要点

中国传统的管理思想，可以分为宏观管理的治国学和微观管理的治生学。治国学是适应中央集权的封建国家的需要，包括财政税负管理、人口田制管理、市场管理、货币管理、国家行政管理等方面。治生学则是在生产发展和经济运行的基础上通过官、民的实践逐步积累起来，包括农副业、手工业、运输、建筑工程、市场经营等方面的学问。国内有学者系统地总结了中国早期的传统管理思想，其主要内容如表 3-1 所示。

表 3-1 中国传统管理思想的要点

要点	含义	代表人物
顺道	主观范畴的道，是指治国的理论；客观范畴的道，是指客观经济规律，在这里指管理要顺应客观规律	管子、司马迁
重人	重人是中国传统管理的一大要素，包括两大方面：一是重人心向背，二是重人才归离	司马迁、诸葛亮
人和	指调整人际关系，讲团结，上下和，左右和。对治国来说，和能兴邦；对治生来说，和气生财	孔子、管子
法治	法治三要素：明法，公开性要宣传，要求人人知晓；一法，法令统一、政出一家、一视同仁；常法，强调法的稳定性，取信于民，强化法的权威性	李斯、韩非
守信	治国要守信，办企业要把诚信放在第一位，办一切事业都要守信	孔子、管子
利器	生产要有工具，打仗要有兵器，使用利器，可达到“其用日半，其功可使倍”	孔子
求实	办事从实际出发，是人们思想方法和行为的准则	管子
预谋	强调前瞻性、强调规划性	孙子
对策	在一切竞争和对抗的活动中，都必须统筹谋划，正确研究对策，以智取胜	孙子、管子、范蠡
节俭	我国理财和治生历来提倡开源节流，崇俭拙奢，勤俭治国，勤俭持家	孔子、墨子

(资料来源：王晓丽，等. 管理学理论与实务[M]. 北京：北京理工大学出版社，2016.)

一、顺道

意指管理要顺应客观规律。《管子》一书认为，自然界和社会都有自然的运动规律：“天不变其常，地不易其则，春秋冬夏，不更其节。”社会活动都有“轨”可循，“不通于轨数而欲为国，不可”。万物按自然之“轨”运行，对人毫不讲情面。“万物之于人也，无私近也，无私远也”，你的行为顺从于它，它必“助支”，你的事业就会“有其功”“虽小必大”；你若逆它，它对你也必“违之”，你必“怀其凶”“虽成必败”“不可复振也”。司马迁在其著名的《史记》中也把社会经济活动视为由各个个人为了满足自身的欲望而进行的自然过程。对于社会自发的经济活动，他认为国家应顺其自然，少加干预。“故善者因之”，顺应客观规律，符合其“道”，乃治国之善政。

二、重人

这是中国传统管理的一大特点，包括两个方面：一是重要心向背，二是重人才归离。得民是治国之一。欲得民必先为民谋利。在先秦的思想家中，孔子提倡“行仁德之政”“因民之所利而利之”“修文德以来之”，使“天下之民归心”“近者悦，远者来”。《管子》一书提倡，“政之所兴，在顺民心；政之所废，在逆民心”，国家必须“令顺民心”“从民所欲，去民所恶”，乃为“政之宝”。西汉贾谊说：“闻之于政也，民无不为本也。国以为本，君以为本，吏以为本”，“国家的安危存亡兴坏，定之于民；君之威侮、昏明、强弱，系之于民；吏之贵贱，贤不肖，能不能，辨之于民；战争之胜败，亦以能否得民之力以为准”。求贤若渴，表示对人才的尊重，并把能否得贤能之助，视为关系国家兴衰和事业成败的关键。在《吕氏春秋》中就认为：“得贤人，国无不安……失贤人，国无不危。”诸葛亮在总结汉朝的历史经验时也提出：“亲贤臣，远小人，此先汉之所以兴隆也；亲小人，远贤臣，此后汉之所以倾颓也。”《晏子春秋》中则把对人才的“贤而不知”“知而不用”“用而不任”，视为国家的“三不祥”，其害无穷。

【小资料】

中国古人的识人智慧：“八观”与“八验”

在用人识人方面，魏征给李世民提出了一个基本的建议：“贵则观其所举，富则观其所养，居则观其所好，习则观其所言，穷则观其所不受，贱则观其所不为。因其才而取之，审其能以任之。用其所长，掩其所短。”

这个建议的内容最早可以上溯到《吕氏春秋》，里面记载了看人识人的“八观”要诀。魏征的“六观”是“八观”的简化，都代表了中国古代管理思想家在看人上的基本态度，就是看行为、看表现，通过行为和表现去推断当事人的内心世界，预测当事人的未来行动。

1. 八观

八观，就是依据人在不同环境的表现来识才。《吕氏春秋》中的“八观”包括：

(1) 通则观其所礼。一个人发达了，要看他是否还谦虚谨慎、彬彬有礼、遵守规则。

(2) 贵则观其所进。一个人地位高了，要看他推荐什么人。他提拔什么样的人，他就是什么样的人。

(3) 富则观其所养。一个人有钱了，要看他怎么花钱，给谁花，花在什么地方。人穷的时候节俭不乱花钱，那是资源和形势造就的；人富了以后还能保持节俭，才是品行的体现。

(4) 听则观其所行。听完一个人的话，要看他是不是那样去做的。不怕说不到，就怕他说了做不到。

(5) 止则观其所好。通过一个人的爱好，能看出这个人的本质。

(6) 习则观其所言。第一次跟一个人见面的时候，他说的话不算什么。等相处得久了，再听听他跟你说什么，是不是跟当初一致，跟当初的差别越大，人品越不好！

(7) 穷则观其所不受。人穷没关系，穷人不占小便宜，这样的人本质好。

(8) 贱则观其所不为。人地位低没关系，不卑不亢，保持自己的尊严，这样的人本质特好。

“八观”中至少占六条，才能算本质好；占五条算及格；五条以下就太可怕了，不能考虑。

2. 八验

《庄子》里也提出了一个看人模型，叫“八验”。其内容包括：

(1) 远使之以观其忠。把一个人派到很远的地方，做一件很小的事，看他能不能做到位，以此来判断一个人的忠诚度。

(2) 近使之以观其敬。把下属放在身边工作，工作之外相处多一点，看他对你是不是够尊敬，以此来考察他的自我定位。让下属明白，跟领导的关系再好，该尊敬还要尊敬，工作还要做到位。下属必须清楚自己的角色定位。

(3) 烦使之以观其能。领导不断地给下属压担子，看他的能力倾向。作为员工应该记住，领导在提拔你之前，一定会不断给你加压。

这时候你需要做两件事：第一，能做的就做，做不到的，要如实跟领导说。领导是故意让你做不到，看看你做不到时是不是主动说。你明明做不到还承诺，说明你虚伪。第二，如果你做不了，要当面跟领导说，我做不了这么多。不能当面跟领导说“好，好，好”，背后发牢骚，你这叫“两面三刀”。所以当领导反复给你压担子时，能做几件是几件，实在做不完的，要坦荡跟领导说“我能力有限，做不完”，而且永远不要发牢骚。

(4) 猝问之以观其智。突然问下属一个问题，看他的反应速度、智谋、思想的成熟程度和工作能力。突然发问，下属没有时间准备，依此来看这个人的水平。

(5) 急与期以观其信。突然约会，看一个人的信誉。突然的约会不要随便答应，如果你在约定的时间根本到不了还爽快地答应人家，说明你信誉不好。

(6) 醉以酒以观其性。一个人喝醉之后，可以看出他的性格。如果醉酒之后的行为跟清醒时差别很大，那么这个人很可能性格扭曲、心理阴暗，比较可怕，不能用。

(7) 杂以处以观其色。把下属放在复杂的人际关系里，看看他跟别人打交道的能力如何。

(8) 示以利以观其廉。给下属一点好处，看他是不是喜欢占便宜。

将“八观”和“八验”和在一起，一共是16条。一般人的人事选拔，要占到10条；重大的人事选拔，要占到14条，至少12条。如果某人能占到14条以上，说明这个人能成大事，即使目前的水平不高，也是可以重点培养的。

(资料来源：田成杰. 古人的识人智慧：“八观”与“八验”[EB/OL]. http://www.chinavalue.net/BookInfo/Comment.aspx？CommentID＝59375, 2017-06-10.)

三、人和

“和”就是调整人际关系，讲团结，上下和，左右和。对治国而言，和能兴邦；对治生而言，和能生财。故我国历来把天时、地利、人和看成事业成功的三要素。孔子说：“礼之用，和为贵。”管子说：“上下不和，虽安必危。”“上下和同”“和协辑睦”是事业成功的关键。古人还认为，求和的关键在于当权者，只有当权者严于律己，严禁宗派，不任私人，公正无私，才能团结大多数。《管子》一书提倡“无私者容众”，要求君王切不可有“独举”“约束”“结纽”这些宗派行为。

四、法治

我国的法治思想起源于先秦法家和《管子》一书，后来逐渐演变成一整套法制体系，包括田土法制、财税法制、军事法制、人才法制、行政管理法制、市场法制等。韩非在论证法治优于人治时，举传说中舜的例子：舜事必躬亲，亲自解决民间的田界纠纷和捕鱼纠纷，花了三年时间纠正三个错误。韩非说这个办法不可取，“舜有尽，寿有尽，天下过无已者。以有尽逐无已，所止者寡矣。”如果制定法规公之于众，违者以法纠正，治理国家就方便了。他还主张法应有公开性和平等性，即实行“明法”“一法”原则。“明法”，就是“著之于版图，布之于百姓”，使全国皆知。“一法”，即人人都得守法，在法律面前人人平等，“刑过不避大臣，赏善不遗匹夫”，各级政府官员不能游离法外，“能去私曲就公法者，民安而国治”（《韩非子·有度》）。

五、守信

治国要守信，办企业要守信。信誉是人与人之间建立稳定关系的基础，是国家兴旺和事业成功的保证。孔子说：“君子信而后劳其民。”他对弟子注重“四教：文、行、忠、信”。《管子》中十分强调取信于民，提出国家行政应遵循一条重要原则：“不行不可复。”该书认为：“言而不可复者，君不言也；行而不可再者，君不行也。凡言而不可复，行而不可再者，有国者之大禁也。”

六、利器

生产要有工具，打仗要有兵器，中国历来有利器的传统。孔子说：“工欲善其事，必先利其器。”《吕氏春秋》中也提到，使用利器可达到“其用日半，其功可使倍”的效果。利器说提倡的是促进中国民众推行、使用先进技术，并使之成为兴邦立业的重要思想。如中国相当一段时间内，在某些技术领域领先于世界各国的情况，就可以证明这一点。

七、求实

实事求是，办事从实际出发，是思想方法和行为的准则。儒家提出“守正”原则，看问题不要偏激，办事不要过头，也不要不及，“过犹不及”，过了头，超越客观形势，犯冒进错误；不及于形势又错过时机，流于保守。两种偏向都会坏事，应该防止。《管子》中提到，凡事应量力而行，“动必量力，举必量技”“不为不可成，不求不可得”“量力而知攻”“不知任，不知器，不可”“妄行则群卒困，强进则锐士挫”。

《管子》中还提出了“时空”原则，即办事要注意时间(时机)和地点等客观条件。“事以时举”“动静”“开阖”“取予”“必因于时也，时而动，不时而静”。不顾时间的变化，用老一套的办法，不注意“视时而立仪”“审时而举事”，必然招致失败。空间不同，政策措施也应有异，不可将老一套办法到处运用。“以家为乡，乡不可为也；以乡为国，国不可为也；以国为天下，天下不可为也。”

八、预谋

“凡事预则立，不预则废”“无过在于度数，无困在于预备”（《中庸》），“以虞待不虞者胜”(《孙子·谋攻》),司马迁在《史记》中对于朴素的“预谋”思想也有相当精彩的论述,如“旱则资舟,水则资车”等。预者,预测、预谋、预备,核心是预谋。谋划出方案,再落实到人力、物力的准备,要求管理者根据实际情况,做好调查与预测。

九、对策

在治军、治国、治生等一切竞争和对抗活动中,都必须统筹谋划,正确研究对策,以智取胜。古语“夫运筹帷幄之中,决胜千里之外”,就是关于对策的形象描述。《孙子兵法》中提到:“知彼知己,百战不殆;不知彼而知己,一胜一负;不知彼,不知己,每战必殆。”《管子》中提到“以备待时”“事无备则废”,治国必须有预见性,备患于无形,“唯有道者能备患于无形也”。中国古代有许多优秀的对策实例,如田忌和齐王赛马的故事,三国的赤壁之战、空城计,孙膑的“减灶之计”等,都是系统运筹的结果。

十、节俭

节俭意指崇俭黜奢。孔子主张“节用而爱人,使民以时。”墨子说:“其用财节,其自养俭,民富国治。”荀子也说道:“强本而节用,则天不能贫……本荒而用侈,则天不能使之富。”纵观历史,凡国用有度,为政清廉,不伤财害民,则会国泰民安。反之,凡国用无度,荒淫奢费,横征暴敛,必滋生贪官污吏,戕害民生,招致天下大乱。在治生方面,司马迁说:“薄饮食,忍嗜欲,节衣服。”“纤啬筋力,治生之正道也。”汉初有个经营农业的任氏,一反当时“富人争奢侈”之风气,力行“家约”“折节为俭”,以致“富者数世”,成为闾里的表率,受人赞颂。

第四节　儒家的管理思想

儒家思想是中国传统文化的主流,它不仅对中国有深远的影响,而且在包括日本、韩国、新加坡等许多亚洲国家广为流传。近30年来,许多东亚、东南亚国家相继走上了现代化道路,社会经济得到了高速发展,企业管理也达到了世界先进水平,但是它们都没有否定以儒家思想为核心的东方文化,而恰恰是吸收了东西方文化中有益的东西,并结合本国的实际取得了巨大的成功。它们用儒家的观点塑造现代企业文化,形成了与西方管理文化截然不同的特色,一些国家和地区称之为“新儒学派”。

【小资料】

孔子的三条管理忠告

《论语·子路篇》记载:“仲弓为季氏宰,问政。子曰:先有司,赦小过,举贤才。

曰：焉知贤才而举之？曰：举尔所知，尔所不知，人其舍诸！”

仲弓出去做鲁国权臣季家的管事，来向孔子问从政的原则。孔子告诉他领导政治的三个道理：

1. 先有司

有司是职务代称，也就是管事的，读古书时经常看到它。孔子是说，首先重视每个人的职权，要制度化，不要乱来。在古代，尤其在春秋战国时期，一个领导人，一个帝王，本身就是法制。尽管中国过去也是讲法治精神的，但在君主专治体制下，往往有“言出法随”的情形，君主的话就是法律，他要怎样做就是法令。所以孔子告诉他不可犯这样的毛病，先要把权责分清楚，把制度建立起来。

2. 赦小过

谁都难免有错误，尤其当领导人，要能原谅人。一个领导人，不单是主管，还要兼作老师，所谓“作之君，作之师，作之亲”。领导人同时是老师，同时是父兄，对部属小小的错误，马马虎虎让他过去，充其量喊到房间里告诫他。在历史上看到的名臣，遇到部下犯了错误，当众不说，召到房间里，关起门来责备一顿。出了房门当主管的自己背了锅，宣称是自己的错，不关部属的事。古代许多大臣都有这种器度，不是用手段，而是一种厚道的修养，这是爱人。

3. 举贤才

就是提拔有才能的人。这里就有一个问题了，仲弓提出来，他说有那么多部下，怎么知道哪一个是人才？人才的选拔不易，在历史上经常看到有人“拔于稠人之中”。这句话的意思是说，有很多人才，当他没有机会表现的时候，永远默默无闻而埋没终生。比如带领一师的部队，这一师人当中，一定有人才，但却没有办法发现。有了发现，就在稠人之中——在很多人之中把他提拔起来，给他机会，逐渐培养出来。历史上许多前辈提拔后辈，都是这样的。

但贤才到底是难得，所以仲弓就说，无法知道谁是贤才，怎样去分别呢？孔子说，你可以就你所看到的、所知道的去选。如果你并不知道，那就是他没有表现的机会，只好等待别人去发掘了。所谓：“博施济众，尧舜犹病！”

（资料来源：南怀瑾. 孔子的三条管理忠告[EB/OL]. http://www.ceconlinebbs.com/FORUM_POST_900001_900084_895350_0.HTM, 2008-09-16.）

以儒家思想为代表的中国传统管理思想和管理文化的内核是什么？归纳起来包括以下几个方面。

一、民本思想

民本思想强调管理活动要“以民为本”，重视人的因素，提倡“德治”和“仁政”。孔子在《论语•微子》中说：“鸟兽不可与同群，吾非斯人之徒与而谁与？”意思是说：我既然不能同飞禽走兽合群共处，那我不同世人在一起，又与谁在一起呢？这一观点反映了孔子人兽严格区别、人与人同类的自觉意识。在民本思想的指导下，孔子竭力主张“行仁德之政，因民之所利而利之”“使天下之民归心”。孔子在《为政》中强调“为政以德，譬似北辰，居其所，而众星共之”，此处为政即指管理，其意思是说如果领导者以德治路线进行管理，就会像北极星一样定居在天的中枢，而其他星球就会围绕着它转动。孔子在德治路线下，将管理者和民众的关系比喻成北极星和众星的关系，可以说极为准确生动，清晰地反映了孔子的民本思想。与孔子处在同一时代的政治家管仲、孔子的后人荀况对民本思想的内核也有许多十分精辟的论述，在《管子·霸言》中，管仲指出“以人为本，本理则国固，本乱则国危”，这里的“本”是指基础和核心。在《荀子·王判》中，荀况则更清楚地表述：“水火有气而无生，草木有生而无知，禽兽有知而无义。人有气有生有知，亦且有义，固最为天下贵也。”这就是说人有形态、有生命、有知觉、更有礼义道德，因此他与水火、草木、禽兽有根本的不同。荀子的人贵论和管仲的治国安邦思想，也是中国古代民本思想的核心部分，与孔子的观点有异曲同工之妙。值得注意的是中国传统文化中的“民本”，不同于西方国家的人本主义。人本主义者主张“个体本位”，主张社会生活中个体利益的满足。而“民本”的实质是主张“群体本位”，重视团体利益。这种观点正是当代企业文化的重要内涵。

二、中庸

中庸是孔子和儒家管理思想的基础，中庸的本意是讲对事不偏不倚、折中和调和。孔子在《雍也》中说，“中庸之为德也，其至矣乎！民鲜久矣”，意思是说中庸作为实现道德的法则，是最正确的了，但是人们缺乏它已经很久了！过去一些人在评价孔子时，把中庸理解为保守、妥协、守旧的代名词，其实中庸思想体现了孔子认识事物的三分法：即“过”“中”与“不及”。孔子主张要把握住“过”和“不及”两个极端，而用中庸去引导人们。中庸思想启发大家去认识在管理工作中存在一个“度”的问题，例如用财有度、用人有度、赏罚有度、批评有度、处理人际关系有度等。这一观念应该说对管理活动是颇有启发和现实意义的。

三、人和

孔子和儒家主张“礼之用，和为贵”。在《论语·子路》中，孔子说“君子和而不同，小人同而不和”，这里孔子所说的和是指社会成员之间协调与和睦，而不是无原则地苟同与同流合污。人和在现代管理中，可以理解为企业成员之间通过彼此理解和沟通，建立良好的人际关系，同心协力，完成组织目标。从广义的观点看，还包括企业与外部环境之间、部门之间相互协调和平衡。总之，“和为贵”的观念仍有其重要的价值。不过在强调人和的同时，应认识到“人和”和“竞争”是人际关系的两极，是社会相互作用的两种基本形态，是矛盾对立的统一。在市场经济的条件下，“和”与“争”都是不可缺少的，正确的做法是妥善处理二者的关系，实现“和争互补”“和争相济”。

四、义利观

孔子所强调的“义”是指礼仪道德，“利”是指利益(即功利)。孔子在《论语·里仁》一文中强调“君子喻于义，小人喻于利”。这里的君子可以理解为管理者，他们的价值取向应是先义后利，先人后己，而对被管理者的价值取向应是先利，亦所谓“先富之，后教之”。从现代的观点看，“利”和“义”也是矛盾的统一体，彼此相互渗透、相互转化，企业经营和激励中的义利观也是辩证的统一。对人的管理既要重视物质利益，又要重视精神因素，尤其是领导层，重义轻利、先义后利的提法实质上是对西方国家早期功利主义的批判和否定。

五、教育观

孔子在中国历史上不仅是一位伟大的思想家，也是一位伟大的教育家。他十分强调“为政在人”，管理者要十分注意选才和育才。孔子提倡“学而优则仕”，即学习要达到一定的“度”，才能成为人才，才有可能为事业做出贡献。为了培养人才，孔子主张“有教无类”“诲人不倦”。在教育方法上，孔子倡导“因材施教”。这些著名的论述，至今对教育管理工作者仍不失其重要的现实指导意义。

显然，我国自古以来对世界管理史的贡献是多方面的。历经数千年的演变和发展，逐渐形成了具有本民族特色的管理思想体系和传统，在世界范围内受到普遍的关注和重视。

第五节 小 结

中国古代在国家治理、军事思想、工程建筑方面一直是名列世界前茅。这其中包含着千百万人的生产与研究实践，也蕴藏着丰富的管理思想。早在5000年前，中国已经有了人类社会最古老的组织——部落和王国，有了部落的领袖和帝王，因此也就有了管理。从秦朝开始，历代统治者都能对如此辽阔的疆土和众多的人口进行有效的管理。从管理学角度来看，历史给后代留下了有关管理国家、巩固政权、统率军队、组织战争、治理经济、发展生产等方面极其丰富的经验和理论，其中也有很多至今为人所用的管理思想。中国宏观经济管理的基本指导思想主要体现在，几千年来历代思想家围绕着经济管理的目标、动力、结构、分配和消费等基本问题，展开了长时间的激烈争论。其中，目标论突出“富国之学”的探讨；动力论突出表现为义利之争；经济结构论主要表现为本末之争，即如何正确认识处理农业与工商业的关系问题；分配论主要是如何通过财政税收进行财富的分配和再分配；消费论集中表现为俭奢之争。中国早期的传统管理思想，其主要观点可以概括为顺道、重人、人和、法治、守信、利器、求实、预谋、对策、节俭。以儒家思想为代表的中国传统管理思想和管理文化的内核可以概括为以下几点：民本思想、中庸、人和、义利观、教育观。民本思想强调管理活动要“以民为本”，重视人的因素，提倡“德治”和“仁政”；中庸是孔子和儒家管理思想的基础，中庸的本意是讲对事不偏不倚、折中和调和；孔子和儒家主张“礼之用，和为贵”；孔子所强调的“义”是指礼仪道德，“利”是指利益(即功利)。孔子在中国历史上不仅是一位伟大的思想家，也是一位伟大的教育家，他十分强调“为政在人”，管理者要十分注意选才和育才。

【关键概念】

管理实践(practice of management)　　对策(countermeasure)

节俭(thrift)　　儒家思想(confucianism)

第六节　复习思考题

1. 简答题

(1) 中国早期的管理实践活动主要集中在哪些领域？

(2) 中国早期的主要管理理论有哪些？

(3) 中国古代管理思想的重要观点是什么？

(4) 儒家思想的内核是什么？

2. 案例分析

中国古代人事管理思想溯源

管理思想不是自然而然就存在的，也不是由谁独创而成的，而是在人类共同生产劳动和活动中产生的，是人类世代相传生存和生活经验教训的总结。

中国作为传承数千年的历史文明古国，在代代相传的选人、用人过程中形成了固有的管理经验，即使在现代人力资源管理实践中也闪烁着古人的智慧光芒。

中国古代人事管理思想按照思想演变来划分，可以大致分为三个阶段。第一个阶段在先秦时期，从夏到战国时期，历经两千多年，这一时期的人事管理并没有形成系统的管理思想，特别是春秋战国时期，诸子百家争鸣，各说其道，不一而足。第二阶段是从秦汉到唐宋时期，汉武帝“罢黜百家，独尊儒术”，将儒家“天人合一”的观念、法家的集权思想和阴阳家的五行学说杂糅融合形成封建统治思想，到唐宋时期，将儒、释、道三教合一而成新的儒学体系。第三阶段是明清时期，虽然封建专制空前强化，但商品经济的发展促使“藏富于民”“经世致用”等人力思想产生，对人力资源有了进一步的认识。

1) 先秦时期人事管理思想

春秋时期，周王室衰落，周主虽为天下共主，但无实际控制能力，中原各国之间为争权夺利、相互兼并而招贤纳士、广开言路。到战国时期，诸子争鸣，百家并鹜，人才的作用就在这土地兼并、称王称霸中日益凸显出来。

春秋时期大思想家孔子就曾提出了“才难”的思想，认为人才关系到国家的兴衰成败，他说：“才难，不其然乎？唐虞之际，于斯为盛。”而墨子则一针见血，提出：“国有贤良之士众，则国家之治厚；贤良之士寡，则国家之治薄。”而之后关于人才的认识及其重要性的论述，则不胜枚举。“苟得其才，则无物不理”“得其人，则天下之治，可不劳而赦也；用非其人，则败国家之事，贻天下之患”，等等，都是先秦时期人事思想的真实写照。圣明君王任用人才更是不拘一格，任人唯贤。

管仲曾佐公子纠，射桓公一箭，齐桓公去除成见重用管仲，而成天下霸主。秦王“好用异国异姓人”，人才西进，而成就秦朝统一大业。由此可见，中国古代人事管理不仅思想丰富，在选人用人方面更是可见一斑。

2) 从秦汉到唐宋时期人事管理思想

自“秦王扫六合”，建立中央集权君主专制制度后，我国古代即进入封建君主社会，维护其封建统治阶级的利益是历朝历代封建国家最终的管理目标。

汉武帝“罢黜百家，独尊儒术”，将儒学与阴阳派合流，建立了一套以“天人感应”为基础的封建社会主流政治思想和延续两千多年的以儒家为治国安邦基础的封建君主思想。董仲舒主张：“是故为人君者，故守其德，以附其民；故守其权，以正其臣。”其在人才的选择、任用上讲究“德才兼备，以德为先”，打破固有的“世袭世禄制”，实行“察举制”“征辟制”等，选取贤良方正、品德高尚的士子予以重任。

魏晋南北朝时期，国家四分五裂，佛道兴起，儒学衰微，“皇帝人人可做”“好官我自为之”。隋朝上承北周，隋文帝为打破门阀制度，首创科举制，采用分科取士的方法选贤任能。唐朝继续推行并完善科举制，唐太宗说：“为政之要，惟在得人，用非其才，必难致治。今所任用，必须以德行、学识为本。”他认为，人才是政治管理的根本，而为政用人，必须以道德品行、学问见识为根本。唐太宗在位期间，文有魏征、虞世南、房玄龄、杜如晦等，武有李靖、秦琼、尉迟恭、薛仁贵等，朝中人才济济，与他任人唯贤、不拘一格用人不无关系。到唐朝中期，宣扬佛教抑制儒道的风气已相当浓烈，儒家思想不再独尊于一家，而儒、佛、道三教在这彼此之间的排斥和斗争中“合流”。宋朝儒生(如周敦颐、张载、邵雍、二程等)援佛入儒，革新儒学，形成理学。到南宋，朱熹将孔孟思想尊为正宗，同时继承董仲舒阴阳五行和二程的“格物致知”观点，结合佛教的灭欲观和道家的哲学与思辨精神，确立了以三纲五常为基础的封建统治思想，其在促进士子的理性思维、教育人们知书识理等方面发挥着重要的作用。

3) 明清时期人事管理思想

明清时期，中央集权君主专制制度空前强化，科举以“八股”取士，朝中设立厂卫制度监督，封建传统管理模式走向衰落。然而，这一时期资本主义开始萌芽，商业得到空前发展，人们在人力方面又有了进一步的认识。

人力资本不同于其他的物质资本，每个劳动者价值和能力是有区别的，每一个劳动者的价值都必须通过物质财富和时间的不断投入才能最终获得。到 20 世纪 60 年代初，美国经济学家西奥多·舒尔茨才正式提出“人力资本”理论，其理论的内容本质与丘濬

“人力”思想极其吻合。由此可见，现代人力资源管理不仅传自于西方的管理理论和技巧，还汲取自中国古人的管理思想和智慧。

(资料来源：杨新荣. 中国古代人事管理思想及其对现代人力资源管理的借鉴[J]. 湖南社会科学，2017(5)：91-97.)

【思考题】

分析中国古代人事管理思想特点及其对现代人力资源管理的启示。

3. 管理实战

团队中的“知己”与“人和”

【形式】集体参与

【时间】15 分钟以上

【材料】如果需要，准备一些奖品

【场地】不限

【应用】团队建设

【目的】

- 互相了解。
- 感受团队中的快乐。

【程序】

让每一个团队成员设计一条以“我打赌你不知道我……”开头的个人陈述。

- 邀请团队成员们分享他们的陈述。
- 在每条陈述后面要求每一个团队成员表决真假，然后要求提出此陈述的人宣布此陈述的真假。
- 记录团队成员们的得分。某个成员每次猜对将加 1 分，猜错了减 1 分。
- 结束时宣布获胜者。你可以将奖品授予“最了解团队成员的人”或者团队“直觉最好的团队成员”。

【讨论】

你在这个游戏中表现出色吗？是什么妨碍了我们了解别人呢？

【总结与评估】

此活动要求团队成员想出一些别的团队成员不知道的关于他们自己的事情(最好是一些不寻常的事)或者假想一些关于他们自己的事。个人情况的例子可能是“我周游过世界；我有自己的飞行执照；我收集黑色的窗户蜘蛛”。每一个团队成员与团队一起分享他(她)的信息，并且团队成员必须判断这些信息是真的还是假的。这个游戏带来了更温暖的团队气氛，相互间对对方增进了了解和理解。

第四章 管理环境概述

管理工作是在一定的环境条件下展开的。环境是组织生存的土壤，既为组织活动提供了条件，同时也对组织活动起制约作用。组织所面临的环境会影响组织管理行为和方式的选择，管理的有效性依赖于管理者对环境认识和了解的程度，组织的管理应该随着环境的变化而变化。另外，组织文化是组织与环境要素长期互动而形成的，反映了组织的行为方式和宗旨。企业道德与社会责任对企业组织的持续经营至关重要。

【本章学习目标】

- 掌握外部环境和内部环境要素
- 熟悉内外部环境分析方法
- 掌握组织文化的概念、基本特征和层次
- 熟悉组织文化的功能
- 了解组织文化的建设
- 掌握道德与社会责任的概念及其各种观点
- 熟悉提高员工道德素质的途径和影响管理者道德素质的因素

【引例】

网购盛宴

2013 年 10 月，网购盛宴“双 11”不断逼近，特别是天猫与全国 3 万多家线下实体店推行 O2O 模式，相当于在线上、线下两种商业模式之间点了一把火，没想到却在家居行业掀起了一场大风波。国内 19 家大型家居连锁卖场，联合公开抵制电商“双 11”线下体验、线上购物的 O2O 模式。这场风波终于使蓄势已久的线上、线下两种商业模式之间的冲突公开化。

O2O 这个概念是 2011 年由 Alex Rampell 提出来的，英文为 Online to Offline，即将线下商务机会与互联网结合在了一起，让互联网成为线下交易的前台。这样线下服务就可以在线上揽客，消费者可以在线上筛选服务，成交也可以在线结算，从而很快达到规模。该模式最重要的特点是：推广效果可查，每笔交易可追踪。国内经典网络公司如 58 同城、拉手团购等，都是 O2O 模式的先驱。

在往年的“双 11”，电商虽然也抢走了线下实体店的大笔市场份额，但毕竟实体店仍然有自己的阵地。但 2013 年不同了，众多电商平台尝试推出 O2O 模式，提出要线上线下联动。以天猫为例，它鼓励品牌商在线下实体店挂 logo、贴标志、扫二维码、收优惠券，并安装 POS 机，将款项直接刷到支付宝上。

电商平台这种“既抢钱又占地”的做法，终于激起了“众怒”。居然之家、红星美凯龙等中国家居行业最大的 19 家连锁或区域大卖场、中国家具协会市场委员会主席团成员，联合签署了《关于规范电子商务工作的意见》。其中，明确规定“不能变相让卖场成为电商的线下体验场所”“未经卖场允许，不许利用卖场的商标、商号进行宣传。不许通过电商移动 POS 机将卖场的业务转至他处交易”。

这些年来，电子商务步步紧逼，传统实体店商家遭遇节节败退。2012 年“双 11”当天仅 24 小时取得的销售额为 191 亿元，这对实体店商家而言是多么大的冲击。中国家具协会市场委员会统计数据显示，全国性的连锁家居卖场在 2012 年的总销售额不过 300 亿元。

为什么一个品牌商在“双 11”网络购物节一天时间里，就能达到几千万甚至上亿元的销售额?这样的数据让品牌商惊喜，却让实体店卖场惊慌和反思。

有业内人士坦言，由于线上网店不用房租水电，人工成本也很低，线上价格具有线下不可比拟的优势，不少消费者在当地实体店选好了商品，回到网上下单。“实体店卖场要交房租、要装修店面、养着很多员工，结果却被电商抢走了生意，实体店还怎么‘活’?”

为什么家具连锁卖场实体店会联手抵制电商“双 11”?家具连锁卖场的经营环境发生了哪些变化?应该采取哪些策略来应对环境的变化?对商业经营环境的分析是本章主要内容。

(资料来源：季辉. 管理学[M]. 重庆：重庆大学出版社，2017：91.)

第一节　组织环境分析

组织环境是指所有潜在影响组织运行和组织绩效的因素或力量。组织环境调节着组织结构设计与组织绩效的关系，影响组织的有效性。组织环境对组织的生存和发展起着决定性的作用，是组织管理活动的内在与外在的客观条件。

一、组织与环境的关系

组织环境对组织的形成、发展和灭亡有着重大的影响。组织环境为某些组织的建立起到积极的促进作用，例如蒸汽机技术的出现推进了现代工厂组织的诞生。某些环境的变化为组织的发展提供了有利条件。相反，由于某些组织未能适应环境的变化，因而已不复存在。在现今和未来，组织的目标、结构及其管理等只有变得更加灵活，才能适应环境多变的要求。

组织与环境的关系，不是组织对环境做出单方面的适应性反应，组织对环境也具有积极的反作用，如图 4-1 所示。主要表现为：组织主动地了解环境状况，获得及时、准确的环境信息；通过调整自己的目标，避开对自己不利的环境，选择适合自己发展的环境；通过自己的力量控制环境的状况和变化，使之适应自己活动和发展，而无须改变自身的目标和结构；通过自己积极的活动创造和开拓新的环境，并主动地改造自身，建立组织与环境新的相互作用关系。另外，组织对环境的反作用也有消极的一面，即对环境的破坏。这种消极的反作用又会影响组织的正常活动和发展。组织环境是相对于组织和组织活动而言的，只有相对于组织和组织活动的外部物质和条件才具有组织环境的意义。在人类产生之前，自然界就客观存在，只有当人类通过分工协作形成了自己的社会活动，从而也产生了对这些活动的管理之后，自然界的一部分与人类的这种活动相关联，才成为组织环境。因而，组织环境的性质与内容都与组织和组织活动息息相关：与一定经济组织的经济管理活动相联系的是经济组织环境；与一定军事组织的军事管理活动相联系的是军事组织环境；与一定教育组织的教育管理活动相联系的是教育组织环境，等等。这些组织环境都是与一定组织和组织活动相对应的。

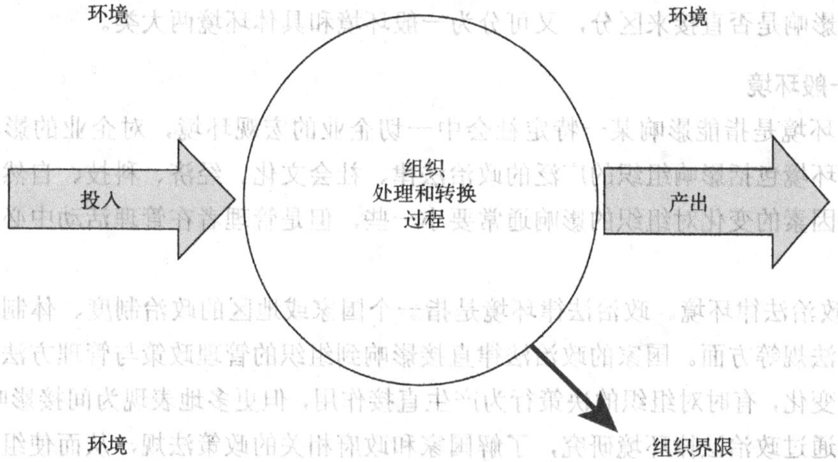

图 4-1　组织与环境的关系

二、组织环境分类

组织面对着纷繁复杂的环境，如果能将环境区分成不同的部分，将十分有利于组织识别和预测环境的影响。由于环境是由众多因素交织而成的整体，难以准确而清楚地区分，所以管理学界对环境有许多分类方法。本书采用最常见的分类，即把环境分成两大层次：外部环境和内部环境，如图 4-2 所示。

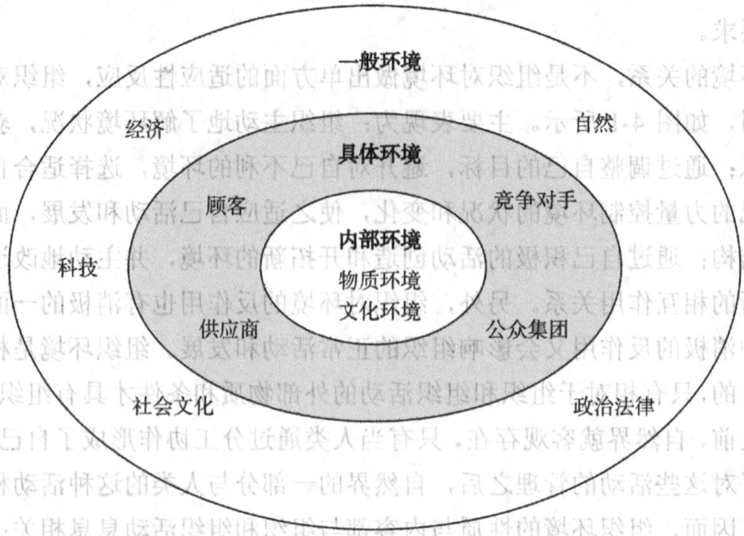

图 4-2　组织外部环境与内部环境

(一) 组织外部环境

组织的外部环境是指能够对组织绩效造成潜在影响的外部力量和机构。从外部环境对企业的影响是否直接来区分，又可分为一般环境和具体环境两大类。

1. 一般环境

一般环境是指能影响某一特定社会中一切企业的宏观环境，对企业的影响比较间接。一般环境包括影响组织的广泛的政治法律、社会文化、经济、科技、自然等环境，这些环境因素的变化对组织的影响通常要小一些，但是管理者在管理活动中必须考虑这些因素。

(1) 政治法律环境。政治法律环境是指一个国家或地区的政治制度、体制、方针政策、法律法规等方面。国家的政治法律直接影响到组织的管理政策与管理方法。政治法律环境的变化，有时对组织的决策行为产生直接作用，但更多地表现为间接影响。因此，组织必须通过政治法律环境研究，了解国家和政府相关的政策法规，从而使组织活动符合社会利益，受到政府的保护和支持。

(2) 社会文化环境。社会文化环境是指组织所处的社会的居民受教育程度和文化水平、社会风俗和习惯、信仰和价值观念、行为规范、生活方式、文化传统等因素的形成和变动。

社会文化环境是影响企业营销诸多变量中最复杂、最深刻、最重要的变量。社会文化是某一特定人类社会在其长期发展历史过程中形成的，它主要由特定的价值观念、行为方式、伦理道德规范、审美观念、宗教信仰及风俗习惯等内容构成，它影响和制约着人们的消费观念、需求欲望及特点、购买行为和生活方式，对企业营销行为产生直接影响。

(3) 经济环境。经济环境是影响组织行为诸多因素中最关键、最基本的因素。经济环境通常指构成组织生存和发展的社会经济状况和国家经济政策，是影响消费者购买能力和支出模式的因素，它包括收入的变化、消费者支出模式的变化等。经济环境又分为宏观经济环境和微观经济环境。宏观经济环境主要指一个国家的人口数量及其增长趋势，国民收入、国内生产总值及其变化情况，以及通过这些指标能够反映的国民经济发展水平和发展速度。微观经济环境主要指组织所在地区或所需服务地区的消费者的收入水平、消费偏好、储蓄情况、就业程度等因素。相对而言，宏观经济环境的变动对组织所产生的影响更为直接、更为重要。其中最主要的是宏观经济周期波动和政府所采取的宏观经济政策，组织对此必须密切关注。

(4) 科技环境。科技环境是指一个国家和地区的技术水平、技术政策、新产品开发能力及技术发展动向等。技术对组织的影响是多方面的，企业的技术进步将使社会对企业的产品或服务的需求发生变化，从而给企业提供有利的发展机会；然而对于企业经营战略设计的另一个重要问题是：一项新技术的发明或应用可能又同时意味着“破坏”。因为一种新技术的发明和应用会带动一批新行业的兴起，从而损害甚至破坏另外一些行业，如静电印刷的发展，使得复印机业得到发展，从而使复写纸行业变得衰落；半导体的发明和普及急剧地改变了视听业的竞争格局。越是技术进步快的行业，这种技术变革就越应该作为环境分析的重要因素。

(5) 自然环境。自然环境主要指地理位置、气候条件及资源状况等自然因素。地理位置是制约组织活动的重要因素。当国家在经济发展的某个时期对某些地区采取倾斜政策时尤其如此。资源的分布也影响着工业等的布局，从而可能决定着在不同地区的不同产业、不同企业的命运。

2. 具体环境

具体环境是指能更直接地影响某个企业的微观环境。企业的直接环境是与企业关系最密切、影响最大的环境因素，具体包括顾客、供应商、竞争对手、公众集团等。

(1) 顾客。顾客泛指组织服务的对象，包括组织和个人。因此，凡是已经来购买和可能来购买组织的产品或服务的单位和个人都可以算是顾客。因为顾客对产品或服务的要求会随着各种条件的变化而变化，所以对于一个组织而言，顾客意味着潜在的不确定性因素。因此，组织必须充分了解顾客的需求，以此调整生产经营。

(2) 供应商。供应商是指为组织提供资源的个人或组织。这里所指的资源不仅包括设备、原材料、能源、人力、资金等，也包括信息、技术和服务等。组织在获取资源时，供应商对于组织而言，也意味着一种潜在的不确定因素。组织的管理者必须处理好与供应商之间的关系，尽量保证资源供应的持续稳定。

(3) 竞争对手。竞争对手是指与组织争夺资源、顾客等的个人或其他组织，任何一个组织都会存在竞争对手。市场竞争的结果，往往是组织对竞争博弈的结果。因此，竞争对手经营战略对组织自身的发展影响非常大，关系到组织经营的成败。

(4) 公众集团。公众集团是一个内涵广泛的概念，通常是指所有实际的或潜在的关注、影响一个组织实现其目标的政府管理部门、社会团体及个人。组织与公众的关系直接或间接地影响组织行为，组织必须努力和公众建立良好的关系。政府管理部门主要是指国务院、各部委及地方政府的相应机构，如工商行政管理、卫生防疫站、物价局等拥有特殊的官方权力的机构。社会团体通常是指社会特殊利益代表组织，代表着社会上某一部分人的特殊利益的群众组织。它们时刻关注组织的行为，并通过向组织施加压力来迫使组织改变其决策，如新闻单位、工会、消费者协会、环境保护组织、卫生组织、教育文化组织等。组织是否在个人心目中留下良好印象，会直接影响营利组织的盈利能力，对于非营利组织则会影响自己的受欢迎程度。

（二）组织内部环境

组织的内部环境是组织内部的物质环境和文化环境的总和，包括企业资源、企业能力、企业文化等因素，也称企业内部条件。即组织内部的一种共享价值体系，包括企业的指导思想、经营理念和工作作风。

1. 组织内部物质环境

组织内部物质环境是指组织内部的资源拥有情况和利用情况。任何组织活动都需要利用一定的资源，但是组织的财力是有限的，决定了能够获取的资源是有限的，所以获取的有限资源必须倍加珍惜和合理利用。

组织不仅在客观上拥有的资源数量是有限的，而且在主观上对这些资源的利用能力也是有限的，同样数量的资源在不同组织或在同一组织不同时期的利用情况及其利用效果也是不同的。因此，组织了解自身占有的资源及其利用资源的能力，科学合理地利用资源是非常有意义的。组织的内部物质环境通常包括人力资源、物力资源和财力资源。

2. 组织内部文化环境

组织内部文化环境是指组织在长期的实践活动中所形成的，并且为组织成员普遍认可和遵守的具有本组织特色的价值观念、团体意识、行为规范和思维模式的总和。

有关组织文化方面的内容，本书将在该章第三节进行具体的探讨。

第二节　环境管理

系统观认为，组织与其环境因素处于一个相互作用、相互依赖的系统中。组织不断地从外部环境中输入各种资源，在一定的内部环境条件下对这些输入的资源加以处理，随后将处理结果作为输出提供给外部环境。一般而言，除了实力雄厚的特大型组织能够对环境产生一定的影响外，大多数组织对所处的环境更多的是适应和利用。组织管理者应积极主动地研究和处理环境问题，以便组织能获得可持续地发展。

一、处理环境问题的一般步骤

处理环境问题的一般步骤如下。

(1) 了解认识环境。管理者首先要了解组织的环境因素，并认识各环境因素对组织的影响程度。由于环境的客观性、多变性、复杂性等，管理者要认真地研究其变化的规律，预测环境变化的趋势及其可能对组织产生的影响。

(2) 分析判断环境。在充分了解掌握大量环境信息的基础上，要对各种环境因素进行深入的分析和判断，以此确定环境对本组织有哪些影响，影响的性质是什么，影响的程度有多大，带来哪些有利和不利的因素，等等。在对环境的分析判断中，既要放眼于一般环境，又要着眼于具体环境；既要研究动态环境，又要研究静态环境；既要考虑当前的具体活动，又要把握全局的政策方向。

(3) 能动地适应环境。在了解、分析、掌握环境因素的基础上，在管理中能动地适应环境，并根据环境的变化不断调整内部组织结构与经营管理策略，创造和把握组织生存发展的机会，这是管理者的重要职责，也是能力和水平的重要表现。组织在适应环境方面可以采取以下策略：合理选择经营区域；聘请合适的管理人员强化管理；密切关注环境变化，加强计划与预测；建立缓冲机制，有效规避风险；调整职位和部门，提高组织的有机化程度。

二、内外环境综合分析

对不同的环境因素应采用不同的管理方法。无论是外部环境还是内部环境对组织经营都是有影响的，并且它们对组织的影响不是相互独立的，而是相互作用来影响组织的。因此，对组织环境分析应该结合外部和内部环境，下面介绍内外部环境综合分析法，这里主要介绍 SWOT 分析法。

SWOT 分析法(也称 TOWS 分析法、道斯矩阵)即态势分析法，20 世纪 80 年代初由美国旧金山大学的管理学教授韦里克提出，经常被用于企业战略制定、竞争对手分析等场合。在现在的战略规划报告里，SWOT 分析应该算是一个众所周知的工具。来自于麦肯锡咨询公司的 SWOT 分析，包括分析企业的优势(strength)、劣势(weakness)、机会(opportunity)和威胁(threats)，如图 4-3 所示。因此，SWOT 分析实际上是将对企业内外部条件各方面内容进行综合和概括，进而分析组织的优劣势、面临的机会和威胁的一种方法。通过 SWOT 分析，可以帮助企业把资源和行动聚集在自己的强项和有最多机会的地方。

优劣势分析主要是着眼于企业自身的实力及其与竞争对手的比较，而机会和威胁分析将注意力放在外部环境的变化及对企业的可能影响上。在分析时，应把所有的内部因素(即优劣势)集中在一起，然后用外部的力量来对这些因素进行评估，如图 4-4 所示。

图 4-3　SWOT 分析模型

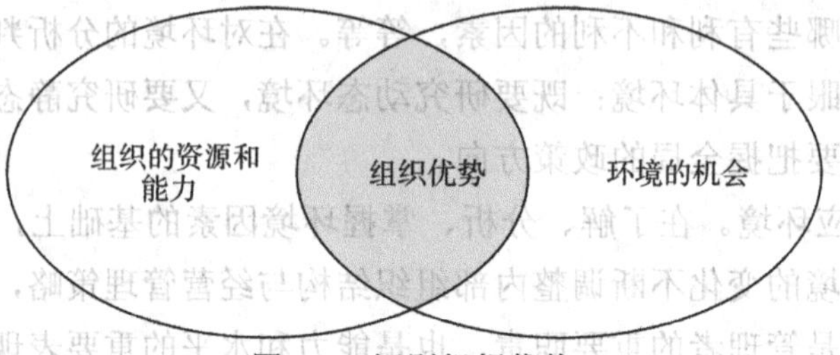

图 4-4　识别组织优势

1. 机会与威胁分析(OT)

随着经济、社会、科技等诸多方面的迅速发展，特别是世界经济全球化、一体化过程的加快，全球信息网络的建立和消费需求的多样化，使企业所处的环境更为开放和动荡。这种变化几乎对所有企业都产生了深刻的影响。正因为如此，环境分析成为一种日益重要的企业职能。

环境发展趋势分为两大类：一类表示环境威胁，另一类表示环境机会。环境威胁指的是环境中一种不利的发展趋势所形成的挑战，如果不采取果断的战略行为，这种不利趋势将导致公司的竞争地位受到削弱。环境机会就是对公司行为富有吸引力的领域，在这一领域中，该公司将拥有竞争优势。

2. 优势与劣势分析(SW)

识别环境中有吸引力的机会是一回事，拥有在机会中成功所必需的竞争能力是另一回事。每个企业都要定期检查自己的优势与劣势，这可通过“企业经营管理检核表”的方式进行。企业或企业外的咨询机构都可利用这一方式检查企业的营销、财务、制造和组织能力。每一要素都要按照特强、稍强、中等、稍弱或特弱划分等级。

当两个企业处在同一市场或者说它们都有能力向同一顾客群体提供产品和服务时，如果其中一个企业有更高的盈利率或盈利潜力，那么，我们就认为这个企业比另外一个企业更具有竞争优势。换句话说，所谓竞争优势是指一个企业超越其竞争对手的能力，这种能力有助于实现企业的主要目标——盈利。但值得注意的是：竞争优势并不一定完全体现在较高的盈利率上，因为有时企业更希望增加市场份额，或者多奖励管理人员或雇员。

竞争优势可以指消费者眼中一个企业或它的产品有别于其竞争对手的任何优越的东西，它可以是产品线的宽度、产品的大小、质量、可靠性、适用性、风格和形象以及服务的及时、态度的热情等。虽然竞争优势实际上指的是一个企业比其竞争对手有较强的综合优势，但是明确企业究竟在哪一个方面具有优势更有意义，因为只有这样，才可以扬长避短，或者以实击虚。

运用这种方法，可以对研究对象所处的情景进行全面、系统、准确的研究，从而根据研究结果制定相应的发展战略、计划和对策等。

SWOT 分析法常常被用于制定集团发展战略和分析竞争对手情况。在战略分析中，它是最常用的方法之一，表 4-1 就是运用这一方法的实例。

表 4-1 沃尔玛 SWOT 分析

内部因素	
优势	➢ 沃尔玛是著名的零售业品牌，它以物美价廉、货物繁多和一站式购物而闻名 ➢ 沃尔玛的销售额在近年内有明显增长，并且在全球化的范围内进行扩张。(例如，它收购了英国的零售商 ASDA) ➢ 沃尔玛的一个核心竞争力是由先进的信息技术所支持的国际化物流系统。例如，在该系统支持下，每一件商品在全国范围内的每一间卖场的运输、销售、储存等物流信息都可以清晰地看到。信息技术同时也加强了沃尔玛高效的采购过程 ➢ 沃尔玛的一个焦点战略是人力资源的开发和管理。优秀的人才是沃尔玛在商业上成功的关键因素，为此沃尔玛投入时间和金钱对优秀员工进行培训并建立忠诚度
劣势	➢ 沃尔玛建立了世界上最大的食品零售帝国。尽管它在信息技术上拥有优势，但因为其巨大的业务拓展，这可能导致对某些领域的控制力不够强 ➢ 因为沃尔玛的商品涵盖了服装、食品等多个部门，它可能在适应性上比起更加专注于某一领域的竞争对手存在劣势 ➢ 该公司是全球化的，但是目前只开拓了少数几个国家的市场
外部因素	
机会	➢ 采取收购、合并或者战略联盟的方式与其他国际零售商合作，专注于欧洲或者大中华区等特定市场 ➢ 沃尔玛的卖场当前只开设在少数几个国家内。因此，拓展市场(如中国、印度)可以带来大量的机会 ➢ 沃尔玛可以通过新的商场地点和商场形式来获得市场开发的机会。更接近消费者的商场和建立在购物中心内部的商店可以使过去仅仅是大型超市的经营方式变得多样化 ➢ 沃尔玛的机会存在于对现有大型超市战略的坚持
威胁	➢ 沃尔玛在零售业的领头羊地位使其成为所有竞争对手的赶超目标 ➢ 沃尔玛的全球化战略使其可能在其业务国家遇到政治上的问题 ➢ 多种消费品的成本趋向下降，原因是制造成本的降低。造成制造成本降低的主要原因是生产外包倾向于世界上的低成本地区。这导致了价格竞争，并在一些领域内造成了通货紧缩。恶性价格竞争是一个威胁

第三节 组织文化

组织文化是组织中不可缺少的一部分，优秀的组织文化能够营造良好的组织环境，提高员工的文化素养和道德水准，对内能形成凝聚力、向心力和约束力，形成企业发展不可或缺的精神力量和道德规范，能使组织产生积极的作用，使组织资源得到合理的配置，从而提高企业的竞争力。因此，根据外在环境的变化适时变革组织文化常被视为组织成功的基础。

一、组织文化的含义及其特征

（一）组织文化的含义

文化是一个非常广泛的概念，给它下一个严格和精确的定义是一件非常困难的事情。不少哲学家、社会学家、人类学家、历史学家和语言学家一直努力，试图从各自学科的角度来界定文化的概念。一般而言，文化有广义和狭义两种理解，广义的文化是指人类在社会历史实践过程中所创造的物质财富和精神财富的总和；狭义的文化是指社会的意识形态，以及与之相适应的礼仪制度、组织机构、行为方式等物化的精神。文化具有民族性、多样性、相对性、沉淀性、延续性和整体性的特点。

对于任何一种组织来说，由于每个组织都有自己特殊的环境条件和历史传统，也就形成自己独特的哲学信仰意识形态、价值取向和行为方式，于是每种组织也都形成了自己特定的组织文化。正如美国哈佛大学教授迪尔和肯尼迪曾经指出的那样："每个企业(事实上也是组织)都有一种文化。不管组织的力量是强还是弱，文化在整个组织中都有着深刻的影响，它实际上影响着企业中的每一件事：从某个人的提升到采用什么样的决策，以至职工的穿着和他们所喜爱的活动。"对组织文化的界定向来是众说纷纭、莫衷一是。比较经典的是西方学者希恩于 1984 年的定义："组织文化是特定组织在适当处理外部环境和内部整合过程中出现的种种问题时，所发明、发现或发展起来的基本假说的规范。"

就组织特定的内涵而言，组织是按照一定的目的和形式而建构起来的社会集合体，为了满足自身运作的要求，必须有共同的目标、共同的理想、共同的追求、共同的行为准则以及与此相适应的机构和制度，否则组织就会是一盘散沙。而组织文化的任务就是努力创造这些共同的价值观念体系和共同的行为准则。从这个意义上来说，组织文化是组织在长期的实践活动中所形成的，并且为组织成员普遍认可和遵循的具有本组织特色的价值观念、团体意识、工作作风、行为规范和思维方式的总和。

（二）组织文化的特征

组织文化在本质上属于"软文化"范畴，是组织自我意识所构成的文化体系。组织文化相比较社会文化和民族文化有它们的共同属性和自己的不同之处。它的基本特征包括以下四个方面。

(1) 组织文化的核心是组织价值观。任何一个组织总是要把自己认为最有价值的对象作为本组织追求的最高目标、最高理想或最高宗旨，一旦这种最高目标和基本信念成为统一本组织成员行为的共同价值观，就会构成组织内部强烈的凝聚力和整合力，成为统领组织成员共同遵守的行动指南。组织价值观包括组织存在的意义和目的、组织中各项规章制度的必要性与作用、组织中各层级和各部门的各种不同、岗位上的人们的行为与组织利益之间的关系，等等。每一个组织的价值观都会有不同的层次和内容，成功的组织总是会不断地创造和更新组织的信念，不断地追求新的、更高的目标。从这个意义上来说，组织价值观是组织文化的核心。

(2) 组织文化的中心是以人为主体的人本文化。人是整个组织中最宝贵的资源和财富，也是组织活动的中心和主旋律，因此组织只有充分重视人的价值，最大限度地尊重人、关心人、依靠人、理解人、凝聚人、培养人和造就人，充分调动人的积极性，发挥人的主观能动性，努力提高组织全体成员的社会责任感和使命感，使组织和成员成为真正的命运共同体和利益共同体，这样才能不断增强组织的内在活力和实现组织的既定目的。

(3) 组织文化的管理方式是以柔性管理为主。组织文化是以一种文化的形式出现的现代管理方式，也就是说，它通过柔性的而非刚性的文化引导，建立起组织内部合作、友爱、奋进的文化心理环境，以及协调和谐的人群氛围，自动地调节组织成员的心态和行动，并通过对这种文化氛围的心理认同，逐渐地内化为组织成员的主体文化，使组织的共同目标转化为成员的自觉行动，使群体产生最大的协同合力。

(4) 组织文化的重要任务是增强集体凝聚力。组织中的成员来自于五湖四海，不同的风俗习惯、文化传统、工作态度、行为方式、目的愿望等都会导致成员之间的摩擦、排斥、对立、冲突乃至对抗，这往往不利于组织目标的顺利实现。而组织文化通过建立共同的价值观和寻找观念共同点，不断强化组织成员之间的合作、信任和团结，使之产生亲近感、信任感和归属感，实现文化的认同和融合，在达成共识的基础上，使组织具有一种巨大的向心力和凝聚力，这样才有利于组织成员采取共同行动。

二、组织文化的结构及其功能

(一) 组织文化的结构

一般认为，组织文化有三个层次结构，即深层、中层和表层三层，如图 4-5 所示。

(1) 深层的精神层次。

这是指组织文化中的核心和主体，是广大员工共同而潜在的意识形态，包括管理哲学、敬业精神、人本主义的价值观念、道德观念等。

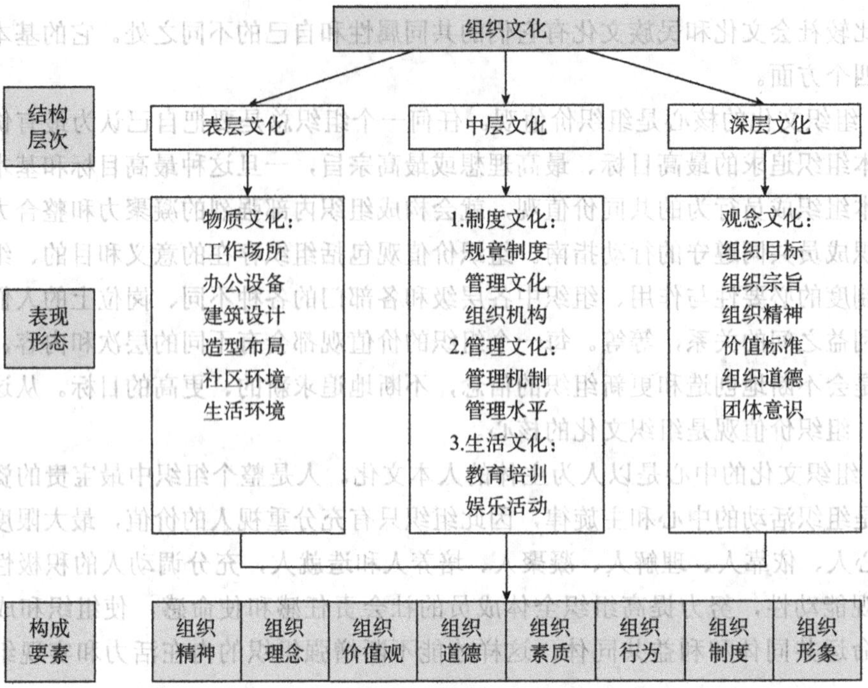

图 4-5 组织文化复合网络图

(2) 中层的制度系统。它又称制度层，指体现某个具体组织的文化特色的各种规章制度、道德规范和员工行为准则的总和，也包括组织体内的分工协作关系的组织结构。它是组织文化核心层(内隐部分)与显现层的中间层，是由虚体文化(意识形态)向实体文化转化的中介。

(3) 表层的组织文化载体。它又称物质层，是指凝聚着组织文化抽象内容的物质体的外在显现，它既包括了组织整个物质的和精神的活动过程、组织行为、组织体产出等外在表现形式，也包括了组织实体性的文化设备、设施等，如带有本组织色彩的工作环境、作业方式、图书馆、俱乐部等。显现层是组织文化最直观的部分，也是人们最易于感知的部分。

(二) 组织文化的功能

(1) 自我内聚功能。组织文化通过培育组织成员的认同感和归属感，建立起成员与组织之间的相互依存关系，使个人的行为、思想、感情、信念、习惯与整个组织有机地统一起来，形成相对稳固的文化氛围，凝聚成一种无形的合力与整体趋向，以此激发出组织成员的主观能动性，为组织的共同目标而努力。正是组织文化这种自我凝聚、自我向心、自我激励的作用，才构成组织生存发展的基础和不断成功的动力。从这个意义上来说，任何组织若想取得非凡的成功，其背后无不蕴藏着强大的组织文化作为坚强的后盾。

(2) 自我改造功能。组织文化能从根本上改变员工的旧有价值观念，建立起新的价值观念，使之适应组织正常实践活动的需要，尤其对于刚刚进入组织的员工来说，为了减少他们个人带有的在家庭、学校、社会所养成的心理习惯、思维方式、行为方式与整个组织的不和谐或者矛盾冲突，必须接受组织文化的改造、教化和约束，使他们的行为与组织保持一致。

(3) 自我调控功能。组织文化作为团体共同价值观，并不对组织成员具有明文规定的具体硬性要求，而只是一种软性的理智约束，它通过组织的共同价值观不断地向个人价值观渗透和内化，使组织自动地生成一套自我调控机制，以“软约束”操纵着组织的管理行为。组织文化具有的这种软性约束和自我协调的控制机制，往往比正式的硬性规定有着更强的控制力和持久力，因为主动的行为比被动地适应有着无法比拟的作用。

(4) 自我完善功能。组织在不断发展的过程中所形成的文化积淀，通过无数次的辐射、反馈和强化，会不断地随着实践的发展而更新和优化，推动组织文化从一个高度向另一个高度迈进。也就是说，组织文化不断地深化和完善，一旦形成良性循环，就会持续地推动组织本身的上升发展，反过来，组织的进步和提高又会促进组织文化的丰富、完善和升华。

(5) 自我延续功能。组织文化的形成是一个复杂的过程，往往会受到社会环境、人文环境和自然环境等诸多因素的影响，因此，它的形成和塑造必须经过长期的耐心倡导和精心培育，以及不断地实践、总结、提炼、修改、充实、提高和升华。同时，正如任何文化都有历史继承性一样，组织文化一经固化形成，就会具有自己的历史延续性而持久不断地起着应有的作用，并且不会因为组织领导层的人事变动而立即消失。

三、组织文化建设的途径

组织文化的塑造是个长期的过程，同时也是组织发展过程中的一项艰巨、细致的系统工程。许多组织致力于导入 CIS 系统(Corporate Identity System)，并且颇有成效，它已成为一种直观的、便于理解和操作的组织文化塑造方法。从路径上讲，组织文化的塑造需要经过以下几个过程。

(一) 选择价值标准

由于组织价值观是组织文化的核心和灵魂，因此选择正确的组织价值观是塑造组织文化的首要战略问题。

选择组织价值观有两个前提：

(1) 要立足于本组织的具体特点。不同的组织有不同的目的、环境、习惯和组成方式，由此构成千差万别的组织类型，因此必须准确地把握本组织的特点，选择适合自身发展的组织价值观，否则就不会得到广大员工和社会公众的认同与理解。

(2) 要把握住组织价值观与组织文化各要素之间的相互协调，因为各要素只有经过科学的组合与匹配才能实现系统整体优化。

在此基础上，选择正确的组织价值标准要抓住四点：

(1) 组织价值标准要正确、明晰、科学，具有鲜明特点。

(2) 组织价值观和组织文化要体现组织的宗旨、管理战略和发展方向。

(3) 要切实调查本组织员工的认可程度和接纳程度，使之与本组织员工的基本素质相和谐，过高或过低的标准都很难奏效。

(4) 选择组织价值观要坚持群众路线，充分发挥群众的创造精神，认真听取群众的各种意见，并经过自上而下和自下而上的多次反复，审慎地筛选出既符合本组织特点又反映员工心态的组织价值观和组织文化模式。

(二) 强化员工认同

选择和确立了组织价值观和组织文化模式之后，就应把基本认可的方案通过一定的强化灌输使其深入人心。

(1) 充分利用一切宣传工具和手段，大张旗鼓地宣传组织文化的内容和要求，使之人人皆知，以创造浓厚的环境氛围。

(2) 树立榜样人物。典型榜样是组织精神和组织文化的人格化身与形象缩影，能够以其特有的感染力、影响力和号召力为组织成员提供可以仿效的具体榜样，而组织成员也正是从英雄人物和典型榜样的精神风貌、价值追求、工作态度和言行表现之中深刻理解到组织文化的实质和意义。

(3) 培训教育。有目的地培训与教育，能够使组织成员系统接受和强化认同组织所倡导的组织精神和组织文化。但是，培训教育的形式可以多种多样，当前，在健康有益的娱乐活动中恰如其分地融入组织文化的基本内容和价值准则，往往不失为一种有效的方法。

(三) 提炼定格

(1) 精心分析。在经过群众性的初步认同实践之后，应当将反馈回来的意见加以剖析和评价，详细分析和仔细比较实践结果与规划方案的差距，必要时可吸收有关专家和员工的合理化意见。

(2) 全面归纳。在系统分析的基础上，进行综合的整理、归纳、总结和反思，采取去粗取精、去伪存真、由此及彼、由表及里的方法，删除那些落后的、不为员工所认可的内容与形式，保留那些进步的、卓有成效的、为广大员工所接受的内容与形式。

(3) 精练定格。把经过科学论证的和实践检验的组织精神、组织价值观、组织文化，予以条理化、完善化、格式化，加以必要的理论加工和文字处理，用精练的语言表述出来。

(四) 巩固落实

(1) 建立必要的制度。在组织文化演变为全体员工的习惯行为之前，要使每一位成员都能自觉主动地按照组织文化和组织精神的标准去行事，那几乎是不可能的。即使在组织文化业已成熟的组织中，个别成员背离组织宗旨的行为也会经常发生。因此，建立某种奖优罚劣的规章制度是十分必要的。

(2) 领导率先垂范。组织领导者在塑造组织文化的过程中起着决定性的作用，他本人的模范行为就是一种无声的号召和导向，会对广大员工产生强大的示范效应。这就要求组织领导者观念更新、作风正派、率先垂范，真正肩负起带领组织成员共建优秀组织文化的历史重任。

(五) 丰富发展

任何一种组织文化都是特定历史的产物，所以当组织的内外条件发生变化时，需要不失时机地调整、更新、丰富和发展组织文化的内容和形式。这既是一个不断淘汰旧文化性质和不断生成新文化特质的过程，也是一个认识与实践不断深化的过程，组织文化由此经过循环往复达到更高的层次。

第四节 道德与社会责任

道德与社会责任是管理学研究的新课题。企业是现代市场经济活动的主体，企业行为的根本目的是取得最大利润。但企业处于整体的社会环境中，企业要生存，赢得长期的经济利益，就要注重自身的管理道德和社会责任。大量证据表明，企业的社会责任与其长期利润之间有着正相关性。在衡量一个企业的社会责任时，通常要看它是否真正以及在多大程度上对有关各方负起了责任。

一、道德的概念及四种道德观

(一) 道德的概念

道德通常是指那些用来明辨是非的规则或原则。根据这一定义，道德在本质上是规则或原则，这些规则或原则旨在帮助决策人判断某种行为是正确的或错误的，或这种行为是否为组织所接受。不同组织的道德标准可能不一样，即使是同一组织，也可能在不同的时期有不同的道德标准。此外，组织的道德标准要与社会的道德标准兼容，否则这个组织很难为社会所容纳。

(二) 四种道德观

在商业道德方面有以下四种观点。

1. 功利观

这种观点认为决策要完全依据其后果或结果做出。功利主义的目标是为尽可能多的人提供尽可能多的利益。接受功利观的管理者可能认为解雇其工厂中20%的工人是正当的，因为这将增强工厂的盈利能力，使余下的80%的工人的工作更有保障以及符合股东的利益。一方面，功利主义对效率和生产率有促进作用，并符合利润最大化的目标。另一方面，它会造成资源配置的扭曲，尤其是在那些受决策影响的人没有参与决策的情况下。同时，功利主义也会导致一些利益相关者的权利受到忽视。

2. 权利观

这种观点认为决策要在尊重和保护个人基本权利(如隐私权、言论自由和游行自由等)的前提下做出。例如，当雇员揭发雇主违反法律时，应当对他们的言论自由加以保护。道德的权利观的积极一面是它保护了个人的自由和隐私。但它也有消极的一面(主要是针对组织而言)，即接受这种观点的管理者把对个人权利的保护看得比工作的完成更加重要，从而在组织中会产生对生产率和效率有不利影响的工作氛围。

3. 公平观

这种观点要求管理者公平地实施规则。接受公平观的管理者可能决定向新来的员工支付比最低工资高一些的工资，因为在他(或她)看来，最低工资不足以维持该员工的基本生活。按公平原则行事，也会有得有失，得的是它保护了那些未被充分代表的或缺乏权力的利益相关者的利益，失的是它可能不利于培养员工的风险意识和创新精神。

4. 综合社会契约观

这种观点主张把实证(是什么)和规范(应该是什么)两种方法并入商业道德中，即要求决策人在决策时综合考虑实证和规范两方面的因素。这种道德观综合了两种“契约”：一种是经济参与人当中的一般社会契约，这种契约规定了做生意的程序；另一种是一个社区中特定数量的人当中的较特定的契约，这种契约规定了哪些行为方式是可接受的。这种商业道德观与其他三种的区别在于它要求管理者考察各行业和各公司中的现有道德准则，以决定什么是对的、什么是错的。

研究表明，大多数生意人对道德行为持功利主义态度。这不足为奇，因为功利主义与诸如效率、生产率和高额利润之类的目标相一致。例如，在追求利润最大化的过程中，管理者可以从容地争辩说他正在为尽可能多的人谋取尽可能多的好处。

随着个人权利和社会公平的日益被重视，功利主义遭到了越来越多的非议，因为它在照顾多数人利益的时候忽视了个人和少数人的利益。对个人权利和社会公平的考虑，意味着管理者要在非功利标准的基础上建立道德标准。这对当今的管理者来说无疑是个严峻的挑战，因为使用诸如个人权利、社会公平和社区标准之类的标准来进行决策要比使用诸如对效率和利润的影响之类的标准来进行决策，更让管理者感到迷惑。其结果是，管理者不断发现自己处在道德困境中。

二、影响管理者道德素质的因素

(一) 道德发展阶段

国外学者的研究表明，道德发展要经历三个层次，每个层次又分两个阶段。随着阶段的上升，个人的道德判断越来越不受外部因素的影响。道德发展所经历的三个层次和六个阶段如表 4-2 所示。

表 4-2 道德发展阶段

层次	特点	阶段
前惯例层次	只受个人利益的影响，决策的依据是本人利益，这种利益是由不同行为方式带来的奖赏和惩罚决定的	1. 遵守规则以避免受到物质惩罚 2. 只在符合个人的直接利益时才遵守规则
惯例层次	受他人期望的影响。包括对法律的遵守，对重要人物期望的反应，以及对他人期望的一般感觉	3. 做周围的人所期望的事 4. 通过履行允诺的义务来维持平常秩序
原则层次	受个人用来辨别是非的道德准则的影响，这些准则可以与社会的规则或法律一致，也可以与社会的规则或法律不一致	5. 尊重他人的权利，置多数人的意见于不顾，支持不相干的价值观和权利 6. 遵守自己选择的道德准则，即使这些准则违背了法律

道德发展的最低层次是前惯例层次。在这一层次，个人只有在其利益受到影响的情况下才会做出道德判断。道德发展的中间层次是惯例层次。在这一层次，道德判断的标准是个人是否维持平常的秩序并满足他人的期望。道德发展的最高层次是原则层次。在这一层次，个人试图在组织或社会的权威之外建立道德准则。

有关道德发展阶段的研究表明：第一，人们一步一步地依次通过这六个阶段，而不能跨越；第二，道德发展可能中断，可能停留在任何一个阶段上；第三，多数成年人的道德发展处在第四阶段上。

(二) 个人特征

每个人在进入组织时，都有一套相对稳定的价值准则。这些准则是个人早年从父母、老师、朋友和其他人那里发展起来的，是关于什么是对、什么是错的基本信念，因而组织的管理者通常有着不同的个人准则。需要注意的是，尽管价值准则和道德发展阶段看起来相似，但它们其实不一样。前者牵涉面广，包括很多问题，而后者是专门用来度量独立于外部影响的程度。

人们还发现有两个个性变量影响着个人行为，这两个变量是自我强度和控制中心。自我强度用来度量一个人的信念强度。一个人的自我强度越高，克制冲动并遵守其信念的可能性越大。这就是说，自我强度高的人更加可能做他们认为正确的事。我们可以推断，对于自我强度高的管理者，其道德判断和道德行为会更加一致。

控制中心用来度量人们在多大程度上是自己命运的主宰。具有内在控制中心的人认为他们控制着自己的命运，而具有外在控制中心的人则认为他们生命中发生什么事是由运气或机会决定的。从道德角度看，具有外在控制中心的人不大可能对其行为后果负责，更可能依赖外部力量。相反，具有内在控制中心的人则更可能对后果负责，并依赖自己内在的是非标准来指导其行为。与具有外在控制中心的管理者相比，具有内在控制中心的管理者的道德判断和道德行为可能更加一致。

(三) 结构变量

组织的结构设计有助于管理者道德行为的产生。一些结构提供了有力的指导，而另一些可能令管理者模糊。模糊程度最低并时刻提醒管理者什么是“道德的”的结构设计有可能促进道德行为的产生。正式的规章制度可以降低模糊程度。职务说明书和明文规定的道德准则就是正式指导的例子。不断有研究表明，管理者的行为对个人的道德或不道德行为有着最重要的影响。人们密切关注管理者在做什么，并以此作为可接受行为和期望于他们的标准。一些绩效评估系统仅评估结果，另一些则既评估结果也评估手段。在仅根据结果来评价的地方，人们会不择手段地追求结果。与评估系统密切相关的是报酬的分配方式。奖赏或惩罚越依赖于特定的结果，管理者所感到的取得结果和降低道德标准的压力越大。

在不同的结构中，管理者在时间、竞争和成本等方面的压力也不同。压力越大，越可能降低道德标准。

(四) 组织文化

组织文化的内容和强度也会影响道德行为。

最有可能产生高道德标准的组织文化是那种有较强的控制能力及风险和冲突承受能力的组织文化。处在这种文化中的管理者，具有进取心和创新精神，意识到不道德行为会被发现，并且对他们认为不现实或个人不合意的需要或期望进行自由、公开的挑战。

与弱组织文化相比，强组织文化对管理者的影响更大。如果强组织文化支持高道德标准，那么它就会对管理者的道德行为产生重要的和积极的影响。而在弱组织文化中，管理者更有可能以亚文化准则作为行为的指南。工作小组和部门标准会对弱文化组织中的道德行为产生重要影响。

(五) 问题强度

影响管理者道德行为的最后一个因素是道德问题本身的强度，它取决于以下六个因素：

(1) 某种道德行为对受害者的伤害有多大或对受益者的利益有多大？例如，使1000人失业的行为比仅使10人失业的行为伤害更大。

(2) 看多少人认为这种行为是邪恶的(或善良的)？

(3) 行为实际发生并造成实际伤害(或带来实际利益)的可能性有多大？例如，把枪卖给武装起来的强盗，比卖给守法的公民更有可能带来危害。

(4) 在行为和其预期后果之间的时间间隔有多长？例如，减少目前退休人员的退休金，比减少目前年龄在40～50岁的雇员的退休金带来的直接后果更加严重。

(5) 你觉得行为的受害者(或受益者)与你(在社会上、心理上或身体上)挨得多近？例如，自己工作单位的人被解雇，比远方城市的人被解雇对你内心造成的伤害更大。

(6) 道德行为对有关人员的影响的集中程度如何？例如，担保政策的一种改变——拒绝给 10 人提供每人 10000 元的担保，比担保政策的另一种改变——拒绝给 10000 人提供每人 10 元的担保——的影响更加集中。

综上所述，受伤害的人数越多，越多的人会认为这一种行为是邪恶的，行为发生并造成实际伤害的可能性越高，行为的后果出现越早，观测者感到行为的受害者与自己挨得越近，问题强度就越大。这 6 个因素决定了道德问题的重要性。道德问题越重要，管理者越有可能采取道德行为。

三、提高员工道德素质的途径

(一) 挑选高道德素质的员工

人在道德发展阶段、个人价值体系和个性上的差异，使管理者有可能通过严格的挑选过程(挑选过程通常包括审查申请材料、组织笔试和面试及试用等阶段)，把低道德素质的求职者淘汰掉。这并非易事，事实证明，仅仅通过“挑选”这一控制措施，是很难把道德标准有问题的求职者挡在门槛之外的，所以通常辅之以其他控制措施。

挑选过程的另一作用是有助于管理者了解个人道德发展阶段、个人价值观、自我强度和控制中心。

(二) 建立道德准则和决策规则

在一些组织中，员工对“道德是什么”认识不清，这显然于组织不利。建立道德准则可以缓解这一问题。

道德准则是表明组织的基本价值观和组织期望员工遵守的道德规则的正式文件。道德准则既要相当具体以便让员工明白以什么样的精神来从事工作、以什么样的态度来对待工作，也要相当宽泛以便让员工有判断的自由。

管理者对道德准则的态度(是支持还是反对)以及对违反者的处理办法对道德准则的效果有重要影响。如果管理者认为这些准则很重要，经常宣讲其内容，并当众训斥违反者，那么道德准则就能为道德行为提供坚实的基础。

劳拉·纳什(Nash，1981)提出了使用正式文件来指导行为的另一种方法。她提出了如下 12 个问题，这些问题作为决策规则，可以指导管理者处理决策中的道德问题。

(1) 你准确地确定了问题吗？

(2) 如果你站在对方的立场上，你将如何确定问题？

(3) 这种情形原本是如何发生的？

(4) 作为一个人和公司的职员，你忠于什么人和事？

(5) 在决策时你的意图何在？

(6) 这一意图与可能的结果有何差距?

(7) 你的决定或行动可能伤害谁?

(8) 你能在决策前与有关各方讨论这一问题吗?

(9) 你有信心认为你的立场不仅现在看起来正确，即使长期也正确吗?

(10) 你能问心无愧地把你的决定或行动透露给你的上司、你的首席执行官、董事会、你的家庭以及整个社会吗?

(11) 你的行动在被人理解的情况下有什么可能的后果? 在不被人理解的情况下又如何?

(12) 在什么情况下你将容忍反对意见?

(三) 在道德方面领导员工

高层管理人员在道德方面的领导作用主要体现在以下两方面:

(1) 高层管理人员在言行方面是员工的表率——他们所做的比所说的更为重要，他们作为组织的领导者要在道德方面起模范带头作用。如果高层管理人员把公司资源据为己有、虚报支出项目或优待好友，那么这无疑向员工暗示，这些行为都是可接受的。

(2) 高层管理人员可以通过奖惩机制来影响员工的道德行为。选择不道德手段而取得惊人的业绩，从而获得晋升，这种行为本身向所有人表明，采取不道德手段是可接受的。鉴于此，管理人员在发现错误行为时，不仅要严惩当事人，而且要把事实公之于众，让组织中所有人都认清后果。这就传递了这样的信息:“做错事要付出代价，行为不道德不是你的利益所在。”

(四) 设定工作目标

员工应该有明确和现实的目标。如果目标对员工的要求不切实际，即使目标是明确的，也会产生道德问题。在不现实的目标的压力下，即使道德素质较高的员工也会感到迷惑，很难在道德和目标之间做出选择，有时为了达到目标而不得不采取不道德的行为。

(五) 对员工进行道德教育

越来越多的组织意识到对员工进行适当的道德教育的重要性，它们积极采取各种方式(如开设研修班、组织专题讨论会等)来提高员工的道德素质。人们对这种做法意见不一。反对者认为，个人价值体系是在早年建立起来，从而成年时的道德教育是徒劳无功的。而支持者指出，一些研究已发现价值准则可以在童年后建立。另外，他们也找出了一些证据，这些证据表明：第一，向员工讲授解决道德问题的方案，可以显著改变其道德行为；第二，这种教育提升了个人的道德发展阶段；第三，道德教育至少可以增强有关人员对商业伦理问题的认识(即使没有其他作用)。

(六) 对绩效进行全面评价

如果仅以经济成果来衡量绩效，人们为了取得结果就会不择手段，从而有可能产生不道德行为。如果组织想让其管理者坚持高的道德标准，它在评价过程中就必须把道德方面的要求包括进去。例如，在对管理者的年度评价中，不仅要考察其决策带来的经济成果，还要考察其决策带来的道德后果。

(七) 进行独立的社会审计

有不道德行为的人都有害怕被抓住的心理，被抓住的可能性越大，产生不道德行为的可能性就越小。根据组织的道德准则对决策和管理行为进行评价的独立审计，会使不道德行为被发现的可能性大大提高。

审计可以是例行的，如同财务审计，也可以是随机的，并不是事先通知。有效的道德审计应该同时包括这两种形式的审计。审计员应该对公司的董事会负责，并把审计结果直接交给董事会，以确保客观、公正。

(八) 提供正式的保护机制

正式的保护机制可以使那些面临道德困境的员工在不用担心受到斥责的情况下自主行事。例如，组织可以任命道德顾问，当员工面临道德困境时，可以从道德顾问那里得到指导。道德顾问首先要成为那些遇到道德问题的人的诉说对象，倾听他们陈述道德问题、产生这一问题的原因以及自己的解决方法。在各种解决方法变得清晰之后，道德顾问应该积极引导员工选择正确的方法。另外，组织也可以建立专门的渠道，使员工能放心地举报道德问题或告发践踏道德准则的人。

综上所述，高层管理人员可以采取多种措施来提高员工的道德素质，这些措施包括：挑选高道德素质的员工、建立道德准则和决策规则、领导员工、设定工作目标以及对员工进行道德教育等。在这些措施中，单个措施的作用是极其有限的，但是把它们中的多数或全部结合起来，就很可能收到预期的效果。

四、社会责任概述

(一) 社会责任的定义

在20世纪60年代前，企业的社会责任问题很少引起人们的注意。不过那时的社会活动家已开始对企业的单一经济目标提出异议。时至今日，社会责任问题已引起人们的普遍关注。一方面，管理者在管理实践中经常会碰到与社会责任有关的决策，如是否为慈善事业出一分力、如何确定产品的价格、怎样处理好企业和员工的关系、是否以及怎样保护自然环境、如何保证产品的质量和安全等。另一方面，翻开任何一本新近出版的中外管理学教科书，不乏专门讨论社会责任问题的章节。

在正式讨论社会责任之前，有必要对它下一个较准确的定义。如果企业在承担法律上和经济上的义务(法律上的义务是指企业要遵守有关法律，经济上的义务是指企业要追求经济利益)的前提下，还承担追求对社会有利的长期目标的义务，那么，我们就说该企业是有社会责任的。

为了更好地理解“社会责任”这一概念，有必要对它和另外两个概念作比较，这两个概念是社会义务和社会反应。社会义务是企业参与社会活动的基础。如果一个企业仅仅履行了经济上和法律上的义务，我们就说该企业履行了它的社会义务，或达到了法律上的最低要求。只履行了社会义务的企业只追求那些对其经济目标有利的社会目标。与社会义务相比，社会责任和社会反应超出了基本的经济标准和法律标准。有社会责任的企业受道德力量的驱动，去做对社会有利的事而不去做对社会不利的事。社会反应则是指企业适应不断变化的社会环境的能力。

（二）两种社会责任观

在社会责任上，有两种截然相反的观点。

1. 古典观(或纯经济观)

古典观的代表人物当首推米尔顿·弗里德曼(Milton Friedman)。他认为当今的大多数管理者是职业管理者，这意味着他们并不拥有他们所经营的企业。他们是员工，仅向股东负责，从而他们的主要责任就是最大限度地满足股东的利益。那么，股东的利益是什么呢？弗里德曼认为股东只关心一件事，那就是财务收益。

在弗里德曼看来，当管理者自行决定将公司的资源用于社会目的时，他们是在削弱市场机制的作用，有人必然为此付出代价。具体来说，如果社会责任行动使利润和股利下降，则它损害了股东的利益。如果社会行动使工资和福利下降，则它损害了员工的利益。如果社会行动使价格上升，则它损害了顾客的利益。如果顾客不愿支付或支付不起较高的价格，销售额就会下降，从而企业很难维持下去，在这种情况下，企业的所有利益相关者都会遭受或多或少的损失。除此之外，弗里德曼还认为，当职业管理者追求利润以外的其他目标时，他们其实是在扮演非选举产生的政策制定者的角色。他怀疑企业管理者是否具有决定“社会应该怎样”的专长，据弗里德曼说，“社会应该怎样”应该由公民选举出来的政治代表来决定。

2. 社会经济观

持社会经济观的人提出了不同的看法，他们指出，时代发生了变化，社会对企业的期望也发生了变化。公司的法律形式可以很好地说明这一点。公司的设立和经营要经过政府的许可，政府也可以撤销许可。因此，公司不是一个仅对股东负责的独立实体，同时要对产生和支持它的社会负责。

在社会经济观的支持者看来，古典观的主要缺陷在于其时间框架。社会经济观的支持者认为，管理者应该关心长期财务收益的最大化。为此，他们必须承担一些必要的社会义务及相应的成本。他们必须以不污染、不歧视、不发布欺骗性广告等方式来维护社会利益。他们还必须在增进社会利益方面发挥积极的作用，如参与所在社区的一些活动和捐钱给慈善组织等。

（三）社会责任的具体体现

1. 企业对环境的责任

企业既受环境的影响又影响着环境。从自身的生存和发展角度看，企业有承担保护环境的责任。企业对环境的责任主要体现在：①企业要在保护环境方面发挥主导作用，特别要在推动环保技术的应用方面发挥示范作用。②企业要以“绿色产品”为研究和开发的主要对象，提高整个社会的生态意识。③企业要治理环境，要做到谁污染谁治理，不能推诿，更不能采取转嫁生态危机的不道德行为。

2. 企业对员工的责任

员工是企业最宝贵的财富。企业对员工的责任主要体现在：①不歧视员工。②定期或不定期培训员工。③营造一个良好的工作环境。④善待员工的其他举措。

3. 企业对顾客的责任

“顾客是上帝”，忠诚顾客的数量以及顾客的忠诚程度往往决定着企业的成败得失。企业对顾客的责任主要体现在：①提供安全的产品。②提供正确的产品信息。③提供售后服务。④提供必要的指导。⑤赋予顾客自主选择的权利。

4. 企业对竞争对手的责任

在市场经济下，竞争是一种有序竞争。企业不能压制竞争，也不能搞恶意竞争。企业要处理好与竞争对手的关系，在竞争中合作，在合作中竞争。有社会责任的企业不会为了暂时之利，通过不正当手段挤垮对手。

5. 企业对投资者的责任

企业首先要为投资者带来有吸引力的投资报酬。那种只想从投资者手中获取资金，却不愿或无力给投资者以合理报酬的企业是对投资者极不负责的企业，这种企业注定被投资者抛弃。此外，企业还要将其财务状况及时、准确地报告给投资者。企业错报或假报财务状况，是对投资者的欺骗。

6. 企业对所在社区的责任

企业不仅要为所在社区提供就业机会和创造财富，还要尽可能为所在社区做出贡献。有社会责任的企业意识到通过适当的方式把利润中的一部分回报给所在社区是其应尽的义务。它们积极寻找途径参与各种社会行动，通过此类活动，不仅回报了社区和社会，还为企业树立了良好的公众形象。

第五节 小 结

任何组织及管理活动都是在一定的环境中进行的，都要受到各种环境因素的影响。管理环境可分为外部环境和内部环境。其中，外部环境又分为两大层次：第一层次是组织的一般环境，又称宏观环境，包括政治法律环境、社会文化环境、经济环境、科技环境及自然环境等。这些都是组织不可控制的社会因素，通过微观环境对组织经营产生巨大影响。第二层次是组织的具体环境，是与组织经营过程直接发生关系的客观环境，一般包括顾客、供应商、竞争对手、公众集团等。

组织内部环境是组织内部的物质环境和文化环境的总和，包括企业资源、企业能力、企业文化等因素，也称企业内部条件。本书重点讨论组织文化及其影响。

道德通常是指那些用来明辨是非的规则或原则。有四种道德观：功利观、权利观、公平观和综合社会契约观。影响管理者道德素质的因素有多种，提高员工道德素质的途径也有多种。社会责任是指企业在法律和经济上的义务之上，追求对社会有利的长期目标的义务。有两种对立的社会责任观：古典观和社会经济观。

【关键概念】

管理环境(managerial environment)	外部环境(external environment)
内部环境(interal environment)	一般环境因素(general environmental factors)
具体环境因素(special environmental factors)	组织文化(organization culture)
社会责任(social responsibility)	道德准则(code of ethics)

第六节　复习思考题

1. 简答题

(1) 什么是管理环境？管理环境由哪几个部分组成？

(2) 常见的组织外部环境因素有哪些？它们怎样影响组织环境？

(3) 什么是组织文化？组织文化的结构如何？

(4) 运用组织文化的几个特征对你所在的组织进行分析。

(5) 道德观可分为哪几种？其主要观点是什么？

(6) 影响管理者道德素质的因素有哪些？

(7) 企业的两种社会责任观是什么？具体体现在哪些方面？

2. 案例分析

Google 的企业文化

1998 年，Google 创始人拉里·佩奇和赛吉·布林在斯坦福大学的学生宿舍内共同开发了全新的在线搜索引擎，然后迅速传播给全球的信息搜索者。Google 目前被公认为全球规模最大的搜索引擎，它提供了简单易用的免费服务，用户可以在瞬间得到相关的搜索结果。

Google 一词源于 Googol，是一个数学术语，表示 1 后面带有 100 个零。Google 公司对这个词做了微小改变，借以反映公司的使命，意在组织网上无边无际的信息资源。

Google 于 2006 年发布全球中文名称“谷歌”，这是 Google 唯一一个在非英语国家发布的名字。“谷歌”意为丰收之歌、欢愉之歌，寓意丰富多彩的搜索体验。Google 的英文拼写对熟悉 IT 技术的人来说不会有障碍，但对普通大众来说可能有所不同。因此，创造一个中文名字，可以使不熟悉英文的人也能更方便地找到和使用 Google。

Google 的标识还有一个区别于其他任何一家公司的特征，就是每逢节日或著名人物或事件的纪念日，对 Google 标识的涂鸦，它们被称为 doodle。例如，庆祝爱因斯坦的生日、世界杯，中国的端午节、重阳节、画家张大千的诞辰、诗人李白的诞辰等，Google 的设计者将这些特殊的日子中用彩色的 Google 标识来表现这些值得纪念的人和事。用 Google 自己的话说"其他公司都没有这么做过，在 Google 这属于品牌的一部分。这种有趣的方式让我们缅怀过去的事件和著名的人物，同时这也是公司鼓励创新的体现"。

Google 的总部坐落于加利福尼亚州的山景城。如今，它只是 Google 在全球的众多办事处之一。虽然各地的办事处不尽相同，但这些工作场所都有以下一些共同点：

(1) 从布宜诺斯艾利斯的壁画到苏黎世的滑雪缆车，每个办事处里面都洋溢着浓郁的地方风情，彰显出与众不同的本土特色与个性。

(2) 往返会场的自行车或踏板车、小狗、熔岩灯、按摩椅、巨大的充气气球。

(3) Google 员工都是多人共用一个工作区隔断或工作间，公司里面几乎没有单人办公室。

(4) Google 为每位员工配备了笔记本电脑，供他们随时随地进行编程、收发邮件或记录突如其来的灵感。

(5) 桌上足球、台球桌、排球场、各式各样的视频游戏、钢琴、乒乓球桌，还有健身房提供瑜伽和舞蹈训练。

(6) Google 公司内部有员工自发形成的各种组织，如冥想班、电影俱乐部、品酒一族，以及莎莎舞俱乐部等。

(7) 公司设有各种风味的餐厅，所有员工都可以享受到营养的午餐和晚餐。

(8) 各楼层的茶水间摆设了各种零食和饮料，可让 Google 员工一整天都保持精力充沛。

Google 在北京的办公室坐落于中关村的清华科技园，其风格与世界其他国家和地区的类似，在每层楼都有员工休息区，里面有各种饮料、水果、零食。公司为员工提供了装修经费，员工可以按照自己的想法对办公区域进行个性化的设计。

Google 将自己的使命定位为整合全球信息，使人人皆可访问并从中受益。尽管自 1998 年创立以来，Google 的规模已经扩大了很多，但仍坚持营造一种小公司的氛围。午餐的时候，几乎所有人都在公司的餐厅随意就座用餐，与各个不同部门的同事一起愉快地畅谈。Google 秉承一贯的创新理念，而这有赖于每位员工都能够毫无顾忌地交流想法和观点。这就意味着每个员工都是功不可没的贡献者，而且每个人都要在公司身兼数职。由于每个人都知道自己对于 Google 的成功同等重要，因此在周五例会(TGIF)上都会毫不犹豫地向拉里或塞吉提出尖锐的问题，在排球场上也会毫不犹豫地战胜公司高管。Google 员工使用的语言高达数十种，从土耳其语到泰卢固语，包罗甚广。这样形成的团队反映了 Google 为全球用户服务的理念。Google 为自己拟定了如下的十大价值观来规范行动：

(1) 以用户为中心，其他一切水到渠成。创建伊始，Google 就以提供最佳的用户体验为中心任务。不管是设计新的互联网浏览器，还是采用新的首页外观，都确保它们最终可以满足"用户"的需求。

(2) 心无旁骛，精益求精。Google 要做的就是搜索。即使搜索服务已经在为数百万用户提供快捷、流畅的信息搜索体验，Google 仍能不断对其进行改进。

(3) 快比慢好。Google 希望用户在首页上花费的时间越短越好，这样的理念可能在世界上也是独一无二的。Google 不断精简网页并提高服务环境的效率，一次次地打破自己创造的速度纪录，现在的平均搜索结果响应时间仅为几分之一秒。

(4) 网络的民主作风。Google 搜索之所以成功，是因为它有数百万在网站上发布链接的用户；他们帮助确定出哪些网站提供了有价值的内容。在评估每个网页的重要性时，采用了 200 多个指标以及各种技术，其中包含 Google 的专利算法，它可以分析出哪些网站被网络中的其他网页“票选”为最佳信息来源。

(5) 获取信息的方式多种多样，不必非要坐在台式机前。今天的世界已变得越来越“移动化”，因为人们希望随时随地都能获得所需的信息。Google 不断开创新的移动服务技术，推出新的移动服务解决方案，帮助全球用户在自己的手机上执行各种各样的任务。

(6) 不做坏事也能赚钱。Google 不允许在搜索结果页上显示广告，拒绝弹出式广告，在 Google 上刊登的广告总是明确地标记为“赞助商链接”。Google 承诺绝对不会通过操纵排名将合作伙伴放在搜索结果中排名靠前的位置，也没有任何人可以购买到更高的 Page Rank。Google 也不会因为任何短期利益而去破坏用户对 Google 的信任。

(7) 信息永无止境。一旦 Google 索引中的互联网 HTML 网页数量超过任何其他搜索服务，工程师就会将精力转到那些以前不太容易获得的信息上。Google 的研究人员会继续研究如何将世界上所有的信息提供给有需要的人们。

(8) 信息需求，没有国界。虽然 Google 是在加利福尼亚州创立的，但其宗旨是帮助全世界使用各种语言的用户获得信息。为了实现这一目标，Google 在几十个国家与地区设立了办事处，而且在其所提供的搜索结果中，有一半以上是提供给美国境外用户。

(9) 没有西装革履也可以很正经。Google 的创始人秉承着“工作赋予挑战，挑战带来快乐”的理念创建了 Google。Google 的工作氛围非常轻松，但正是在排队等咖啡时、小组会议上或健身房中，新的想法不断涌现，并以令人目眩的速度在彼此之间交流、经过测试，然后投入实际应用，这些新想法往往会催生出在全世界得以广泛使用的新项目。

(10) 没有最好，只有更好。Google 始终将自己在某方面的优势视为继续发展的起点，而不是终点。Google 的目标就是通过创新和反复探索得到合理的结果，再以非比寻常的方式改进这些结果。

(资料来源：豆瓣网. google 的十大价值观[EB/OL]. https://www.douban.com/note/269676442/, 2013-04-03.)

【思考题】

(1) 在组织文化发展的过程中，领导人起到了什么样的作用？

(2) 尝试用本章所学的组织文化理论对 Google 公司的组织文化进行分析。

3. 管理实战

感觉良好

【形式】集体参与
【时间】45 分钟
【材料】

- 课堂资料“良好的感觉”
- 大块细料纸板、彩色美术纸、彩纸、彩笔、黏合剂

【场地】不限
【应用】团队建设
【目的】

- 改善团队的工作氛围。
- 激励团队成员有意识地为使他人自我感觉良好而努力。

【程序】

- 背景介绍：在工作场所，人的活力损耗是普遍关注的一个焦点。当工作负荷增加的时候，活力的耗尽是一个普遍存在的问题。统计表明，1998 年美国一般工人的年平均工作时间比 1970 年整整多出一个月，而加拿大工人每年的平均工作时间居于世界第三位。然而，导致活力损耗的主要原因并不在于工作量的提高，而在于工作或工作场所给工人情绪带来的负面影响。被誉为压力管理之父的汉斯·塞尔耶强调说，当人们乐于工作的时候，工作并不带来任何压力。
- 将参与者分成每组 6～8 人的讨论小组。
- 分发资料“良好的感觉”(如表 4-3 所示)，并做说明。

表 4-3　“良好的感觉”信息表

良好的感觉!!

一个团队所创造出来的活力直接与团队成员的自我感觉有关。自我感觉良好的人可以给团队增添活力，而自我感觉不好的人，不仅不能给团队带来活力，相反还会损耗掉团队的整体活力。

团队成员的表现，对于其他成员自我的感觉有着很大的影响。

在你的团队里：

(1) 一个团队或团队成员应该怎么做才能使所有的团队成员对自己的感觉良好？把你的意见写在纸上。

(2) 检查你所列出来的条目，给你现在所做到的情况打一个分数。(从 1 分到 4 分，4 分表示很好，1 分表示较差)

(3) 你认为：

(a) 你应该多做些什么？

(b) 你应该少做些什么？

(4) 准备好向整个团队介绍的三点想法。

➢ 进行活动。

(1) 请各小组汇报他们的想法；

(2) 引导整个团队选择 5～6 个他们认为最为重要的观点；

(3) 请整个团队承诺在工作场所履行他们刚才所认同的想法。

【讨论】

➢ 如何协调自己与他人的工作需求？

➢ 如何把自己的长处告诉他人，从而在解决他人问题这个环节上，化被动为主动？

【总结与评估】

活力是一种无法从供应商那里购买的基本能量，它必须是在内部产生的。当人们对自己感觉良好的时候，团队的“活力供给”也就自然地得到增长。通常，由于团队成员忙于自己的工作，疏忽了其他事情，因此常常错过了帮助他人获得良好感觉的机会。

第五章

决　策

决策是管理活动的核心，它贯穿于整个管理活动。可以认为，整个管理过程是围绕着决策的制定和组织而展开的，决策充满了管理的整个过程之中。以西蒙为代表的决策理论学派甚至强调，管理就是决策，可见决策在管理中的重要性。本章将重点介绍决策的含义、原则与依据，决策理论，决策的程序和影响因素，决策方法等。

【学习目的与要求】

- 明确决策的含义、类型及原则
- 了解决策理论
- 明确决策的程序和影响因素
- 掌握决策的方法

【引例】

远大公司的出路

15年前，远大公司的总经理张诚志靠贩运水泥起家，凭苦干、借机遇，发展到今天已是一个拥有几千万资产的民营企业。总公司现拥有一家贸易分公司、建筑装饰分公司和房地产公司，员工有300多人。

自公司成立以来，公司的管理全靠张总个人的经验，从来没有通盘的目标与计划。近年来，公司的日子愈发不好过了。由于成本上升、市场竞争加剧，建筑分公司的创利逐年减少，处于略有盈余的维持状态。贸易分公司也只是靠以前的家底维持公司的日常活动，大笔生意几乎没有了。房地产分公司更是一年不如一年，房地产市场疲软，公司手里积压的房产成为公司巨大的负担。但公司也有一些发展的机会，如做小型柴油机的代理商、开拓市中心商业街工程，虽投入较大，但利润可观。

总之，摆在张总面前的困难很多，但机会也不少。新的一年到底该干什么？以后的5年、10年又该怎样发展？张总现在正苦苦思考着这些问题。

(资料来源：唐烨. 管理学概论[M]. 上海：上海财经大学出版社，2016：15.)

第一节 决策概述

决策活动是一个错综复杂的过程。有时，为了做出一个重大的决策，需要同时或事先做出几个不同的决策，把这些决策的结果作为重大决策的前提和依据；有时做出一个决策以后，又引申出需要做出几个相关决策，前一个决策的完成是后几个决策的开始。这正好印证了“管理是由一系列决策组成的”论述。本节从决策定义出发，分析决策的原则、依据和主要类型。

一、决策的定义

决策是管理工作的本质。以西蒙为代表的决策理论学派甚至认为：管理就是决策。所谓决策，指的是按组织目标的要求，在组织内外部条件的约束下，对多个可行的行动方案进行选择并执行选择结果的管理活动。在本书中，采纳路易斯、古德曼和范特的观点，将决策定义为“决策是管理者识别并解决问题以及利用机会的过程”。该定义的内涵为：

(1) 决策的主体是管理者，决策为管理的本质。管理者既可以单独做出决策，也可以和其他的管理者共同做出决策。

(2) 决策的本质是一个过程，这一过程由多个步骤组成，尽管各人对决策过程的理解不同，但决策不是一蹴而就的。

(3) 决策的目的是解决问题或利用机会，决策不仅仅是为了解决问题，有时也是为了利用机会。

根据决策的定义，可知决策有如下特点：

(1) 目标性。决策总是为实现组织的某一目标而开展的管理活动。没有目标，或者目标不明确，就不可能做出正确的决策，因为此时决策失去了方向。

(2) 选择性。决策最显著的特点之一就是它是在多个可行方案中选择最优方案。如果只有一个方案，决策者没有选择也就无所谓决策了。由于决策是在多个方案中择优，就对方案的判定、选择标准的确定等决策者的判断力提出了更高的要求。

(3) 风险性。决策是一种带有风险的管理活动，因为任何备选方案都是在预测未来的基础上制定的。客观事物的变化受多种因素的影响，加之人们的认识总有一定的局限性，作为决策对象的备选方案不可避免地会带有某种不确定性，决策者对所做出的决策能否达到预期的目标，不可能有百分之百的把握，都要冒不同程度的风险，所以说决策具有风险性。

实际上，管理者所做的每一件事中，决策都扮演了重要的角色。计划、组织、领导及控制是最经典的管理职能。如表 5-1 所述，实施什么计划、选择什么目标，以及雇用什么员工，在每一项管理职能中都需要决策。

表 5-1 计划、组织、领导、控制中的决策

计划	领导
组织的长期目标是什么？ 什么能够最佳地实现这些目标？ 组织的短期目标应当是什么？ 个人目标的难度应当有多大？	我怎么处理员工情绪低落的问题？ 在给定的条件下什么是最有效的领导方式？ 某项具体的变革会怎样影响工人的生产率？ 什么时候是鼓励冲突的适当时间？
组织	**控制**
直接向我报告的雇员应当有多少？ 组织应当有多大程度的集权？ 职位应当怎么设计？ 什么时候组织应当实行不同的结构？	需要对组织中的哪些活动进行控制？ 怎么控制这些活动？ 绩效差异偏离到什么程度是显著的？ 组织应当具有什么类型的管理信息系统？

二、决策的原则

（一）满意原则

这条原则是相对于“最优化”原则而来的。决策遵循的是满意原则，而不是最优原则。对决策者来说，要想使得决策达到最优，必须具备以下条件，缺一不可：一是容易获得与决策有关的全部信息；二是真实了解全部信息的价值所在，据此控制所有可能的方案；三是准确预期到每个方案在未来的执行结果。

现实中上述条件往往得不到满足，由此而来的决策只能是相对比较满意的、符合环境要求的决策，而绝非是最优化的决策。

（二）分级原则

这条原则要求决策在企业内要分级进行，这是由企业业务活动的客观要求决定的，不同的决策层面做好相应的决策，保障总体决策的可行性。

（三）集体和个人相结合的原则

这条原则体现了一个决策民主化的问题。当然，除了民主化，适当的集中也是必需的，具体要看是什么类型的决策。

（四）整体效用原则

这条原则要求决策者在做决策时要正确处理组织内部各个部分、组织与社会、组织与其他组织之间的关系，在充分考虑局部利益的基础上，把提高整体效用放在首位。

（五）定性分析与定量分析相结合的原则

这是科学决策的基本原则和基本思路。它要求以把经验判断为主的定性分析与以现代科学方法为主的定量论证结合起来。

三、决策的依据

（一）事实依据

西蒙把事实定义为“关于可以观察到的事物及其运动方式的陈述”。因此，这里所说的事实是指决策对象客观存在的情况，包括决策者对这种情况的客观了解和认识。主要强调的是决策对象存在的客观性，与我们平常所说的实事求是的“实事”是相同的。事实是决策的基本依据。在决策中，只有把决策对象的客观存在情况搞清楚，才能真正找到目标与现状的差距，才能正确地提出问题和解决问题。否则，如果事实不清楚，或者在对事实的认识和了解中掺进了个人偏见，不管是说得过好还是过坏，都会使决策失去基本依据，造成决策从根本上的失误。这种情况在实际中并不少见。

（二）价值依据

这里所说的价值是决策者的价值观、伦理道德和某些心理因素。这些因素都有主观的依据或前提。这是因为对任何事物的认识或判断都不可避免地要掺进这些主观因素，否则就不能解释为什么对同一事物会有截然不同的看法，为什么对同一方案会有截然不同的两种或多种选择。

我们应当承认价值观判断和伦理、心理因素在决策中的影响和作用，承认这些并不是唯心主义。但是，我们也要正确地认识事实依据与价值依据的关系。这里一个最基本的关系，就是价值判断要以事实为基础。如果离开了这个基础，就不是一种正确的价值观。如果价值观离开事实的依据，有时可能做出“好”的决策，却永远也做不出正确的决策。

（三）环境、条件依据

所谓环境、条件依据，是指除决策对象事实因素和决策者价值因素以外的各种因素，如自然条件、资源条件、社会制度条件、科学技术条件及人们的文化传统和风俗习惯条件等。在决策中之所以必须考虑这些因素，是因为这些因素对整个决策，包括决策目标的确定、决策方案的选择以及决策方式方法的采用等都起着制约作用。

因此，在决策中，不但要看决策对象在事实上能够达到的程度、决策者在价值判断上希望达到的程度，还必须看由各种环境和条件所制约而可能达到的程度。实际上，决策就是这三者因素的综合，因而它们是决策中必须考虑的三个基本依据。

四、决策的类型

根据所要解决的问题的性质和内容等方面的不同，决策可以分为不同的类型。按不同的决策类型来采取相应的决策方法才能做出正确的决策。

(一) 长期决策和短期决策

根据决策涉及时间的长短可划分为长期决策和短期决策。

(1) 长期决策是指有关组织今后发展方向的长远性、全局性的重大决策，又称“长期战略决策”，如投资方向的选择、人力资源的开发和组织规模的确定等。

(2) 短期决策是为实现长期战略目标而采取的短期策略手段，又称“短期战术决策”，如企业日常营销、物资储备及生产中资源配置等问题。

(二) 战略决策和战术决策

根据决策的重要程度可划分为战略决策和战术决策。

(1) 战略决策是带有全局性、长远性的大政方针的决策，主要由企业最高层领导来行使决策权，对组织最重要。通常包括组织目标、方针的确定，组织机构的调整，企业产品的更新换代，技术改造等。

(2) 战术决策又称管理决策，是指为了实现战略目标而做出的带有局部性的具体决策，主要由企业中层领导来行使决策权。战术决策旨在实现组织中各环节的高度协调和资源的合理使用，如企业生产计划和销售计划的制订、设备的更新、新产品的定价以及资金的筹措等都属于战术决策的范畴。

(三) 程序化决策和非程序化决策

根据决策所涉及的问题性质可以把决策分为程序化决策和非程序化决策。

组织中的问题(problem)可被分为两类：一类是结构良好的问题(well-structured problems)，又称为例行问题，问题一目了然，目标清晰，问题熟悉，关于问题的信息容易定义和收集；另一类是结果不良的问题(poorly structured problems)，又称为例外问题，问题是新颖的、不经常发生的、信息模糊的和不完整的。例行问题主要有管理者日常遇到的产品质量、设备故障、现金短缺、供货企业未按时履行合同等问题；例外问题通常有组织结构变化、重大投资、开发新产品或开拓新市场、重要的人事任免以及重大政策的制定等问题。

赫伯特·A. 西蒙根据问题的结构化程度将决策分为程序化决策(programmed decision)和非程序化决策(non-programmed decision)。程序化决策是指经常重复发生的，能按照原已规定的程序、处理方法和标准进行的决策，主要解决结构良好的问题。非程序化决策是指具有极大偶然性、随机性，又无先例可循，并且具有大量不确定的决策活动，其方法和步骤也难以程序化、标准化，不能重复使用，用于解决结构不良的问题。

非程序化决策具有极大的偶然性与随机性，所包含的风险性较大。要求决策主体充分发挥创造性，凭靠智囊团和丰富的知识与高超的经营艺术，来做出科学的决策。但就其重要性而言，非程序化决策往往属于重大战略问题的决策，影响着企业经营的成败。在这两种决策中，不同的管理层次所承担的任务是不同的。企业的中下层管理者处理的决策问题多属于程序化决策，而高层管理者主要是处理非程序化的决策，如图 5-1 所示。

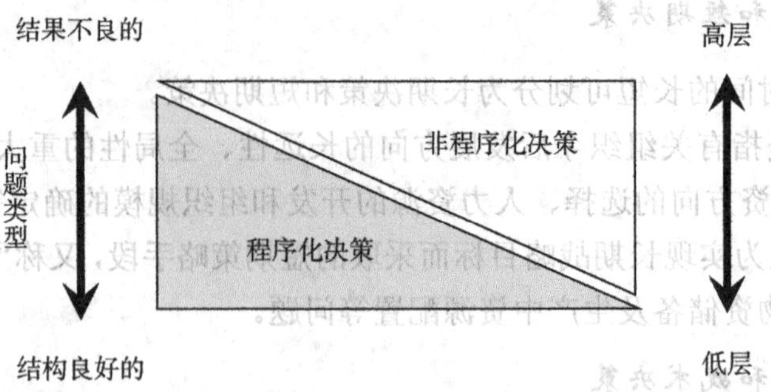

图 5-1　程序化决策、非程序化决策与管理层高低的关系

(四) 确定型决策、风险型决策和不确定型决策

根据决策的可靠程度可划分为确定型决策、风险型决策和不确定型决策。

(1) 确定型决策是指各种可行方案的条件都是已知的，并能较准确地预测它们各自的后果，易于分析、比较和抉择的决策。

(2) 风险型决策是指各种可行方案的条件大部分是已知的，但每个方案的执行都可能出现几种结果，各种结果的出现有一定的概率，决策的结果只有按概率来确定，决策存在着风险。

(3) 不确定型决策是指每个方案的执行都可能出现不同的结果，但是各种结果出现的概率是未知的，完全凭决策者的经验、感觉和估计做出的决策。

(五) 集体决策与个人决策

根据决策的主体，可把决策分为集体决策与个人决策。

集体决策是指多人一起做出决策的决策方式，个人决策是指单个人做出的决策。

相对个人决策，集体决策有一些优点：能更大范围地汇总信息；能拟定更多的被选方案；能得到更多的认同；能更好地沟通；能做出更好的决策等。但集体决策也有一些缺点，如花费较多的时间、产生“群体思维”(group-think)(群体思维，是指个人由于真实或臆想的来自集体的压力，在认知或行动上不由自主地趋向于和其他人保持一致的现象)及责任不明等。

第二节　决策理论

在管理学中，许多管理理论都力图剖析管理中的决策问题，提出了许多有关决策方面的理论。现代决策理论的形成原本是以理性分析为基础的，但是随着人们对决策问题认识的深化，人们在决策过程中越来越重视非理性因素的作用。在众多的决策理论中，比较突出的主要有古典决策理论、行为决策理论和当代决策理论。

一、古典决策理论

古典决策理论也被称为规范决策理论，是基于“经济人”假设提出来的，主要盛行于20世纪50年代以前。古典决策理论认为，应该从经济的角度来看待决策问题，即决策的目的在于为组织获得最大的经济利益。

古典决策理论的主要内容是：

(1) 决策者必须全面掌握有关决策环境的信息情报。

(2) 决策者要充分了解有关备选方案的情况。

(3) 决策者应该建立一个合理的自上而下的执行命令的组织体系。

(4) 决策者进行决策的目的在于使本组织获取最大的经济利益。

古典决策理论假设，作为决策的管理者是完全理性的，决策环境条件的稳定与否是可以被改变的，在决策者充分了解有关信息情报的情况下，是完全可以做出完成组织目标的最佳决策的。古典决策理论忽视了非经济因素在决策中的作用，这种理论不一定能够指导实际的决策活动，从而被更为全面的行为决策理论所取代。

二、行为决策理论

行为决策理论的发展起始于20世纪50年代。对古典决策理论的“经济人”假设最先发难的是赫伯特·A. 西蒙，他在《管理行为》一书中指出理性的和经济的标准都无法确切说明管理的决策过程，进而提出“有限理性”标准和“满意度”原则。其他学者对决策者行为也做了进一步的研究，他们在研究中也发现，影响决策者进行决策的不但有经济因素，还有人的行为表现，如态度、情感、经验和动机等。

行为决策理论的主要内容包括以下几点。

(1) 人的理性介于完全理性和非理性之间，即人是有限理性的，这是因为在高度不确定和极其复杂的现实决策环境中，人的知识、想象力和计算力是有限的。

(2) 决策者在识别和发现问题的过程中容易受知觉上的偏差的影响，而在对未来的情况做出判断时，直觉的运用往往多于逻辑分析方法的运用。所谓知觉上的偏差，是指由于能力的有限，决策者把问题的部分信息当作认知对象。

(3) 由于受决策时间和可利用资源的限制，决策者即使充分了解和掌握了有关决策环境的信息情报，也只能做到尽量了解各种备选方案的情况，而不可能做到全面了解。决策者选择的理性是相对的。

(4) 在风险性决策中，与经济利益的考虑相比，决策者对待风险的态度起着更为重要的作用。决策者往往厌恶风险，倾向于接受风险较小的方案，尽管风险较大的方案可能带来较为可观的收益。

(5) 决策者在决策的过程中往往只求满意的结果，而不愿费力寻求最佳方案。导致这一现象的原因有很多种：决策者不注意发挥自己和别人继续进行研究的积极性，只满足于现有的可行方案中进行选择；决策者本身缺乏有关能力，在有些情况下，决策者出于某些个人原因的考虑而做出自己的选择；评估所有的方案并选择其中的最佳方案，需要花费大量的时间和金钱，这可能是得不偿失的。

行为决策理论抨击了把决策视为定量方法和固定步骤的片面性，主张把决策视为一种文化现象。除了西蒙的“有限理性”模式，林德布洛姆的“渐进决策”模式也对“完全理性”模式提出了挑战。林德布洛姆认为决策过程应该是一个渐进的过程，而不应大起大落，否则会危及社会稳定，给组织带来组织结构、心理倾向和习惯等的震荡和资金困难，也使决策者不可能了解和思考全部方案并弄清每种方案的结果。因此，“按部就班、修修补补的渐进主义决策者或安于现状的人，似乎不是一位‘叱咤风云’的英雄人物，而实际上是能够清醒地认识到自己是在与无边无际的宇宙进行搏斗的足智多谋的解决问题的决策者”。这说明，决策不能只遵循一种固定的程序，而应根据组织内外环境的变化进行适时的调整和补充。

三、当代决策理论

古典决策理论和行为决策理论之后，决策理论有了进一步的发展，即产生了当代决策理论。当代决策理论的核心内容是：决策贯穿于整个管理过程，决策程序就是整个管理过程。

组织是由作为决策者的个人及其下属、同事组成的系统。整个决策过程从研究组织的内外环境开始，进而确定组织目标，设计可达到该目标的各种可行方案，比较和评估这些方案进而选择方案，最后实施决策方案，并进行追踪检查和控制，以确保预定目标的实现。这种决策理论对决策的过程、决策的原则、程序化决策和非程序化决策、组织机构的建立同决策过程的联系等做了精辟的论述。

对当今的决策者来说，在决策过程中应广泛采用现代化的手段和规范化的程序，应以系统理论、运筹学和电子计算机为工具，并辅之以行为科学的有关理论。这就是说，当代决策理论把古典决策理论和行为决策理论有机地结合起来，它所概括的一套科学行为准则和工作程序，既重视科学的理论、方法和手段的应用，又重视人的积极作用。

第三节　决策的程序与影响因素

决策程序是指从问题提出到方案确定所经历的过程。决策是一项复杂的活动，有其自身的工作规律性，需要遵循一定的科学程序。在现实工作中，导致决策失败的原因之一就是没有严格按照科学的程序进行决策，因此，明确和掌握科学的决策过程，是管理者提高决策正确率的一个重要方面。

一、决策的程序

决策一般要经过以下的程序，如图 5-2 所示。

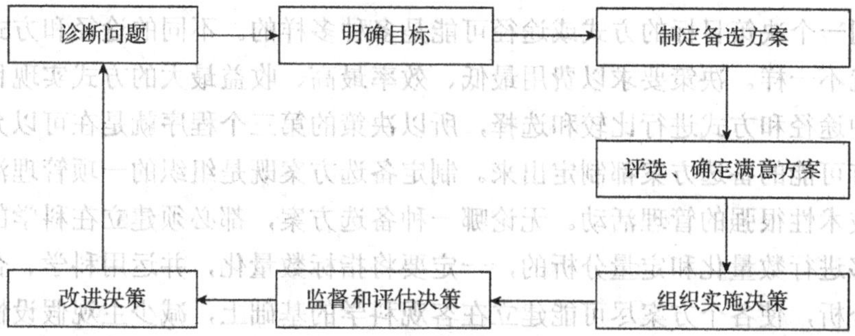

图 5-2 决策程序模型

（一）诊断问题

决策不是做思维游戏，是为了解决一定问题所进行的管理活动，所以，决策必须围绕一定的问题来展开。当然一个组织中总是有许许多多的问题。例如，在一个企业中，就有以下问题需要解决：企业如何在市场竞争中发展自己，企业目前资金不足如何筹措等。在一个包含两个或两个以上层次的组织中，仅仅将问题提出来是不够的，还必须在提出问题的基础上对众多的问题进行分析，以明确各个问题的性质，确定这些问题是涉及组织全局的战略性问题，还是只涉及局部的程序性问题。明确问题的性质是为了确定解决问题的决策层次，避免高层决策者被众多的一般性问题所缠绕而影响对重大问题的决策。

提出问题，并不是说决策者只能坐等问题发生，等下级将发生的问题呈报在自己的面前。对决策者特别是高层决策者来说，清楚地认识到潜在的有可能发生的问题，对事物的发展进行超前的、正确的预计是尤为重要的，这就要求决策者必须主动地深入实际调查研究，及时发现新问题、提出新问题进而解决新问题，以保证组织的健康发展。

（二）明确目标

发现问题，提出问题，对问题进行定性，这只不过是弄清了组织中有哪些问题有待解决，以及应将其放在什么层次或部门解决，而对问题应解决到什么程度，应该是明确决策目标的问题。

决策目标既是制定决策方案的依据，又是评价决策执行效果的标准。决策目标也就是决策必须达到的水平。因此，决策目标必须制定得合理。一项决策目标定得合理的标准应该是使该目标既能够达得到，但又必须经过努力才能够达到。目标定得太高，根本不切合实际，会使人望而却步，失去为之奋斗的信心与勇气，决策就会随之化为泡影。目标定得太低，不经过任何努力即可实现，人们就可能认为唾手可得而感到无所作为，随之丧失应有的压力和积极性。管理的实践经验已经证明，保持一定的工作压力是必要的，而形成工作压力的主要途径就是决策的目标和计划指标。

决策目标首先必须正确，这是决策正确的航标，其次就是水平必须合理、可行。

（三）制定备选方案

实现同一个决策目标的方式或途径可能是多种多样的。不同的途径和方式实现目标的效率也就不一样。决策要求以费用最低、效率最高、收益最大的方式实现目标。这就要求对多种途径和方式进行比较和选择，所以决策的第三个程序就是在可以允许的程度内，将所有可能的备选方案都制定出来。制定备选方案既是组织的一项管理活动，同时又是一项技术性很强的管理活动。无论哪一种备选方案，都必须建立在科学的基础上。方案中能够进行数量化和定量分析的，一定要将指标数量化，并运用科学、合理的方法进行定量分析，使各个方案尽可能建立在客观科学的基础上，减少主观假设性。

备选方案可以是标准的和显明的，也可以是独特的和富有创造性的。标准方案通常是指组织以前采用过的方案。通过头脑风暴法、名义小组技术和德尔菲技术等可以提出富有创造性的方案。

（四）评选、确定满意方案

对决策的备选方案进行比较评价，确定满意方案，是决策的关键环节。为保证这一关键环节的正确性，首先需要组织一个得力的评选方案的班子，这个班子应包括各方面的专家。就企业决策来说，应包括技术、财务、市场公关等各方面的专家，以便对方案在各个方面的合理性与科学性做出正确评价。其次要确定方案选择标准。经济组织决策中评选方案的标准一般是以经济效益为最基本的指标。如企业评价方案多以利润、成本、投资回收期等指标作为最基本的指标。但要注意的是，经济活动不仅仅是纯经济性的，它会涉及许多方面。因此，除了经济效果之外，还必须有一定的环境效益、社会效益指标。最后，评选方案工作一定要深入、认真、细致；评价方案不只是依据评价指标进行选择，还必须详细审查方案的可行性程度。如果没有可行可选的方案，绝不能迁就，草率抉择，而应该选择一些方案进行修改或增补备选方案，然后再进行评价选择。

（五）组织实施决策

用现代决策理论观点来看，决策不只是一个简单的方案选择问题，它还包括决策的执行。因为决策正确与否、质量如何，不经过实践的检验，是得不到真正的证明的，实践才是检验真理的唯一标准。而且，决策的目的也就是通过实施决策以解决最初提出的问题。如果说选择出一个满意的方案是解决所提出的问题成功的一半，那么，另一半就是组织决策的实施。不能付诸实施的决策只能是水中之月、镜中之花。因此，决策者必须将组织决策实施的工作当作一个重要的环节来抓。

管理者还要明白，方案的执行将不可避免地会对各方造成不同程度的影响，一些人的既得利益可能会受到损害。在这种情况下，需要管理者善于做思想工作，帮助他们认识这种损害只是暂时的，或者说是为了组织全局的利益而不得不付出的代价，在可能的情况下，管理者还可以拿出相应的补偿方案以消除他们的顾虑，化解方案在执行过程中遇到的阻力。

决策的实施首先要有广大组织成员的积极参与。为了有效地组织决策实施，决策者应通过各种渠道将决策方案向组织成员通报，争取成员的认同，当然最可取的方法是设计出一种决策模式，争取更多的成员参与决策，了解决策，以便更好地实施决策。

(六) 监督和评估决策

一个方案可能涉及较长的时间，在这段时间里，形势可能发生变化，而初步分析建立在对问题或机会的初步估计上，因此，管理者要不断对方案进行修改和完善，以适应变化的形势。同时，连续性活动因涉及多阶段控制而需要定期分析。

实施决策的条件不可能与设想的条件完全相吻合，在一些不可控因素的作用下，实施条件和环境与决策方案所依据的条件之间可能会有较大的出入，这时，需要改变的不是现实，而是决策方案。所以，在决策实施过程中，决策人应及时了解和掌握决策实施的各种信息，及时发现各种新问题，并对原来的决策进行必要的修订、补充或完善，使之不断地适应变化了的新形势和条件。

(七) 改进决策

一项决策实施之后，对其实施的过程和情况进行总结、回顾，既可以明确功过，确定奖惩，还可以使自身的决策水平得到进一步的提高。

通过总结决策经验，往往可以发现一些决策最初看起来是正确的，但在实施之后却并不令人满意；如某些决策短期效益可能十分显著，而长期效益却很差，这些都是通过对决策实施的结果进行总结所得到的经验。

总结决策的经验教训不是几个决策者的事情，有必要发动决策的执行者、决策方案的审评者和决策方案制定者参加，从各自的观点、立场改进决策，以提高决策水平。

二、决策的影响因素

决策是为组织的运行服务的，而组织总是在一定的环境下运行的，所以决策首先受到环境的影响。在其他条件相同的情况下，环境的不同会导致不同的决策行为。决策作为一个过程，是在组织中完成的。决策所针对的是组织内部产生的问题或组织面临的机会，最终选择的行动方案是在组织内部实施的并且需要消耗组织的资源，所以决策还受到组织自身因素的影响。现实中，面对同样的环境，不同组织表现出很大的行为差异就是一个很好的依据。具体来说，组织文化、组织的信息化程度及组织过去对环境的应变模式等都会对决策产生影响。由于决策的对象是组织在运行过程中产生的问题，问题的性质成了环境与组织自身因素以外的第三个影响决策的因素。问题的重要性与紧迫性都会对决策产生影响。影响决策的最后一个因素是决策主体，无论是作为个体，还是作为群体，决策者的心理与行为特征均会左右决策。

需要指出的是，决策的影响因素并不是割裂的，而是相互联系的。有时候，问题的出现完全是环境变化使然，如国家紧缩银根会使企业资金吃紧；鼓励创新的组织文化可能会催生组织成员的冒险精神。

（一）环境因素

环境的特点影响着组织的活动选择。就企业而言，如果市场相对稳定，则今天的决策基本上是昨天决策的翻版与延续；而如果市场急剧变化，则需要经常对经营方向和内容进行调整。处在垄断市场上的企业，通常将经营重点放在内部生产条件的改善、生产规模的扩大以及生产成本的降低上；而处在竞争市场上的企业，需要密切关注竞争对手的动向，不断推出新产品，努力改善促销宣传，建立健全的销售网络。

（二）组织自身的因素

1. 组织文化

什么样的组织文化会影响到组织成员对待变化的态度，进而影响到一个组织对方案的选择与实施？在保守型组织文化中生存的人们受这种文化的影响倾向于维持现状，他们害怕变化，更害怕失败，对任何带来变化的行动方案会产生抵触情绪，并以实际行动抵制。在这种文化氛围中，如果决策者想坚持实施一项可能给组织成员带来较大变化的行动方案，就必须首先勇于破除旧有的文化，建立一种接纳变化的文化。在保守型文化中的人们不会轻易容忍失败，因而决策者就会产生顾虑，从而将有关行动方案从自己的视野中剔除出去。

而在进取型组织文化中生存的人们喜欢变化，勇于创新，宽容地对待失败。在这样的组织中，容易进入决策者视野的是给组织带来变革的行动方案。此外，组织文化是否具有伦理精神也会对决策产生影响。具有伦理精神的组织文化会引导决策者采取符合伦理的行动方案，而没有伦理精神的组织文化可能会导致决策者为了达到目的而不择手段。

2. 组织的信息化程度

信息化程度对决策的影响主要体现在其对决策效率的影响。在外界环境不稳定和市场竞争激烈的情况下，决策效率对组织发展的影响将更为突出。信息化程度较高的组织拥有较先进的信息技术，可以快速获取质量较高的信息。另外，在这样的组织中，决策者通常掌握着较先进的决策手段。高质量的信息与先进的决策手段便于决策者快速做出较高质量的决策。

3. 组织对环境的应变模式

组织对环境的应变模式也影响着组织的活动选择。通常，对一个组织而言，其对环境的应变是有规律可循的。随着时间的推移，组织对环境的应变方式趋于稳定，形成组织对环境特有的应变模式。今后在面对环境变化时如何思考问题、如何选择行动方案等决策都受这种趋于稳定的应变方式的制约。

（三）决策问题的性质

1. 问题的紧迫性

美国学者威廉·R. 金和大卫·I. 克里兰把决策划分为时间敏感型决策和知识敏感型决策。时间敏感型决策是指那些必须迅速做出的决策。对于此类决策，有时候快速行动要比如何行动更重要，也就是说决策速度的要求高于决策质量的要求。在战场上的军事指挥和一些突发事件处理等都属于此类决策。知识敏感型决策是指那些对时间要求不高、而对质量要求较高的决策。组织中的决策大多数属于此类。对决策者而言，为了争取足够的时间以便做出高质量的决策，需要未雨绸缪，尽可能在问题出现之前就将其列为决策的对象，而不是等问题出现后再匆忙做决策，以此来保障决策的质量。

2. 问题的重要性

通常情况下，不重要的问题多为例行问题，对决策者的要求不高，为程序化决策；而重要的问题多为例外问题，对决策者的要求较高，为非程序化决策。同时，问题的重要性对决策的影响是多方面的：决策会引起高层领导的重视；一般为群体决策；决策分析要慎重。

（四）决策主体的因素

1. 决策主体对待风险的态度

人们对待风险的态度有三种类型：风险厌恶型、风险中立型和风险喜好型。下面通过举例来说明如何区分这三种类型。假如你面临两个方案：一个方案是，不管情况如何变化，你都会在 1 年后得到 100 元收入；另一个方案是，在情况向好的方面发展时，你将得到 200 元收入，而在情况向坏的方面发展时，你将得不到收入，情况好坏的可能性各占一半。试问你更愿意选择哪个方案？若你选择第一个方案，你就属于风险厌恶型；如果你选择第二个方案，你就属于风险喜好型；如果你不在乎选择哪个方案，你就属于风险中立型。可见，决策者对待风险的态度会影响行动方案的选择。

2. 决策者的能力

决策者个人能力对决策的影响主要体现在以下方面：决策者对问题的分析能力；决策者的信息获取能力；决策者的沟通能力；决策者的组织能力。而当决策者上述能力突出时，其决策的水平、决策的可实现程度及决策实施效果等都会比较好。

3. 决策群体的关系融洽程度

如果决策方式是群体决策，那么群体的特征也会对决策产生影响。其中非常重要的特征之一是群体关系的融洽程度，群体关系是否融洽对决策的影响体现在以下两点：①影响较好行动方案被通过的可能性大小，在关系融洽的情况下，较好的方案容易获得通过，而关系不好的时候，则不然；②影响决策成本的高低，在关系紧张的情况下，方案可能长时间不能决定，并且决策方案的实施会遇到很多的阻碍。

第四节　决策方法

决策可以按不同的标准分成若干种类型，一般来说，不同类型的决策对应不同的决策方法。本节只对几种常用的决策方法进行介绍，如定性决策方法、定量决策方法等。

决策的方法既依赖于客观条件，如分析工具等，也依赖于决策者的能力，如定性分析与定量分析的能力。根据决策所采用的分析方法，可以把决策方法分为定性决策方法、定量决策方法以及定性与定量相结合的决策方法。

一、定性决策方法

定性决策方法，也称决策的“软”方法，是指在决策过程中，决策者根据已掌握的情况和现有资料，直接利用专家们的知识和经验，提出决策目标和实施目标，并做出评价和选择的方法。定性决策的具体形式有很多，包括程序化决策方法、适应性决策方法、创造性决策方法等。其优点是方便灵活，通用性强，容易被一般管理者接受，而且特别适合于非常规决策，同时还有利于调动专家的积极性，提高他们的工作热情。其局限性表现为：由于它是建立在专家个人意见的基础上，缺乏严格论证，易产生主观性，而且容易受组织者个人倾向的影响。定性决策方法简单易行、经济方便，日常生活中大量的决策采用的是定性决策方法。

(一) 集体决策方法

1. 德尔菲法

德尔菲法是在20世纪40年代由赫尔姆和达尔克首创，经过戈尔登和兰德公司进一步发展而成的。1946年，兰德公司首次采用这种方法来进行预测，后来这种方法被迅速广泛采用。德尔菲法依据系统的程序，采用匿名发表意见的方式，即专家之间不得相互讨论，不发生横向联系，只能与调查人员发生关系，通过多轮调查专家对问卷所提出问题的看法，经过反复征询、归纳、修改，最后汇总成专家基本一致的看法。作为预测的结果，这种方法具有广泛的代表性，较为可靠。

德尔菲法的具体实施步骤如下。

(1) 组成专家小组。按照课题所需要的知识范围确定专家。专家人数的多少，可根据预测课题的大小和涉及面的宽窄而定，一般不超过20人。

(2) 向所有专家提出所要预测的问题及有关要求，并附上有关这个问题的所有背景材料，同时请专家提出还需要什么材料。然后，要求专家做出书面答复。

(3) 各个专家根据他们所收到的材料，提出自己的预测意见，并说明自己是怎样利用这些材料及提出预测值的。

(4) 将各个专家的第一次意见进行汇总，列成图表，进行对比，再分发给各位专家，比较自己同他人的不同意见，修改自己的意见和判断。也可以把各位专家的意见加以整理或请更权威的其他专家加上评论，然后把这些意见再分送给各位专家，以便他们参考后修改自己的意见。

(5) 将所有专家的修改意见收集起来，汇总，再分发给各位专家，以便做第二次修改。逐轮收集意见并为专家反馈信息是德尔菲法的主要环节。收集意见和信息反馈一般要经过三四轮，在向专家进行反馈的时候，只给出各种意见，但并不说明发表各种意见的专家的具体姓名。这一过程重复进行，直到每一个专家不再改变自己的意见为止。

(6) 对专家的意见进行综合处理。

这种方法的优点主要是简便易行，具有一定的科学性和实用性，可以避免会议讨论时产生的害怕权威而随声附和，或固执己见，或因顾虑情面不愿与他人意见冲突等弊端，同时也可以使大家发表的意见较快收集，参加者也易接受结论，具有一定程度综合意见的客观性。但缺点是由于专家一般时间紧，回答往往比较草率，同时由于预测主要依靠专家，因此，归根结底仍属专家们的集体主观判断。此外，在选择合适的专家方面也较困难，征询意见的时间较长，对于需要快速判断的决策难以使用等。尽管如此，本方法因简便可靠，仍不失为一种人们常用的定性决策方法。

2. 头脑风暴法

头脑风暴法又称智力激励法，是现代创造学奠基人奥斯本提出的，是一种通过小型会议的组织形式，诱发集体智慧，相互启发灵感，最终产生创造性思维的程序化方法。它把一个组的全体成员都组织在一起，使每个成员都毫无顾忌地发表自己的观念，既不怕别人的讽刺，也不怕别人的批评和指责，是一种使每个人都能提出大量新观念、创造性地解决问题的最有效的方法。

1) 头脑风暴法的实施步骤

(1) 准备阶段。事先对所议问题进行一定的研究，弄清问题的实质，找到问题的关键，设定解决问题所要达到的目标。同时选定参加会议人员，一般以 5~10 人为宜，人数不宜太多。然后将会议事宜提前通知与会人员，让大家事先做好准备。

(2) 热身阶段。这个阶段的目的是创造一种自由、宽松、祥和的氛围，使大家得以放松，进入一种无拘无束的状态。先由有趣的话题或问题开始，让大家的思维处于轻松和活跃的境界，随后轻松导入会议议题。

(3) 明确问题阶段。在这个阶段，主持人扼要地介绍有待解决的问题。介绍时须简洁、明确，不可过分周全，否则，过多的信息会限制人的思维，干扰思维创新的想象力。

(4) 重新表述问题阶段。经过一段时间讨论后，大家对问题已经有了一定的理解。这时，为了使大家对问题的表述能够具有新角度、新思维，可重新表述问题。

(5) 畅谈阶段。畅谈是头脑风暴法的创意阶段。组织方应引导大家自由发言、自由想象、自由发挥，使彼此相互启发、相互补充，真正做到知无不言、言无不尽、畅所欲言，然后将会议发言记录进行整理。为了使大家能够畅所欲言，需要制定规则：第一，不要私下交谈，以免分散注意力；第二，不妨碍他人发言，不去评论他人发言，每人只谈自己的想法；第三，发表见解时要简单明了，一次发言只谈一种见解。

(6) 筛选阶段。会议结束后的一两天内，组织方应向与会者了解大家会后的新想法和新思路，以此补充会议记录。然后将大家的想法整理成若干方案进行筛选。经过多次反复比较和优中择优，最后确定 1～3 个最佳方案。这些最佳方案往往是多种创意的优势组合，是大家集体智慧综合作用的结果。

2) 头脑风暴法实施过程中的四条基本原则

(1) 排除评论性批判，对提出观念的评论要在以后进行。

(2) 鼓励“自由想象”。提出的观念越荒唐，可能越有价值。

(3) 要求提出一定数量的观念。提出的观念越多，就越有可能获得更多有价值的观念。

(4) 探索研究组合与改进观念。除了与会者本人提出的设想以外，要求与会者指出，按照他们的想法怎样做才能将几个观念综合起来，推出另一个新观念；或者要求与会者借题发挥，改进他人提出的观念。

头脑风暴法的正确运用，可以有效地发挥集体的智慧，这比一个人的设想更富有创意。

3. 名义小组法

在集体决策中，如对问题的性质不完全了解且意见分歧严重，则可采用名义小组法(又称名义群体法)。在这种方式下，小组的成员互不通气，也不在一起讨论、协商，只是名义上的小组。这种名义上的小组可以有效地激发个人的创造力和想象力。具体说来，它遵循以下步骤。

(1) 组织者先召集有关人员，把要解决的问题的关键内容告诉他们，并请他们独立思考，要求每个人尽可能地把自己的备选方案和意见写下来。

(2) 按顺序让他们一个接一个地陈述自己的方案和意见，以便把每个想法都搞清楚。

(3) 在此基础上，由小组成员对提出的全部备选方案进行投票和排序，赞成人数最多方案即为所选方案。当然，管理者最后仍有权决定是接受还是拒绝这一方案。

这种方法的主要优点在于，使群体成员正式开会但不限制每个人独立思考，而传统的会议方式往往做不到这一点。

4. 电子会议法

最新的定性决策方法是将专家会议法与尖端的电子计算机相结合的电子会议法。多达 50 人围坐在一张马蹄形的桌子旁，这张桌子上除了一系列的计算机终端外别无他物。将问题显示给决策参与者，让他们把自己的回答打在计算机屏幕上，个人评论和票数统计都投影在会场的屏幕上。

电子会议法的主要优点是匿名、诚实和快速。决策参与者不能透露姓名地打出自己所要表达的任何信息，一敲键盘即显示在屏幕上，使所有人都能看到。它使人们能够充分地表达他们的想法而不会受到惩罚，它消除了闲聊和讨论偏题，且不必担心打断别人的“讲话”。专家们声称电子会议比传统的面对面会议快一倍以上。例如，菲尔普斯·道奇的矿业公司采用此方法将原来需要几天的年计划会议缩短到 12 小时。

但是，电子会议法也有缺点：那些打字快的人使得那些口才好但打字慢的人相形见绌；这一过程缺乏面对面的口头交流所传递的丰富信息。

(二) 有关投资方向的决策方法

管理者有时需要对企业或企业某一部门的活动方向进行选择，可以采用的方法主要有经营单位组合分析法和政策指导矩阵等。

1. 经营单位组合分析法

该方法由美国波士顿咨询公司(Boston Consulting Group，BCG)在 20 世纪 70 年代初开发的，故又称为波士顿矩阵分析法。其基本思想是，大部分企业都有两个以上的经营单位，每个经营单位都有相互区别的产品和市场，企业应该为每个经营单位确定其活动方向。BCG 矩阵将组织的每一个战略事业单位(SBU)标在一个两维的矩阵图上，从而显示出哪个战略事业单位提供高额的潜在收益，以及哪个战略事业单位是组织资源的漏斗。BCG 矩阵的发明者、波士顿公司的创立者布鲁斯认为：“公司若要取得成功，就必须拥有增长率和市场份额各不相同的产品组合。组合的构成取决于现金流量的平衡。”

波士顿矩阵通过市场增长率和市场占有率两个维度对业务单位进行分析，如图 5-3 所示。横坐标表示相对市场份额，表示各项业务或产品的市场占有率和该市场最大竞争者的市场占有率之比。比值为 1 就表示此项业务是该市场的领先者。纵坐标为业务成长率，表明各项业务的年销售增长率。具体坐标值可以根据行业的整体增长而定。图中圆圈表示企业现有的各项不同的业务或产品，圆圈的大小表示它们销售额的大小，圆圈的位置表示它们的成长率和相对市场份额所处的地位。

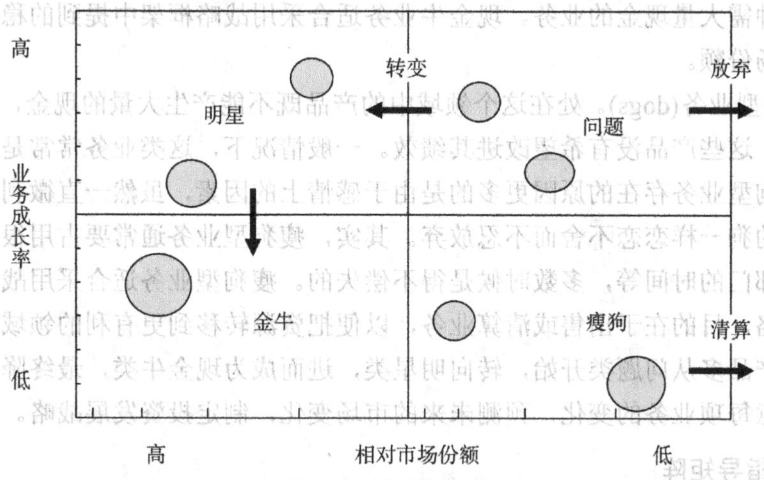

图 5-3 波士顿矩阵

通过分析不同的业务单位在矩阵中的不同位置，可以将业务单位分解为四种业务组合。

(1) 问题型业务(question marks)。处在这个位置中的是一些投机性产品，带有较大的风险。这些产品可能利润率很高，但占有的市场份额很小。这通常是一个公司的新业务，为发展问题业务，公司必须建立工厂，增加设备和人员，以便跟上迅速发展的市场，并超过竞争对手，这些意味着大量的资金投入。“问题”非常贴切地描述了公司对待这类业务的态度，因为这时公司必须慎重回答“是否继续投资，发展该业务”这个问题。只有那些符合企业发展长远目标、企业具有资源优势、能够增强企业核心竞争力的业务才得到肯定的回答。得到肯定回答的问题型业务适合于采用战略框架中提到的增长战略，目的是扩大市场份额，甚至不惜放弃近期收入来达到这一目标，因为要使问题型业务发展成为明星型业务，其市场份额必须有较大的增长。得到否定回答的问题型业务则适合采用收缩战略。

(2) 明星型业务(stars)。这个领域中的产品处于快速增长的市场中，并且占有支配地位的市场份额，但是否会产生正现金流量取决于新工厂、设备和产品开发对投资的需要量。明星型业务是由问题型业务继续投资发展起来的，可以视为高速成长市场中的领导者，它将成为公司未来的现金牛业务。但这并不意味着明星业务一定可以给企业带来源源不断的现金流，因为市场还在高速成长，企业必须继续投资，以保持与市场同步增长，并击退竞争对手。企业如果没有明星型业务，就会失去希望，但群星闪烁也可能会闪花企业高层管理者的眼睛，导致做出错误的决策。这时必须具备识别“行星”和“恒星”的能力，将企业有限的资源投入在能够发展成为现金牛的“恒星”上。同样的，明星型业务要发展成为现金牛业务适合采用增长战略。

(3) 现金牛业务(cash cows)。处在这个领域中的产品产生大量的现金，但未来的增长前景是有限的。它是成熟市场中的领导者，是企业现金的来源。由于市场已经成熟，企业不必大量投资来扩展市场规模。同时作为市场中的领导者，该业务享有规模经济和高边际利润的优势，因而给企业带来大量现金流。企业往往用现金牛业务来支付账款，并支持其他三种需大量现金的业务。现金牛业务适合采用战略框架中提到的稳定战略，目的是保持市场份额。

(4) 瘦狗型业务(dogs)。处在这个领域中的产品既不能产生大量的现金，也不需要投入大量现金，这些产品没有希望改进其绩效。一般情况下，这类业务常常是微利甚至是亏损的，瘦狗型业务存在的原因更多的是由于感情上的因素，虽然一直微利经营，但像人养了多年的狗一样恋恋不舍而不忍放弃。其实，瘦狗型业务通常要占用很多资源，如资金、管理部门的时间等，多数时候是得不偿失的。瘦狗型业务适合采用战略框架中提到的收缩战略，目的在于出售或清算业务，以便把资源转移到更有利的领域。

业务或产品多从问题类开始，转向明星类，进而成为现金牛类，最终降为瘦狗类。企业必须注意每项业务的变化，预测未来的市场变化，制定投资发展战略。

2. 政策指导矩阵

该方法由荷兰皇家壳牌公司开发的，它从市场前景和相对竞争能力两个角度来分析企业各个经营单位的现状和特征，并把它们标示在矩阵上，据此指导企业活动方向的选择。市场前景取决于盈利能力、市场增长率、市场质量和法规限制等因素，分为吸引力强、中、弱三种；相对竞争能力取决于经营单位在市场上的地位、生产能力、产品研究和开发等因素，分为强、中、弱三种。根据上述对市场前景和相对竞争能力的划分，可把企业的经营单位分成九大类(如图 5-4)。

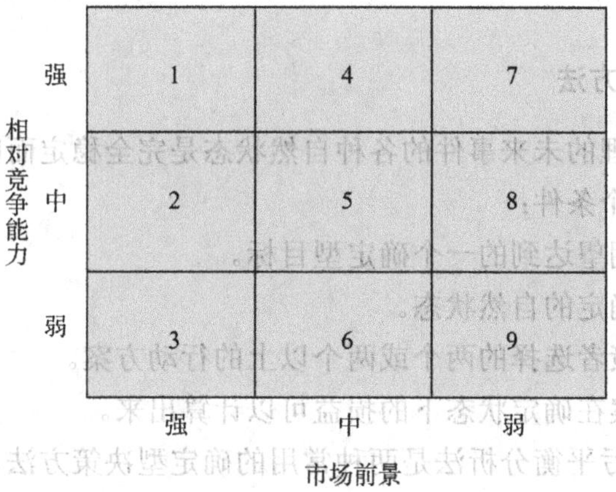

图 5-4　政策指导矩阵

处于区域 1 和 4 的经营单位相对竞争能力较强，市场前景也较好。应优先发展这些经营单位，确保它们获取足够的资源，以维持自身的有利市场地位。

处于区域 2 的经营单位虽然市场前景较好，但企业利用不够，这些经营单位的相对竞争能力不够强。应分配给这些经营单位更多的资源，以提高其竞争能力。

处于区域 3 的经营单位市场前景虽好，但相对竞争能力弱。要根据不同的情况来区别对待这些经营单位，最有前途的应得到迅速发展，其余的则需逐步淘汰，这是由于企业资源的有限性决定的。

处于区域 5 的经营单位一般在市场上有 2～4 个强有力的竞争对手。应分配给这些经营单位足够的资源，以使它们随着市场的发展而发展。

处于区域 6 和 8 的经营单位市场吸引力不强且相对竞争能力较弱，或虽有一定的竞争能力(企业对这些经营单位进行了投资并形成了一定的生产能力)但市场吸引力较弱。应缓慢放弃这些经营单位，以便把收回的资金投入到盈利能力更强的经营单位。

处于区域 7 的经营单位相对竞争能力较强但市场前景不容乐观。这些经营单位本身不应得到发展，但可利用它们较强的竞争能力为其他快速发展的经营单位提供资金支持。

处于区域 9 的经营单位市场前景黯淡且相对竞争能力较弱。应尽快放弃这些经营单位，把资金抽出来并转移到更有利的经营单位。

二、定量决策方法

定量决策方法又称“硬”方法，是指建立在数学模型的基础上，运用统计学、运筹学和电子计算机技术来对决策对象进行计算和量化研究以解决决策问题的方法。主要有确定型决策方法、风险型决策方法和不确定型决策方法三种。

应该指出的是，应用统计学中介绍的多种方法，如方差分析、线性回归、主成分分析、时间序列分析等，是定量分析方法，它们在数据分析和预测中得到广泛应用，为决策者提供了重要的支持。但是，下面介绍的定量决策方法主要来自运筹学，是寻求最优决策方案的方法。

(一) 确定型决策方法

确定型决策所处理的未来事件的各种自然状态是完全稳定而明确的。一般来说，确定型决策具备如下 4 个条件：

(1) 存在决策者期望达到的一个确定型目标。

(2) 只存在一个确定的自然状态。

(3) 存在可供决策者选择的两个或两个以上的行动方案。

(4) 不同行动方案在确定状态下的损益可以计算出来。

线性规划法和盈亏平衡分析法是两种常用的确定型决策方法。

1. 线性规划法

线性规划法是在一些线性等式或不等式的约束条件下，求解线性目标函数的最大值和最小值的方法。它是在相互关联的多变量约束条件下，求解一个对象的目标函数的最大值或最小值的方法。目标函数是指决策者要达到的目标的数学描述，用极大值或极小值表示。约束条件是指实现目标的能力资源和内部条件的限制因素，用一组等式或不等式表示。线性规划法产生于 20 世纪 40 年代，广泛应用于产品制造、原料分配、人员配置计划、运输计划和投资决策等方面。这种方法本质在于寻求如何使用有限资源获得最大的效果，或用最小的代价完成一项给定的任务。运用线性规划建立数学模型的步骤是：首先确定影响目标的决策变量；然后列出目标函数方程；最后找出实现目标的约束条件，列出约束方程组，并求出使目标函数达到最优值的可行解，即为该线性规划的最优解。

【例 5-1】某企业计划生产甲、乙两种产品，每种产品均需使用 A、B、C、D 四种设备，其加工时间及单位产品的利润数据如表 5-2 所示。现要求确定产品甲、乙的产量，使得企业利润最大。

表 5-2　单位产品所需设备情况及利润

单位产品所需台时 / 产品 / 设备	甲	乙	计划期的设备能力
A	2	2	12
B	1	2	8
C	4	0	16
D	0	4	12
单位产品的利润(万元)	2	3	

用线性规划法求解：

① 设决策变量：设 x_1、x_2 依次为产品甲、乙的产量，S 为企业利润。

② 列约束方程：

$$\begin{cases}2x_1+2x_2\leqslant 12\\x_1+2x_2\leqslant 8\\4x_1\leqslant 16\\4x_2\leqslant 12\end{cases}$$

③ 建立目标函数：

$\max S=2x_1+3x_2$

④ 求解：求解过程略。解得：

$x_1=4;\ x_2=2;\ \max S=2\times4+3\times2=14$

2. 盈亏平衡分析法

盈亏平衡分析法依据与决策方案相关的产量(销售量)、成本(费用)、盈利的相互关系，分析决策方案对企业盈亏产生的影响来评价和选择决策方案。它是一种简便有效、使用范围较广的计量决策方法。盈亏平衡分析法是研究企业生产经营活动中盈亏问题的一种经济数学模型。所谓盈亏平衡点，是指企业在一定的条件下生产某种产品，经营结果既不盈也不亏，其产品销售收入等于产品总成本之点。因此，盈亏平衡点又被称为盈亏临界点或保本点。

在产品销售价格、固定费用和变动费用已知的条件下，可通过建立盈亏平衡的数学模型，确定出盈亏平衡点。计算过程可以遵循以下步骤：

(1) 确定决策变量。在盈亏分析基本模型中，需要研究的是利润如何作为产量的函数而变化，主要是确定产量 x 值，所以 x 就是模型中的决策变量。

(2) 确定目标函数。目标函数即线性方程，它含有代表解决问题的目标的决策变量，该方程能推算出选择不同决策变量值对目标的影响。

在盈亏分析模型中，设：

x——产量；

S——销售净收入(扣除税金后的销售收入)；

P——产品单价；

Y——总成本；

F——固定费用；

V——变动费用；

C_v——单位产品变动费用；

Z——利润；

i——税率，%。

销售收入方程：

$$S=P(1-i)x$$

生产总成本方程：

$$Y=F+C_v x$$

确定盈亏平衡点必须满足以下条件：

$$S=Y$$

此时的决策变量为 x_0，则：

$$P(1-i)x_0=F+C_v x_0$$

整理后得：

$$x_0=\frac{F}{P(1-i)-C_v}$$

从图 5-5 的盈亏平衡图中可知，当产量 x 低于 x_0，$S<Y$ 为亏损。当产量 x 高于 x_0 时，$S>Y$，为盈利。两条直线交叉点 $S=Y$ 时的 a，就是盈亏平衡点。

盈亏分析除了找出盈亏平衡点外，更重要的是求出最佳盈利区和最大盈利点。求利润最大的目标函数模型为：

$$Z=S-F-V=P(1-i)x-F-C_v x_0$$

根据这个方程，为了获取最大利润，就必须增大 x，但增大到何种程度，需要确定决策变量 x 的约束条件。

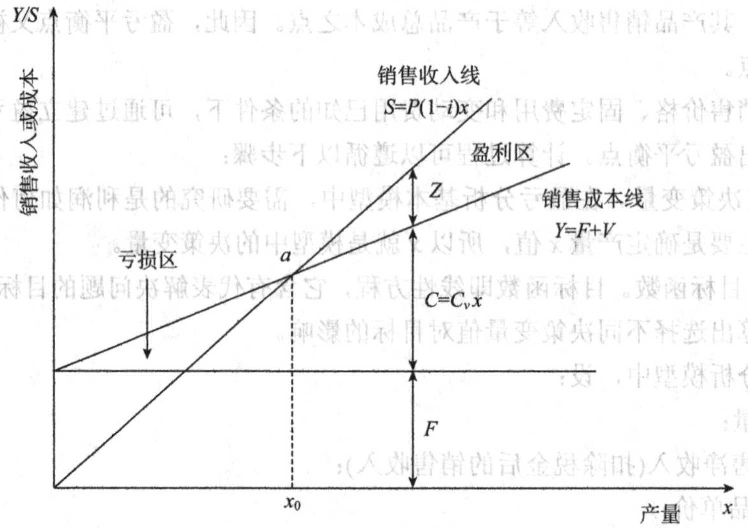

图 5-5　盈亏平衡图

此外，上述方程和图形是在一定的前提条件下拟定的。即

(1) 固定费用是一定的。

(2) 变动费用与产量成正比。

(3) 产量与销售量是相同的。

(4) 产品单价不变。

（二）风险型决策方法

在进行风险型决策时，通常采用决策树法进行方案分析。所谓决策树，是一种分析问题的工具。它把与决策有关的方案列成树枝形的图表，使管理人员能够形象地分析要决策的问题，然后对决策树的各个方案计算出它的期望值，比较期望值的大小，就能找出较好的方案。

决策树是以方块“□”和圆圈“○”为结点，并由直线连接而成的一种形状如树枝的结构图。方块结点是决策结点，由它引出若干树枝，每条树枝代表一个方案，称为方案枝。圆点结点是状态结点，由它引出若干树枝，表示不同的自然状态，故称为概率枝。在概率枝的末端列出不同状态下的损益值，如图 5-6 所示。

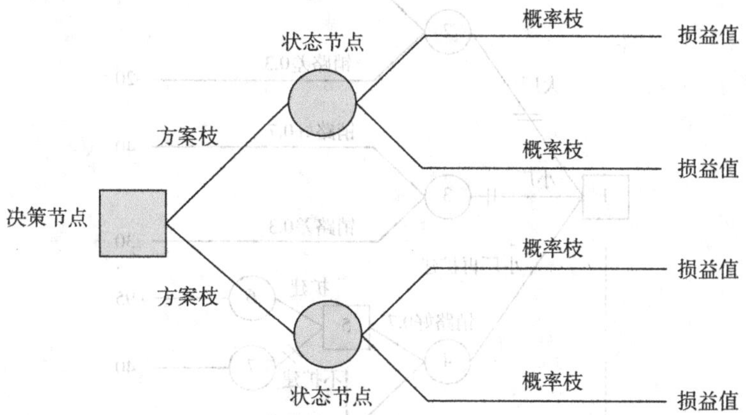

图 5-6　决策树

利用决策树进行决策的过程是由右向左，逐步后退进行分析。根据右端的损益值和概率枝所示的概率，计算出各个方案的期望值，然后加以比较，选出最优方案，舍弃的方案用剪枝办法，标上“//”记号，决策点只留下一条树枝，即决策中的最优方案。此法能清晰地表示出不同方案在不同自然状态下的结果，便于集体决策，避免主观臆断，对比较复杂的问题尤为有效。

【例 5-2】某公司为扩大产品销售量，拟建设新厂并服务 10 年，但面临三种可供选择的方案：

A. 建一座大厂。如果销路好，则可以完全占领市场，并获很大收益，但销路差则会亏损。

B. 建一座小厂。即使销路差，仍可以收回投资，并获一定收益，但若销路好，则会被竞争对手占领市场，不仅会失去竞争机会，还可能因为竞争使原有效率降低。

C. 先建一小厂，若销路好再加以扩建。这看上去似乎稳妥，但同样的生产能力，两次投资的总和要大于一次投资，又由于没能及时占领市场，可能会给对手可乘之机，最终影响收益。

供决策的预测资料如表 5-3 所示。该问题的决策树如图 5-7 所示。

表 5-3 方案收益值

销售状况	概率	方案及收益(万元)				投资(万元)		
		A	B	C 前三年	C 后七年	A	B	C
销路好	0.7	100	40	40	95	300	140	200 (追加)
销路差	0.3	−20	30	30	30			

第一步：画出决策树(如图 5-7 所示)。

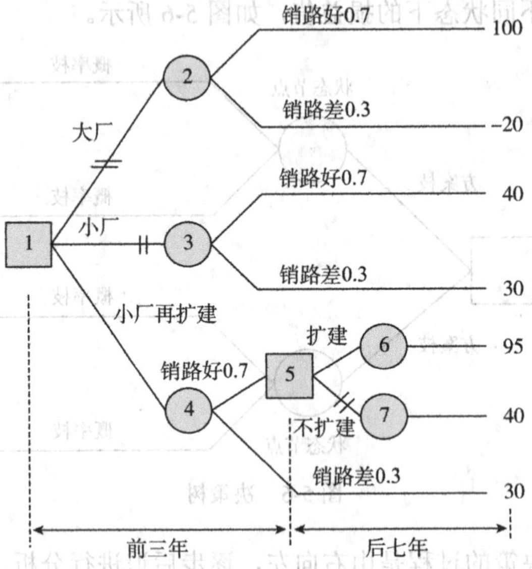

图 5-7 决策树

第二步：计算盈亏期望值。

②点：$(100\times0.7-20\times0.3)\times10-300=340$(万元)；

③点：$(40\times0.7+30\times0.3)\times10-140=230$(万元)；

⑥点：$95\times1.0\times7-200=465$(万元)；

⑦点：$40\times1.0\times7=280$(万元)；

④点：$(465\times0.7+40\times0.7\times3+30\times0.3\times10)-140=359.5$(万元)。

第三步：比较取舍(剪枝)。

方案 C 中不扩建的收益为 280 万元，扩建的收益为 465 万元，不扩建的收益小于扩建的收益，所以剪枝，舍去不扩建的方案。比较②、③、④点，可见先建小厂三年后若销路好再扩建的 C 方案为最好方案。

(三) 不确定型决策方法

不确定型决策由于其环境条件、未来趋势都处于不确定型状态，又无法估计各种情况下其结果发生的概率，此类决策就只能依靠决策者的主观判断，因此与个人的决策行为和行为偏好有极大关联。不过，仍然可以采取一些“模糊”的定量分析法和一些公认的决策原则，以供方案选择时的参考。

【例 5-3】某企业准备生产一种新产品，估计市场对该产品可能出现高需求、中需求和低需求三种情况，但三种情况的概率无法测知。现已提出了三个方案：新建车间、扩建原车间、对原车间进行技术改造。三个方案在不同市场需求情况下的收益值如表 5-4 所示。应如何选择方案最优？

表 5-4　方案收益值　　单位：万元

方案	市场需求状况		
	高需求	中需求	低需求
新建	60	20	-25
扩建	40	25	0
改造	20	15	10

可按以下五种原则作为决策的参考。

1. 乐观法

乐观法也称大中取大法。它是在每一个方案中选取一个最大值，然后将各个方案的最大值进行比较，再选取最大值的方案。这种方案常为敢冒风险的进取型决策者所采用。本例中最大收益值为表 5-4 中的“高需求”一列，即 60 万元、40 万元、20 万元。从中再取最大值的方案，即新建方案，要冒更大的风险，但也存在高收益的机遇。

2. 悲观法

悲观法也称小中取大法。它是在每个方案中选定一个最小收益值，在所有最小收益值中取其中最大者为最优方案。如果是损失值，则选取损失最大值中最小者的方案为最优方案。采用此法一般是对损失比较敏感，怕冒风险不求大利的稳重型决策者。本例中最小收益值为表 5-4 中的“低需求”一列，即-25、0、10。从中取最大值的方案，即改造方案，偏于保守，出发点是避免大的失误。

3. 现实估计值法(折中法)

它是前两种方法的折中，因为持完全乐观的态度是不现实的，而完全从悲观的态度出发又过于保守，也不符合企业管理的思想，所以应找个折中的方法。根据经验和有关预测资料先确定一个乐观系数 a，在 0～1 之间选择。如果认为情况完全乐观，则 $a=1$；如果感到情况完全悲观，则 $a=0$；而一般情况下则采用中间数值。它的计算公式如下：

$$现实估计值=最乐观的结果\times a+最悲观的结果\times(1-a)$$

最后，比较各方案的现实估计值，选择最大现实估计值的方案。

本例中，设乐观系数为 0.6，则各方案的现实估计值 E 分别为：

新建方案：$E_1=60\times0.6+(-25)\times(1-0.6)=26$(万元)；

扩建方案：$E_2=40\times0.6+0\times(1-0.6)=24$(万元)；

改造方案：$E_3=20\times0.6+10\times(1-0.6)=16$(万元)。

从中取最大现实估计值的方案，即新建方案。这个方法虽然比较接近实际而受到重视，但确定乐观系数较困难，难免带有决策者的主观因素。

4. 等概率法

等概率法也称机会均等法。它假设各种自然状态出现的机会是均等的(即概率相等)。设有 n 种状态，则每种状态出现的概率各为 $1/n$，以此作为权数乘以各种状态的收益值，就可得到等概率期望值。然后，从中选择最大期望值的方案。

本例中，有三种自然状态，即 $n=3$，三个方案的等概率期望值 E 分别为：

新建方案：$E_1=60\times1/3+20\times1/3+(-25)\times1/3=18.3$(万元)；

扩建方案：$E_2=40\times1/3+25\times1/3+0=21.7$(万元)；

改造方案：$E_3=20\times1/3+15\times1/3+10\times1/3=15$(万元)。

从中取最大等概率期望值的方案，即扩建方案。

5. 最小后悔值法

最小后悔值法是基于这样一种想法：只有当未来的某一自然状态出现时，才能确知哪个方案最好，如果决策者原来所选的不是这个方案，就会后悔。每一种自然状态下的最大收益值与各种方案之差称为后悔值(机会损失)，每一种方案在不同的自然状态下有不同的后悔值，在其中取其最大的后悔值，然后在各方案的最大后悔值中，取其最小的后悔值，作为选择方案。

本例中，三个方案的后悔值计算如表 5-5 所示。

表 5-5　后悔值计算　　单位：万元

后悔值 方案	市场需求状况			不同状态下的 最大后悔值
	高需求	中需求	低需求	
新建	60-60=0	25-20=5	10-(-25)=35	35
扩建	60-40=20	25-25=0	10-0=10	20
改建	60-20=40	25-15=10	10-10=0	40

可见，对于三个方案的最大后悔值，新建方案发生在低需求状态，扩建方案是发生在高需求状态，改造方案也是发生在高需求状态。在最大后悔值中取最小后悔值的方案，即扩建方案。

第五节　小　结

决策是管理工作中非常普遍的工作。当面对决策问题时，首先应识别决策的类型，然后尝试选择正确的决策方法开展工作。决策是一个连续的过程，一般经过识别问题、明确决策目标、拟定方案、评估方案、选择方案、执行方案、评价决策效果七个不可颠倒的程序。在制定决策与实施决策方案的过程中，应坚持满意原则、分级原则、整体与个人相结合原则、整体效用原则、定性与定量分析相结合原则。决策的原则和程序反映了不同类型决策活动所具有的共同的客观规律。只有遵循决策的原则和程序，才能提高决策活动的准确度和有效性。一般来说，不同类型的决策对应不同的决策方法。决策方法主要包括定性决策方法和定量决策方法。在决策的过程中要灵活运用这些方法以提升决策的科学性。

【关键概念】

决策(decision making)
决策树(decision tree)
有限理性(bounded rationality)
盈亏平衡分析法(break-even analysis)
决策过程(decision-making process)
程序化决策(programmed decisions)
非程序化决策(nonprogrammed decisions)
头脑风暴法(brainstorming)
风险(risk)
不确定性(uncertainty)

第六节 复习思考题

1. 简答题

(1) 什么是决策？决策所依据的原则是什么？结合现实讨论为什么要依据这样的原则？

(2) 根据不同的分类依据，决策有哪些分类？

(3) 试述决策的程序。

(4) 决策的影响因素有哪些？

(5) 决策的方法有哪些？它们分别适用于哪些不同的情况？

(6) 某企业决定生产一批产品。基建与机器设备投资等总固定成本为 380 000 元；单位产品售价 26 元；单位变动成本为 18 元。求：

① 生产该产品的盈亏平衡点产量是多少？

② 产量是多少时能实现 60 000 元利润？

③ 盈亏平衡点销售额是多少？

④ 销售额为多少时可实现利润 80 000 元？

(7) 某企业为了扩大某产品的生产，拟建设新厂。市场预测，产品销路好的概率为 0.7，差的概率为 0.3。有三个方案可供选择：

方案 1：新建大厂，投资 300 万元。估计销路好时每年可获利 100 万元；销路差时每年亏 20 万元。服务期为 10 年。

方案 2：新建小厂，投资 140 万元。销路好时每年获利 40 万元；销路差时每年获利 30 万元。服务期为 10 年。

方案 3：先建小厂，三年后销路好再扩建，须追加资金 200 万元，服务期为 7 年，每年获利95万元。

请选出期望收益最大的方案？

(8) 某企业打算生产某产品，据市场预测，产品销路有三种情况：销路好、销路一般和销路差。生产该产品有三种方案：改进生产线、新建生产线、与其他企业协作。据估计，各方案在不同情况下的收益见表5-6，问企业选择哪个方案？

表5-6　各生产方案在不同市场情况下的收益　　单位：万元

方案	销路好	销路一般	销路差
改进生产线	180	120	-40
新建生产线	240	100	-80
与其他企业协作	100	70	16

2. 案例分析

安通公司的决策

安通公司是一家特种机械制造公司，下设10个专业工厂，分布于全国10个省市，拥有20亿元资产，8万员工，其中本部员工200人。本部员工中60%以上属技术管理人员，基本上是学特种机械专业的。该公司所属企业所生产的产品由政府有关部门集中采购，供应全国市场。

改革开放以来，安通公司的生产经营呈现较好的局面，在机械行业普遍不景气的情况下，该公司仍保持各厂都有较饱和的产品。但是，进入20世纪90年代以后，国内市场开始出现供大于求的趋势。政府有关部门的负责人曾透露，如果3年不买安通公司的产品，仍可维持正常生产经营。面对这样的新形势，安通公司领导连续召开两次会议，分析形势，研究对策。

第一次会议专门分析形势，由刘总经理主持会议。

刘总经理：安通公司要保持良好的发展趋势，取得稳定的效益，首先必须分析形势，认清形势，才能适应形势。我们的产品在全国市场已经趋于饱和。如果不是有政府主管部门干预和集中采购，我们的生产能力就会过剩30%，甚至更多。

负责经营的李副总经理：改革开放以来，全公司的资金利润率达到了8%左右，居全国机械行业平均水平之上。但是现在产品单一，又出现供大于求的趋势，今后要保持这样的发展水平很难。目前，公司本部和各厂都有富余资金和富余人员，应该做出新的选择。

分管技术工作的赵副总经理：总公司和各厂的产品特别是有一部分产品通过近几年引进国外先进技术，基本上能满足国内市场目前的需要，总公司和各厂的专业技术力量很强，如果没有新产品持续不断地开发出来，单靠现有老产品很难使本行业有较大发展，专业人员也要流失。

其他的副总也都从各自的角度分析了安通公司所面临的形势，大家都感到这次会议开得及时，开得必要。

第二次会议仍由刘总主持。

刘总经理：我们上次会议全面分析了形势，使我们大家头脑更清醒、认识更加一致，这就是总公司要适应新形势，必须研究自己的发展战略。

分管经营的李副总经理：我们应该充分利用富余人员和富余资金，寻找新的门路，发展多种经营。要敢于进入机械行业外的产品。现在，国家不是提倡发展第三产业吗？我们应该利用国家的优惠政策，开展多种经营，取得更好的经济效益。

分管技术工作的赵副总经理：安通公司的产品虽然经过引进国外先进技术，已经升级换代，但是与国际先进水平相比还有相当差距。我们现在应该充分利用技术力量和资金，进一步引进技术，开发新产品，为国内市场做一些储备，以适应未来市场的需要，同时争取把产品打到国际市场上去。

其他各位老总认为，安通公司是一个专业化很强的企业，虽然现在主产品是供大于求的趋势，但现在特别是将来还是有比较稳定的市场的，这个主业绝不能放松，但单靠这个主业要想过得富裕是不可能的，要不断地开辟新的经营领域，开展多种经营。基于这样的认识，安通公司提出了适应市场的新的经营战略："一业为主，多种经营，立足本业，面向全国，走向世界。"

两次会议统一了思想，提出了新的经营战略，各个分厂和本部各个部门都积极行动起来，研究自己今后的发展方向和目标。这时，安通公司听到这样两条信息：一是山东省有一家饭店正在建设之中，由于缺乏资金，就要面临停工。该饭店投资 100 万元，地处市中心，预计年利润率可达 25%以上，4 年就可全部收回投资，是一个投资少、见效快的项目。二是辽宁省有个年户 40 万吨的煤矿，正在筹资，寻求合作伙伴。该矿允诺投资回报率至少 20%，目前煤炭正供不应求，市场前景也是很可观的。听到这两条信息后，总公司派出两队人马分别到山东省和辽宁省了解情况。几天后，两队人马回到总部，证实两条信息是真实可靠的，而且经营者都是国营单位，投资前景看好，并写了向山东省饭店和辽宁省煤矿分别投资 50 万元的请示报告。请示报告很快批了下来，资金迅速划了过去。

由于有了这笔资金的注入，山东省的饭店得以顺利施工，并于第二年开始营业。饭店开始营业以后，安通公司的有关领导出差路过，也到饭店看过，看上去饭店经营得还不错，也上档次。到第三年的年底，传来消息，山东省饭店全年亏损 10 万元，辽宁省煤矿亏损 5 万元，都没有利润可分。第四年也是这种局面，饭店和煤矿都是小亏，没有利润可分。安通公司对此感到很棘手，一下子拿不出有效策略。

(资料来源：唐烨. 管理学概论[M]. 上海：上海财经大学出版社，2016：76-77.)

【思考题】

(1) 安通公司的投资决策是否正确？如果存在问题，主要问题是什么？

(2) 安通公司应对饭店和煤矿采取什么样的对策？

3. 管理实战

自我创新的“头脑风暴”

【形式】集体参与

【时间】约 10 分钟

【材料】回形针(供演示使用，每桌一枚)

【场地】不限

【应用】

- 决策技巧
- 领导艺术

【目的】

使得参与者有机会参加到创造性地解决问题的练习中来。

【程序】

- 游戏介绍：头脑风暴这一讨论方法就是一个可以让参加者习惯于开启创造性思维之门的例子，集思广益地讨论，其基本原则是：

(1) 不允许有批评性意见。

(2) 欢迎随心所欲地思考(即越疯狂的想法越好)。

(3) 要求的是数量而不是质量。

(4) 寻求各种观点的结合和提高。

了解了这四个基本原则后，将参加者分成 4～6 人的小组。60 秒钟内他们的任务是想到尽可能多的使用回形针的方法。每组派一个人专门记录想法的数量，但不一定要记录这些想法的内容。一分钟后，让每组首先汇报他们提出的想法的数量，然后举个例子说明一些看似“疯狂”或“极端”的主意。提醒他们有时这些“愚蠢”的想法很有可能变成行之有效的想法。

- 其他可供选择的方法。

【讨论】

- 你对这个方法有什么保留意见？
- 头脑风暴法适用于哪些问题？
- 你认为集思广益在工作中有哪些可能的用途？

【总结与评估】

研究表明，可以用简单实用的练习来培养创造力。然而，创新思维的火花往往被一些致命性的说法所熄灭，如“我们去年已经试过这种方法了”“我们一直是那么做的”等大量类似的评论。

第六章 计划

计划是决策的组织落实过程。决策是计划的前提，计划是决策的逻辑延续。计划通过将组织在一定时期内的活动任务分解给组织的每个部门、环节和个人，从而不仅为评价这些部门、环节和个人在该时期的工作提供了具体的依据，而且为决策目标的实现提供了保证。

【学习目的与要求】

- 掌握计划的概念与内容
- 熟悉计划的分类
- 熟悉计划的编制过程
- 掌握计划的工具与技术
- 了解目标管理

【引例】

一家没有打印机的打印店——寒武印纪与它的在线打印

在中国，每一所高校都拥有不止一家打印店，而每一家打印店都会为学生及老师提供有偿的复印、打印等业务，并随着时间的积累开始拥有自己固定的客户群体。在这样的竞争氛围中，寒武印纪希望通过自己独特的商业计划在这个已经固化的高校打印市场闯出属于自己的一片天地。

寒武印纪是一个创立于 2016 年的在线打印平台，旨在通过全新的商业模式为学生提供免费打印服务。在这个微商遍布、广告硬性植入已成常态的时代，人们对于广告的反感几乎达到了顶点，而此类广告的主要接收群体即为高校大学生。学生较容易接受什么类型的广告？什么样的情况下学生会翻看宣传广告？带着这样的疑问，寒武印纪开始了一次冒险之旅。

寒武印纪的创始人范融奎毕业于中国地质大学(武汉)，四年的大学生活让他发现了学生与打印店之间的微妙关系，似乎每一份单面影印的非重要材料最后的结局都是课堂或生活中的演算纸，甚至大部分最终只是变成了桶里的垃圾。但是，每一页材料的页眉页脚处看似小小的空白，都蕴含着巨大的可发挥的空间。全新的广告植入模式开始在他的脑海中浮现，即将广告植入页眉页脚处，让学生在接收商家广告的同时获取免费打印的服务。可是如何实现这一想法成为他需要考虑的又一个重要问题。

经过创始团队的反复探讨，最终得出了一套满意且可实施的方案。寒武印纪将企业商家聚合，单个商家只需付出较低的成本，即可实现在整所高校的用户覆盖。此外，由商家来提供免费打印服务，用户选择提供服务的商家，这样一来，用户由被动接收广告转变为主动选择广告，在其过程中帮助商家实现精准投放和品牌深化服务。最终，企业广告文案“简版”将会覆盖在学生非重要资料的页眉页脚，“长版”将通过微信公众号群发，“动态版”将在学生使用自助终端时进行播映。不参与高校影印市场的竞争，而是与高校打印店合作，不需要一台打印机，寒武印纪即可实现免费打印。

2016 年 1 月，寒武印纪正式注册公司。同年 3 月，其专属微信公众平台正式上线，开始大规模地宣传。目前，寒武印纪主要通过手机端及网页端为高校学生提供免费的打印服务，未来寒武印纪还将设立自己的自助终端，通过三大渠道帮助学生实现“免费打印”和“自助打印”。

(资料来源：余敬，刁凤琴. 管理学[M]. 武汉：中国地质大学出版社，2016：55-56.)

第一节　计划概述

管理是对资源进行优化配置的过程，要把资源协调好离不开计划，没有计划或计划不周会降低管理的效率，甚至直接影响到组织目标的实现。在日常生活中，许多组织应该说是有明确目标的，但总也不能达成目标，很大程度上是因为没有具体的实施计划。有效的计划能有效地配置资源，有助于及时预见危险，发现机会提高效率，调动积极性，是控制工作的基础。

一、计划的含义

在管理学中，“计划”一词可以从两个方面理解。从名词意义上说，计划是指用文字和指标等形式表达的，在制订计划中所形成的各种管理性文件；从动词意义上说，计划是指为实现决策目标而制订计划的过程。计划是为实现组织目标而对未来行动所做的综合的统筹安排，是未来组织活动的指导性文件。我们有时用“计划工作”表示动词意义上的计划内涵。

正如哈罗德·孔茨所言：“计划工作是一座桥梁，它把我们所处的这岸和我们要去的对岸连接起来，以克服这一天堑。”计划工作给组织提供了通向未来目标的明确道路，给组织、领导和控制等一系列管理工作提供了基础。计划工作从狭义的角度讲就是制订计划，是一种预测未来、设立目标、决定政策、选择方案的连续过程，以求能经济地使用资源，在动态的环境中，获得最大的组织成效。从广义的角度讲，计划工作除了制订计划外，还包括执行计划和检查计划的执行情况这两个方面的工作内容。

我们主要讨论的是狭义的计划工作，它是指根据环境的需要和组织自身的实际情况，通过科学的预测，确定在未来一定时期内组织所要达到的目标及实现目标的方法。它是组织各个层次管理人员工作效率的根本保证，能够帮助我们实现预期的目标。其内容可用 5W1H 来表示。

(1) Why——为什么做？即明确活动的宗旨、目标和战略意图，并论证其可行性。大量的实践证明，计划工作人员对组织的宗旨、目标和战略意图了解得越清楚、认识得越深刻，就越有助于他们在工作中发挥主动性和创造性。

(2) What——做什么？要明确所要进行的活动内容及其要求。例如，一个企业的生产计划离不开确定生产产品的品种、规格、型号、数量、质量和生产进度等内容，目的是在按质、按量和按期完成订货合同的前提下，使生产能力得到尽可能充分的利用。

(3) When——何时做？选定计划实施的时机，以及规定计划中各项工作的开始和完成的进度和安排，以便进行有效的控制和对能力、资源进行平衡。

(4) Where——何地做？规定各项活动实施的地点或场所，了解实施的环境条件和限制，以便合理安排活动实施的空间组织与布局。

(5) Who——谁去做？规定各项活动实施的主体，明确由哪个部门、哪位主管负责，哪些部门或哪些人员协助，以协调部门之间、管理者之间的关系，减少活动中可能出现的摩擦和阻力。

(6) How——怎样做？明确活动遵循的政策与规则，以及具体的方式、方法和措施，以求对资源合理分配和集中使用，对各项资源进行平衡，对各种派生计划进行综合平衡等。

实际工作中，一个完整的计划还应该明确考核指标和控制标准，以便实施计划的部门或人员明确做成什么样、达到什么程度才是完成了计划。

二、计划的作用

计划是管理活动赖以开展的依据，不仅是组织的结构在一定程度上需要根据计划的情况来做出调整和变革，而且管理者所采取的每一个步骤，做出的每一项指示，下达的每一个命令，都需要以计划为基准。计划是对未来的部署，为组织的发展提供了方向。在复杂多变和充满不确定性的组织环境中，一个科学、准确的计划，会减少各种变化所带来的影响，能事半功倍地实现既定的管理目标。计划的主要作用有以下几点。

（一）有利于组织目标的实现

每个计划及其派生出来的计划，目的在于促使组织目标的实现。计划为组织确立了明确而具体的目标，并且选择了有利于组织实现目标的方案，计划工作可以使人们的行动对准既定的目标。由于周密细致、全面的计划工作统一了部门之间的活动，才使主管人员从日常的事务中解放出来，而将主要精力放在随时检查、修改、扩大计划上来，放在对未来不确定性的研究上来。这既能保证计划的连续性，又能保证全面地实现奋斗目标。

(二) 使组织适应变化的外部环境

企业的外部环境是一个动态变化的环境，企业要在这种动态变化的环境中生存和发展，就要求企业的管理者能够认识和预见变化，充分考虑各种内外环境因素及其变化可能带来的冲击，制定出适当的对策，从而极大地减少组织活动的不确定性和随机性。有远见的管理者往往能使企业及时地通过计划调整自己的方向和任务，使管理者预见到组织活动的未来结果，使企业与环境相适应，在适应中生存，在适应中发展。

(三) 计划是管理者提高效益的重要方法

计划工作的一项重要任务就是根据未来可能的情况，采取相对应的措施，使未来的组织活动均衡发展。计划工作要对各种方案进行技术分析，选择最适当的、最有效的方案来达到组织目标。

由于有了计划，组织中成员的努力将合成一种组织效应，这将大大提高工作效率从而带来经济效益。计划工作有助于用最短的时间完成工作，减少迟滞和等待时间，减少盲目性所造成的浪费，促进各项工作能够均衡稳定地发展，从而为组织筹集资源提供依据，使组织的可用资源充分发挥作用，并降低成本提高效益。

(四) 提供检查与控制标准

通过计划设立组织活动的目标和标准，使管理者得以对组织活动进程进行控制。如果我们不知道自己要去的方向和要到达的目的，那么，我们怎么来判断自己是否在朝着正确的方向努力或是否实现了目标呢？通过计划职能为组织设立目标，是我们能够在其后的控制职能中，将实现的绩效与目标进行比较，发现偏差，并采取行动予以纠正。否则，我们只能任其自由发展。

三、计划管理的原则

(一) 系统性原则

计划的实质是对组织内资源的运用进行最优配置，以实现组织的目标。因此，必须全面、系统地分析组织内外条件，要求具有系统观念，运用系统理论开展计划工作。

系统性原则要求组织的长期计划、中期计划、短期计划三者构成合理的时间安排；全局计划、职能部门计划、各管理层计划形成有机的空间安排。在制订计划过程中，必须统筹兼顾，全盘考虑。

(二) 平衡原则

无论是哪一个管理层次、管理部门的计划，都必须做到与全局平衡和自我平衡。平衡原则指出，事物的发展，无论时间和空间上都要保持一定的平衡。如果系统的各个部分不平衡，组织的功能就只能由产出能力最小的部分决定，这就如同一个木桶的盛水量只能由最短的一块木板决定的道理。时间平衡要求事物在各个阶段上的发展要保持一定的稳定性，不能大起大落，忽快忽慢，忽高忽低。虽然不平衡是绝对的，但求得相对平衡是计划工作的基本要求。

按照平衡原则，计划工作就要考虑好不同部门、不同方面的发展制约关系，各部门、各层次的计划应衔接好。在时间安排上，一定要注意计划的连续性、稳定性。

(三) 发展创新原则

一切事物都是发展的，所有的组织也要发展。计划的本质规定就是着眼于未来。它更要注重组织的发展，按照发展的原则开展计划工作，要注意如下两个方面的问题。

(1) 计划工作应力求创新。计划工作是一项需要创造性劳动的工作。计划工作人员应在组织发展的要求之下，创造性地提出一些新思路、新方法、新措施，使组织在发展中创新，既可以使未来的行动方案科学、合理、可行，但又不保守、刻板，尽可能发挥组织的潜能。

(2) 计划应留有余地。从发展的角度来做计划工作，要看到未来众多的不确定因素。计划应留有余地，而不能留有缺口。当然，计划留有余地并不是要打埋伏，隐瞒本单位的产出能力以便超额完成计划，而是要尊重科学和客观实际，避免盲目性。

四、计划与决策

计划与决策是何关系？两者中谁的内容更为宽泛，或者说哪一个概念是被包容的？在管理理论研究中，对这个问题有不同理解的管理学家的看法是很不一样的。有的管理学家认为，计划包含着决策职能，但有的管理学家则认为，决策职能是独立的，更有学者认为，计划应包含在决策职能之中。

而以西蒙为代表的决策理论学派则强调，管理就是决策，决策包括情报活动、设计活动、抉择活动和审查活动等一系列活动的过程；决策是管理的核心，贯穿于整个管理过程。因此，决策不仅包括计划，而且包容整个管理，甚至就是管理本身。

本书认为，究竟是计划包含着决策，还是决策包含着计划，分歧主要在于看问题的角度不同。如果将计划理解为制订计划的工作，显然不包括决策，但若理解为计划管理，又不可缺少决策，反过来看也是如此。所以，本文认为，决策与计划是两个既相互区别、又相互联系的概念。区别在于，这两项工作所要解决的问题不同。决策是对组织活动方向、内容及方式的选择。计划则是对组织内部不同部门和不同成员在一定时期内的行动任务的具体安排。但计划与决策又是相互联系的，主要体现在以下两点。

(1) 决策是计划的前提，计划是决策的逻辑延续。决策为计划的任务安排提供了依据，计划则为决策所选择的目标活动的实施提供了组织保证。

(2) 决策与计划是相互渗透，有时甚至是不可分割地交织在一起的。决策制定过程中，不论是对内部能力优势或劣势的分析，还是在方案选择时关于各方案执行效果或要求的评价，实际上都已经开始孕育着决策的实施计划。反过来，计划的编制过程，既是决策的组织落实过程，也是决策更为详细的检查和修订的过程。无法落实的决策，或者决策选择的活动中某目标的无法实现，必然导致决策在一定程度上的调整。

第二节　计划的类型

按照不同的划分标准可以将计划划分成不同的类型，最常用的标准有计划的广度、时间跨度、明确性等。但是，这些划分标准之间并不是相排斥的，很多时候它们是有一定相关性的，如战略计划一般是长期的和指导性的，而作业计划一般是短期的和具体的计划。除此以外，还有一些其他的划分方法，如按照专业化程度可以将计划分为综合性计划和专业计划等，如表 6-1 所示。

表 6-1　计划的类型

分类标准	类型
广度	战略性计划、战术性计划
时间跨度	长期计划、中期计划、短期计划
明确性	指导性计划、具体计划
职能	业务计划、财务计划、人事计划

一、战略性计划和战术计划

按涉及范围大小的程度，即广度，可以将计划分为战略性计划与战术性计划。

战略性计划是由高层管理者制订的。它的作用是决定或变动一个组织的基本目的和基本政策。它应用于整体组织、为组织未来较长时期设立总体目标和寻求组织在环境中的地位。战略性计划的特点是长期性，通常在 3～5 年甚至更长。它的涉及面很广，相关因素较多，这些因素的关系既复杂又不明确，因此战略性计划要有较大的弹性。

战术性计划是在战略性计划指导下制订的，是战略性计划的落实。战术性计划规定总体目标如何实现的细节，其需要解决的是组织的具体部门或职能在未来各个较短时期内的行动方案。这种计划在时间上通常较短，一般在一年以下，针对某一特定领域，详细规定出活动的具体细节。

从作用和影响来看，战略性计划的实施是组织活动能力的形成和创造过程，战术性计划的实施则是对已形成能力的运用。

二、长期计划、中期计划和短期计划

按计划时间的长短，即时间跨度，可以把计划分为长期计划、中期计划与短期计划。一般来讲，将期限在 1 年以内的计划称为短期计划；1 年以上到 5 年的计划称为中期计划；而期限在 5 年以上的称为长期计划。如企业制订的战略发展计划往往将 5 年以上划为一个时期，3～5 年划为一个时期。这种划分不是绝对的，计划的长短是一个相对的概念，例如一项航天发展项目的短期实施计划可能需要 5 年，而一家小的食品厂，由于市场变化迅速，它的短期计划仅能使用两个月。所以，我们只能从长期计划和短期计划的相互关系中认识和区分它们。

三、指导性计划和具体计划

按计划内容规定的明确性程度，计划可分为指导性计划与具体计划。

指导性计划是规定一般的方针和行动原则，它确定最终的目标，但不确定具体的目标和具体的活动方案，给予了行动者较大自由处置权。

具体计划则具有明确规定的目标，内容明确，它以指导性计划的目标为最终目标，它具有明确的可衡量的具体目标及一套可操作的行动方案。

一个企业集团提出提高利润指标的指导性计划，也许只提出未来一年中某下属企业利润计划增长 10%，而集团下属某企业则要制订实现利润增长的具体计划，即可能规定在未来的一年中，要通过降低成本和提高销售额的办法实现利润的增加，成本要降低 4%，销售额要增加 6%，以实现利润增长 10%的计划目标。

一般来说，具体计划的明确性较高但其可预见性条件难以满足；而指导性计划的灵活性较高。在管理工作中，必须根据实际问题，在灵活性和明确性之间进行权衡，选择制订不同类型的计划。

四、业务计划、财务计划和人事计划

按职能分类，可以将计划分为业务计划、财务计划及人事计划。组织是通过从事一定业务活动立身于社会的，业务计划是组织的主要计划。业务计划的内容涉及“物、供、产、销”，财务计划的内容涉及“财”，人事计划的内容涉及“人”。

作为经济组织，企业业务计划包括产品开发、物资采购、仓储后勤、生产作业及销售促进等内容。财务计划与人事计划是为业务计划服务的，也是围绕业务计划而展开的。财务计划研究如何从资本的提供和利用上促进业务活动的有效进行，人事计划则分析如何为业务规模的维持或扩大提供人力资源的保证。

第三节 计划的编制

任何计划工作的编制程序具有相似性，确定组织宗旨、目标等后，按照科学的编制步骤进行，直至具体的规划和预算，并对所制订计划的质量、水平、可行性等做好评价工作。

一、计划的形式

不少人思想上都存在着这样一种观念，计划只包含着预算和规划，这种观念是十分片面的。现代管理学理论认为，组织中开展的一切以未来为工作内容的管理活动都可以称为计划工作。同理，这些工作的形式化结果也就是计划形式。在一个组织中，常见的广义的计划形式有以下几个方面。

（一）宗旨

宗旨指社会赋予组织的基本职能和基本使命。它要解决的是一个组织是干什么的和应该干什么的问题。不同的组织有不同的宗旨。宗旨不是目标，它是拟订、明确目标的最高原则。一个组织必须有明确的宗旨，最高管理层应牢记本组织的宗旨，并将宗旨灌输到每一个员工的头脑中去，贯彻到计划的制订和执行过程中去。

（二）目标

目标是宗旨的具体化，表现为组织在计划期内要追求的结果。目标通常由一系列指标来体现。经济组织的目标常用利润、产量、产值、利润率、成本等来表示。在一个书面计划中，组织要实现的目标常常有一组，它们构成一个由总目标领导的目标体系。诚如一些管理学家所说的，组织计划中的目标是分等级层次的，并且还会形成一个网络。由于目标的层次特性和网络特性，保证各级目标、各部门目标之间的协调统一是计划工作要充分注意的。

（三）策略

策略是计划的指导方针和行动方针。它表现为在计划中明确重点、程序；为计划提供基本原则；为考虑问题、采取行动指明统一的方向和必要的框架。比如，企业是以大批量单一品种、低成本为生产原则；还是以小批量、多品种、供应齐备为生产原则？它们就是企业生产和销售中可选择的两种不同的策略。策略并不是孤立的，而是为实现组织的宗旨和目标服务的，同时又为重大政策和各种规划提供原则。

（四）政策

政策是一个组织行动的既定方针。用管理学的话来说，它是一种用文字表述的计划，主要作用是保证组织的沟通，规定行动的方向和范围，明确解决问题的原则。如有管理学家在讨论公司的政策时所指出的："政策好比指路牌，它规定必要的，并为公司董事会或执行委员会所认可的活动范围。"一个组织中的政策可能是多种多样的。例如，一个企业需要制定招聘员工的政策；提级增薪的政策；鼓励职工提供合理化建议的政策；企业在市场上的价格竞争政策，等等。之所以将组织制定的政策也归入计划职能之中，是因为政策的目的也是着眼于未来的。一个组织需要制定某一项政策的起因是当前出现了某种问题，但其作用则是为了应付未来再发生诸如此类的问题。如果不是着眼于未来那就只是解决当前问题的方案，而不是政策。

（五）程序

程序也是一种计划。它规定如何处理未来活动的例行方法。程序只是指导人们去如何采取行动，而不是指导人们怎样去思考问题。它详细地说明在组织活动中，人们必须准确地按照某种既定的方式去完成某种活动。程序的实质就是对所要进行的活动规定其时间顺序。

程序在一个组织中是处处存在的，并且一个组织中的程序可以是多种多样的。不同的工作需要不同的程序。如在股份公司中，董事会的决策程序不同于基层管理人员所遵循的程序。一般来说，越到基层，所规定的工作程序也就越细，数量也就越多。

（六）规则

规则也是计划。它同其他许多计划一样，是从各个抉择方案中选定要采取的行动。用孔茨的话来说，规则往往是一种最简单的计划。在一般情况下，规则、政策和程序三者很难区分开，因为它们共同构成组织的制度，都隐藏在制度之中。西方管理学家认为，规则与指导行动的程序有关，但它不说明时间顺序。实际上，可把程序看作一系列的规则。然而，有些规则却是程序所不能包括的，如在防火要求很高的企业中，"禁止吸烟"的规则就与任何程序无关。但企业关于审批购货单的程序，其中就包含某些规则，如多大数额的订货单需要当天送主管副经理审批的规则。管理程序中所包含的这些规则是不允许随意违犯的。规则的本质就在于它反映了是否采取某种行动的管理决策权限。不准确地说，规则是划分权力的计划。规则与政策的区别在于政策的主要作用是指导人们在决策时如何考虑问题，规则则是在执行决策时起指导作用。人们执行规则一般没有自由度，而政策则给了人们较大的自由度。

（七）规划

规划是最常见、最典型的计划形式。在一个规划中，组织的宗旨、计划期内要实现的目标、实现目标要采取的策略、执行策略需要遵守的政策、程序、规则等都将得到体现。也正因为如此，人们才将规划与计划等同起来。可从前面的论述已知，规划不能与计划等同。它只不过是一种综合性的计划形式。规划的具体形式和内容弹性较大。如有的规划仅是粗线条的轮廓，或只是定性化的基本原则体系；有的则十分详尽，许多目标都已数量化、具体化、明确化。所以，人们也常将以粗线条勾画未来发展轮廓的设想称为规划，如通常称之为战略规划，而将比较详尽的规划称为计划。从计划管理工作的角度来看这种区分也有作用。

(八) 预算

预算就是对组织活动从经济角度进行的计划。预算通常是用数字表示出来的。任何组织活动都需要付出代价，用经济学语言来说就是需要成本。经济性是人们对工作进行计划的客观原因之一。尽可能地节约支出，求得最大的投入产出效益是每一个管理者努力的目标。所以说，预算是一切组织中最重要的计划之一。

一个组织不仅需要预算，而且预算还必须做到科学、可行、合理。与其他计划形式比较起来，对预算的要求更加严格一些。每一个组织都必须认真做好预算工作。

要接受上述计划形式的主张，对我国的管理者来说还有一个观念转变问题。因为长期以来，我们一直都只将预算式的计划看作计划的唯一形式，而将程序、规则、策略等不视作计划。如果这一观念不转变，是不利于做好计划管理工作的。例如，一些企业和其他组织将完不成计划，因为他们把预算当作一件重要的事情来对待，但把违反程序、不遵守程序当作很平常的事情，这与现代计划管理是格格不入的。

二、计划的编制步骤

计划编制本身也是一个过程。为了保证编制的计划合理，能实现决策的有效组织和落实，计划编制必须采用科学的方法。

虽然可以用不同标准把计划分成不同类型，计划的形式也多种多样，但管理人员在编制一个完整的计划时，实质上都遵循相同的逻辑和步骤(见图 6-1)。当然，不同产业、不同企业或者不同类型的计划可以根据这个完整步骤的逻辑图示进行裁减，从而制订具体的计划。

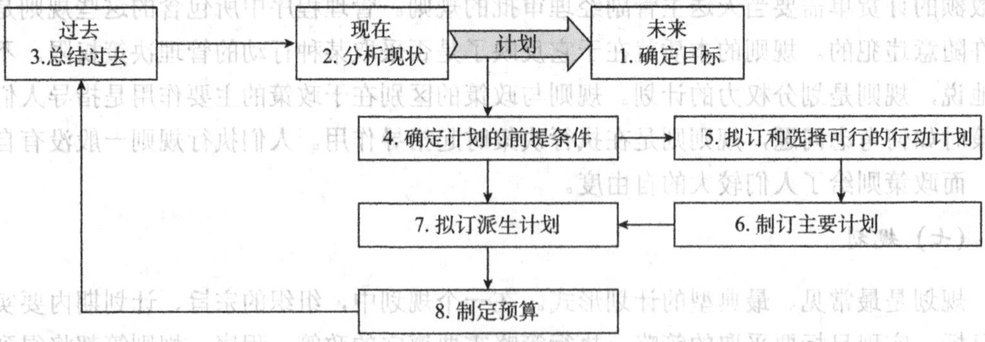

图 6-1　计划编制的步骤

(一) 确定目标

目标是指期望的成果，为组织整体、各部门和各成员指明了方向，描绘了组织未来的状况，并且作为标准可用来衡量实际的绩效。确定目标是决策工作的主要任务，是制订计划的第一步。计划工作的主要任务是将决策所确立的目标进行分解，以便落实到各个部门、各个活动环节。企业的目标指明主要计划的方向，而主要计划又根据企业目标规定各个主要部门的目标，主要部门的目标又依次控制下属各部门的目标……沿着这样的一条线依次类推，从而形成了组织的目标结构，包括目标的时间结构和空间结构。目标结构描述了组织中各层次目标间的协作关系。

（二）分析现状

计划是组织现在所处的此岸到达未来要去的彼岸的一座桥梁。目标指明了组织要去的彼岸。因此，制订计划的第二步是认清组织所处的此岸，即认清现在。认清现在的目的在于寻求合理有效地通向彼岸的路径，即实现目标的途径。认清现在不仅需要有开放的精神，将组织、部门置于更大的系统中，而且要有动态的观点，考察环境、对手与组织自身随时间的变化以及相互间的动态反应。对外部环境、竞争对手和组织自身的实力进行比较研究，不仅要研究环境给组织带来的机会与威胁，与竞争对手相比组织自身的优势与不足，还要研究环境、对手及其自身随时间变化的变化。

（三）总结过去

虽然“现在”不必然在“过去”的线性延长线上，但“现在”毕竟是从“过去”走来的。研究过去不仅是从过去发生的事件中得到启示和借鉴，更重要的是探讨过去通向现在的一些规律。从过去发生的事件中探求事物发展的一般规律有两种基本方法：一为演绎法，二为归纳法。演绎法是将某一大前提应用到个别情况，并从中引出结论。归纳法是从个别情况发现结论，并推论出具有普遍原则意义的大前提。现代理性主义的思考和分析方式基本上可分为上述两种。根据所掌握的材料情况，研究过去可以采用个案分析、时间序列分析等手段。

（四）确定计划的前提条件

前提条件是关于计划的环境的假设条件，是关于由所处的此岸到达将去的彼岸的过程中所有可能的假设情况。对前提条件认识越清楚、越深刻，计划工作越有效，而且组织成员越彻底地理解和同意使用一致的计划前提条件，企业计划工作就越协调。因此，预测并有效地确定计划前提条件有重要意义。最常见的预测方法是德尔菲法。

由于将来是极其复杂的，要把一个计划将来环境的每个细节都做出假设，不仅不切合实际而且得不偿失，因而是不必要的。所以，前提条件应限于那些对计划来说是关键性的或具有重要意义的假设条件，也就是说，应限于那些对计划贯彻实施影响最大的假设条件。

（五）拟订和选择可行的行动计划

“条条道路通罗马”“殊途同归”，都说明实现某一目标的途径不是唯一的。拟订和选择行动计划包括三个内容：拟订可行的行动计划、评价行动计划和选定行动计划。

(1) 拟订可行的行动计划，要求拟订尽可能多的计划。可供选择的行动计划数量越多，对选中的计划的相对满意程度就越高，行动就越有效。因此，在计划拟订阶段，要发扬民主，广泛发动群众，充分利用组织内外的专家，产生尽可能多的行动计划。在该阶段，需要“巧主意”，需要创新性。尽管人们的脑力活动不可能完全一样，但科学研究表明，创新过程一般包括浸润(对问题由表及里地全面了解)、审思(仔细考虑问题)、潜化(放松和停止有意识地研究，让下意识起作用)、突现(突现绝妙的、也许有点古怪的答案)、调节(澄清、组织和再修正答案)。具体的方式有头脑风暴法(brainstorming)和提喻法等。

(2) 评价行动计划，要注意考虑以下几点：第一，认真考察每一个计划的制约因素和隐患；第二，要用总体的效益观点来衡量计划；第三，既要考虑到每一计划的有形的可以用数量表示出来的因素，又要考虑到无形的不能用数量表示出来的因素；第四，要动态地考察计划的效果，不仅要考虑计划执行所带来的利益，还要考虑计划执行所带来的损失，要特别注意那些潜在的、间接的损失。评价方法分为定性和定量两类。

(3) 选定行动计划，按一定的原则选择出一个或几个较优计划。

(六) 制订主要计划

制订主要计划是将所选择的计划用文字形式正式表达出来，作为管理文件。清楚地确定和描述 5WlH 的内容，即 What(做什么)、Why(为什么做)、Who(谁去做)、Where(何地做)、When(何时做)、How(怎样做)。

(七) 拟订派生计划

基本计划还需要派生计划的支持。比如，一家公司年初制订了“当年销售额比上年增长 20%”的销售计划，与这一计划相连的还有许多计划，如生产计划、促销计划等。再如，当一家公司决定开拓一项新的业务时，这个决策是要制订很多派生计划的信号，比如雇佣和培训各种人员的计划、筹集资金计划、广告计划等。

(八) 制定预算

在做出决策和确定计划后，最后一步就是把计划转变成预算，使计划数字化。编制预算，一方面是为了使计划的指标体系更加明确，另一方面是使企业更易于对计划执行进行控制。定性的计划往往在可比性、可控性和进行奖惩方面比较困难，而定量的计划则具有较硬的约束。

三、计划的评价

计划评价是计划制订工作中十分重要的一环，关系到所制订计划的质量、水平、可行性等。做好评价工作，是计划制订工作中不可缺少的一环。计划评价的内容包括两个方面，一是对计划本身的评价，又称程序性评价，指依照分析和评审制订计划的步骤，以及计划的结构等标准对计划进行评价。更进一步说，这一评价的重点是计划制订工作。

因为计划工作的科学性与计划的科学性是密切相关的，这如同对产品质量评价一样，对生产产品的生产线、原料、材料、工人的劳动态度等工作质量的评价、检验也就起到了评价、控制产品质量的作用。在质量是制造出来的思想指导下，对生产质量的控制则更为重要。这一原理同样适用于计划管理。二是对计划的内容，特别是对计划执行之后的可能结果进行的评价，这是一种事前评价。对计划内容的评价也是很重要的，我们经常与决策结合起来。

（一）计划的程序性评价

对计划进行程序性评价，具体地又可分为对如下三个方面内容的评价。

1. 评价计划的客观性程度

计划的客观性程度是指计划制订时所依据的资料是否属实、考虑是否周到、分析是否合乎规律等。这是保证计划的科学性所要求的，如果计划的客观性程度越高，计划的结果就越容易为人们所接受，自然也就容易执行和实现。

2. 评价计划的结构完整程度

计划的结构是指计划的覆盖面、涉及的时间跨度、责任的明确性和控制特性等。评价一个计划的结构完整程度首先要看其是否全面。这里的全面包括两层含义，一是计划对组织活动所涉及的重大方面是否都纳入了。二是计划对所涉及的问题是否都提出了解决方案。评价计划结构完整程度的第二个指标是计划的时间幅度，即完成计划的明确时间。评价计划完整程度的第三个指标是计划的分工明晰程度，计划必须落实到组织中各个成员的头上。完整的计划必须明确每一个部门、每一个员工的职责。评价计划完整程度的第四个指标是计划的控制操作程度，如提出的指标是否适用、是否可操作。

3. 评价计划的灵活性程度

计划要保持一定的稳定性。但由于外界环境的变动，内部条件的变化，计划不可避免地要进行修改，制订计划应考虑到这一点。所以，计划的灵活性程度是对计划进行程序性评价的重要指标。计划灵活性评价主要看：计划是否提出了预备方案；当实施方案不可实施时，其他各类方案的可行性；不同计划的衔接协调程度。

（二）计划的经济效果评价

计划的经济效果评价指对计划实施后的效果的评价。它包括两个方面：一是计划执行前对计划方案实施结果的估计，即通过各种分析手段进行预先分析；二是在计划实际执行之后，将结果与计划进行比较。运用这个方法对计划进行评价是基于如下两个假设：任何组织都以效用最大化为行为原则，都必须从一定量的投入中获得最大的产出，即使这个组织不是经济组织也不例外。经济学的原理和方法应该是可以应用并转化为管理的原则和方法的，组织的投入产出行为以一定的货币为标准度量是可能的。关于计划执行结果评价的程序和方法，在一定程度上也就是决策的评价过程。

第四节 计划技术与方法

把战略性计划所确定的目标在时间和空间两个维度展开，具体地规定了组织的各个部门从目前到未来的各个较短的时期阶段，特别是最近的时段中应该从事何种活动，从事该种活动应该达到何种要求，因而为各组织成员在近期内的行动提供了依据。实践中计划的组织实施行之有效的方法主要有目标管理法、甘特图、滚动计划法和网络计划技术等。除了目标管理法在下一节重点介绍外，本节将对其他的方法逐一介绍。

一、甘特图

甘特图是在20世纪初期由亨利·甘特(泰罗的合作者)开发的。它是一种样条图，带有横向的时间坐标和纵向的活动坐标，样条表示在整个期间上的产出，包括计划的和实际的。它直观地表明什么时候任务应该开始进行，并与实际的过程进行比较。它使管理者能够很容易地搞清什么活动已经在进行，以及评估哪些活动提前完成了、可能推迟或按进度正在进行。图6-2所示的甘特图是某出版商的活动计划进程图。

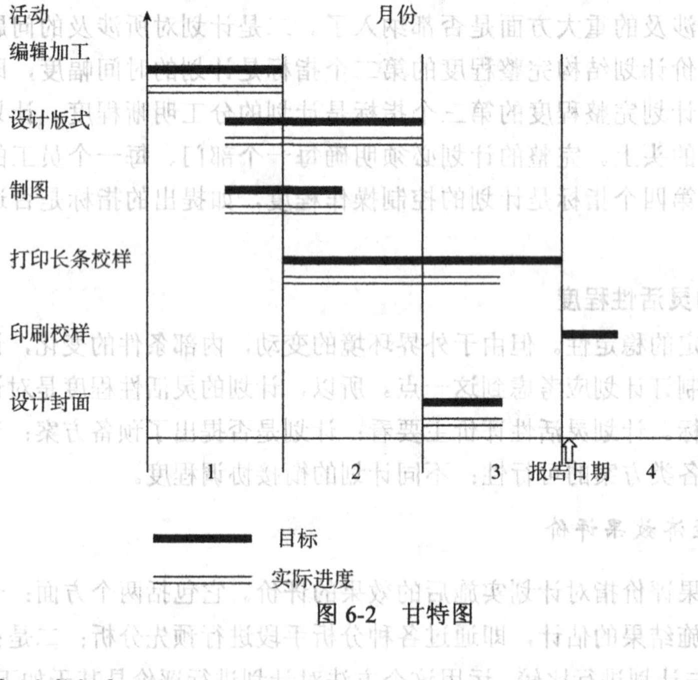

图6-2 甘特图

二、滚动计划法

滚动计划法是一种定期修订未来计划的方法。这种方法是在每次编制修订计划时，要根据前期计划执行情况和客观条件变化，将计划期向未来延伸一段时间，使计划不断向前滚动、延伸，故称滚动计划法。

(一) 滚动计划法的基本思想

这种方法根据计划的执行情况和环境变化情况定期修订未来的计划，并逐期向前推移，使短期计划、中期计划和长期计划有机地结合起来。由于在计划工作中很难准确地预测将来影响企业经营所面临的经济、政治、文化、技术、产业、顾客等各种变化因素，而且随着计划期的延长，这种不确定性就越来越大。因此，若机械地按几年以前的计划实施，或机械地、静态地执行战略性计划，则可能导致巨大的错误和损失。滚动计划法可以避免这种不确定性可能带来的不良后果。具体做法是用近细远粗的办法制订计划，如图 6-3 所示。

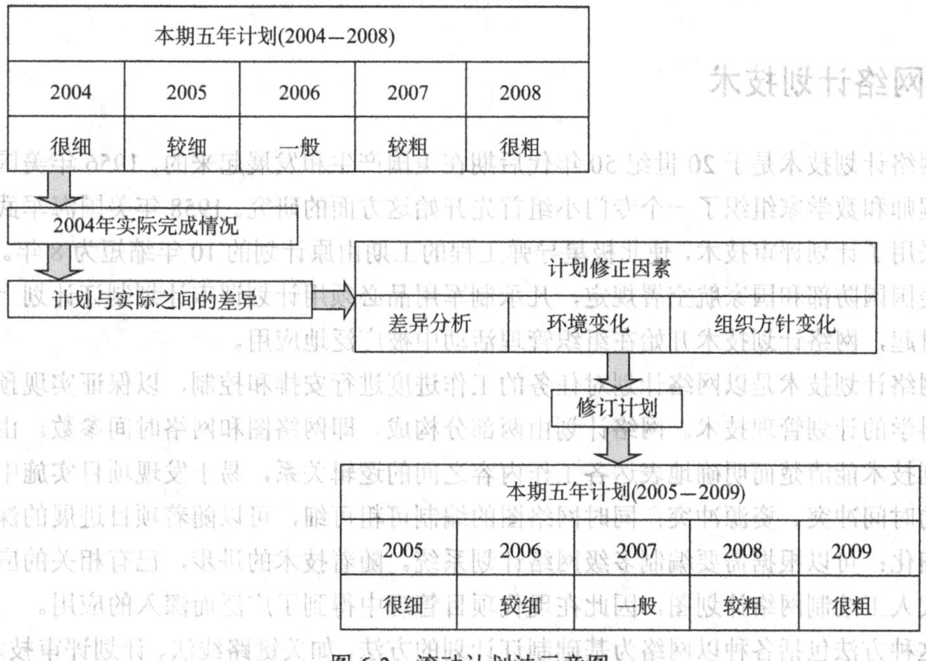

图 6-3 滚动计划法示意图

由图 6-3 可以看出，在计划期的第一阶段结束时，要根据该阶段计划的实际执行情况和内外部有关因素的变化情况，对原计划进行修订，并根据同样的原则逐期滚动。每次修订都使整个计划向前滚动一个阶段。

滚动计划法的特点如下。

(1) 计划期分为若干个执行期，近期计划内容一般制订得详细、具体，是计划的具体实施部分，具有指令性；远期的内容则较笼统，是计划的准备实施部分，具有指导性。

(2) 计划在执行一段时间后，要对以后各期计划内容做适当修改、调整，并向未来延续一个新的执行期。

(二) 滚动计划法的评价

滚动计划法的应用虽然使得计划编制和实施工作的任务量加大，但是由于现代计算技术的发展，几乎可以忽略它的不便，使其优点更突出，主要体现在：

(1) 滚动计划法可使计划与实际紧密结合，提高计划的准确性，更好地发挥计划的指导作用，并使战略性计划的实施更加切合实际。由于人们无法对未来的环境变化做出准确的估计和判断，所以计划针对的时期越长，不准确性就越大，其实施难度也越大。滚动计划相对缩短了计划时期，加大计划的准确和可操作性，从而是实施战略性计划的有效方法。

(2) 滚动计划法使长期计划、中期计划、短期计划有机结合，从而使计划与不断变化的环境因素相协调，使各期计划在调整中相互衔接。同时保证了即使由于环境变化出现某些不平衡时也能及时地进行调节，使各期计划基本保持一致。

(3) 滚动计划法具有相当的弹性，可以有效规避风险，适应竞争需要，提高组织应变力。

三、网络计划技术

网络计划技术是于20世纪50年代后期在美国产生和发展起来的。1956年美国的一些工程师和数学家组织了一个专门小组首先开始这方面的研究。1958年美国海军武器计划处采用了计划评审技术，使北极星导弹工程的工期由原计划的10年缩短为8年。1961年，美国国防部和国家航空署规定，凡承制军用品必须用计划评审计划制订计划上报。从那时起，网络计划技术开始在组织管理活动中被广泛地应用。

网络计划技术是以网络计划对任务的工作进度进行安排和控制，以保证实现预定目标的科学的计划管理技术。网络计划由两部分构成，即网络图和网络时间参数。由于网络计划技术能清楚而明确地表达各工作内容之间的逻辑关系，易于发现项目实施中经常出现的时间冲突、资源冲突；同时网络图的编制可粗可细，可以随着项目进展的深入而不断细化；可以根据需要编制多级网络计划系统。随着技术的进步，已有相关的应用软件替代人工绘制网络计划图，因此在现代项目管理中得到了广泛而深入的应用。

这种方法包括各种以网络为基础制订计划的方法，如关键路线法、计划评审技术等。CPM(Critical Path Method，关键路线法)主要分析研究工程费用与工期的相互关系，并找出在编制计划时及计划执行过程中的关键路线，多应用于以往在类似工程中已取得一定经验的承包工程。PERT(Program Evaluation and Review Technique，计划评审技术)注重于对各项工作安排的评价和审查，多应用于研究与开发项目。本书主要介绍网络计划技术中的关键路线法。

(一) 网络计划技术的基本步骤

网络计划技术的原理，是把一项工作或项目分成各种作业，然后根据作业顺序进行排列，通过网络图对整个工作或项目进行统筹规划和控制，以便用最少的人力、物力、财力资源，用最短的时间完成工作。利用网络计划技术制订计划，主要包括三个阶段：分解任务，绘制网络图，寻找关键路线。网络计划技术的基本步骤如图6-4所示。

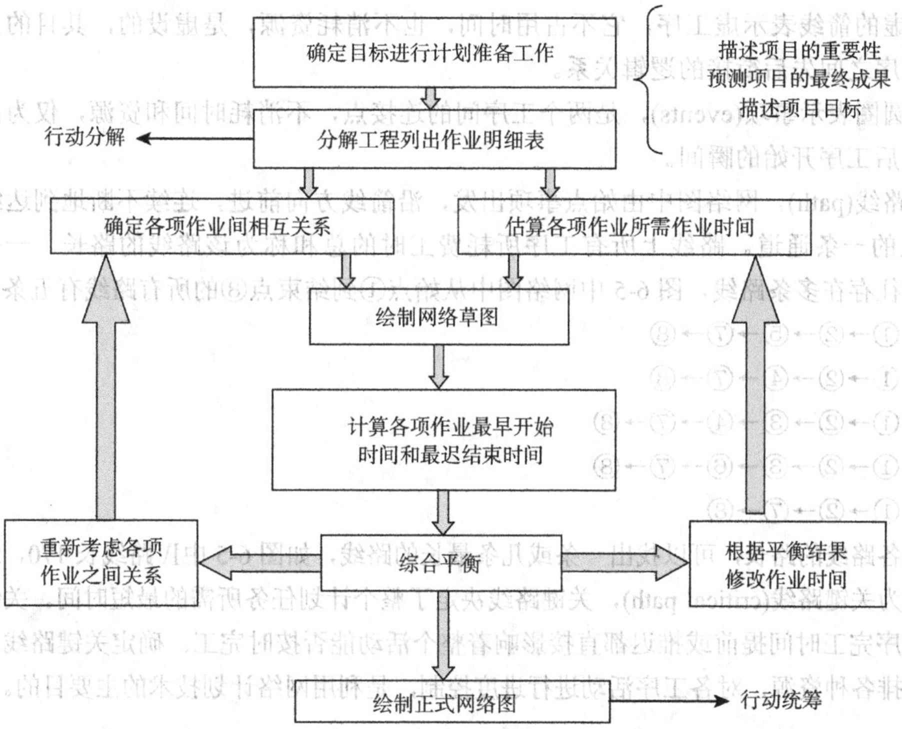

图 6-4　网络计划技术的基本步骤

(二)网络图

网络图是网络计划技术的基础。任何一项任务都可以分解成许多步骤的工作，根据这些工作在时间上的衔接关系，用箭线表示它们的先后顺序，画出一个由各项工作相互联系、并注明所需时间的箭线图，这个箭线图就称作网络图。图 6-5 所示是一个简单的网络图形。

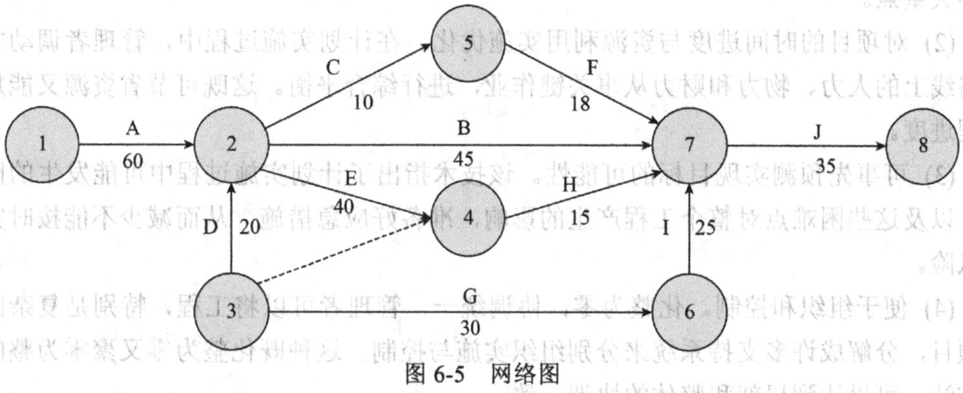

图 6-5　网络图

图 6-5 所示网络图的构成要素所代表含义如下：

(1) 箭头表示工序(活动，activities)，是一项工作的过程，有人力、物力参加，经过一段时间才能完成。

(2) 虚的箭线表示虚工序，它不占用时间，也不消耗资源，是虚设的，其目的是正确表明工序之间先后衔接的逻辑关系。

(3) 圆圈表示事项(events)，是两个工序间的连接点，不消耗时间和资源，仅为前工序结束、后工序开始的瞬间。

(4) 路线(path)，网络图中由始点事项出发，沿箭线方向前进，连续不断地到达终点事项为止的一条通道。路线上所有工序所耗费工时的总和称为该路线的路长。一个网络图中往往存在多条路线，图 6-5 中网络图中从始点①到结束点⑧的所有路线有五条，即

Ⅰ：①→②→⑤→⑦→⑧

Ⅱ：①→②→④→⑦→⑧

Ⅲ：①→②→③→④→⑦→⑧

Ⅳ：①→②→③→⑥→⑦→⑧

Ⅴ：①→②→⑦→⑧

比较各路线的路长，可以找出一条或几条最长的路线，如图 6-5 中Ⅳ路线长 170，这种路线被称为关键路线(critical path)，关键路线决定了整个计划任务所需的最短时间。关键路线上各工序完工时间提前或推迟都直接影响着整个活动能否按时完工。确定关键路线，可以合理安排各种资源，对各工序活动进行进度控制，是利用网络计划技术的主要目的。

(三) 网络计划技术的评价

网络计划技术往往需要大量烦琐的计算，但随着计算机的广泛应用，这样烦琐的工作多由计算机来完成。该技术能够广泛应用主要是它本身具有一系列的优点，主要体现在：

(1) 该技术能把整个项目的各个项目的时间顺序和相互关系清晰表明出来，并指出了完成任务的关键环节和路线。因此，管理者在制订计划时可以统筹安排，全面考虑，又不失重点。

(2) 对项目的时间进度与资源利用实施优化。在计划实施过程中，管理者调动非关键路线上的人力、物力和财力从事关键作业，进行综合平衡。这既可节省资源又能加快工程进度。

(3) 可事先预测实现目标的可能性。该技术指出了计划实施过程中可能发生的困难点，以及这些困难点对整个工程产生的影响，准备好应急措施，从而减少不能按时完工的风险。

(4) 便于组织和控制。化整为零，协调统一，管理者可以将工程，特别是复杂的大型项目，分解成许多支持系统来分别组织实施与控制。这种既化整为零又聚零为整的管理方法，可以达到局部和整体的协调一致。

(5) 易于操作，并具有广泛的应用范围，适用于各行各业。

第五节 目标管理

当一个组织的最高层管理者确定了组织的宗旨，这个宗旨怎样才能变成组织的目标？整个组织的目标怎样才能变成各个部门及各个人的分目标？解决这些问题的一种较新的方法就是目标管理。

一、目标的概念与特点

(一) 目标的概念

任何一个组织要想生存，都要有一定的任务和使命，即组织的目标。目标是一个组织根据其任务和目的确定在未来一定时期内所要达到的最终结果。目标管理是美国管理学家彼得·德鲁克提出的。对于组织管理来说，目标是管理行动的出发点，是组织内部各项管理活动的依据；同时目标又是管理行动的归宿，是判断一个组织管理有效性和合理性的标准。

(二)目标的特点

1. 目标的层次性

管理组织是分等级、分层次的，因而管理的目标也是分等级、分层次的，目标的层次性与组织的层次性密切相关。一个组织的总目标确定之后，就要围绕着总目标依次确定下级各个分目标、子目标，从而形成一个有层次的目标管理体系。

2. 目标的网络性

如果说目标的层次性是从组织的整体观来考察组织目标的话，那么，目标的网络性则是从某一具体目标的实施规划的整体协调方面来进行工作。网络表示研究对象之间的相互关系，组织中各类、各级目标不是相互孤立的，而是相互联结、相互支持的。一个组织的目标通常是通过各种活动的相互联系、相互促进来实现的，各等级、各层次的目标之间彼此左右关联、上下贯通，形成一个整体的目标网络。组织内各目标之间只有彼此相互协调，才能保证组织目标的实现。

3. 目标的多样性

组织的主要目标是多种多样的，同时在目标层次体系中的每个层次的具体目标也可能是多种多样的，目标的多样性是组织为更好地适应环境变化所必需的。但值得注意的是，目标并非越多越好，过多的目标会使管理人员应接不暇而顾此失彼。因此，应该尽量减少目标的数量，必须对各目标的相对重要程度进行区分，突出主要目标，以免因过于注重小目标而有损于主要目标的实现。

4. 目标的时间性

目标是一定时期内所要达到的预期结果，因而目标是有时间性的。从时间上可以将目标划分为长期目标、中期目标和短期目标，组织内层次越高，目标越抽象，目标的时间跨度就越长。但有时短期目标的实现并不能保证长期目标的实现；反之，有时为了长远利益又不得不牺牲眼前利益。因此，管理者要注意目标在时间上的衔接，使各时期的目标协调一致。

5. 目标的可考核性

组织完成业绩的好坏是通过目标的实现来衡量的，因而目标是能够考核的。目标考核的途径是将目标量化，但不是所有的目标都适宜定量考核，主管人员在组织中的地位越高，定性目标就可能越多。总之，目标必须具体，便于考核，否则就失去了存在的意义。

二、目标管理的概念与特点

（一）目标管理的概念

目标管理创始于20世纪50年代的美国，是以泰罗的科学管理和行为科学理论为基础形成的一套管理制度。1954年，德鲁克在《管理的实践》一书中首先提出了"目标管理和自我控制的理论"，并对目标管理的原理做了较全面的概括。我国企业于20世纪80年代初开始引进目标管理。

目标管理的概念可以概括为：组织的最高领导层与各级管理人员共同参与制定出一定时期内经营活动所要达到的各项工作目标，然后层层落实，要求下属各部门主管人员以至每个员工根据上级制定的目标制定出自己工作的目标和相应的保证措施，形成一个目标体系，并把目标完成情况作为各部门或个人考核依据的一套管理方法。

（二）目标管理的特点

1. 目标管理强调以目标网络为基础的系统管理

目标管理首先由管理层确定一定时期的总目标，然后对总目标进行分解，层层下达，逐级展开，形成不同层次、不同要求的多个目标。这些目标之间相互关联、相互支持，形成整体的目标网络系统，从而保证组织目标的整体性和一致性。

2. 目标管理强调"自我控制"

目标管理既重视科学管理，又重视人的因素。目标管理认为，员工是愿意负责的，愿意在工作中发挥自己的聪明才智和创造力。如果我们控制的对象是一个社会组织中的"人"，则必须通过对动机的控制来实现对行为的控制。目标管理的主旨是用"自我控制管理"代替"压制性的管理"，这种"自我控制"可以激励员工尽自己最大的努力把工作做好。

3. 目标管理促使权力下放

目标管理的网络化将目标层层分解下达，这就要求各级管理人员要明确自己的管理目标和管理责任。上级要根据目标的需要，授予下级部门和个人相应的权力，才能激励下级部门和个人充分发挥自己的聪明才智，保证目标的顺利实现。因此，授权是提高目标管理效果的关键，推行目标管理，可以促使权力下放。

4. 目标管理注重成果

德鲁克强调，凡是其业绩影响企业组织健康成长的所有方面，都必须建立目标。由于目标管理有一套完整的目标考核体系，能够对组织成员中的实际贡献和业绩大小进行评价，从而克服了以往凭印象、主观判断等传统管理方式的不足。

三、目标管理的基本过程

由于各个组织活动的性质不同，目标管理的步骤可以不完全一样。目标管理体系如图 6-6 所示，一般来说，可以分为以下四步。

1. 建立一套完整的目标体系

实行目标管理，首先要建立一套完整的目标体系。这项工作总是从企业的最高主管部门开始的，然后由上而下地逐级确定目标。上下级的目标之间通常是一种“目的—手段”的关系；某一级的目标，需要用一定的手段来实现，这些手段就成为下一级的次目标，按级顺推下去，直到作业层的作业目标，从而构成一种锁链式的目标体系。

2. 制定目标

制定目标的工作如同所有其他计划工作一样，需要事先拟定和宣传前提条件，即计划的指导方针。如果指导方针不明确，下级主管人员会无法制定出合理的目标。此外，制定目标应当采取协商的方式，应当鼓励下级主管人员根据基本方针拟定自己的目标，然后由上级批准。

3. 组织实施

目标既定，主管人员应放手把权力交给下级成员，而自己去抓重点的综合性管理。完成目标主要靠执行者的自我控制。如果在明确目标之后，作为上级主管人员还像从前那样事必躬亲，便违背了目标管理的主旨，不能获得目标管理的效果。当然，这并不是说，上级在确定目标后就可以撒手不管了。上级的管理应主要表现在指导、协助、提出问题，提供情报及创造良好的工作环境方面。

4. 检查和评价

对各级目标的完成情况，要事先规定好期限，定期进行检查。检查的方法可灵活地采用自检、互检和责成专门的部门进行检查。检查的依据是事先确定的目标。对于最终结果，应当根据目标进行评价，并根据评价结果进行奖罚。经过评价，使得目标管理进入下一轮循环过程。

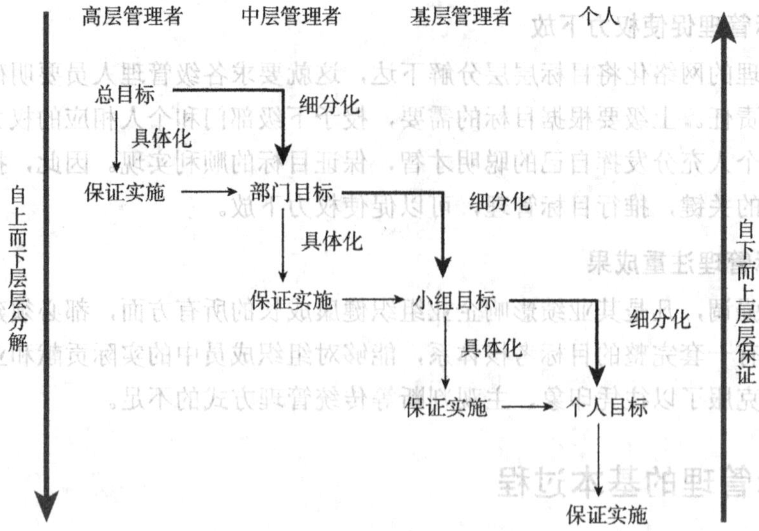

图 6-6 目标管理体系示意图

四、目标管理的注意事项

(一) 目标的细分化

目标管理的核心是分解目标和落实目标。组织的总目标必须层层分解，分层落实。分解目标要做到：

(1) 子目标必须是清晰、具体的，可考核的。

(2) 分解之后的子目标应是相互协调的，在执行过程中尽可能减少部门冲突和突出部门利益。

(3) 分解出来的目标应有对应的部门，每一个目标都要落实下去，原则是每个人都应有目标，每一个人都能明确自己应当做什么，应当达到什么标准和水平。

(二) 考核和激励

目标细分并不能保证目标必然实现，严格的考核、激励是必不可少的。在认真考核的基础上，对完成任务出色的员工给予物质或精神的奖励，会鼓励职工更好地去执行计划，实现分解到自己名下的目标；同理，对完成任务差的职工给予必要的行政或经济处罚，也是目标管理中必须采用的方法。

(三) 授权

目标即责任，履行责任需要有相应的权力。在目标管理中，任务下达到各个部门的同时，应下放完成任务所需要的权力。下放权力也就是分权，但它与组织理论中的分权不完全相同。由于建立组织结构是一项长期性的工作，与此相对应的分权一旦形成就具有相当的稳定性。而在目标管理中，任务期限一般都比较短暂，所以这里下放的权力都不具有长期性。即任务完成，权力就可以收回，除非有新的任务下达。也可以说，在组织理论中所讨论的分权主要是指基本决策权的划分。而这里的下放权力，除了包括那些基本决策权之外，还包括一些临时性权力的下放。

(四) 注重协调

目标任务分解到各部门、各层次之后，组织的管理者，特别是高层管理者切勿产生万事大吉，可以高枕无忧的思想。目标分解之后，管理者的主要工作就是协调工作。目标分解有利于明确各部门、各层次的责任，调动它们的积极性，同时也会带来协作难度增大的困难。因为明确部门责任之后，在本位主义思想支配下，各部门往往会将部门利益放在全局利益之上。做好协调工作此时就显得格外重要。

五、目标管理的局限性

目标管理不仅是一种计划方法，而且是一种管理思想，体现分权、民主、参与式管理的理念。但是在实际运用时，存在一些局限性。

1. 对目标管理的原理和方法阐明得不够

目标管理看起来简单，但要把它有效地付诸实施，则尚需各级主管人员对它有详尽的了解和认识。这需要对目标管理的整个体系做耐心的解释工作，说明目标管理是什么；它怎样发挥作用；为什么要这样做；它在评价管理工作成效时起些什么作用；参与目标管理的人能得到什么好处等。

2. 给予目标制定者的指导不够

目标管理和其他各种计划工作一样，如果那些拟订目标的各级主管人员得不到必要的指导方针，不了解计划工作的前提条件和企业的基本战略和政策，那么他们就无法制定出正确的目标，也就无法发挥目标管理的作用。

3. 目标难以确定

一方面可考核的目标是难以确定的；另一方面使同一级主管人员的目标都具有正常的“紧张”和“费力”程度更是困难的，而这两个问题恰是使目标管理取得成效的关键。这为目标管理的有效实施设置了难以逾越的障碍。

4. 目标一般是短期的

几乎在所有实行目标管理的组织中，所确定的目标一般都是短期的，很少超过一年，常常是一季度或更短。强调短期目标的弊病是显而易见的，因此，为防止短期目标所导致的短期行为，上级主管人员必须从长期目标的角度提出总目标和制定目标的指导方针。

5. 不灵活的危险

目标管理要取得成效，就必须保持其明确性和肯定性，如果目标经常改变，就难以说明它是经过深思熟虑和周密计划的结果，这样的目标是没有意义的。但是，计划是面向未来的，而未来存在许多不确定因素，这又使得必须根据已经变化的计划工作前提对目标进行修正。然而，修订一个目标体系与制定一个目标体系所花费的精力相差无几，结果可能迫使主管人员不得不中途停止目标管理的过程。

第六节 小 结

本章首先讨论了计划的基本内涵及其作用。计划既是决策所确定的组织在未来一定时期内的行动目标和方式在时间和空间的进一步展开，又是组织、领导、控制和创新等管理活动的基础。其次，计划的分类一般可根据计划涉及的两个维度进行，即广度(战略性相对于战术性)、时间跨度(长期相对于短期)和明确性(指导性相对于具体性)。再次，计划编制本身也是一个过程。为了保证编制的计划合理，能实现组织的决策，计划编制必须采用科学的方法。最后，介绍组织实施计划的方法主要有目标管理法、滚动计划法、甘特图和网络计划技术。滚动计划法是一种定期修订未来计划的方法。网络计划技术的原理是把一项工作或项目分成各种作业，然后根据作业顺序进行排列，通过网络图对整个工作或项目进行统筹规划和控制，以便用最少的人力、物力、财力资源，用最快的速度完成工作。

【关键概念】

计划(plan or planning)
战略计划(strategic plan)
作业计划(operational plan)
短期计划(short-term plan)
长期计划(long plan)
具体计划(specific plan)
指导计划(directional p1an)
头脑风暴法(brainstorming)
计划评审技术(program evaluation and review technology)
关键线路法(critical path method)

第七节 复习思考题

1. 简答题

(1) 简述计划的概念及其性质。
(2) 理解计划的类型及其作用。
(3) 计划编制工作包括哪些典型的步骤？
(4) 什么是滚动计划法？有何基本特点？
(5) 简述网络计划技术的基本原理。
(6) 目标的设置应符合哪些特点？何谓目标管理？

2. 案例分析

迷失的人人网

那年它还叫校内网，犹如一阵清新的风，从清华吹向全国各地，开创了国内大学生社交网站的历史。

而如今，它已变成人人网，随着微信和微博的崛起，它逐渐从人们的视线中消失，也在多样化市场竞争的纷争下迷失了自己的方向。

作为人人网前身的校内网，早期曾是校园版的 MySpace，是学生社交圈子和校园文化的基地，从清华园卷起的狂风短短的几个月便吹遍全国各大高校。但由于考虑到校园社交太过于垂直细分，想象空间太小，因此后来校内网被改名为人人网，人人网董事长想冲破校园篱笆，抓住社会群体。但如此一来，却冲到了微信与微博的领地上来。这一决策无疑是失败的，成为人人网最终走向衰弱的重要导火索。2013 年人人网曾想重返校园，但为时已晚，曾经的用户都已经流失了。

这一决策失败的直接结果就是人人网变成了四不像，无法再专注于大学生这个领域，同时也无法获得更多的白领用户，处于一个比较尴尬的境地。一来使得老用户生命周期变短：得不到职场用户，那也就意味着大学生毕业后接触的很多同事没有“人人”，与同事无法在“人人”交流，那么必定需要新的平台，微博便担当起这个角色，所以人人网用户的可持续性不强，毕业后用户转战到别的平台成为普遍的现象。二来让新用户有所迷惑，可能直接选择微博等替代物。目前人人网虽然实际上还是大学生用户居多，但它的定位并不仅仅针对大学生领域，功能也没有针对大学生进行优化，在很多人眼中微博跟“人人”都是联系同学、获取知识的平台，“人人”并没有针对大学生的专业性，而微博信息多、有名人，所以人们直接选微博的可能性是非常大的。这样老用户流失的同时新用户不进来，人人网没有办法陪老用户“成长”，也没有办法满足新用户的需求，想转变又没有足够能力，举步维艰。

从“校内”到“人人”的这种转变，表面上看仅两字之差，但实际上却是根本性的改变。“校内”这个特色鲜明的“核心价值观”被放弃，“大学生”的归属感瞬间消失，可以说，正是这种核心价值观的改变给人人网带来了灾难性打击！

(资料来源：王宇飞. 人人网——正在下沉的巨轮[EB/OL]. http://www.cnii.com.cn/internetnews/2013-03/19/content_1112347.htm，2013-03-19.)

【思考题】

假如你是决策者，对于校内网的未来发展，你会做出什么规划？

3. 管理实战

建一座教堂

【形式】集体参与

【时间】20 分钟

【材料】无

【场地】不限

【应用】团队意识培养

【目的】

让所有团队在一天天地完成每个任务的同时，提高时刻将最终目标放在首位重要性的注意程度。

【程序】

➢ 先讲述下面的故事：

一个人经过一个工地，看到三个砖匠。他走到第一个砖匠面前问他："你在做什么？"砖匠回答说："我在谋生。"然后他问第二个砖匠同样的问题，第二砖匠回答说："我在砌砖。"他同样问了第三个砖匠，第三个砖匠回答说："我在建一座教堂。"

➢ 再进行问题讨论：

(1) 你认为三个砖匠的工作态度有什么不同？如果你在完成一项典型任务的时候，被问到"你在做什么"这个问题时，你怎么回答呢？提示：你可以让每个成员先写下他或她的回答，然后让整个团队成员来一起研究。

(2) 你们的回答有什么地方相似？如果你想回答"我在建一座教堂"，那你会怎么说呢？

【总结与评估】

表现良好的团队成员在一天天地完成任务的时候总是专注于更美好的前景，这有助于他们分清优先等级以便做出最好的决定，这也有助于他们自我激励。这个活动能用来加强团队成员保持远见的能力，可作为一个对团队远见发展的介绍，或者放在重新聚焦部分。

第七章

组织设计与变革

当人们来到一个组织进行各种业务活动的时候，总要找与业务相对应的部门来完成他的业务，而这些业务通常要通过几个业务相关的部门和人员才能完成。许多企业的业务相同，但业务管理部门和岗位关系却不尽相同。每个组织都有自己的部门、岗位和人员，但每个组织处理业务的绩效和效率却有着很大的不同。造成这样结果的原因很多，组织设计就是其中一个非常重要的原因。设计好一个组织是管理者重要的任务，也是管理的重要职能。

【学习目的与要求】

- 熟悉组织设计的概念、原则和影响因素
- 掌握组织设计的任务
- 掌握组织设计部门化的标准及其特征
- 熟悉组织权力的配置
- 了解公司组织形式及其优缺点
- 掌握组织变革的原因和内容
- 了解组织变革的过程和程序
- 熟悉组织变革的阻力及其管理

【引例】

易迅网的组织架构调整

易迅网是由上海易迅电子商务发展有限公司于2006年创建的3C数码领域专业电商平台。2010年，易迅获腾讯投资并与腾讯电商进行了优势资源互补整合。

自此，易迅网大踏步地开始了全国化的布局，以上海、深圳、北京、重庆、西安、武汉等核心城市为中心进行区域市场的拓展和仓储物流中心的建设，初步成为一家服务能力可以覆盖全国的大型购物网站。在激烈的行业竞争中，易迅网保持了行业最快增长，不断赢得了消费者的赞誉和口碑。从2012年起，行业竞争已经进入最后决赛阶段，2～3年内行业格局将基本成型，易迅将迎来最后一波发展机遇，同时也将面对更大挑战。为更好地迎接挑战，易迅网除了继续保持物流体验和低价口碑的核心竞争能力之外，还对其组织架构进行了调整，分别成立了三个本部和一个委员会。

1. 电商经营本部

作为腾讯电商旗下自营业务电商平台，易迅肩负着“以自营创造用户口碑，良性拉动开放平台和其他非实物业务”的战略定位。为巩固公司优势品类、拓展新品类、提升公司品类经营能力、打造易迅自营口碑，易迅成立了电商经营本部。

电商经营本部下设四个品类事业部，分别是手机通信、家电、3C数码及日用百货；横向上，还成立了包括研发、运营、市场、综合管理、供应链、客服等多个支持中心。

2. 物流本部

对电商企业而言，建立高标准、低成本的物流体系对提升用户体验、降低成本具有重要意义。易迅网在上海、成都、济南等地建设了10余个仓储配送基地，并推行“闪电送”服务，在仓库基地周边的重要城市实施一日多送的配送服务。与此同时，积极与第三方物流合作，为全国1000个城市的消费者提供货到付款服务。

3. 企业发展本部

企业发展本部的成立主要有两方面的使命。一是负责新业务孵化和预研工作，为企业长远发展储备力量；二是整合公司电商资源，构筑差异化竞争优势。企业发展本部的成立有利于推动新业务的开发及应用，达到提升用户体验、增加市场份额的目的。

4. 新区管理委员会

为进一步拓展市场，易迅对于“不太成熟的大区”成立了新区管理委员会，由公司高层担任委员。新成立的大区可直接向委员会汇报，这有利于更快、更灵活地决策。新区管理委员会有利于更好地支撑易迅进行全国化布局，加速其全国化布局的进程。

除以上变革外，易迅网仍沿用HR与管理平台、IT信息中心、财经管理平台等职能部门，对业务发展提供有力支持。新的组织结构分工更明确，部门的整合关联性更强，有利于提升易迅业务协调能力及组织决策能力，推动其全国化布局进程。

(资料来源：卜广齐. 易迅宣布调整组织架构：电商业进入最后决赛阶段[EB/OL]. http://tech.163.com/13/0304/19/ 8P578FU1000915BF.html，2013-03-04.)

第一节　组织结构设计

组织是一个复杂的、开放性的系统。进行组织设计时，必须着眼于这个组织的整体性、系统性和一般性，同时又要考虑到各个不同企业间的差异性。任何照搬、抄袭其他企业的组织条文和方式，就等于放弃了自己特定组织及其环境的特殊性，没有特色的组织不是一个卓越的组织。

一、组织设计

所谓组织设计是建立或改造一个组织的过程，即对组织活动、组织结构和组织岗位的设计和再设计，把任务、权力和责任进行有效组合和协调的活动过程。通过组织设计，为组织中的全体人员确定工作职责并协调其工作，以期在达成企业经营目标的过程中获得最佳的工作绩效。

在现实情况下，可能有以下三种情况需要进行组织设计。

(1) 新设立的企业。

(2) 原有组织出现较大的问题或企业的目标发生变化，例如，当环境发生重大变化后，对原有企业组织需重新设计。

(3) 组织需进行局部的调整和完善，例如，人员的变化或局部目标的变化需要对组织结构进行局部调整。

这三种情况虽不相同，但组织设计的内涵和基本程序是一致的。

一切组织的形式都是随组织的目标而确定的，是达到企业目标的手段。当企业的内外部环境发生变化时，企业的组织都面临着重新设计的问题，更不用说新创建的企业组织了。因此，组织设计是每一个企业迟早会面临的问题。组织设计是一个动态的工作过程，包括组织结构设计和组织岗位设计两部分重要内容。

二、组织设计的任务

组织设计的任务是设计清晰的组织结构，规划和设计组织中各部门的职能和职权，并编制职务说明书。

(一) 组织结构

在一个企业里，任何一级管理者都要将他所负责的工作分解成若干个较小单元，以便分配给不同的人员去完成。总经理将企业工作分解到生产管理、财务管理、技术管理等职能部门，交给各主管副总经理和部门经理来完成；生产管理部门的经理又将工作进一步细分解为生产计划、生产调度、现场管理等，交给各职能科长和车间主任来完成；科长和车间主任又继续将工作细分下去……这样的程序一步步进行下去，直到企业的全部工作被分解为许许多多的小项目，这些小项目能够由某一个人员单独承担完成。工作分解后，企业形成了不同的管理层次，有处、科、室、车间、工段、班组等；形成了不同的管理部门，有计划处、生产处、销售处等。这种对管理层次的确定和对部门的划分及相应的职能、职责、职权等配置问题，就是组织结构问题。

组织结构是指组织的基本架构，是对完成组织目标的人员、工作、技术和信息所作的制度性安排。

组织结构设计就是将组织的目标或任务分解成为组织内部各个分支机构或部门的工作，并将这些分工关联起来形成有效的工作。组织结构图是组织结构设计的结果，它描述了组织内部的部门设置和层次情况，明确了组织内部的分工和部门之间的关系。图 7-1 所示就是一个组织结构图。

图 7-1 中的方框表示各种管理职务或相应的部门，箭线表示不同职权的指向。通过直线将各方框进行连接，虽然没有显示出各种职权与职责的具体内容以及哪个部门最为重要，但该图清晰地描述了组织内正式职位系统的决策层级和联系网络，同时也表明了各种管理职务或各个部门在组织结构中的地位及其它们之间的相互关系。

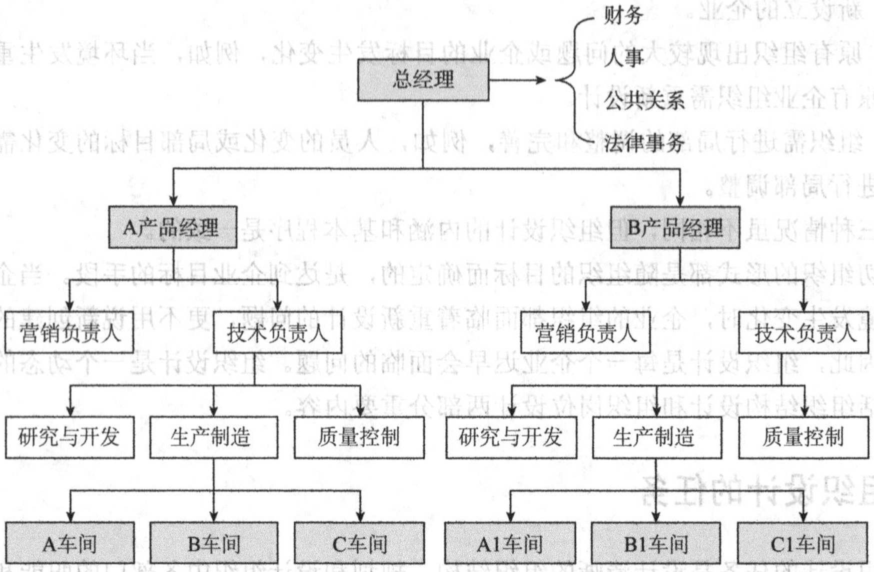

图 7-1　组织结构图

从图 7-1 中可以看出，组织的活动可以分解为横向和纵向两种结构形式。横向，将组织活动分解成不同的岗位和部门，即确定了每一个部门的基本职能，每一位主管的职权范围、部门划分的标准及部门之间的工作关系；纵向，根据管理幅度确定决策的层级及其管理人员的职责和权限，即确定了由上到下的指挥链及链上每一级的权责关系，并且这种关系具有明确的方向性和连续性。

（二）职位设计

职位设计的结果是给出与组织结构图相对应的职位说明书。职位说明书要求能简单而明确地指出：该管理职位的工作内容、职责与权力，该职位在组织中与其他职务之间的区别与联系，职位人员具备的专业背景、知识结构、工作经验、管理能力等基本条件。

职位也称岗位，它是有限的同类工作的组合，如财务部经理及财务部中的会计、出纳等都是岗位。我们可以从组织结构中了解和掌握岗位的设置，如图 7-1 组织结构图中清晰地表明了组织中的各职位。

岗位设计又称为工作设计，是指根据组织需要，并兼顾个人的需要，规定某个岗位的任务、职责、职权及在组织中与其他岗位关系的过程。

每当管理者在分配工作任务、发出工作指令、检查工作进行的情况时，都涉及岗位设计的内容。因为管理者总是在自觉或不自觉地改变下属的工作，这种改变是通过策划、设计各种工作结构，激发员工的内在积极性实现的。

没有一种工作本身是乏味的。工作能否吸引人，取决于员工在该组织中的体验，以及对个人需求所能得到的满足程度。

岗位设计的目的是为员工创造一个能够发挥自身能力，提高工作效率的环境。高素质的员工对工作有更多的期望和追求，通过有意义的工作来激励员工满足员工的需求，由此而产生的激励会更持久、更经济、更有效。管理者要善于运用岗位设计的思想和措施有效地激励员工。

在岗位设计时我们应遵循以下原则。

1. “以任务为导向”和“以人为导向”的原则

组织是由分支机构、部门和职位组成的，但最终是由人组成的。现代企业组织结构设计中在体现“以任务为导向”的同时，兼顾了“以人为导向”的设计原则。

传统的组织理论中，组织是“以任务为导向”设计的，要求岗位任务的总和要能保证组织任务的完成，因此，每一个岗位都要承担相应的组织任务，岗位的设置也是组织任务分解的结果。随着企业的发展和对人才需求的增长，“以人为导向”的组织设计更有利于对人才的吸引和培养。

“以任务为导向”是“以岗定人”，“以人为导向”是“以人定岗”。“以岗定人”是选择合适的人，放在合适的岗位上来完成任务，它是“因事找人”。这种原则适应于一般性工作岗位的设置和一般性人才的选用。如财务、会计等常规性工作，谁来做这项工作都要按照同样的财务和会计规则来办理，并且具有财务和会计技能的人员较多，相互替代性较强，这类岗位就可以采用“以岗定人”。

“以人定岗”是给特殊的人以特殊的岗位，它是“因人找事”。这种原则适应于特殊性人才的留用和特殊性工作岗位的设置。这种特殊性人才属稀缺性人才，人员替代性不强，不可能或较少有人能替代他们和他们的工作。我们要为他们“量身定做”适合于其发展的岗位，如对研发能力特别强的人，就要为他们设立特别研发岗位；对组织上需要的人才而又不能专职来工作的，就要为他们设立顾问岗位。

2. 系统性原则

岗位设计一定要与组织设计的思路相一致，不同的岗位既要区别又要相互依存，应形成一个有机的整体，发挥组织的最大效能。系统性原则要求我们在岗位设计时，要保证岗位设计的职能一体化、职责一体化、职权一体化、任务一体化，将组织目标、工作任务、责任、权力、人员要求等通过岗位设计分解到每一个岗位上。

3. 匹配原则

岗位要求要与组织人员能力相匹配，只有两者匹配，才能满足组织设计的要求。我们要把岗位要求与人员现实相结合，即使现有的人员不能满足岗位要求，也要让人员通过学习达到岗位要求的标准。

4. 最少岗位原则

在进行职务设定时，应尽可能地将复杂的关系包含在一个岗位中，这样可减少人力成本，又可以缩短工作之间信息传递的时间。

5. 工作量均衡原则

岗位设计中应考虑每个岗位的工作量是否均衡、时间是否均衡等。在组织设计下应实现岗位的明确分工，又在分工基础上有效地协作，使各岗位职责明确又能在上下左右之间同步协调，以发挥最大的组织效能。

(三) 组织设计的内容

为了达到组织设计的理想效果，组织设计者需要完成以下几项工作。

1. 职能与职务的分析与设计

组织首先需要将总的任务目标进行层层分解，分析并确定为完成组织任务需要哪些基本的职能与职务，然后设计和确定组织内从事具体管理工作所需的各类职能部门以及各项管理职务的类别和数量，分析每位职务人员应具备的资格条件、应享有的权力范围和应负的职责。

组织系统图是自上而下绘制的。在创建组织时，可以根据组织的宗旨、任务目标及组织内外环境的变化，自上而下地确定组织运行所需要的部门、职位及相应的权责。另外，组织设计也可以根据组织内部的资源条件，在组织目标层层分解的基础上从基层开始自下而上地进行。

2. 部门设计

根据每位职务人员所从事的工作性质不同及职务间的区别和联系，也可以根据组织职能相似、活动相似或关系紧密的原则，将各个职务人员聚集在“部门”这一基本管理单位内。由于组织活动的特点、环境和条件不同，划分部门所依据的标准也是不一样的。对同一组织来说，在不同时期不同的战略目标指导下，划分部门的标准可以根据需要进行动态调整。

企业管理的工作是通过管理部门来完成的，因此，组织设计要先将组织划分为部门。部门划分可按以下三种方法进行。

(1) 由上而下划分。以最高层管理人员为出发点，由上而下，将企业的各项工作层层地分解和细化。对高层工作的划分，将导致低层次的部门划分。例如，公司首席执行官(CEO)将他所要承担的管理工作分解到几个部门去完成。

(2) 由下而上划分。先将企业全部必须完成的作业，归并为若干可以分别由个人担当的工作项目，再将若干个人组成一个单位，然后再合并为一个部门。

(3) 以业务流程为单位划分。针对某一业务绘制流程图，从业务起点直至完成，逐步考察每一项基本作业，使整个作业顺序中的每个阶段都有人承担。

在实践中以上三种方法都可以采用。

3. 层级设计

在职能与职务设计及部门划分的基础上，必须根据组织内外能够获取的现有人力资源情况，对初步设计的职能和职务进行调整和平衡，同时要根据每项工作的性质和内容，确定管理层级并规定相应的职责、权限，通过规范化的制度安排，使各个职能部门和各项职务形成一个严密、有序的活动网络。

三、组织设计的原则

由于组织内外部影响因素的不同，每个组织的设计可能有所差异，形成不同的组织特色，但组织设计的原则应是组织设计的共性内容，具有普遍意义。它是对组织设计的普遍要求，也是对组织设计的一般性评价指标。组织设计的基本原则有以下几项。

（一）目标原则

组织要围绕着组织整体目标的实现来进行组织设计，各分支机构和部门的设计都要服从组织的整体目标，组织整体框架的架构也是以此目标为原则设计的。组织结构因组织目标不同而有所不同，如以市场营销为中心的组织结构，营销部较其他部门的位置会更重要，如图 7-2 所示。

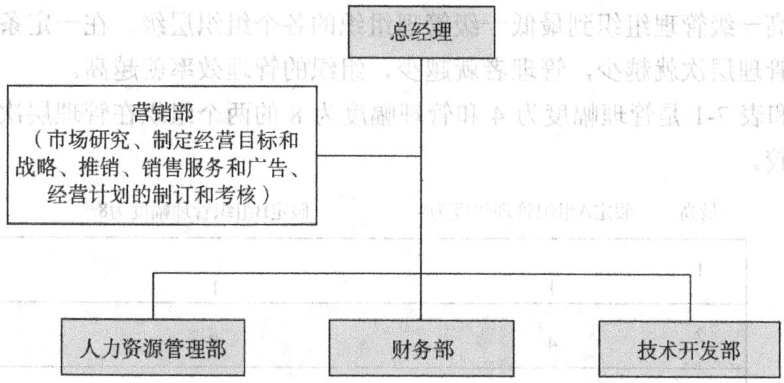

图 7-2　以市场营销为中心的组织结构

（二）分工专业化与协调相结合原则

在 19 世纪后期，亚当•斯密通过观察发现，一定数量的专业工人，如果每人只完成大头针制造过程中的一道工序，则要比每人都完成制造过程的全部工序，每天能生产更多的大头针。通过研究亚当•斯密提出的劳动分工理论，认为“分工出效率”。在组织内部，组织的整体任务被划分为各项专业的任务，成立专业的分支机构或部门，设立专业的职位来完成这些专业的任务。在专业分工理论的指导下，管理职能划分为计划、组织、领导和控制职能，管理组织结构也是以职能分工为基础设计的。

这种以职能分工为基础的组织具有以下优点。

(1) 能将复杂的任务简单化。将复杂的任务通过劳动分工变成一个个简单的工作，如将管理任务通过劳动分工变成市场营销、财务管理和人力资源管理等方面的任务。

(2) 能使人们更快和更专业地掌握该领域的知识和技能，成为这方面的专家。

(3) 能将专业队伍集中起来提高工作效率。

分工专业化可以提高效率，但过度的专业化不利于组织成员的发展，并带来组织内部协调的工作量增加。许多组织设计已经意识到这一问题，因此它们提高了组织部门的综合性，降低了分工的专业化程度。

(三) 统一指挥原则

统一指挥原则要求每位下属有且仅有一个上级，要求在上下级之间形成一条清晰的指挥链。如果下属有多个上级，就会因为上级之间不同甚至相互冲突的命令而无所适从。虽然有时在例外场合必须打破统一指挥原则，但是，为了避免多头领导和多头指挥，组织的各项活动应该有明确的区分，并且应该明确上下级的职权、职责及沟通联系的具体方式。

(四) 控制幅度原则

控制幅度就是控制管理幅度。管理幅度又称为管理跨度，是一位管理者能够有效地直接管理的下属个数。管理幅度决定了组织中管理层次数目和管理者的数量。管理层次是从组织最高一级管理组织到最低一级管理组织的各个组织层级。在一定条件下，控制幅度越宽，管理层次就越少，管理者就越少，组织的管理效率就越高。

图 7-3 和表 7-1 是管理幅度为 4 和管理幅度为 8 的两个组织在管理层次数目和管理者数量的比较。

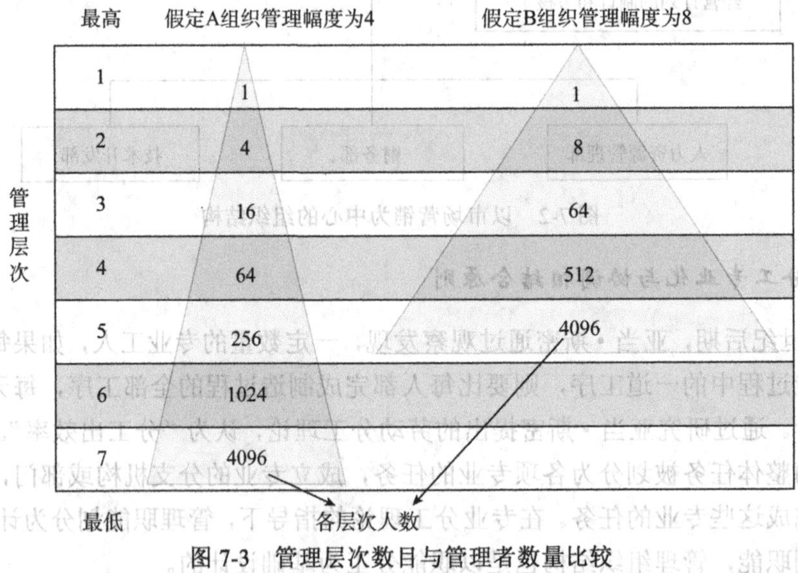

图 7-3　管理层次数目与管理者数量比较

表 7-1 管理层次数目和管理者数量的比较

比较项目＼组织	A 组织	B 组织
管理幅度	4	8
组织层次	7	5
作业人员	4096	4096
管理者	1365 (管理层 1～6)	585 (管理层 1～4)

从表 7-1 可以看出两个组织的作业人员一样多，管理幅度为 8 的用了 4 个管理层次，而管理幅度为 4 的则用了 6 个管理层次，说明前者的管理效率高于后者。但管理幅度不能无限大，法国的管理学者格兰库纳斯(V.A.Graicunas)提出当管理幅度超过 6 人时，其和下属之间的关系会越来越复杂，以至于最后使他无法驾驭。影响管理幅度的因素有较多，主要有以下几点。

(1) 管理工作的内容和性质。管理工作内容越多，上下左右之间的联系就越多，需要花费的工作时间也就越多；管理工作越是复杂多变，管理人员需要耗费的时间和精力就越多，组织就越是需要缩小控制幅度。另外，下属人员工作的相似性越大，管理的指挥和监督工作就越容易，扩大管理幅度就越有可能。

(2) 管理人员的工作能力情况。如果管理人员和下属都具有较强的工作能力，管理人员就能够准确而迅速地把握问题的关键，及时提出指导性的建议和方法，而下属也同样能够准确领会上级的命令和意图，从而减少协调和沟通的频率，有效扩大管理幅度。

(3) 根据计划与控制的明确性及其难易程度。如果计划制订得详细具体，切实可行，下属人员容易了解自己的具体目标和工作任务，通过计划来指导业务活动，不必事事请示领导，管理幅度就可以大一些。

(4) 信息沟通的效率与效果。若能提高沟通的效率和效果，显然可以减轻管理者为此而承担的时间负担，可增大管理幅度，反之，则会减小管理幅度。

(5) 根据组织变革的速度。变革速度慢，意味着企业政策比较稳定，措施比较详尽，组织成员对此也较为熟悉，形成了习惯，能够按既定程序和要求妥善处理各种问题，从而减轻管理者的负担，管理幅度可以大一些，若与此相反，则管理幅度减小。

组织层级受到组织规模和组织幅度的影响，它与组织规模呈正比，组织规模越大，包括的人员越多，组织工作也越复杂，则层级也就越多；在组织规模已确定的条件下，组织层级与组织幅度具有互动性，它与组织幅度呈反比，即上级直接领导的下属越多，其组织层级也就越少，反之则越多。

管理层级与管理幅度的反比关系决定了两种基本的组织结构形态：一种是扁平式的组织结构形态：另一种是锥形化的组织结构形态。图 7-3 显示了这两种组织幅度与层级的差别性，其中 A 组织倾向于锥形组织结构，而 B 组织倾向于扁平化组织结构。

扁平化组织结构的优点是：管理层级少，信息沟通和传递速度快，信息失真度低，更加强调下属之间的横向协调，而不是垂直领导。其缺点是：过大的控制幅度增加了管理者对下属的监督和协调控制难度，同时，下属也缺少更多的提升机会。

锥形组织结构的优点是：由于管理的层级比较多，控制幅度比较小，每一管理层级上的管理者都能对下属进行及时的指导和控制，另外，层级之间的关系也比较紧密，这有利于工作任务的衔接，同时也为下属提供了更多的提升机会。其缺点是：过多的管理层级往往会影响信息的传递速度，因而信息的失真度可能会比较大，这又会增加高层管理者与基层管理者之间的沟通和协调成本，增加管理工作的复杂性。

（五）权责对等原则

组织中的每个部门和部门中的每个人员都有责任按照工作目标的要求保质保量地完成工作任务，同时，组织也必须委之以自主完成任务所必需的权力。如果有责无权，或者权力范围过于狭小，责任方有可能会因缺乏主动性、积极性而导致无法履行责任，甚至无法完成任务；如果有权无责，或者权力不明确，权力人有可能不负责任地滥用权力，甚至于助长官僚主义的习气，这势必会影响到整个组织系统的健康运行。因此，职权与职责要对等。

（六）柔性经济原则

所谓组织的柔性，是指组织的各个部门、各个人员都是可以根据组织内外环境的变化而进行灵活调整和变动的。组织的结构应当保持一定的柔性以减小组织变革所造成的冲击和震荡。组织的经济是指组织的管理层次与幅度、人员结构及部门工作流程必须设计合理，以达到管理的高效率。组织的柔性与经济是相辅相成的，一个柔性的组织必须符合经济的原则，而一个经济的组织又必须使组织保持柔性。只有这样，才能保证组织机构既精简又高效，避免形式主义和官僚主义作风的滋长和蔓延。

四、组织设计的影响因素

面对竞争日趋激烈的外部环境和不确定的市场需求变化，任何组织都会察觉到管理日趋复杂，这就需要必须把权变的组织设计观引入组织设计的思想中。所谓权变的组织设计，是指以系统、动态的观点来思考和设计组织，要把组织看成一个与外部环境有着密切联系的开放式组织系统。因此，权变的组织设计必须考虑战略、环境、规模、技术等一系列因素，针对不同的组织特点，设计不同的组织结构。

管理学者西拉季认为，影响组织设计的因素有四个，即环境、战略、技术与组织结构，图 7-4 显示了这些要素之间的互动关系。

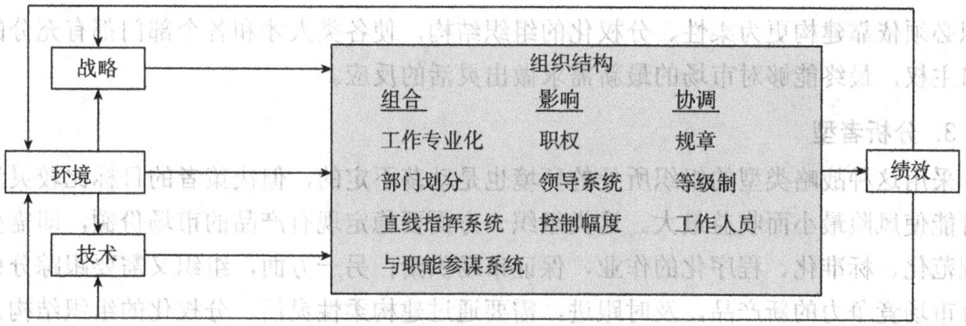

图 7-4　组织设计的影响要素

综合而言，影响组织设计的主要因素有以下五个：环境、战略、技术、规模和生命周期。

(一) 环境的影响

环境包括一般环境和具体环境两部分。一般环境包括对组织管理目标产生间接影响的诸如经济、政治、社会文化及技术等环境条件，这些条件最终会影响组织现行的管理实践。具体环境包括对组织管理目标产生直接影响的诸如政府、顾客、竞争对手、供应商等具体环境条件，这些条件对每个组织而言都是不同的，并且会随一般环境条件的变化而变化，两者具有互动性。

环境的复杂性和变动性决定了环境的不确定性。所谓的不确定性是指决策者由于缺乏完整的外部环境信息，以至于无法预测未来的变化而做出正确的判断和决策。当环境由简单的稳定性向复杂的变动性转移时，关于环境的信息不完整性也逐渐增强，管理决策过程中的不确定因素也大为增加，只有那种与外部环境相适应的组织结构才可能成为有效的组织结构。

(二) 战略的影响

战略是指决定和影响组织活动性质及根本方向的总目标，以及实现这一总目标的路径和方法。钱德勒的研究认为，新的组织结构如不因战略而异，就将毫无效果。

梅尔斯(R.E Miles)和斯诺(C. C.Snow)考虑到外部环境中不确定因素对决策的影响，形象地总结了四种战略类型及相关的组织结构类型。

1. 防御者型

采用这种战略类型的组织一般都是处于比较稳定的环境之中，决策者通过高度的集权和专业化分工，以及程序化、标准化作业活动使组织稳固地发展，并据此防御竞争对手。这类组织由于具有严密的层级控制系统和高度的部门分工差异性，组织的目标稳定而富有效率。

2. 探险者型

采用这种战略类型的组织一般都处于动荡变化的环境之中，决策者需要不断地开发新产品，寻找新市场，组织的目标可以灵活地加以调整，这必然要冒更大的市场风险。

组织必须依靠建构更为柔性、分权化的组织结构，使各类人才和各个部门都有充分的决策自主权，最终能够对市场的最新需求做出灵活的反应。

3. 分析者型

采用这种战略类型的组织所处的环境也是动荡不定的，但决策者的目标比较灵活，尽可能使风险最小而收益最大。这类组织一方面要稳定现有产品的市场份额，即需要实行规范化、标准化、程序化的作业，保证市场供给；另一方面，组织又需要跟踪分析更富有市场竞争力的新产品，及时跟进，需要通过建构柔性灵活、分权化的组织结构，随时对外在环境的变化做出反应。

4. 反应者型

采用这种战略类型的组织一般也是处于动荡变化的环境之中，但限于决策者的市场判断能力、内部管理能力、主动应变能力，组织者很难及时对外在环境变化做出反应，只好采用被动反应的战略以应付环境的不确定性。这种战略很明显是低效率的，组织往往面临强大的变革压力。

为了不断适应公司新的发展战略的要求，公司也要适时地变革组织结构，以保持组织自身的适应性。

（三）技术的影响

技术是指把原材料等资源转化为最终产品或服务的机械力和智力转换过程。任何组织都需要通过技术将投入转换为产出，那么组织的设计就需要因技术的变化而变化，特别是技术范式的重大转变，往往要求组织结构做出相应的改变和调整。

伍德沃德(Joan Woodward)等人根据制造业技术的复杂程度把技术划分为三类：单件小批量生产技术、大批量生产技术和流程生产技术。

单件小批量生产(unit production)，是由定制产品(如定制服装和水力发电用涡轮机等)生产单件或小批量生产单位所组成。大批量生产(mass production)，是由大批和大量生产的制造商组成，它们提供诸如家电和汽车之类的产品，这些产品一般可以通过专业化流水线技术生产实现规模经济。流程生产(process production)是技术中最复杂的一类，如炼油厂、发电厂和化工厂这类连续流程的生产。学者们发现，这些不同的技术类型和相应的公司结构之间存在着明显的相关性，组织的绩效与技术和结构之间的“适应度”密切相关，如表 7-2 所示。

伍德沃德得出这样的结论：随着技术复杂程度的提高，企业组织结构复杂程度也相应提高，管理层级数、管理人员同一般人员的比例以及高层管理者的控制幅度亦随之增加。因此，大批量生产组织通过严格的规范化管理，可以有效地提高管理的效率，然而，权力过分集中和规范化对于小批量生产企业或流程生产企业来说不太合适。这三类企业中的每一类都有相对应的特定结构形式，成功的企业大多是那些能根据技术的要求而采取合适组织结构的企业。制造业企业的组织并不存在一种最好的方式。单件生产和连续生产企业采用有机式结构最为有效，而大量生产企业者与机械式结构相匹配，则是最为有效的。

表 7-2 组织结构特征和技术类型的关系

技术类型 / 组织结构	单件小批量生产技术	大批量生产技术	流程生产技术
纵向管理层级	3	4	6
高层管理人员的控制幅度	4	7	10
基层管理人员的控制幅度	23	23	15
管理人员与一般人员的比例	1∶23	1∶23	1∶8
技术人员的比例	高	低	高
规范化程度	低	高	低
集权化程度	低	高	低
复杂化程度	低	高	低
总结结构	有机	机械	有机

根据工作的多变性与可分析性两项维度标准，又可以将技术划分为四种不同的类型：常规型技术、工艺型技术、工程型技术、非常规型技术。

(1) 常规型技术，是指工作的多变性较小而可分析性较大，工作的标准化、规范化程度都较高的部门技术。例如，汽车装配部门的装配技术、银行出纳部门的出纳技术等。

(2) 工艺型技术，是指工作的多变性与可分析性都较小，工作必须依靠直觉、经验判断灵活处理的部门技术。例如，服装业的设计技术、烹饪师的烹调技术等。

(3) 工程型技术，是指工作的多变性与可分析性都较大，工作需要凭靠知识和能力并按照公式化、程序化方式操作的部门技术。例如，工程设计技术、会计做账技术等。

(4) 非常规型技术，是指工作的多变性较大而可分析性较小，工作需要凭靠丰富的知识和经验，运用综合性、创造性的方法来解决问题的部门技术。例如，战略计划的制订等。

佩罗认为，组织的协调和控制方法应该视组织的部门技术类型不同而有所区分。组织内部门技术越是常规化，组织规范化、集权化程度就越高，采用机械式组织结构的效率也就越高。组织内部门技术越是非常规化，组织规范化、集权化程度就越低，采用柔性有机式组织结构的效率也就越高。

(四) 组织规模与生命周期的影响

布劳(Peter Blau)等人曾对组织规模与组织设计之间的关系做了大量研究，认为组织规模是影响组织结构最重要的因素，即大规模会提高组织复杂性程度，并连带提高专业化和规范化的程度。可以想象，当组织业务呈现扩张趋势、组织员工增加、管理层次增多、组织专业化程度不断提高时，组织的复杂化程度也会不断提高，这必然给组织的协调管理带来更大的困难，而随着内外环境不确定因素的增加，管理层也越难把握实际变化的情况并迅速做出正确决策，组织进行分权式的变革成为必要。

综合来看，组织生命周期有以下几个阶段。

(1) 创业阶段。起初，组织是小规模的、非官僚制的和非规范化的。高层管理者制定组织结构框架并控制整个运行系统，组织的精力放在生存和单一产品的生产和服务上。随着组织的成长，组织需要及时调整产品的结构，这就必然会产生调整组织结构和调换更具能力的高层管理者的压力。

(2) 集合阶段。这是组织发展的成长期。一般情况下，组织在调换了高层主管之后便会明确新的目标和方向，此时便进入了迅速成长期，员工受到不断激励之后也开始与组织的使命保持一致。尽管某些职能部门已经建立或调整，可能也已开始程序化工作，但组织结构可能仍然欠规范合理。一个突出的矛盾是，高层主管往往居功自傲，迟迟不愿放权，组织面临的任务是如何使基层的管理者更好地开展工作，如何在放权之后协调和控制好各部门的工作。

(3) 规范化阶段。组织进入成熟期之后就会出现官僚制特征。组织可能会大量增加人员，并通过建构清晰的层级制和专业化劳动分工进行规范化、程序化工作。组织的主要目标是提高内部的稳定性和扩大市场。组织往往会通过建立独立的研究和开发部门来实现创新，这又使得创新的范围受到了限制。因此，高层管理者不仅要懂得如何通过授权调动各个层级管理者的积极性，还要能够使其不失控制。

(4) 精细阶段。成熟的组织往往显得规模巨大和官僚化，继续演化可能会使组织步入僵化的衰退期。这时，组织管理者需要尝试跨越部门界限组建团队来提高组织的效率，阻止进一步的官僚化。如果绩效仍不明显，必须考虑更换高层管理者并进行组织重构以重塑组织的形象，否则，组织的发展将会受到很大的限制。

第二节　组织的部门化

部门化是按照职能相似性、任务活动相似性或关系紧密性的原则，把组织中的专业技能人员分类集合在一个部门内，然后配以专职的管理人员来协调领导。组织的部门化是劳动分工在组织内部的体现，它将组织工作依据一定的标准进行了归类。组织的部门化可以依据多种不同的标准进行选择安排，常见的有职能部门化、产品或服务部门化、流程部门化、顾客部门化和地域部门化。

一、职能部门化

组织部门化涉及两个重要的概念，一个是工作专门化，它是指每个人专门从事工作活动的一部分，而不是全部活动。另一个是部门化，它是指按照类别对工作活动进行分组以便使共同的工作可以进行协调。每一个组织都可以按照一定的类别，将组织划为不同的部门。

职能部门化是依据职能来组合工作的过程。职能部门化的结果是在组织内组成各种职能部门，如生产部、财务会计部、市场销售部、人力资源管理部、采购部等部门，这些部门职能的总和构成了组织的管理职能，如图 7-5 所示。

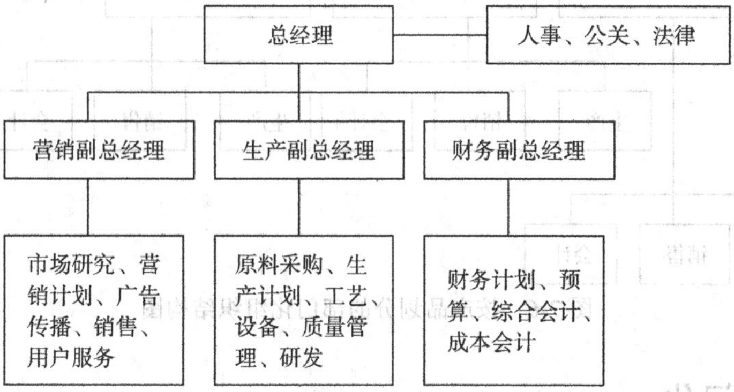

图 7-5　按职能划分的部门化组织结构

职能部门化的优点：将同类专家和专业人员集中起来，统一使用，统一管理；便于专业的培训，有较高的工作效率；便于在职能内部进行协调；便于职能管理，能够突出业务活动的重点；职能部门内员工在价值观和工作目标上具有相似性；员工具有明确的职业阶梯，在员工技能发展上具有连贯性。

职能部门化的缺点：由于人、财、物等资源的过分集中，不利于开拓远区市场或按照目标顾客的需求组织分工。同时，也可能助长部门主义风气，使得部门之间难以协调配合。部门利益高于企业整体利益的后果会影响到组织总目标的实现。另外，由于职权的过分集中，部门主管虽容易得到锻炼，却不利于高级管理人员的全面培养和提高，也不利于“多面手”式的人才成长。

二、产品或服务部门化

产品或服务部门化是依据产品线或服务内容来组合工作的过程。产品或服务部门化的结果是在组织内组成各种产品或服务部门，如果是一家家电企业，在企业内部就会形成：冰洗部、空调部、彩电部等部门，这些部门的产品覆盖了企业所有的产品，如图 7-6 所示。

产品或服务部门化的优点：各部门会专注于产品的经营，并且充分合理地利用专有资产，提高专业化经营的效率水平，这不仅有助于促进不同产品和服务项目间的合理竞争，而且有助于比较不同部门对企业的贡献，有助于决策部门加强对企业产品与服务的指导和调整。另外，这种分工方式也为“多面手”式的管理人才提供了较好的成长条件。

产品或服务部门化的缺点：企业需要更多的“多面手”式的人才去管理各个产品部门；各个部门同样有可能存在本位主义倾向，这势必会影响到企业总目标的实现。另外，部门中某些职能管理机构的重叠会导致管理费用的增加，同时也增加了总部对“多面手”级人才的监督成本。

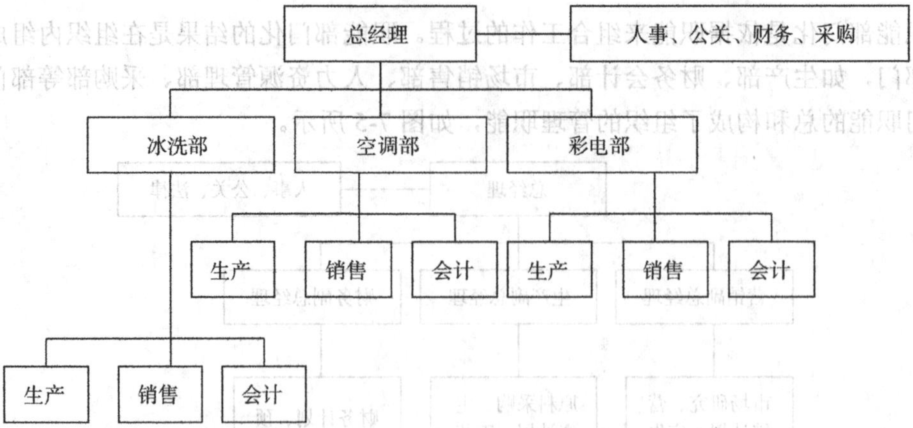

图 7-6　按产品划分的部门化组织结构图

三、流程部门化

流程部门化是依据工作或业务流程来组合工作的过程。工作和业务都有自己的流程，按照此流程顺序进行组织配置组织内部各部门。如果产品生产过程要经过锻压、机加工、电镀、装配、检验等流程，流程部门就按此顺序组成各部门，这些部门完成全部的工作或业务流程，如图 7-7 所示。

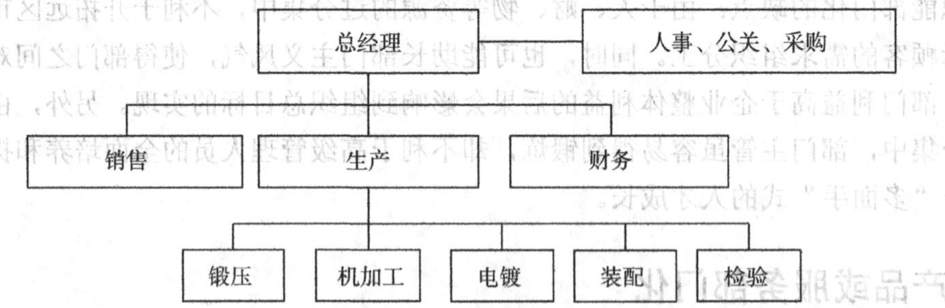

图 7-7　按流程划分的部门化组织结构图

流程部门化的优点：组织能够充分发挥人员集中的技术优势，易于协调管理，对市场需求的变动也能够快速敏捷地反应，容易取得较明显的集合优势。另外也简化了培训，容易在组织内部形成良好的相互学习氛围，会产生较为明显的学习经验曲线效应。

流程部门化的缺点：部门之间的紧密协作有可能得不到贯彻，也会产生部门间的利益冲突。另外，权责相对集中，不利于培养出“多面手”式的管理人才。

四、顾客部门化

顾客部门化是依据同类顾客来组合工作的过程。这类顾客有着共同的需求和问题，如移动公司在公司内配置的大众客户部和集团客户部就是顾客部门化的结果，如图 7-8 所示。

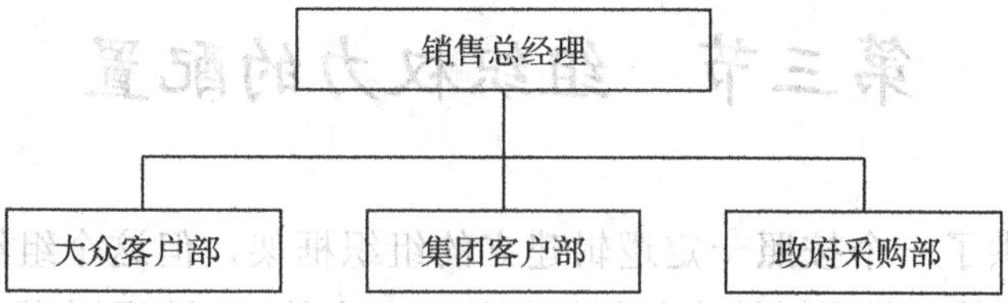

图 7-8　按顾客划分的部门化组织结构图

顾客部门化的优点：企业可以通过设立不同的部门满足目标顾客各种特殊而广泛的需求，同时能有效获得用户真诚的意见反馈，这有利于企业不断改进自己的工作。另外，企业能够持续有效地发挥自己的核心专长，不断创新顾客的需求，从而在这一领域内建立持久性竞争优势。

顾客部门化的缺点：可能会增加与顾客需求不匹配而引发的矛盾和冲突，需要更多能妥善协调和处理与顾客关系问题的管理人员和一般人员。另外，顾客需求偏好的转移，可能使企业无法时时刻刻都能明确顾客的需求分类，结果会造成产品或服务结构的不合理，影响对顾客需求的满足。

五、地域部门化

地域部门化是依据地理区域来组合工作的过程。可按行政地理或经济地理划分，如以全国为目标市场，则可将部门划分为华中地区部、华南地区部、华东地区部、华北地区部和华西地区部，如图 7-9 所示。

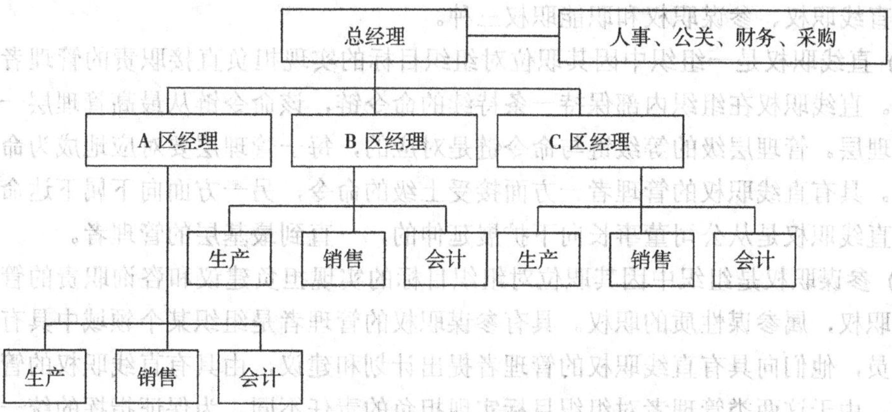

图 7-9　按地域划分的部门化组织结构图

地域部门化的主要优点：可以把责权下放到地方，鼓励地方参与决策和经营；地区管理者可以直接面对本地市场的需求灵活决策；通过在当地招募职能部门人员，既可以缓解当地的就业压力，争取宽松的经营环境，又可以充分利用当地有效的资源进行市场开拓，同时减少了许多外派成本，减小了许多不确定性风险。

地域部门化的主要缺点：企业所需的能够派赴各个区域的地区主管比较稀缺，且比较难控制。另外，各地区可能会因存在职能机构设置重叠而导致管理成本过高。

第三节　组织权力的配置

组织结构提供了一个按照一定逻辑建立的组织框架，但这个组织框架不会自己运行，它需要组织中的人员通过这个组织框架按照一定的运行规则来推动组织运行，这些运行规则就是组织制度，也就是组织权力配置的方式。

一、权力和职权

管理者凭借其权力在组织中制定和推行组织制度，以使组织能在良好的状态下运行。在不同的管理层中，每个管理者都具有自己的权力。如人力资源部门的管理者可以决定如何提升公司人员的素质和使他们积极地工作；销售部门的管理者可以决定如何在市场上开展市场销售工作。

权力是什么？权力是人对人的影响力。管理者必须有权力，可权力又不只限于管理者，一个组织的所有成员都可以因为他们拥有某一方面的特长和知识而拥有权力。

职权是权力的一种形式，是拥有职位而具有的影响力。职权来源于组织中的正式职位。

二、直线职权、参谋职权和职能职权

管理者如何有效地运用权力，取决于他们对权力的理解和运用。我们将组织中的职权分为直线职权、参谋职权和职能职权三种。

(1) 直线职权是一组织中因其职位对组织目标的实现担负直接职责的管理者所具有的职权。直线职权在组织内部保持一条持续的命令链，该命令链从最高管理层一直到最基层管理层。管理层级的等级链与命令链是对应的，每一管理层要对应地成为命令链中的一环。具有直线职权的管理者一方面接受上级的命令，另一方面向下属下达命令。如公司的直线职权是从公司董事长向下扩展延伸的，一直到最基层的管理者。

(2) 参谋职权是组织中因其职位对组织目标的实现担负建议和咨询职责的管理者所具有的职权，属参谋性质的职权。具有参谋职权的管理者是组织某个领域中具有专业特长的人员，他们向具有直线职权的管理者提出计划和建议，由具有直线职权的管理者做出决策。由于这两类管理者对组织目标实现担负的责任不同，为保证指挥的统一，参谋可以很多，负直接职责的管理者只能有一个人。

(3) 职能职权是一种权益职权，是由直线管理者向自己辖属以外的个人或职能部门授权，允许他们按照一定的程度和制度，在一定的职能范围内行使的某种职权。职能职权的设立，主要是为了发挥专家的核心作用，减轻直线主管的任务负荷，提高管理工作的效率。

三、直线职权、参谋职权和职能职权的相互关系

要很好地配置和运用职权，必须对直线职权、参谋职权和职能职权的相互关系有深刻的理解。

直线职权与参谋职权的关系如图 7-10 所示。直线职权是指挥权、命令权；参谋职权是建议权，其建议内容也是通过直线职权的命令链向下才能得到下属的执行。拥有这两种职权的管理者的矛盾焦点在于，参谋职权的拥有者是否拥有专家权，双方通过各自不同的影响力影响对方。

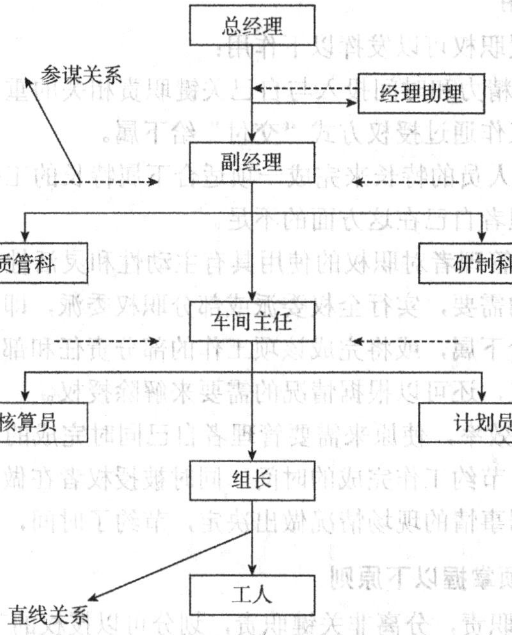

图 7-10 直线职权与参谋职权关系示意图

直线职权与职能职权的关系：由于职能职权是直线职权和参谋职权的结合，除了参谋职权外，得到上级直线管理者的授权后，可以对直线管理者行使某项专业管理职权，如审计部门对直线管理者的审计；也可以是对下属参谋职责部门行使专业管理职权，如总公司财务部对下属分公司财务部通过预算进行财务控制。拥有这两种职权的管理者的矛盾焦点在于，实现全局目标与实现专业目标的关系处理上，管理者要按照专业目标服从全局目标的原则处理两者之间的关系。

参谋职权与职能职权的关系：由于职责的基础不同，拥有参谋职权的管理者对拥有直线职权的管理者负责，是直接对人负责；而拥有职能职权的管理者对专业目标的实现负责，首先是对目标负责，通过对目标负责实现对上级管理者负责，是间接对人负责。拥有这两种职权的管理者的矛盾焦点在于：拥有参谋职权与职能职权的管理者往往是同一人员，他既要做好直线管理者的参谋，又要接受上级职能管理者的专业指导，当直线管理者与上级职能管理者出现矛盾时，他们更倾向于参谋职权的使用。

四、职权配置方式

组织设计中职权配置的方式主要有三种，即授权、集权和分权。

（一）授权

授权是将完成某特定工作所承担的责任和相应的职权委派给下属，使下属在一定的监督下行使职权的过程。下属在授权范围之内自行决定如何完成工作，并有责任向上级管理者汇报。上级管理者在授权后，还具有解除授权的权力。

1. 有效授权的作用

通过授权方式配置职权可以发挥以下作用：

(1) 管理者可以把精力和时间投入与自己关键职责相关的重要工作上，而把那些与自己关键职责无关的工作通过授权方式“交付”给下属。

(2) 可以发挥下属人员的特长来完成一项适合下属特长的工作，调动他们的工作积极性，同时来弥补管理者自己在这方面的不足。

(3) 因为是授权，管理者对职权的使用具有主动性和灵活性。管理者可以根据该项工作和被授权人情况的需要，实行全权委派或部分职权委派，即将完成该项工作的全部责任和全部职权委派给下属，或将完成该项工作的部分责任和部分职权委派给下属。另外，管理者既可以授权，还可以根据情况的需要来解除授权。

(4) 可以提高工作效率，使原来需要管理者自己同时完成的几项工作，委托给下属一部分“同步”完成，节约工作完成的时间。同时被授权者在做决定前不再向他的上级管理者汇报，可以根据事情的现场情况做出决定，节约了时间，提高了工作效率。

2. 有效的授权必须掌握以下原则

(1) 确定职位关键职责，分离非关键职责，划分可以授权的工作范围。

(2) 明确授权目标，确定授权要实现什么目的，哪些工作现在需要通过授权来完成。

(3) 权责对等，对某项工作责任的委派与完成该项工作所需要的职权要对等。

(4) 因事择人，授权要依据委派工作情况的需要将工作委派给合适的人。授权人的做法往往是让被授权人先工作，在工作中授权，而尽量避免先授权后工作的情况。

(5) 不越级授权，授权者授出的是本职位的职权，越级授权会混乱组织管理的层级和命令链，违背统一指挥原则。因此，组织只能在工作关系紧密的层级上由上级管理者向下级授权，不越级授权。

（二）集权和分权

集权就是决策权在较高管理层次的集中，它是将职权和职责集中在组织层级的高层。分权就是决策权在较低管理层次的分散，是将职权和职责沿着组织层级向下分散。

集权是与职责的集中相联系的，组织整体目标的实现需要有人负责并具有与职责相对应的职权，才能实现组织的统一，同时带来较高的工作效率和较低的决策成本。分权是与迅速变化的环境相联系的，把决策权交给身在变化环境中的管理者现场处理，往往更加正确，也更容易调动他们的积极性。集权和分权对于组织来讲都是需要的。

绝对的集权没有分权意味着组织中的全部权力集中在一个管理者手中，组织活动的所有决策均由该管理者做出，管理者直接面对所有的执行者，没有任何中间管理人员，没有任何中层管理机构，也就没有了专业分工的优势。管理者承担过重的负担，难以适应市场、客户和其他组织环境的变化。而绝对的分权没有集权则意味着全部权力分散在各个管理部门，甚至分散在各个执行者手中，没有任何集中权力，也就没有了对组织整体目标负责的责任人和统一指挥职权，组织成员将各行其是，部门间协调困难。

每个组织的集权程度和分权程度都要受一些来自组织自身和组织环境因素的影响。组织自身的因素通常有：组织的规模、增长的速度和管理层次的数量；组织决策的成本；组织文化；管理者自身能力；管理信息系统的发展水平；董事会对公司治理的考虑；多元化经营与专业化经营战略的选择；政策的统一性；领导对权力的偏好程度；组织历史对现在的影响等因素。组织环境的因素通常有市场的变化程度和复杂性、政府的监管程度等因素。综合上述这些因素，集权和分权最终都是要考虑将职权配置在能做出合适决策的管理职位和管理部门中。

判断一个组织分权程度的标准有以下几条：

(1) 较低的管理层次做出的决策数量越多，分权程度就越大。

(2) 较低的管理层次担任的决策重要性越大，分权程度就越大。

(3) 较低的管理层次担任的决策影响面越大，分权程度就越大。

(4) 较低的管理层次所作的决策上级审核得越少，分权程度就越大。

第四节 公司组织形式

公司的组织有直线职能制(U型结构)、事业部制(M型结构)和控股制(H型结构)三种主要形式，同时还有矩阵制、模拟分权制、虚拟公司和委员会制等组织形式。

一、直线职能制(U型结构)

直线职能制亦称直线参谋制，它将领导直接指挥和职能人员的业务指导相结合，并具直线制和职能制的优点，是公司常见的一种组织形式。

直线职能制的特征在于：公司内部以直线为基础，它们可以是分公司也可以是工厂的车间或其他运营部门。在各直线管理之下划分若干个职能部门，如财务部、人力资源部等部门，如图7-11所示。直线部门担负组织目标实现的直接责任，并拥有相应的直接职权。职能部门是上层直线管理者的参谋和助手，拥有参谋职权，它们担负着组织专业目标实现的责任和拥有相应的职能职权，它们对公司专业业务进行指导，不向下级直接管理者下达命令，除非有上级直线管理者授权。

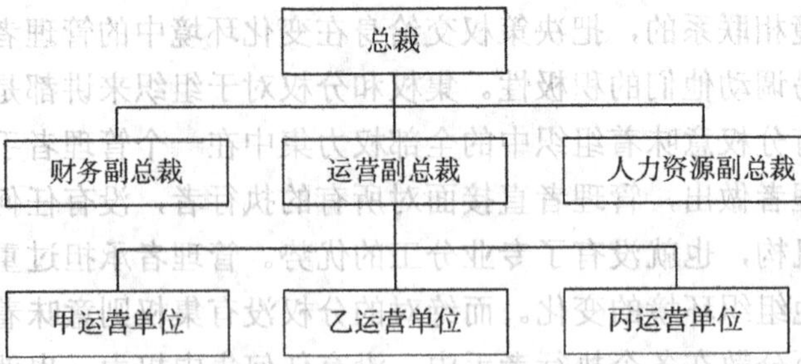

图 7-11　直线职能制(U 型结构)组织示意图

直线职能制的优点：具有直线管理的统一指挥、统一命令的特点，又有发挥参谋人员作用和专业化程度高的优势；专业分工细、部门和岗位职责清楚、工作效率高；组织结构的稳定性高。

直线职能制的缺点：由于按职能划分部门，部门目标不同，相互之间的协调工作量较大；由于直线部门的全局性和职能部门的专业目标性，两者之间矛盾较多；由于系统稳定性高，当组织环境变化时，适应性较差。

直线职能制适用于稳定环境的中小企业，并以效率和工艺质量为目标。

二、事业部制(M 型结构)

事业部制是组织面对不确定的环境，按产品、部门、地区和顾客划分为若干事业部，实行集中指导下的分散经营的一种管理组织形式。

事业部制的特征在于：每个事业部都是实现公司总体目标的基本经营单位，实行独立核算、自负盈亏和统一管理；事业部可以下设职能部门，如图 7-12 所示。各事业部经理直属于总裁或执行委员会管理，受公司总部长期计划预算的监督，负有完成利润计划的责任。另外，事业部经理统一领导所管辖的事业部，可以得到公司总部各职能部门的协助。公司最高管理者的责任是资金分配、重要人事任免、战略决策。

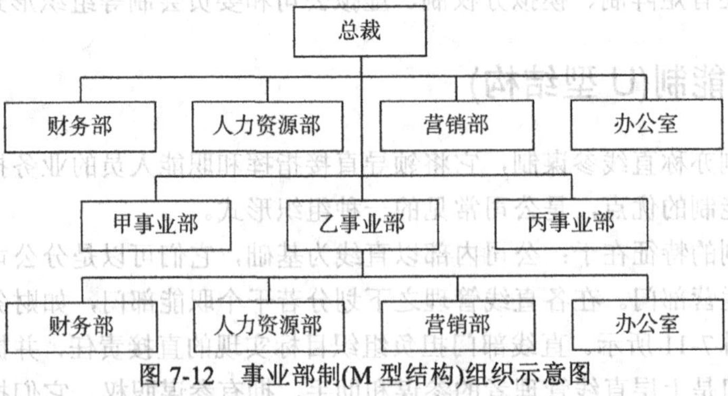

图 7-12　事业部制(M 型结构)组织示意图

事业部在公司中按其作用可分为三种。

(1) 利润中心。对产品生产、销售有很大自主权，可下设成本中心(生产中心)、销售中心和研究开发中心；宗旨是明确责任，适用于开发比较成熟的产品，其成本和市场销售相对稳定。

(2) 投资中心。负责某一大类产品的生产和投资，下设相对稳定的利润中心和投资项目，公司给投资中心很大投资权，并考核其投资报酬率。

(3) 战略事业单位。适合于多样化经营的大公司，是目前比较新型的事业部形式，它负责若干个大类产品的战略开发、投资、生产和销售，可下设若干个投资中心和利润中心；其作用是从更高、更长远的角度出发来分析市场，抓住机会，对整个公司的若干种产品进行战略决策。它的重点是要处理好短期盈利和长期发展关系，避免在不同部门之间重复研究开发，即具备超级事业部功能。

事业部制的优点：公司总部领导可以从烦琐的日常事务中解脱出来，着力策划公司长期发展战略；事业部与市场联系紧密，便于掌握市场动态和适应市场变化；有利于经理的职业化，增大了有效控制幅度。

事业部制的缺点：由于各事业部利益的独立性，容易产生各自为政，忽视长远发展和整体利益，影响各部门间的协调；在公司总部与事业部内部都要设置职能机构，难免机构重叠，成本上升；在对事业部授权的权限上难以把握，不是过于集权就是失之松散，权限的划分可谓各公司最复杂、最头疼的管理难题。

为了协调各事业部之间的联系，解决和平衡上述矛盾，不少大公司采取“超事业部制”，即在各事业部之上设立超级事业部，又称事业本部管理层次，以协调所属各事业部的活动。事业部制适用于不稳定、不确定的环境中的大型组织，以产品专门化和创新为目标。

三、控股制(H 型结构)

控股制是在公司总部下投资设立若干个子公司，公司总部作为母公司对子公司进行控股，承担有限责任，从而控制经营风险。控股制也称独立事业单位，组织中的事业部门由子公司所替代，公司总部持有子公司部分或全部股份。母公司对子公司通过控制性股权进行管理，如图 7-13 所示。

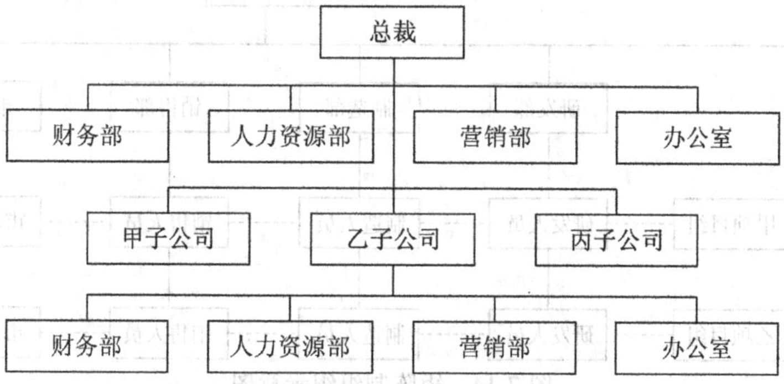

图 7-13　控股制(H 型结构)组织示意图

控股制对大型跨国公司非常适用，它既能发挥母公司的战略优势，又能发挥子公司的积极性、灵活性；而且在必要时，母公司可以放弃没有前途的子公司，以避免财产损失和经营风险，它适应于大型跨国公司。

根据控股公司所从事的活动内容，可分为纯粹控股公司和混合控股公司。

(1) 纯粹控股公司，其设立的目的是掌握子公司的股份，然后利用控股权影响股东大会和董事会，支配被控制公司的重大决策和生产经营活动，实现其控制意图，而本身不从事直接的生产经营活动。

(2) 混合控股公司指既从事股权控制，又从事某种实际业务经营的公司。一方面，它掌握目标公司的控股权，支配其生产经营活动，使被控制公司的业务活动有利于控股公司自身营业活动的发展；另一方面，它又直接从事某些实际的生产经营活动。

控股制的优点：十分有利于分散公司的经营风险；各子公司有可能从子公司的相互交易中得到好处，从而避免市场监督；有利于集中社会优质资源进入新的业务领域。

控股制的缺点：母公司对子公司绩效的评价能力和资源调配能力有限；它较事业部制更容易出现各自为政的倾向；子公司为了自身的利益容易过度地进行再投资；限制了组织资源的共享。

控股制适用于在多个领域从事经营，可考虑将这些领域的经营分别由不同的子公司来完成；适用于多方利益者参与才能完成的项目、跨地区和跨国经营。

四、矩阵制

除了 U 型、M 型和 H 型这三种类型的公司组织结构外，矩阵制也是一种较常见的形式。

矩阵制结构又称“规划目标结构”，它是在 U 型结构的基础上，再建立一套横向的组织系统，两者结合而形成一个矩阵。这一结构中的执行人员既受纵向的各职能部门领导，又同时接受水平的、为执行某一专项职能而设立的项目小组领导。这种小组一般按规划目标(某种产品或某个工作项目等)进行设置，如图 7-14 所示。

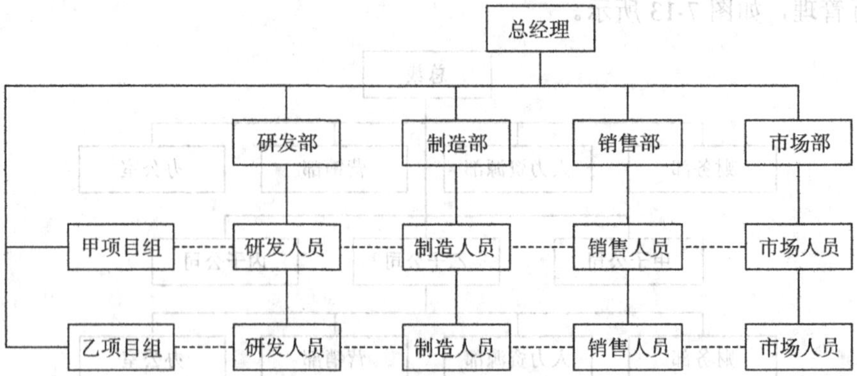

图 7-14　矩阵制组织示意图

矩阵制的优点：工作目标明确，就是为了完成某种产品或某个工作项目；人员配置灵活，需要什么样的人员因项目而定；使专门职能知识适用于所有项目，专业人员利用率高，有利于工作进度。

矩阵制的缺点：项目部经理和职能部门经理在组织中容易形成多重领导，会发布不一致的命令，从而导致无效冲突和短期管理危机；人员容易产生临时工作心理，造成工作不细致不深入；项目与部门间的协调成本将可能会大幅度上升；由于把一个员工分配到多个部门，可能会产生困惑、压力和焦虑。

为了克服矩阵制多头领导的不足，实践中衍生出了以职能主管职权为主要权力的职能式矩阵结构和以项目主管职权为主要权力的项目式矩阵结构。

矩阵制适用于因技术发展迅速、产品品种多而创新性强、管理复杂，企业外界环境具有较大的复杂性和不确定性的协作项目；需要组织关注于其产品和专业技能整体的项目；需要资源共享的项目。

五、模拟分权制

当一个公司的规模发展到直线参谋制组织不能有效地运行，且由于生产技术的内在联系，无法把公司分解成为若干个相对独立的事业部时，模拟分权制便是最有效的组织形式。这种组织形式是介于直线参谋与事业部制之间的一种组织形式。模拟分权是组织中的组成单位并不是事业部门，而是把它模拟成一个“事业部”，让其独立经营，单独核算。这些模拟的“事业部”，相互间的核算以内部转移价格为基础，而不是像事业部内部转移是以市场价格为基础。大型钢铁公司、化学工业公司等大型企业往往采用这种组织形式。

模拟分权制的优点是解决了企业规模过大、不易管理的问题。模拟分权制的不足之处：分权不彻底；沟通效率较低；对干部素质要求高。

模拟分权制适用于大规模、无法分解成事业部的企业。

六、虚拟公司

虚拟公司又称“网络型组织”，是由一些独立的企业通过信息技术联结而成的临时网络组织，以达到优势互补、共同满足市场需求的目的。

虚拟公司是由几个有共同目标和合作协议的公司组成，成员之间可能是合作伙伴，也可能是竞争对手，它改变了过去公司之间完全你死我活的输赢(win-lose)关系，而代之以“共赢”(win-win)的关系。同时每个成员企业将各自的商业活动减少到 1～2 个，成员公司只专注于自己最有竞争力的业务。虚拟公司通过集成各成员的优势和资源，在管理、技术、资源等方面拥有得天独厚的竞争优势，通过分享市场机会和顾客，实现共赢的目标，以便在瞬息万变、竞争激烈的市场环境中有更大的获胜机会，如图 7-15 所示。

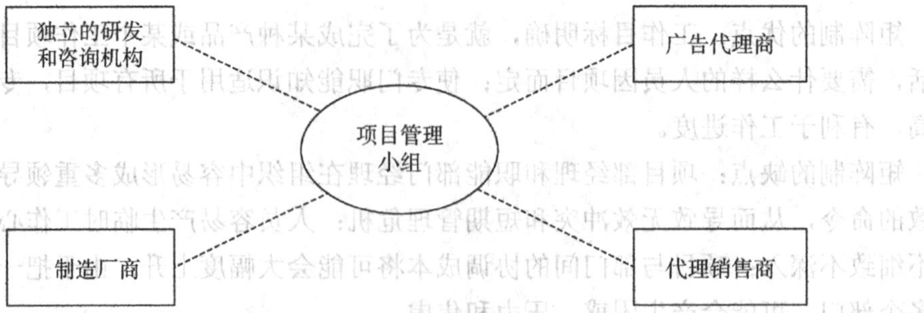

图 7-15　虚拟公司组织示意图

虚拟公司的优点：使组织对多变的环境有高度灵活性和适应性；使得每一个成员组织能发展各自的优势竞争力；促进快速的全球性扩张；虚拟公司内部组织可以产生协同效应。

虚拟公司的缺点：对虚拟公司内独立的组织间的横向关系管理较为困难；使独立组织放弃自主权来参加虚拟公司比较困难；可能会暴露成员组织的专有知识和技术。

虚拟公司适用于高度复杂和不确定的环境，具有专业和创新的组织目标、高度不确定性的技术或国际业务。

七、委员会制

委员会是共同执行某一方面管理职能的一组人。委员会作为一种集体管理的形式而被广泛地采用，在管理中尤其是在决策方面扮演着越来越重要的角色。

存在于各种组织中的委员会，其形式和类型可以说是多种多样的。它可以是直线式的，也可以是参谋式的；可以是组织结构的正式组成部分，有特定的职权和职责，也可以是非正式的，虽未授予职权，但常常能发挥与正式委员会职能相同的作用。此外。委员会既可以是永久性的，也可以是临时性的。在组织的各个管理层次都可以成立委员会。

在公司的最高层，一般叫作董事会，它行使制定重大决策的职权，负责决定公司的大政方针。董事会是公司的最高决策机构，由若干名董事组成。董事会还可下设委员会，如可以设立执行委员会、财务委员会、经营委员会、任免委员会、薪酬委员会和关系委员会等。

委员会制的优点：实行集体领导，可以集思广益，减少决策失误，避免权力过于集中；委员会是独立的决策机构，决策后的执行由其他机构完成，实现决策与执行的分离；委员会的成员一般由各方面利益集团的代表组成，因此，委员会做出的决策必然能广泛地反映各个利益集团的利益；决策也需要专业化，委员会的成员大部分是这个领域的专业人员，更容易做到决策的科学化。

委员会制的缺点：为了求得全体委员一致的结论，容易形成妥协和折中的意见或结果；委员会是集体负责，这样也就没有一个人能在实际上对集体的行动负责，大家都负责往往导致实际上的大家都不负责；在委员会中，往往是少数有影响的人占支配地位，委员会的决议往往不能反映集体的决断。

委员会制适用于因多方利益代表的存在，需要实行集体决策的组织。各委员会的关系如图 7-16 所示。

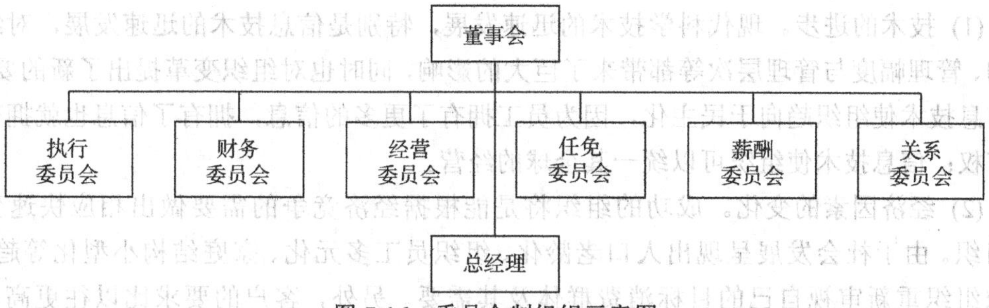

图 7-16　委员会制组织示意图

第五节　组织变革

世界上唯一不变的只有变化本身。无论组织设计得如何完美，在运行了一段时间以后都必须进行变革。组织变革应该成为组织发展过程中的一项经常性的活动。大至一项重大制度的改变，小至一项工作流程的变动，都可以成为组织变革的组成部分。能否抓住时机顺利推进组织变革是衡量管理工作有效性的重要标志。

一、组织变革的原因和内容

有效的组织体现稳定与变革、维持与发展的统一，组织必须快速跟进周围环境的变化，组织不是偶尔而是必须进行自身组织的变革。董事会时刻在分析环境给企业带来的机会和造成的威胁，作为调整经营管理的依据；总裁们在不停地关注着本行业的领袖，以他们作为目标来寻找自己的方向；总经理们在不断地提出提高工作效率的工作口号和方法，以此来寻求更快的发展速度；管理者们希望像管理一个小企业那样灵活地管理一个大企业。今天的组织必须投身于创新和变革中，为了能在日益激烈的竞争环境中获得生存。

组织变革是指组织综合运用组织和其他相关管理原理的基本理论，研究计划、领导、组织再设计和控制等问题，通过对组织中的要素进行结构性变革使之适应环境变化和组织发展需要的活动过程。

(一) 组织变革的原因

企业组织变革是不以人的意志为转移的客观必然过程。生活在环境之中的组织，随环境而生，随环境而变，环境发生变化，客观上要求组织也要跟着环境的变化而变化，组织变革是环境变化对组织的客观要求。组织变革的原因主要有外部原因和内部管理原因两方面。

1. 外部原因

组织变革的外部原因具体表现为以下几点。

(1) 技术的进步。现代科学技术的迅速发展，特别是信息技术的迅速发展，对组织结构、管理幅度与管理层次等都带来了巨大的影响，同时也对组织变革提出了新的要求。如信息技术使组织趋向于民主化，因为员工拥有了更多的信息，拥有了信息也就拥有了发言权；信息技术使组织可以统一其全球的经营。

(2) 经济因素的变化。成功的组织将是能根据经济竞争的需要做出相应快速变革的组织。由于社会发展呈现出人口老龄化、组织员工多元化、家庭结构小型化等趋势，要求组织重新审视自己的目标消费群体及其需要。另外，客户的要求比以往更高，他们想要得到的不仅仅是高质量的产品和服务，他们还希望与公司保持一种简单、直接和方便的关系。面对变化的市场和客户要求，组织要考虑的是如何通过变革适应变化的市场和满足客户的要求。

(3) 国际经济一体化。它为组织提供了更大范围和更宽领域的市场、更低的关税、多元化的市场及更多的全球性的资本流动，要求组织考虑如何面对这种情况实现跨国和跨地区的经营管理。

在当今的商业环境中，唯一不变的事物就是“环境在不断地变化”，而企业生存的载体就是环境，无法跟上环境变化的企业将被环境所淘汰，那么组织需要随着环境的变化而进行调整。

2. 内部原因

组织变革的内部管理原因具体表现为以下几点。

(1) 组织目标的重新定位。组织目标决定着组织变革的方向和变革的范围。往往在以下两种情况下，要重新定位组织目标：一是当组织的既定目标已经或即将实现时；二是当组织既定目标在实施过程中无法实现时，而新的市场机会出现时。这两种情况都必须对组织目标重新定位，为实现新的组织目标，就要考虑组织进行变革。

(2) 组织成员素质、内在动机与需求的变化。一个有效的组织，其组织目标和成员目标往往是一致的，是与成员的素质、内在动机与需求一致的。因此，一定的组织结构与组织管理总是与一定的成员的需要相适应的。由于成员素质的变化，成员希望得到具有挑战性并能促进个人成长的工作，组织就要考虑是否从“以任务为导向”转向“以人为导向”的组织结构再设计的组织变革。

(3) 组织管理中的不良表现。如果在现实组织管理中出现了下述情况，我们也要考虑是否通过组织变革来解决这些管理中的问题：组织机构臃肿、职能重复、人浮于事或组织机构明显漏缺、经营管理环节脱钩；岗位间、部门间的冲突得不到协调，组织职能难以正常发挥，职工的责任感和积极性低落；组织信息沟通不畅，决策形成过程过于缓慢或时常做出错误的决策，组织缺乏创新等。

由于上述原因的存在，影响到每一个组织，这种影响不论其大小，产生了许多的机会，也产生了许多的威胁。利用各种机会，应对各种威胁，组织变革是一种重要的手段。当组织认识到上述情况出现时，可考虑通过组织变革适应组织外部环境的变化和满足组织内部管理的需要。

（二）组织变革的内容

组织变革究竟要变什么？管理者可以从以下四个方面的内容进行组织变革，它们分别是技术变革、产品与服务变革、战略与结构变革、人员与文化变革。

1. 技术变革

技术变革是指组织对作业流程和方法方面的变革，包括产品或服务的生产技术，工作方式、装备、业务流程等。

生产运作新技术的创新与运用，要求组织在管理上做相应的变革。特别是以计算机为代表的管理信息技术在组织中的广泛运用，给组织带来了众多的变化。

(1) 在管理的计划、领导、组织和控制中，广泛使用计算机有助于提高决策效率，有助于解决决策的分层次管理，进而更好地解决组织中的集权与分权相结合的问题。

(2) 组织中许多收集、处理、分析信息的工作由计算机来承担，减少了管理层次，改变了原来的业务流程，有利于促进组织内部的信息沟通，资源共享，也更有利于控制，提高组织的快速应变能力。

(3) 随着管理信息系统在管理中的作用越来越明显，组织要对各个岗位、部门和管理层级的工作进行重新组合。信息技术的发展将使组织具有一种既高度集中又机动灵活的富有竞争力的柔性特征。

2. 产品与服务变革

环境的变化和组织目标的变化都会引起组织产品与服务的变革。当新的市场出现的时候，就意味着新的客户需求的产生，如果组织将这种新的客户需求定为组织新的目标时，组织的新产品与服务就会产生，组织产品与服务变革就是必然的。如电信企业在原来固定电话业务的基础上又进入互联网业务就是产品与服务变革。

3. 战略与结构变革

组织的战略是随着所处的外部环境的变化而变化的，战略的变化要求组织结构做相应的调整。

战略重点的改变会引起组织工作重点的改变，从而导致各部门与职务在组织中重要程度的改变。因此，要求对各管理职务及部门之间的关系加以调整。比如，是以技术研发为中心还是以产品销售为中心的工作重点，不同的工作重点使这两种部门在与其他部门间有着不同的相互关系。

改变企业结构主要包括管理层次、分权管理和业务流程的变革。

(1) 变革管理层次。传统的组织结构强调确定职责、明确分工和工作流程。现在组织结构的一种最明显的趋势是管理层次越来越少，从高层管理者到基层管理者的中间环节逐渐减少。

(2) 变革分权管理。通过减少管理层次、授权和建立规模较小但组织完善的工作单位等方式，促进工作人员提高工作效率，赋予基层管理者更多的职权，配置职权到最需要的地方。

(3) 变革业务流程。变革业务流程需精心组合不同专业生产，可以提高生产效率和工作积极性。

4. 人员与组织文化变革

人员与组织文化变革指员工和组织在哲学、理念、价值观、精神、伦理和道德行为等方面的变革。

人员变革是建立沟通网络，促进员工与组织目标一致。人员的变革是组织变革中最复杂、最深刻以及最难以把握的。组织变革中的人员因素是变革最基本的一个方面，组织人员的行动最终决定了可以做出哪些变革。

组织文化变革就是要产生新的组织文化，这种文化重视员工参与和授权，强调对管理层的尊重、相互间的信任和支持，使员工更加认同组织文化。

二、组织变革的过程和程序

(一) 组织变革的过程

为使组织变革顺利进行，并能达到预期效果，必须先对组织变革的过程有一个全面的认识，然后按照科学的程序组织实施变革。

组织变革的过程包括解冻—变革—再冻结三个阶段。

1. 解冻阶段

这是变革前的心理准备阶段。一般来讲，成功的变革必须对组织的现状进行解冻，然后通过变革使组织进入一个新阶段，同时对新的变革予以再冻结。组织在解冻期间的中心任务是改变员工原有的观念和态度，组织必须通过积极的引导，激励员工更新观念、接受改革并参与其中。

2. 变革阶段

这是变革过程中的行为转换阶段。进入这一阶段，组织上下已对变革做好了充分的准备，变革措施就此开始。组织要把激发起来的变革热情转化为变革的行为，关键是要能运用一些策略和技巧减少对变革的抵制，进一步调动员工参与变革的积极性，使变革成为全体员工的共同事业。

3. 再冻结阶段

这是变革后的行为强化阶段，其目的是通过对变革驱动力和约束力的平衡，使新的组织状态保持相对的稳定。由于人们的传统习惯、价值观念、行为模式、心理特征等都是在长期的社会生活中逐渐形成的，并非一次变革所能彻底改变的，因此，改革措施顺利实施后，还应采取种种手段对员工的心理状态、行为规范和行为方式等进行不断的巩固和强化。否则，稍遇挫折，便会反复，使变革的成果无法巩固。

（二）组织变革的程序

组织变革程序可以分为以下几个步骤。

1. 通过组织诊断，发现变革征兆

组织变革的第一步就是要对现有的组织进行全面的诊断。这种诊断必须有针对性，要通过搜集资料的方式，对组织的职能系统、工作流程系统、决策系统及内在关系等进行全面的诊断。组织除了要从外部信息中发现对自己有利或不利的因素之外，更主要的是能够从各种内在征兆中找出导致组织或部门绩效差的具体原因，并确立需要进行整改的具体部门和人员。

2. 分析变革因素，制定变革方案

组织诊断任务完成之后，就要对组织变革的具体因素进行分析，如职能设置是否合理、决策中的分权程度如何、员工参与改革的积极性怎样、流程中的业务衔接是否紧密、各管理层级间或职能机构间的关系是否易于协调等。在此基础上制定几个可行的变革方案，以供选择。

3. 选择正确方案，实施变革计划

制定变革方案的任务完成之后，组织需要选择正确的实施方案，然后制订具体的变革计划并贯彻实施。推进变革的方式有多种，组织在选择具体方案时要考虑到变革方案的难度及员工的可接受度和参与度等，做到有计划、有步骤、有控制地进行。当变革出现某些偏差时，要有备用的纠偏措施及时纠正。

4. 评价变革效果，及时进行反馈

组织变革是一个包括众多复杂变量的转换过程，再完美的改革计划也不能保证完全取得理想的效果。因此，变革结束之后，管理者必须对变革的结果进行总结和评价，及时反馈新的信息。对于没有取得理想效果的变革措施，应当给予必要的分析和评价，然后再做取舍。

三、组织变革的阻力及其管理

（一）组织变革的阻力

组织变革是一种对现有状况进行改变的努力，任何变革都常常会遇到来自各种变革对象的阻力和反抗。产生这种阻力的原因可能是传统的价值观念和组织惯性，也可能来自于对变革不确定后果的担忧，这集中表现为来自个人的阻力和来自团体的阻力两种。

1. 个人阻力

个人对变革的阻力包括以下两点。

(1) 利益上的影响。变革从结果上看可能会威胁到某些人的利益，如机构的撤并、管理层级的扁平等都会给组织成员造成压力和紧张感。过去熟悉的职业环境已经形成，而变革要求人们调整不合理的或落后的知识结构，更新过去的管理观念、工作方式等，这些新要求都可能会使员工面临着失去权力的威胁。

(2) 心理上的影响。变革意味着原有的平衡系统被打破，要求成员调整已经习惯了的工作方式，而且变革意味着要承担一定的风险。对未来不确定性的担忧、对失败风险的惧怕、对绩效差距拉大的恐慌及对公平竞争环境的担忧，都可能造成人们心理上的倾斜，进而产生心理上的变革阻力。另外，平均主义思想、厌恶风险的保守心理、因循守旧的习惯心理等也都会阻碍或抵制变革。

2. 团体阻力

团体对变革的阻力包括以下两点。

(1) 组织结构变动的影响。组织结构变动可能会打破过去固有的管理层级和职能机构，并采取新的措施对责权利重新做出调整和安排，这就必然要触及某些团体的利益和权力。如果变革与这些团体的目标不一致，团体就会采取抵制和不合作的态度，以维持原状。

(2) 人际关系调整的影响。组织变革意味着组织固有关系结构的改变，组织成员之间的关系也将随之调整。非正式团体的存在使得这种新旧关系的调整需要有一个较长过程。在这种新的关系结构未被确立之前，组织成员之间很难磨合一致，一旦发生利益冲突就会对变革的目标和结果产生怀疑和动摇，特别是一部分能力有限的员工将在变革中处于相对不利的地位。随着利益差距的拉大，这些人必然会对组织变革产生抵触情绪。

(二) 消除组织变革阻力的管理对策

为了确保组织变革的顺利进行，必须事先针对变革中的种种阻力进行充分的研究，并要采取一些具体的管理对策。

1. 客观分析变革的推力和阻力的强弱

勒温曾提出运用力场分析的方法研究变革的阻力。其要点是：把组织中支持变革和反对变革的所有因素分为推力和阻力两种力量，前者发动并维持变革，后者反对和阻碍变革。当两力均衡时，组织维持原状；当推力大于阻力时，变革向前发展；反之，变革受到阻碍。管理层应当分析推力和阻力的强弱，采取有效措施，增强支持因素，削弱反对因素，进而推动变革的深入进行。

2. 创新策略方法和手段

为了避免组织变革中可能会造成的重大失误，使人们坚定变革成功的信心，必须采用比较周密可行的变革方案，并从小范围逐渐延伸扩大。特别是要注意调动管理层变革的积极性，尽可能削减团体对组织变革的抵触情绪，力争使变革的目标与团体的目标相一致，提高员工的参与程度。

总之，无论是个人还是组织都有可能对变革形成阻力，变革成功的关键在于尽可能消除阻碍变革的各种因素，缩小反对变革的力量，使变革的阻力尽可能降低，必要时还应该运用行政的力量保证组织变革的顺利进行。

四、组织冲突及其管理

任何一个组织都不同程度地存在各种各样的冲突。所谓冲突是指组织内部成员之间、不同部门之间、个人与组织之间由于在工作方式、利益、性格、文化价值观等方面的不一致性所导致的彼此相抵触、争执甚至攻击等行为。组织中的冲突是常见的，特别是在变革中是不可避免的，对此不能一概排斥和反对，重要的是研究导致这种冲突的原因，区分冲突的性质，并有效地加以管理。

（一）组织冲突的影响

组织冲突会对组织造成很大的影响。研究表明，竞争是导致团体内部或团体之间发生冲突的最直接因素，组织变革的一个主要目标就是要在效率目标的前提下通过有效的竞争来降低组织的交易成本。因此，团体内部或团体之间的竞争是不可避免的，组织冲突可以说是这种竞争的一种表现形式。

无论是竞争胜利还是竞争失败，组织冲突都会存在两种截然不同的结果，即建设性冲突和破坏性冲突。

所谓建设性冲突是指组织成员从组织利益角度出发，对组织中存在的不合理之处所提出意见等。建设性冲突可以使组织中存在的不良功能和问题充分暴露出来，防止事态的进一步演化，同时，可以促进不同意见的交流和对自身弱点的检讨，有利于促进良性竞争。

所谓破坏性冲突是指由于认识上的不一致、组织资源和利益分配方面的矛盾，员工发生相互抵触、争执甚至攻击等行为，从而导致组织效率下降，并最终影响到组织发展的冲突。破坏性冲突造成了组织资源的极大浪费和破坏，种种内耗影响了员工的工作热情，导致组织凝聚力的严重降低，从根本上妨碍了对组织任务的顺利完成。

（二）组织冲突的类型

每一种环境都可以对应一种冲突类型。常见的组织冲突来源于组织目标的不相容、资源的相对稀缺、层级结构关系的差异及信息沟通上的失真等。

组织冲突会在不同的层次水平上发生，如个体内部的心理冲突、组织内个人之间的冲突、各种不同部门之间的冲突等。而其中组织内的非正式组织与正式组织之间、直线与参谋之间及委员会成员之间的冲突最为典型。

1. 正式组织与非正式组织之间的冲突

由于正式组织与非正式组织之间成员是交叉混合的，更由于人们心理上所存在的感性、非理性因素的作用，所以，非正式组织的存在必然要对正式组织的活动产生影响。正面的影响可以是满足员工在友谊、兴趣、归属、自我表现的合作精神，自觉地帮助维持正常的工作和生活秩序。

但是，一旦非正式组织的目标与正式组织相冲突，则可能对正式组织的工作产生负面影响，特别是在强调竞争的情况下，非正式组织可能认为这种竞争会导致成员间的不合，从而抵制这些竞争。非正式组织还要求成员行动保持一致，这往往会束缚成员的个人发展，使个人才智受到压抑，从而影响组织工作的效率。由于非正式组织中大多数成员害怕变革会改变其非正式组织性，这种组织极有可能会演化成为组织变革的一种反对势力。

2. 直线与参谋之间的冲突

组织中的管理人员是以直线主管或参谋两类不同身份出现的，现实中这两类人员之间的矛盾往往是组织缺乏效率的重要原因。直线关系是一种指挥和命令的关系，具有决策和行动的权力，而参谋关系则应当是一种服务和协调的关系，具有思考、筹划和建议的权力。实践中，保证命令的统一性往往会忽视参谋作用的发挥，参谋作用发挥失当，又会破坏统一指挥的原则。这将使直线和参谋有可能相互指责、互相推诿责任。

3. 委员会成员之间的冲突

委员会是集体工作的一种形式，它起到了汇聚各种信息、加强人员交流、协调部门关系等重要作用。委员会是一个讲坛，每个成员都有发言的权利，而这些成员既代表了不同的利益集团、利益部门，也代表了个人的行为目标。在资源一定的条件下，成员之间的利益很难取得一致。而一旦某个利益代表未能得到支持，他将会被动执行或拒绝执行委员会的统一行动，导致组织效率的下降。

委员会必须充分考虑各方利益，其协调的结果必然是各方势力妥协、折中的结果，这势必会影响决策的质量和效率。

(三) 组织冲突的避免

避免组织冲突有许多方法，首先需要强调组织整体目标的一致性，同时需要制定更高的行动目标并加强团体之间的沟通联系，特别是要注意信息的反馈。通常对于非正式组织来讲，首先要认识到非正式组织存在的必要性和客观性，积极引导非正式组织的积极贡献，使其目标与正式组织目标相一致，同时要建立良好的组织文化，规范非正式组织的行为。

对于直线与参谋，应该首先明确必要的职权关系，既要充分认识到参谋的积极作用，也要认识到协作和改善直线工作的重要性。其次，为了确保参谋人员的作用，应当授予他们必要的职能权力，这种权力应当更多的是一种监督权。同时，给予参谋人员必要的工作条件，使其能够及时了解直线部门的活动进展情况，并提出更具有实际价值的建议。

对于委员会，一方面应该选择勇于承担责任的合格的成员加入委员会，并注意委员会人选的理论和实践背景，力争使之成为一个有效的决策机构和专家智囊团；同时，要对委员会的规模提出限制。显然，信息沟通的质量与成员的多少具有关联性，在追求沟通效果和代表性这两者之间要尽可能取得平衡。为了提高委员会的工作效率，要发挥委员会主席的积极作用，避免漫无边际的争论和时间的浪费，要做好会议的准备工作，讨论中主席应善于引导和把握每一种意见，去粗取精，从总体把握组织利益的方向。

需要注意的是，要把建设性冲突和破坏性冲突区分开来。过去，人们常把组织冲突视为组织中的一种病态，是组织管理失败或组织崩溃的前兆。显然事实并非如此。适度的组织冲突是组织进步的表现，它会使组织保持一定的活力和创造力。为了促进和保护这种有益的建设性冲突，首先应当创造一种组织气氛，使成员敢于发表不同意见。其次，要保持信息的完整性和畅通性，把组织冲突控制在一定的范围之内，同时要避免和改正组织中压制民主、束缚成员创新的机械式的规章制度，以保持组织旺盛的活力。

第六节 小 结

管理活动存在于组织活动中，组织设计是否合理，组织工作是否科学高效，对管理活动的效益有重要影响。组织是在适应外界环境变化中不断发展的，只有不断进行组织变革，才能使组织持续发展。本章首先介绍了组织设计的概念、任务、原则及其影响因素；在此基础上介绍了主要的划分部门化的标准：职能部门化、产品或服务部门化、流程部门化、顾客部门化和地域部门化；接下来又介绍了组织权力的配置，主要包括权力的来源和职权的分类及各类职权之间的关系；公司的组织结构类型：U 型直线职能制、M 型事业部制和 H 型控股制三种主要形式；最后，介绍了组织变革的原因、内容、过程、程序、组织变革的阻力和管理及组织冲突。

【关键概念】

组织(organization) 组织结构(organization structure)
管理幅度(span of control) 职权(authority)
职能型结构(functional structure) 事业部型结构(divisional structure)
矩阵型结构(matrix structure) 职责(responsibility)
组织变革(organizational change)

第七节 复习思考题

1. 简答题

(1) 什么情况下需要组织设计？

(2) 如何保证组织内部的统一指挥？

(3) 扁平化组织和锥形组织中哪种组织的效率更高？为什么？
(4) 管理者可以对组织进行哪些种类的部门化？
(5) 阐述直线职权、参谋职权和职能职权的关系。
(6) 如果你是管理者，你愿意向你的下级授权吗？为什么？
(7) 公司有哪些常见的组织形式？它们的优缺点各是什么？
(8) 组织变革的原因和内容分别是什么？
(9) 谈一下你所遇到的组织变革，变革阻力来自何方？你是如何应对的？你在变革中扮演什么角色？

2. 案例分析

华为的组织结构变迁

华为技术有限公司(以下简称“华为”)是一家生产销售通信设备的民营通信科技公司，于1987年在中国深圳注册成立。经过30多年的发展，华为的产品和解决方案已经应用于全球170多个国家，服务全球运营商50强中的45家及全球1/3的人口。2015年《财富》世界500强中华为排行全球第228位。华为取得的成绩离不开业务战略的成功转型及终端市场的突破，但权力的合理分配和组织运营效率的提升也起着极其重要的作用。在其发展过程中，随着公司规模的不断扩大，华为曾先后多次进行组织结构变革。

1987年，华为成立之初，公司规模较小，员工人数为数不多，部门和生产线相对单一，采用了直线式组织结构。创始人任正非直接领导公司综合办公室，下设制造、财务、行政、市场和研发5个子系统。部门主管在管辖范围内拥有绝对的职权，且只对其直接下属拥有管理权；员工也只能向自己的直接上级汇报。这种简单迅捷的组织结构，不仅有利于其创始人任正非的战略部署及命令得到更好贯彻与实施，还使得华为迅速完成了其原始资本积累，并为后续发展提供了资本和研发支持。

直线式组织结构为华为原始资本积累提供了有效支撑。但随着华为高端路由器的研制和成功销售，其产品不再局限于单一的交换机业务，而是向其他移动通信产品扩张；市场范围也不再局限于个别地区，而是走向全国各个省市。华为进入了高速发展阶段，组织规模不断扩大，员工数量也呈现几何级增长。业务的扩张、市场份额及员工数量的迅速增长，使华为原来的直线式组织结构渐渐暴露出其缺点：所有的管理职能集中由一个人来承担，而当部门的管理者离职，难以找到合适的替代者，就会导致部门之间出现协调差，影响企业业务的正常开展。

任正非在意识到这一问题后，明确了华为的发展不仅应该通过研发技术、产品质量以及更好的服务去争取市场，更需要好的管理。为此，他决定在原有的组织结构上进一步细分管理系统。1998年，华为引进事业部制，废除了部门管理权力集中在少数管理者手中的管理模式。华为根据所经营的事业，按照产品、地区、顾客来划分部门，成立事业部。

事业部制的引进，使华为转向了二维的组织结构：既拥有按战略性事业划分的事业部，又拥有按地区划分的地区公司。各事业部在其经营范围内承担开发、生产、销售和用户服务的职责；地区公司在共同负责的区域内进行经营。事业部制的引进，解决了直线式组织结构导致的所有的管理职能集中由一个人来承担的问题。2009 年，随着组织规模的进一步扩大，华为决策机构为控制运营风险，设置了许多流程控制点。控制点的设立在减少运营风险的同时，却导致了大量时间被用在后方平台与一线的沟通协调上，应对市场变化的资源越来越少。面对越来越大的市场，如何在瞬息万变的市场环境中迅速反应与决策，是华为面临的新问题。

在华为北非分部，围绕客户界面，成立了以客户经理、解决方案专家、交付专家组成的工作小组，形成面向客户的“铁三角”作战单元。在此作战单元之下，前线发现目标和机会时，华为的先进设备、优质资源会及时提供有效支持，而不是拥有资源的人指挥前线。“铁三角”为华为组织变革提供了思路：华为一线真正拥有主动决策权，而后台与总部分离，完全成为支持角色，为前线提供资源和配套，总部则依靠战略导向主动权和监控权，来保障一线的权力不被滥用或者无效益地使用。决策权授给一线团队，后方仅起保障作用，这种思路让华为精简了不必要的流程和人员，提高了运行效率。

华为 2015 年实现全球销售收入 3950 亿元人民币，同比增长 37%。华为保持了稳健增长的态势，全面超越最大的竞争对手瑞典爱立信，成为全球通信行业老大。骄人的业绩虽然离不开华为业务战略的成功转型及终端市场的突破，但权力的合理分配和组织运营效率的提升也起着极其重要的作用。

(资料来源：刘祖轲. 华为组织变迁梳理，从集权到分权[EB/OL]. http://www.tmtpost.com/101588.html，2014-03-28.)

【思考题】

(1) 华为在发展过程中采用了哪些组织结构形式？分别谈谈各组织结构形式的特点。

(2) 从华为由直线式→事业部→二维结构→“铁三角”的组织结构变迁中，你认为华为目前应该采取什么样的组织结构形式更有效？为什么？

(3) 试分析华为各阶段组织变革的动因。

(4) 结合案例，谈谈你对集权与分权的看法。

3. 管理实战

大师这么说

【形式】集体参与

【时间】约 30 分钟

【材料】幻灯片和课堂资料

【场地】不限

【应用】

➢ 团队建设

➢ 创造性思维培养

【目的】鼓励成员对团队工作的创造性思考和识别改进的机会。

【程序】

➢ 背景介绍

这个活动要求成员尽量摆脱垂直的思维方式，去探究那些平时不关注的团队行为问题。活动提供团队成员一份可选择的语录，这份语录可以看作团队成员思维的催化剂。语录是各式各样的，能触发不同的成员产生不同的思想。

➢ 游戏步骤：

(1) 用幻灯片向小组展示所选择的那套语录。

(2) 选择其中一条语录，并提问引出介绍性的讨论。可能的问题：这条引语是否能引发有关你们团队的思考？这种小型的讨论意味着对团体的关注，并为接下来的个人思考打下基础。

(3) 给每个参与者提供相应的“大师这么说”工作表的复印件(见表 7-3)，简要地浏览一下说明。花 10 分钟左右的时间完成工作单。也可以请参与者以小组的形式完成工作单。请小组选择 3～4 条语录。大概需要 25 分钟。

(4) 讨论每条语录，让参与者分享他们的回答。

(5) 扼要回顾一下大家讨论各种表达的观点，并看看还可做哪些改进。

(6) 引导小组发觉哪些改进意见能转化成实际的行动。

(7) 核实一下大家是否达成以下共识：更好地了解彼此的观点；重新理解团队的运作方式；提高团队工作效率的行动承诺。

【讨论】

➢ 在你的小组工作过程中，是否每个人都有参与？

➢ 当别人参与程度不够时，你有什么感觉？

【总结与评估】

兴旺的团队并不认为他们的成功是理所当然的。他们认识到成功不仅取决于他们做了什么，还取决于整个团队是怎么运作的。

【课堂资料】“大师这么说”工作表(见表 7-3)

表 7-3 “大师这么说”工作表

语录	关于你们团队的思想
“如果用理性进行思维，我将什么也发现不了。”	
“在新经济中，想象是价值的主要来源。”	
“领导者的任务是使他的员工从他们所在的地方到他们没有去过的地方去。”	
“在每场比赛中把每一件小事做好会拉开胜利和失败之间的距离。”	

第八章

人力资源管理

组织设计为组织系统的运行提供了结构框架，而组织系统要正常运行还要依赖于相关的人员，因此人力资源管理是组织设计的逻辑延续，是组织理论的重要组成部分。本章主要论述工作分析的作用、方法、人力资源管理的主要职能和职业生涯规划。

【学习目的与要求】

- 了解人力资源管理及其作用
- 掌握工作分析及其作用
- 掌握人力资源规划的策略
- 掌握员工招聘的程序与方法
- 掌握员工培训的原则与方法
- 掌握绩效管理的过程及作用
- 熟悉薪酬的基本结构与作用

【引例】

如何满足组织不断发展所提出的人员需要？

众康是一家从事汽车零配件生产的民营企业，在企业成立的前五年中，企业主要是为一些汽车维修企业提供若干品种的汽车零配件产品。随着企业新品种的不断开发和产品质量的不断提高，业务对象也开始扩展到汽车组件厂，成为一些汽车组件厂的定点配套企业。随着企业业务量的不断增长，企业开始感受到现有人员素质与业务的不匹配和企业人手的不足。

在过去，为了降低产品成本和减少风险，企业对人手的控制一直都比较紧，绝大多数新增工作都通过分配给现有员工的方式加以解决，所以企业中一人兼数岗的情况比较普遍，各人的岗位职责也不是很清楚，通常凡是某个员工可以做的工作就分配给这一员工，而不太在意他原来做的是何种性质的工作。这一人员控制策略在企业发展初期是与企业的低成本市场进入战略相匹配的。只是近年来，随着业务量的急剧扩张，企业开始发现原有的员工也不像以前那么能干了，做事丢三落四，分配给他的任务常常不能及时完成；相互之间扯皮现象增多，做事情你推我我推你，出了问题相互推卸责任，常常是要等到老总亲自过问才能有所行动；许多事情常常是大会小会经常说，领导思想上很重视，却总是停留于口头，而无法贯彻落实。面对企业发展中出现的这些现象，企业老总找到了一位管理学教授进行咨询。管理学教授经过分析后认为，这些问题的出现根源在于没有预见到企业的迅速发展，以至于当企业迅速发展时，企业的组织结构和人员配备跟不上企业发展的需要，从而导致了老总所描述的以上种种现象。

企业经过内部讨论，认可了教授的分析，认为上述问题的出现很大程度上确实与没有预见到企业会发展得这么快有关，并就改变组织结构设置、加大人员引进力度和聘请咨询公司协助做好组织结构设置与人员引进达成了共识。

(资料来源：邢以群. 管理学[M]. 杭州：浙江大学出版社，2012：220-221.)

第一节 人力资源管理的基础：工作分析

工作分析是人力资源开发与管理的基础，有效的人力资源管理工作都是在工作分析的基础上展开的。

一、工作分析及其作用

(一) 工作分析的内容

工作分析又称职务分析，是指对组织中各项工作职务的特征、规范、要求、流程及对完成此工作员工的素质、知识、技能要求进行描述的过程。

工作分析的主要任务是编写工作说明书。工作说明书的内容可简可繁，可依据工作分析的目的加以调整；形式比较灵活，可以用表格表示，也可以采用文字叙述。工作说明书应使用浅显易懂的文字，用语要明确，不要模棱两可，应运用统一的格式书写。工作说明书最好由组织高层主管、典型任职者、人力资源部门代表、职务分析人员共同组成工作分析小组，协同工作，共同完成。

工作说明书是用文件形式来表达工作分析的结果，主要内容是工作描述和工作规范，如图 8-1 所示。工作描述是对工作本身的特性所进行的说明，包括工作内容、任务、职责、环境等；而工作规范则是对承担工作的人所作的资格要求，如技能、教育背景、所受训练、工作经验、体能和心理素质等。完整的工作说明书应该包含以下项目。

(1) 基本资料。岗位基本资料主要包括工作岗位名称、岗位等级、岗位编码、定员标准、直接上级和分析日期六个方面的内容。

(2) 工作职责。工作职责是工作职务和工作责任的统一。在工作说明书中，工作职责这一项包含两部分内容：第一部分是概述，用精练的语言高度概括岗位所应承担的责任。第二部分是工作职责，根据岗位任务的要求进行具体描述。

职称	职系	工资等级	工资水平	定员	所属部门	分析日	分析人	职称	职系	工资等级	工资水平	定员	所属部门	分析日	分析人

工作描述			工作执行人员的资格条件		
工作概要		自行工作的条件	需求程序		
		基础知识			
		智力条件	作业知识		
工作时间	1. 正常班（实际劳动时间　小时） 2. 早到（约　分） 3. 加班（约　小时/周） 4. 轮班（　）	智力条件	规划能力		
		智力条件	注意力		
		智力条件	判断能力		
		智力条件	语文能力		
工作姿势	1. 坐（　%）2. 立（　%） 3. 走动（　%）4. 蹲弯腰（%）	智力条件	领导能力		
		智力条件	控制能力		
工作程序及方法	1.　(%) 2.　(%) 3.　(%) 4.　(%)	身体条件	体力		
		身体条件	运动能力		
		身体条件	手眼配合能力		
		身体条件	效应		
工作环境	分数	程序	身体疲劳程度		
工作环境	温度		精神疲劳程度		
工作环境	湿度		熟练期		
工作环境	粉尘		经验	同类工作	年
工作环境	异味		经验	相关工作	年
工作环境	污秽		经验	1	年
工作环境	噪声		经验	2	年
工作环境	危险性		经验	3	年
使用设备：			备注：		

图 8-1　工作说明书

(3) 岗位关系。本部分包含两个方面的内容，即岗位之间横向和纵向的联系。岗位说明书中，首先必须清楚指出本岗位上下监督的关系，即所受的监督和所实施的监督；其次，应说明与其他岗位的关系，即内部岗位之间的横向关系，通过横向和纵向上的描述，可以清楚地看出本岗位在组织系统中的确切位置。

(4) 工作内容及要求。工作内容为工作职责的具体化，即岗位所要从事的工作任务，本岗位应该做什么，不该做什么，该如何做，应逐条进行规定，内容力求具体、易操作。工作要求即对每项工作应达到的标准和规格做出的规定，这是业绩考核的依据之一。

(5) 工作权限。为了确保工作的正常开展，必须赋予每个岗位不同的权限，但权限必须与工作相配套，权限过大，会导致权力被滥用，如权限过小，就起不到应有的监督和制约作用。正确的权限制定，应该是责权完全统一，权力之间相互制约、相互协调。

(6) 工作环境和条件。工作环境和条件主要包括以下因素：工作环境有无噪声、污染、振动或危险；温度、湿度、通风、采光、卫生如何；工作所必需的设备、仪器、工具和用品是什么等。

(7) 工作时间。工作时间的内容包含班制设计和工作时间长度界定两个方面，工作时间长度有周标准工时、月标准工时和年标准工时等指标。

(8) 业绩标准。所谓业绩标准就是要明确工作任务完成好坏的等级标准，让员工能够心中有数，知道自己工作努力的方向和目标，从而使得员工在其位、谋其职、得其力，产生引导、规范、约束和激励的作用。

(9) 任职资格描述。即本岗位对任职者在生理、心理、智力、能力、资历、经验、资格等方面的具体要求，实现人岗匹配。生理方面的要求包括年龄、性别、身高、外貌、视力、体质等方面的要求；心理方面的要求主要包括气质、性格、情绪、承受能力、心理调控等方面的要求；智力由于比较难准确测评，所以通常用学历、经验等代替；能力由于比较抽象，在进行描述时往往要具体化和明确化。有的岗位还要求具有执业资格才能上岗，如律师、法官、检察官、公证员、会计师、教师等。

（二）工作分析的作用

1. 为组织的人力资源规划提供基本依据

人力资源规划者在动态的环境中分析组织的人力需求，所以必须获得广泛的信息。在组织内工作任务的分配状况可从工作分析中得到较详细的资料，根据这些资料可以作为利润分配时的准绳。另外，在组织不断发展中，工作分析可作为预测工作变更上的基本资料，并且可让该职位上的员工或其主管预先进行准备适应改变后的相关工作。

2. 为招聘和选拔提供明确标准

雇主招聘和挑选的目的是识别和雇佣最合适的求职者。通过工作分析可首先找出挑选标准(成功完成某项工作所必需的知识、技能、能力及相关工作经验的要求)，然后根据这一标准去选择恰当的挑选工具，而且在招考新进人员时，用人单位可就工作分析当中所得到的职务范围内所需的专业技能出示笔试、口试或实际操作测验试题，以测出应征者的实力，是否符合该职位的需求。另外，还有一个法律原因：法庭会要求一个受歧视指控的雇主证明他的挑选标准与工作有关，是依据工作分析的信息做出的。

3. 为培训和开发的方案提供参考

公司可以使用工作分析的信息去评价培训的需要和评价培训的方案。通过工作分析的信息，主管可以识别哪些工作已被恰当完成，哪些任务完成得不恰当，接着判断哪些完成不恰当的任务可以通过培训完成得更好，从而确定培训的需要，诸如训练课程的内容、所需训练的时间、训练人员的遴选等。为了评价培训方案是否成功，组织者必须首先通过工作分析明确培训的目标及培训后期望达到的绩效水平。

4. 为绩效评估标准与形式的选择提供帮助

绩效评估是将员工的实际绩效与组织的期望做出比较，而透过工作分析可以决定出绩效标准，设定各项加权比重，将绩效考核制度中的评量标准与公司经营总目标、员工个人调薪标准结合。工作分析以清单的方式列出工作的任务，并具体规定每项任务的期望绩效水平，这些清单为制定和评价绩效评估形式奠定了基础。

5. 为薪酬决策提供参考

公司一般把工作的相对价值(重要性)作为薪金比率的基础，工作价值的大小(技能水平、努力、责任、工作条件)以工作分析提供的信息来评价。

6. 为生产率改善方案奠定基础

工作分析可提供机构中所有工作的完整资料，对各项工作的描述都有清晰明确的全貌，故可指出错误或重复的工作程序，以发觉其工作程序所需改进之处。所以，工作分析可谓是简化工作与改善程序的主要依据。另外，企业为提高劳动生产率必须对绩效达到或高于某种期望值的员工进行奖励，合理的、会受到奖励的绩效水平需要由工作分析来识别。同时，未能恰当履行工作责任的人要受到惩戒，工作责任的职权界限需要由工作分析来划定。

二、工作分析的方法

工作分析的方法分为定性方法和定量方法两种，每种方法都有各自的优点和缺点，应该依据工作的性质选择适当的方法，尽可能把两种方法结合起来灵活运用。工作分析的具体方法如下。

1. 访谈法

访谈法是指工作分析访谈者与一个或多个有关人员之间进行有针对性的谈话，一般与任职者及其主管部门一同进行，要求任职者描述他们做什么、怎样做，以及完成其工作所需的条件。

优点：最常用的收集工作信息的方法，可被用来分析所有类型的工作信息，并且是收集某些信息的唯一方法，它能提供潜在的信息财富。

缺点：①被访谈者会试图夸大其工作的重要性或意义。任职者常害怕工作分析会对自己不利，如取消工作或削减薪金，因此分析者必须在访谈开始时就清楚地解释分析的目的。②带有任职者的主观片面性或表面性的看法。③花费时间较长。时间的长短取决于寻求信息的数量和深度。当缺少进行个体访谈所需要的时间和资源时，其最佳替代办法是进行群体访谈。

2. 观察法

观察法是指工作分析人员直接到现场观看任职者完成工作的情况，常被用作对访谈的某种补充，但人力资源管理专业人员常以观察作为工作分析的基础。它对于识别常规、重复性工作类型是一种杰出的方法。

优点：通过观察工作，分析者能确定花在任务上的实际时间；不易受自我报告性偏见或误解的伤害；分析者能通过比较笔记去核查结果的一致性。

缺点：应用性有限，当一项工作仅以不规则的间隔被完成时，它会把大量时间花在观察它们的全貌上；并不是所有的任务都能被观察到；当执行者意识到被观察时，他们可能会不典型地去行动。

3. 问卷法

问卷法包括开放式工作分析问卷和封闭式工作分析问卷。开放式工作分析问卷要求答卷者自己提出问题自己回答；封闭式工作分析问卷要求答卷者从问卷提供的清单上选择一个答案，这种方法又称为工作分析清单法。

优点：当信息需要来自几个人时，该法可以快速地收集到信息，但必须先对问卷进行标准化处理。

缺点：应用性有限，许多工作信息不能使用这种方法分析；偏差的概率也较大。

近几年，美国等发达国家开始研究和推广一些工作分析的量化问卷法，使用比较广泛的是职位分析问卷法(Position Analysis Questionnaire，PAQ)。

职位分析问卷法(PAQ)，是由美国学者麦考密克、珍纳尔与米查姆设计的。职位分析问卷以对人员定向的工作要素的统计分析为基础，分为以下几个方面：信息输入；心理过程；工作输出；人际活动工作情景与职务关系；其他方面等。

4. 工作实验法

工作实验法是指主试(工作分析人员)控制一些变量，通过这些被控制的变量引起其他相应变量的变化，收集一些工作信息。工作实验法包括实验室实验和现场实验。

优点：信息准确。

缺点：适用范围狭窄。

5. 参与法

主试通过直接参与某项工作而收集信息。

优点：可克服员工表述的偏差，弥补观察不到的内容。

缺点：许多专业化的工作无法参与。

6. 关键事件法

关键事件指使工作成功或失败的行为特征或事件。关键事件记录包括以下几个方面：导致事件发生的原因和背景；员工特别有效或多余的行为；关键行为的后果；员工自己能否支配或控制上述后果。

关键事件法的实际操作步骤：把每一关键事件打印在卡片上；让多位有经验的工作分析者对所有卡片进行分类，分类的标准可以统一，也可以不统一，对那些分类有争议的事件要进行讨论，直到取得一致意见；对类别予以明确地概括和定义。

优点：能直接描述人们在工作中的具体活动，因此，可以揭示工作的动态性。

缺点：收集、归纳事例并且进行分类要耗费大量的时间。

7. 工作日志法

工作日志法又称工作写实法，指任职者按时间顺序详细记录自己的工作内容与工作过程，然后经过归纳、分析，达到工作分析的目的的一种方法。

优点：经济、方便，尤其在分析复杂工作时经济有效。

缺点：只适用任务周期短、工作状态稳定的工作，获得的记录和信息比较凌乱，难以组织整理。

8. 资料分析法

为降低工作分析的成本，应当尽量利用原有资料，例如责任制文本等人事文件，以对每项工作的任务、责任、权利、工作负荷、任职资格等有一个大致的了解，为进一步调查、分析奠定基础。

优点：成本低，工作效率高，能为进一步工作分析提供基础资料、信息。

缺点：缺乏灵活性，一般收集到的信息不够全面。

9. 任务调查表法

任务调查表法是通过发放任务调查表获得的与工作相关的数据和信息并对其进行分析的方法。任务调查表是用来收集工作信息或职业信息的调查表，该调查表上列明了每一条检查项目或评定项目，形成了任务或工作活动一览表，其内容包括所要完成的任务、判断的难易程度、学习时间、与整体绩效的关系等。

优点：能够对任务信息进行彻底的描述，将数据转化为报告和表格，信息充足，简单易懂，能够运用于人力资源管理等领域。

缺点：调查表设计难度大，需要填写人员接受专门训练以准确理解和填写，成本较高。

第二节 人力资源管理的主要职能

人力资源管理是组织设计的逻辑延续，通过对工作要求与人员素质的分析，谋求人员素质与工作要求的最佳组合，从而实现员工的不断成长和组织的持续发展。作为一个系统性管理活动，人力资源管理主要包括员工招聘与选拔、员工的培训、绩效评估、薪酬激励等职能。

一、员工的招聘与选拔

（一）员工招聘的基本程序

1. 确定职位空缺，制定招聘决策

员工招聘时首先要根据工作分析的结果确定职位空缺，并在此基础上制定员工招聘决策。员工招聘决策是组织的最高管理层关于重要工作岗位和大量工作岗位的招聘的决定过程。

(1) 招聘决策的主要内容：①什么岗位需要招聘？招聘的计划人数是多少？每个岗位的具体要求。②何时发布、运用什么渠道发布招聘信息？③委托哪个部门进行招聘测试？④招聘预算多少？⑤何时结束招聘？⑥新进员工何时到位？

(2) 制定招聘决策的原则：①因事择人；②少而精、宁缺毋滥；③公开、公平竞争。

2. 选择招聘渠道，发布招聘信息

发布招聘信息时应该尽量向可能应聘的人群传递组织将要招聘的信息，为此必须选择恰当的招聘渠道。随着经济的发展，招聘渠道越来越多，主要的招聘渠道包括报纸、电视、网络、杂志、电台、布告、新闻发布会、口头传播。如何经济、高效地选择招聘渠道是员工招聘时面临的现实问题。一般说来选择招聘渠道时应依据以下原则：①面广，面越广招聘到合适人选的概率越大；②及时，招聘信息越早发布，招聘进程越短，应聘的人越多；③层次定位明确，重点向需要的特定层次的人发布招聘信息。

3. 进行招聘测试

招聘测试指在招聘过程中，运用各种科学方法和经验方法对应聘者加以客观鉴定的各种方法的总称。招聘测试的主要目的是：挑选合适的员工；做到人尽其才；体现公平原则。

招聘测试的种类包括：面试；知识考试；能力测试；个性心理特征测试；评价中心测试等。

4. 制定人事决策

人事决策是在招聘的最后阶段决定让什么人从事哪一项工作。人事决策的常规步骤是：对照招聘决策、参考测评结果、确定初步人选、查阅档案资料、进行体格检查、背景调查、确定最终人选。

5. 评估招聘过程

招聘工作结束后，人力资源管理部门还要总结本次招聘过程，评估招聘工作是否完成、收获是什么、还存在哪些不足。通过认真总结为以后的招聘工作提供借鉴。

（二）员工招聘的主要方法

当组织出现职位空缺时，需要通过招聘满足组织发展所需的人力资源。在招聘过程中一般首先选择内部招聘，内部招聘若满足不了组织发展所需的人员就需要借助外部招聘。

1. 内部招聘

组织进行内部招聘时，对不同层次的职位空缺会相应采取差别化的选聘方法。一般来说，对于大批量基层员工的选聘多选用档案记录法；对于中高层员工或关键岗位员工的选聘多选用主管推荐制。

(1) 档案记录法，又称电脑化的职业生涯行进系统，是指在人力资源信息系统中存储每位员工的个人资料档案，记录员工的教育、培训、经验、技能及绩效等方面的信息，一旦工作出现空缺，高层管理者或人力资源管理部门可以用计算机搜寻、辨认所需人选，快速选出符合职位要求的人员。

档案记录法的优点：可以快速找到候选人，尤其是大公司需要在较大范围寻找候选人时，档案记录法成为快速高效的内部招聘方法。

档案记录法的缺点：因为计算机上只能存储客观信息(教育程度、资格证书、所受训练、掌握的语言)，无法存储主观性信息(人际技能、判断力、品质)，对许多工作尤其是关键岗位或高层次岗位而言，主观性信息是至关重要的，档案记录法在记录主观性信息方面的欠缺决定了无论电脑系统如何发达，电子化人力资源管理都必须借助于人的主观能动性。

(2) 工作张榜：将职位空缺的通知贴出，描述工作、薪水、工作日程、必要的工作资格，让所有的员工都能看到并使所有拥有资格的员工都可以申请。

工作张榜的优点：提高了公司所有合格的员工都能被考虑从事该工作的可能性；给员工一个对自己职业开发负责任的机会，使雇员看到努力能带来更大的晋升机会；使员工离开一个不如意的工作环境，促使主管更有效地管理以免员工跳槽。

工作张榜的缺点：耗时较长；可能阻止主管雇佣自己选择的人；某些雇员会因缺乏明确的方向而在工作中跳来跳去；申请被拒绝的雇员可能会疏远组织。

(3) 主管推荐制就是让主管从其下属员工中推荐各类候选人。

主管推荐制的优点：很受主管领导欢迎，便于了解和提拔正在寻求晋升的潜在的候选人。但主管推荐制也有着先天的缺点：少数人选少数人，必然带有主管的主观性和偏见，很有可能使主管为提拔亲信而越过合格的、优秀的候选人。

(4) 职业快车道：为高潜能的员工开辟绿色职业通道，让他们越出组织层级限制、接受特殊的培训以适应特殊的工作，同时为他们的职业晋升准备充分的条件。

职业快车道的优点：使最高绩效者更可能留在组织中，确保总有填补关键岗位空缺的人选。职业快车道的缺点：辨认合适候选人的难度较大；未被选中者会因不满而离开组织；若长久没出现空缺职位，候选人会因晋升迟迟不兑现而灰心。

【案例】

宝洁公司的内部选拔机制

宝洁公司是当今为数不多的采用内部提升制的企业之一。早在企业成立之初的1837—1867年的30年里，宝洁公司曾花费了大量时间去思考和研究，用什么办法才可以让员工一直留下来？他们的答案是，关键在于使员工对企业产生较强的归属感，使员工的价值观与企业的价值观相吻合，而内部选拔制度非常有利于实现这两个目标。

宝洁公司成功的秘诀之一就是内部提升，也就是说，所有的高级员工都是从内部提升的，宝洁不会从外面招入一个人做上司。宝洁提出：“我们实行从内部发展的组织制度，选拔、提升和奖励表现突出的员工而不受任何与工作表现无关的因素影响。提升取决于员工的工作表现和对公司的贡献。你个人的发展快慢归根结底取决于你的能力和所取得的成绩。”内部选拔本是企业用人方式的一个自然选择。但在宝洁，这种自然已经超越一般，成为宝洁的企业价值观之一，成为宝洁企业文化的一个显著表现形式，是宝洁用人制度的核心。

要实现内部提升制，就必须有几个前提：一是公司雇佣的人员必须有发展的潜力；二是他们应该认同公司的价值观；三是公司的职业设计相当明确并且充满层次；四是公司必须建立完善的培训体系，以提升公司雇员的潜力；五是公司的提升制度必须透明化。

要实现内部提拔的策略，首先需要的是一个能够保证公司内部提升的系统支持。那么，如何实现这种策略将是其中的关键。宝洁公司的人力资源内部提拔的四个步骤如下。

1. 人才供给系统——招聘。宝洁公司的招聘程序与众不同的是，它不仅仅是人力资源经理去招聘，而是直接由需要人才的部门经理去招聘，由于这些部门经理对需要的人才都有一个基本的目标，所以对人才的潜力等方面也有着自己的认识；领导层也会高度支持招聘工作，高层经理会直接参与招聘。宝洁公司力求在人才招聘过程中打造企业的“职业”品牌。

2. 表现——绩效管理。这要求管理者要明确，在管理良好的上下级关系的基础上，设立高绩效的标准，并定期地实行一对一的反馈与指导。并且要与员工共同确立员工个人的《工作与发展计划》。这种计划制订不能是命令式的，它必须建立在直接经理与下属相互信任的基础上，并在真诚而透明的沟通之后形成。

3. 人才的培养及职业发展系统。这要求公司首先具备严谨的任命计划，其次是透明的职业发展通道，最后是形成管理自我职业发展的主人翁精神。相对于大多数的员工来说，升迁机会永远是"皇帝只有一个"，不可能每一个员工都能获得升迁的机会，所以，只要有一个职位空缺，宝洁公司就把它放在企业的内部网上，让大家去申请，并且保证绩效考核公开。

4. 奖励与认可。这主要表现为奖励员工优秀的工作业绩，如提升、任命计划等。有一位品牌经理的故事，在 1999 年的时候，还不是品牌经理的他经常被顶头上司批驳得体无完肤，几乎所有的方案都受到了驳斥。到了年底，他认为需要卷铺盖走人的时候，上司却意外地在绩效考核的分数线上给了他高分。原来，上司批评是因为他提出的方案前瞻性不足，但这并不妨碍他当年的工作做得非常出众，他的努力获得了上司的肯定。

在宝洁，除了律师、医生等职务，几乎所有的高级经理都是从新人做起。宝洁管理层95%以上的员工都是由应届大学毕业生培养起来的。在宝洁的内部提升理念和机制下，历任 CEO 都是从初进公司时的一级经理开始做起的，他们熟悉宝洁的产品，也熟悉宝洁的经营机制，更重要的是，他们对宝洁的文化有百分之百的忠诚。他们是随着宝洁公司成长而一道成长的。这种自豪感和主人翁意识可以很好地保持公司的凝聚力，提高他们工作的满意度和激情。

当然，内部选拔容易带来员工同质性高的后果，可能会影响企业的创造力。为了消减这些消极影响，宝洁非常强调"外向性"，加强外部市场调研，加强与研究机构、供应商、分销商的配合，注重引入外部积极因素来积极化解内部选拔制度带来的某些不利，这比许多选择并坚持自身特色的企业多走了一步。

宝洁相信自己招聘的质量，相信公司内部是有大量人才的。宝洁希望每个员工都能看到自己的上升空间，而不要一有职位空缺，就由"空降兵"占领，这样员工可能对公司就没有归属感。宝洁让员工在企业文化的熏陶下成长，确信长时间的文化感染会让员工充分认同企业的核心价值观，与企业共同发展。在维系员工的归属感、激发员工的工作热情之外，内部选拔还可以有效避免外部招聘所带来的"公司政治"(不同背景的小集团)增多的风险，有利于维护公司文化的纯洁，从而减少因公司核心价值观受到冲击而造成公司经营上动荡的风险。在这样的工作环境下，宝洁的员工充分体验到了宝洁雇主品牌的杰出魅力，提高了企业的核心竞争力，赢得了世界同行的尊重，赢得了员工与公众的信赖。

(资料来源：黄琴. 浅析宝洁如何吸引和留住人才[J]. 商情，2013(27)：265-265.)

2. 外部招聘

外部招聘方法众多，组织应结合工作岗位的需求及空缺状况灵活选择。外部招聘主要有以下方法。

(1) 广告招聘：在媒体(报纸、杂志、电视、电台、互联网)上公开招聘，使所有参与者公平竞争、择优录取。这是外部招聘中应用最广泛的一种方法，几乎所有的公司都采用过这种方法。

广告招聘的优点：短时间内能吸引大量求职者。广告招聘最大的缺点是低效率，人员筛选工作量浩繁，录取率较低。

(2) 熟人介绍：工作出现空缺时，由组织内外的熟人介绍人选，经测试合格后录取。

熟人介绍的优点是成本低、效率高，一旦被录取表现好，离职率低。熟人介绍的突出缺点是组织内易形成非正式群体；管理中易出现任人唯亲现象；受熟人圈的限制招聘选择面狭小。

(3) 求职者自荐：求职者主动上门提出申请，这在声誉好的组织特别盛行。

求职者自荐的优点是：成本低、效率高；候选人了解公司更易投入工作、更易受到激励。求职者自荐的缺点是：申请储存时间长，等到出现职位空缺时，求职者可能已找到其他工作。

(4) 职业介绍机构：职业介绍机构分为公共职业介绍机构和私人职业介绍机构，由于猎头公司逐渐成为中高级人力资源市场的垄断者，在这里把猎头公司从一般的私人职业介绍机构中分离出来专门介绍。

公共职业介绍机构指政府的劳动、人事部门为促进就业而办的就业介绍机构。通过公共职业介绍机构招聘的优点是时间短、费用低；缺点是应聘人员素质偏低。

私人职业介绍机构指私人以盈利为目的而举办的各类职业介绍机构。通过私人职业介绍机构招聘的优点是时间短、效率高。为获得利润和声誉，一般储存大量人员信息，且极力促成双方交易。缺点是费用高。

猎头公司，又称猎头者、经理搜寻公司，是指专门为招聘者搜寻中高级经理和高级技术人员的职业介绍机构，它与私人职业介绍机构的区别在于有独特的运作方式和特殊的服务对象。通过猎头公司招聘的优点是高效率，能为公司找到急需的、紧缺的优秀人才，这类人才一旦走上工作岗位可立即发挥重大作用。猎头公司招聘的缺点是费用非常高，一旦委托无论成败都要付费。

(5) 校园招聘：招聘者走进校园直接与学生进行双向选择。

校园招聘的优点是易于雇到初级专业人才。在国外，3 年以下工龄的初级专业人员50%是校园招聘直接得来的。校园招聘的缺点是时间长、费用高。一般需提前半年以上进行招聘，等学生毕业才能聘用。

(三) 员工招聘的测试方法

1. 面试

面试是指通过应聘者与面试者之间面对面的交流和沟通，从而对应聘者做出评价的方法。虽然学者们对面试的看法并不完全一致，但在实践中，这却是企业最常用的一种选拔录用方法。调查显示，70%的企业在招聘录用中使用了某种形式的面试方法(Dipboye，1992)；而另一项调查则表明，99%的企业使用面试作为筛选工具(McDaniel，1994)。

按照不同的标准，可以将面试划分为不同的类型。

(1) 按照面试的结构化程度，可以分为结构化面试、非结构化面试和半结构化面试三种类型。结构化面试是指按照事先设计好的问题进行提问的面试，这种面试可以避免遗漏一些重要的问题，同时还可以对不同的应聘者进行比较，但是却缺乏灵活性，不利于对某一问题进行深入了解。非结构化面试是指根据实际情况随机进行提问的面试，这种面试的优缺点正好和结构化面试相反。半结构化面试是指将前两种方法结合起来进行的面试，它可以有效地避免结构化和非结构化面试的缺点。

(2) 按照面试的组织方式，可以分为陪审团式面试和集体面试两种类型。陪审团式面试是指由多个面试者对一个应聘者进行面试，这种方法可以对应聘者做出比较全面的评价，但是却比较耗费时间。集体面试是指由一个面试者同时对多个应聘者进行面试，它虽然可以节省大量的时间，但由于面试者要同时观察多个应聘者的表现，容易出现观察不到的情况。

(3) 按照面试的过程，可以分为一次性面试和系列面试两种类型。一次性面试是指对应聘者只进行一次面试就做出决策；系列面试则是指要对应聘者一次进行几轮的面试才能做出决策。在实践过程中，企业往往将上述面试的类型结合起来使用，一般会采取一次性的陪审团式面试方式。

另一方面，面试者在面试过程中，可能因为其心理因素和环境因素而导致对应聘者不能做出客观评估。面试者经常会受到一些潜在心理效应的影响。

(1) 近因效应。这是指在多种刺激同时出现的时候，印象的形成主要取决于后来出现的刺激，即交往过程中，最近、最新的认识占了主体地位，掩盖了以往形成的评价，也称为“新颖效应”。面试者在连续面试多名候选人时，会对最初和最后面试的候选人印象特别深刻。同样，对于同一应聘者在面试之初表现不佳，但随着紧张度的降低对于问题的分析回答渐入佳境，这也会让面试者在一定程度上改变最初不良印象，提升分数判定，这是近因效应在起作用。

(2) 定势效应。这是指人们因为局限于既有的信息或认识的现象。人们在一定的环境中工作和生活，久而久之就会形成一种固定的思维模式，使人们习惯于从固定的角度来观察、思考事物，以固定的方式来接受事物。面试者在面试中容易受到自身固定思维的影响，从应聘者体态、声音及言辞三种信息载体中判断应聘者的综合表现，进而给出成绩。

(3) 首因效应。这是指当人们第一次与某物或某人相接触时会留下深刻印象，个体在社会认知过程中，通过“第一印象”最先输入的信息对客体以后的认知产生的影响作用，也叫首次效应、优先效应或第一印象效应。面试者在应聘者出场一瞬间就产生了最初印象，应聘者的相貌着装、举止行为投射在面试者眼中形成第一印象，为后期的打分奠定了基础。

(4) 晕轮效应。这是指在人际知觉中所形成的以点概面或以偏概全的主观印象，在人际相互作用过程中形成的一种夸大的社会现象，正如日、月的光辉，在云雾的作用下扩大到四周，形成一种光环作用。晕轮效应常表现在一个人对另一个人的某方面印象决定了他的总体看法，而看不准对方的真实品质。面试者容易被应聘者的亮点所吸引，忽视观察应聘者的综合品质和全部特点。

(5) 相似性效应。面试者倾向于认同自己的“同类”(例如：同爱好、同气质、同校、同宗教、同族等)，而将更适合招聘职位的“异己”拒之门外。面试者开始一般会提醒应聘者不可透露个人信息，其中包括姓名、家乡及毕业院校，却不包含宗教、爱好等，通过屏蔽姓名、家乡及毕业院校的信息能够一定程度保证面试的公正性，但是对于有同等气质和爱好方面却无法控制，部分面试者会受到此种心理的影响打偏分。

(6) 对比效应。面试者在连续面试多名候选人时，做出的面试评估会受面试的前一个候选人的影响，并会无意识地对前后候选人进行比较的心理趋向。面试中如果采用结构化面试，要求竞争同一职位的应聘者原则上考察相同内容，这里就有对比效果，进而达到“优中选优”的目的。

(7) 区分度效应。面试者在面试过程中对多名应聘者判分，最终形成的过宽、过严或者是趋中的情况。面试者对题目的掌控度不同，对应聘者的打分宽严度亦不同，如果面试者对于应聘者表现评估没有把握时，会对此应聘者的成绩趋于中间段。过宽、过严或趋中都会造成评判结果区分度下降。

2. 知识测试

这种测试主要是用来衡量应聘者是否具备完成职位职责所要求的知识，虽然具备职位所要求的知识并不是实际工作绩效良好的充分条件，但却往往是它的一个必要条件，因此选拔录用中要对应聘者的相关知识进行测试。不同职位的知识测试内容也不一样，例如录用会计人员，就要测试与会计有关的知识；录用人力资源管理人员，就要测试人力资源管理知识。

这种测试方法的好处是比较简单，便于操作，不需要特殊的设备；可以同时对很多应聘者进行测试，因此费用也比较低，可以节约大量的时间；相对来说比较公平，受主观因素影响较小。这种方法的缺点在于主要考察的是应聘者的记忆能力，对实际工作的能力考察不够，因此知识测试往往作为一种辅助手段同其他方法一起使用。

3. 能力测试

能力是指个人顺利完成某种活动所必备的心理特征，任何一种活动都要求从事者具备相应的能力，能力测试就是衡量应聘者是否具备完成职位职责所要求的能力。能力测试有两种功能：一是判断应聘者具备什么样的能力，即诊断功能；二是测定在从事的活动中成功的可能性，即预测功能。能力测试包括一般能力测试和特殊能力测试两种。

(1) 一般能力测试。一般能力测试最初是由美国劳工部自 1934 年开始花费 10 多年的时间研究制定的，包括 9 种职业能力倾向：一般能力(G)、言语能力(V)、数理能力(N)、书写能力(Q)、空间判断力(S)、形状知觉(P)、运动协调能力(K)、手指灵活度(F)及手腕灵巧度(M)。这套测试所涵盖的各种能力与不同的职业类型密切相关，经过测试可以对应聘者是否适宜从事所应聘的职位做出判断，例如手指灵活度不高的人，就不适宜从事打字员这一职位。

(2) 特殊能力测试。特殊能力指那些与具体职位相联系的不同于一般能力要求的能力。例如人力资源管理职位，就要求具备较强的人际协调能力；保安的职位，对反应能力的要求就比较高。特殊能力测试的方法主要有明尼苏达办事员测试(Minnesota clerical test)、西肖尔音乐能力测试(Seashore measures of musical talents)和梅尔美术判断能力测试(Meier art tests)等。在使用特殊能力测试时，企业要根据空缺职位的类型，选择相应的测试方法。

4. 个性心理特征测试

(1) 性格测试。性格是指个人对现实所持态度和习惯的行为方式，按照不同的标准可以将人们的性格划分成不同的类型。由于人们的性格在很大程度上决定着他们的行为方式，而不同的职位所要求的行为方式又不同，因此对应聘者的性格进行测试有助于判断他们是否胜任所应聘的职位。例如销售职位需要经常与人打交道，因此要求应聘者的性格应当比较外向。目前，对性格测试的方法有很多，主要可以归结为两大类。

一是自陈式测试，就是向被测试者提出一组有关个人行为、态度方面的问题，被测试者根据自己的实际情况回答，测试者将被测试者的回答和标准进行比较，从而判断他们的性格。常用的方法有明尼苏达多项人格量表(MMPL)、加州心理调查表(CPL)、卡特16种人格因素量表(16PF)和爱德华个人爱好量表(EPPS)。

二是投射式测试，就是向被测试者提供一些刺激物或设置一些刺激情景，让他们在不受限制的条件下自由地做出反应，测试者通过分析反应的结果，从而判断被测试者的性格。H.罗夏(H. Rorschach)墨迹测试、主体统觉测试(Thematic Apperception Test, TAT)是两种常用的投射测试方法。

【小资料】

经典的投射测试方法：罗夏墨迹测验

罗夏墨迹测验是由瑞士精神科医生、精神病学家罗夏(Hermann Rorschach)创立的，国外有时称罗夏墨迹(Inkblot)测验，或罗夏技术，或简称罗夏，国内也有多种译名，如罗夏测验、罗夏测试和罗沙克测验等。罗夏墨迹测验是最著名的投射法人格测验。

罗夏墨迹测验因利用墨渍图版而又被称为墨渍图测验，是非常著名的人格测验，也是少有的投射型人格测试，在临床心理学中使用得非常广泛。通过向被试者呈现标准化的由墨渍偶然形成的模样刺激图版，让被试自由地看并说出由此所联想到的东西，然后将这些反应用符号进行分类记录，加以分析，进而对被试人格的各种特征进行诊断。

(2) 兴趣测试。这里的兴趣主要是指职业兴趣，它是指人们对具有不同特点的各种职业的偏好以及从事这一职业的愿望。职业兴趣会影响人们对工作的投入程度，如果应聘者的职业兴趣和应聘职位相符，那么他会积极主动地进行工作。兴趣测试的方法主要有斯通-坎贝尔测试等。

5. 评价中心测试

评价中心测试是通过情景模拟的方法来对应聘者做出评价。它与工作样本测试比较类似，不同的是工作样本测试是用实际的工作任务来进行测试，而评价中心则是用模拟的工作任务来进行测试。这种测试通常包括以下几种方法。

(1) 无领导小组讨论。无领导小组讨论就是把几个应聘者组成一个小组，给他们提供一个议题，事先并不指定主持人，让他们通过小组讨论的方式在限定的时间内给出一个决策，评委们则在旁边观察所有应聘者的行为表现并做出评价。通过这种方法，可以对应聘者的语言表达能力、分析归纳能力、说服能力、协调组织能力及集体意识等做出评价。

(2) 公文处理。公文处理多是针对管理职位实施的一种测试方法。首先假设应聘者已经从事了某一职位；然后给他们提供一揽子文件，文件的类型和内容要根据这一职位在实际工作中经常遇到的类型来设计，一般有信函、备忘录、报告、电话记录、上级指示和下级请示等；接着让应聘者在规定时间和条件下处理完毕，并说明理由和原因。通过这种方法，可以对应聘者的规划能力、决策能力及分析判断能力等做出评价。

此外，评价中心测试还有管理游戏、角色扮演、演讲及案例分析等方法。

二、员工的培训

(一) 员工培训的意义

1. 员工培训的形式

员工培训是指组织为获得或改进员工的知识技能、价值观、工作态度和工作行为，使其能在现在或将来的岗位上的工作表现达到组织的要求而进行的一切有计划、有组织的努力。

按照员工入职时间来分，培训可以分为入职培训和岗位培训两大类。

(1) 入职培训。入职培训是指员工在入职前后所接受的对企业和工作岗位的了解和适应性培训。入职培训的目的是增进员工对组织的了解、培养组织归属感、熟悉组织环境、了解业务和组织的各项规章制度、认知组织文化等，帮助新员工更快地融入新的工作环境，以更好地胜任新的工作要求。

入职培训的内容包括两大类，一类是知识性培训，如组织的历史、传统、政策、规章、制度、理念、使命、价值观、组织结构、经营和管理状况、行为规范和礼仪、薪酬与晋升制度、劳动合同、福利和社会保险等。另一类是业务培训，指与员工所在岗位完成工作任务所必需的、与规章和任务密切相关的基本知识、技能和能力等。

(2) 岗位培训。岗位培训指员工在企业工作期间所接受的各种培训。岗位培训的目的是发展能力、更新知识、改变态度、传递信息，包括业务培训、管理培训和通识培训等。从形式上来看，岗位培训可以是在职培训(不离开工作岗位的培训，在工作中学习，在学习中工作)；可以是脱产培训(离开工作岗位进修学习)；或者是半脱产培训(在工作期间相对集中一段时间接受培训，这是最常见或者说最普遍的一种培训形式)。

业务培训指与工作相关的知识更新、技术提高或更替、技能完善或改善等，有些是岗位通用的，但大多数都是与特定岗位密切相关的特定的知识、技术和技能培训，如行政人事培训、采购培训、营销培训、财务培训、库存管理培训、供应链管理培训、计算机原理与应用培训、网络与电子邮件应用培训、商务写作规范培训等，或者是更具体的细分培训，如行政人事培训可分为工作分析和工作设计培训、人力资源战略规划培训、员工招聘培训、工作绩效评估和管理培训、薪酬系统设计培训、员工福利管理培训、解雇管理培训、职业安全与健康管理培训等。再如营销培训可分为制订营销战略计划培训、营销信息系统管理培训、营销环境分析培训、开发营销战略培训、设计营销方案培训、营销渠道管理培训、促销管理培训、销售队伍管理培训、直销管理培训、零售管理培训、代理和批发管理培训、营销沟通管理培训和国际化营销培训等。有些是生产部门的专业技术、技能性培训。

管理培训是对管理人员的培训，目的是提高管理人员的观察能力、认知能力、判断推理能力、分析能力、解决问题能力，通常包括信息管理、时间管理、财务管理、目标管理、生产管理、项目管理、营销管理、管理沟通、领导与授权、团队管理、员工激励、变革与创新、压力管理、战略管理、知识管理、危机与冲突管理等培训，以及创新能力、表达能力、管理知识和管理实务的培训。

通识培训一般是知识性培训或通用培训，如企业文化塑造、计算机原理与应用、商务英语(或其他与业务相关的外语)、人际交往与人际沟通、语言表达与语言技巧、网络与电子邮件应用技巧、时间管理、压力管理、心态调节、安全生产、消防安全、企业伦理等。

2. 员工培训的目的

在知识经济时代，培训已经是一项能够为企业赢得竞争优势的重要投资。这不仅因为知识经济时代对员工综合素质的要求不断提高，企业需要通过培训更新员工的知识结构，更新或改善生产技能和服务水平，从而提高企业的竞争力，而且因为员工已经把培训作为企业提供的一种福利，所以培训是影响员工对企业的认同感、归属感和对个人发展前景信息的重要因素。从世界范围来看，培训已经成为企业一项经常性的重要职能，企业对培训的投入在不断加大，培训的深度和广度在不断拓展，对培训的研究力度也大大增强。在美国，公司的培训费用一般占公司销售额的1%～5%或工资总额的8%～10%，如美国通用电器公司每年用于员工培训和拓展的费用高达10亿美元，美国有超过1600家公司有自己的培训大学，平均年预算达到1700万美元。

员工培训在国内也普遍受到青睐。自2002年中国首个企业培训诞生以来，建立企业培训学院已成为企业持续发展的普遍趋势。

培训能够改善员工的知识结构、技能水平、工作方法；培训能够改变员工的价值观念和工作态度；培训还能够塑造和传播企业文化；培训可以提高员工的工作生活质量，拓宽员工职业生涯道路；培训可以为企业培养和储备人才，增强企业的核心竞争力；培训是企业实现战略发展目标的重要途径和保证。

(二) 员工培训的原则

1. 服务于组织战略原则

既然培训的终极目标是通过改善员工绩效而提高组织整体绩效，那么培训必须服务于组织发展战略，实现组织的整体发展目标。因此，培训既要符合企业整体发展需要，又要满足目前工作需要，每一个培训项目实施前都要进行培训需求的调查与分析，以战略的眼光考虑和组织培训工作。

2. 受训人目标明确化原则

培训过程中大量人力、物力的投入可能会影响当前的工作，在成本、时间和效益上培训投入都有效果后延性，参与培训的员工在知识、技能、态度、观念等方面的改变都需要一个过程。组织培训过程中应做好充分准备，使受训人在培训前和培训过程中明确意识到自己接受培训的具体目标，这样才能尽量缩短培训的滞后效应，提升培训效果。

3. 差异化原则

无论采取哪种形式的培训，都应该服务于组织长期发展和近期目标的需要。因此，培训必须坚持在内容上的差异化、人员上的差异化原则。

4. 激励原则

培训过程中要严格考核，检验培训质量。尤其是对不涉及录用、提拔或安排工作而是提高素质的培训，择优奖励受训人员就成为调动其积极性的有力杠杆。现代企业中的培训被员工视为一种激励。为确保培训的有效执行，培训组织者必须改变将培训视为临时性、随意性、简单化工作的观念，将员工培训放到人力资源管理的高度来理解，同企业的任何资源的管理一样都必须有一个完善的培训系统作为培训实施的保证。完善的培训系统包括以下内容：培训的组织机构，培训的制度，培训的计划，员工训练的原则、办法及相应的培训手册，培训教材，评价的办法等。

5. 注重效益原则

培训的内容应当结合实际，要有助于绩效的改善；要注重培训成果的转化，学以致用。培训作为一种智力投资行为，必须进行投入产出分析，培训的实际投资收益应该高于实物投资收益。培训投入容易计算，而回报比较难量化。计算培训成本时，要全面考虑培训的会计成本、机会成本、直接成本和间接成本；计算培训产出时要兼顾长期和短期的直接和间接收益。培训产出的衡量不等于经济核算，除经济效益外还要考虑培训为组织带来的机遇，包括潜在的或发展的机遇及市场与社会机遇。

(三) 员工培训的方法

培训的方法通常有课堂讲授法、讨论交流法、团队游戏活动法、案例分析法、现场操作法、模拟和角色扮演法等。

课堂讲授法、讨论交流法沿袭传统的教学方法，培训师是主角，负责讲授和解释基本原理和操作方法，受训者的任务是聆听、参与一些讨论和交流，有时需要完成一些作业。现场操作法近似于传统的师徒相传模式，多用于技术性培训，如仪器设备的操作、维护等，在运用中学习，一步到位，不需经过中间的转化环节。团队游戏活动法近年来备受青睐，这是一种团队学习的模式，有利于培养团队意识和团队精神，加强沟通、改善人际关系；而且游戏学习可以提高培训的趣味性，寓教于乐，能够活跃气氛，调动受训者的积极性，提高受训者的参与热情与参与程度。但这种方法对组织者组织能力和游戏的设计水平要求比较高。

模拟和角色扮演法也越来越受到重视。模拟主要是让受训者通过观察或观摩示范者的行为、态度和方法，然后模仿和学习。这种方法已经相当成功地被应用于许多培训。角色扮演是指让受训者按照给定的角色要求和情景处理具体的问题，或者对指定角色的实际工作中可能遇到的具体问题做出反应，它被广泛应用于招聘、面试、竞争上岗等领域。模拟和角色扮演常常可以一起使用，所以将它们统称为模拟和角色扮演法。

案例教学法被普遍应用于军事、医学和社会科学等各个学科。美国哈佛大学商学院20世纪20年代开始将案例教学法运用到管理教学中，一个MBA学生大约要接触500个案例。案例可以视为一个描述或基于事实事件和场景而创作的故事。它有明确的教学目的，学习者经过认真研究和分析后会有所收获。案例的内容必须是真实的(案例的基本情节，包括起因、经过和问题或结果必须确实存在于现实生活中)。案例的多样性表现了真实管理世界没有正确答案或最优决策，只有可行方案的排序或满意决策。这些真实的案例并不是为了让受教者照搬或模仿，而是通过对案例的分析开阔眼界、拓宽思路、增长见闻、体验实际、总结经验、吸取教训、锻炼能力、提高认识，不仅训练查找问题、分析问题、权衡利弊、提出对策的能力，而且提高沟通能力、协调能力、合作精神和组织能力。案例法使受训者从“信息的被动接收者”到“有智慧的侦探”，帮助学生开发认知技能(对思考和学习的过程的意识与控制技能)。

三、绩效评估

(一) 绩效评估及其作用

1. 绩效评估的概念

绩效评估又称人事评估、绩效考核、员工考核，是指管理者对员工的工作业绩、工作能力、工作态度进行系统评价的过程。它是一种衡量、评价、影响员工工作表现的正式系统，是对员工进行绩效管理的唯一手段。

2. 绩效评估的意义

(1) 绩效评估能将员工的工作活动与组织的战略目标联系起来，这是绩效评估最重要的作用。执行组织战略的主要方法之一是：首先界定实现某种战略所必需的结果、行为及员工的个人特征，然后再设计相应的绩效衡量和反馈系统，从而确保员工能最大限度地展现符合组织发展战略的个性特征、工作行为及工作结果。

(2) 组织在多项管理决策中都要参考绩效评价信息，如薪资管理决策、晋升决策、保留与解雇决策等，绩效评估成为人力资源管理的核心环节。

(3) 绩效评估能够向员工提供有用的开发反馈信息，使员工明确组织期望的工作行为及工作结果，从而自觉约束自己，有效地完成工作。绩效评价提供的反馈能明确反映出员工存在的优点和长处，使员工清楚自己拥有什么实力、怎样更好地发展自己的优势、改正自己的弱点和不足，尤其是员工的技能缺陷、动机问题在绩效评估过程中改善明显，这样绩效评估过程能引导和督促员工不断进行自我开发。

(二) 绩效评估的流程

1. 绩效评估的计划阶段

绩效评估计划阶段的主要任务是设计和执行一个受支持的绩效评估系统。一个绩效评估系统必须能被评估人、雇员、高级管理层和法律所认可，否则，绩效评估系统就无法取得成功。要想让使用该系统的人接受和支持它，系统的开发者在制定绩效评估方案时必须注意以下问题。

(1) 赢得高层管理者的支持，使高层管理者同意将系统推广，并投入足够的资源。

(2) 鼓励使用者尤其是经理和主体员工参与系统的规划和开发，增强他们对系统的支持。

(3) 选择恰当的评估工具：根据工作的性质(工作是否可测量、实际上能搜集到的数据类型)、评估的目的(战略目的、管理目的、开发目的)、成本(开发成本、执行成本、使用成本)选择恰当的评估工具。

2. 绩效评估的实施阶段

(1) 贯彻和执行绩效评估的时间安排：根据工作的性质、评估目的的不同，执行不同的绩效评估时间点和评估间隔期。

(2) 严格按照绩效评估的标准推进绩效评估过程。推进绩效评估过程中始终按绩效评估标准的要求搜集绩效评估的信息，确保绩效评估过程与组织战略的高度一致性。绩效管理系统要为员工提供一种引导，使绩效管理系统引发与组织的战略、目标和文化一致的工作绩效，使员工能为组织的成功做出贡献。

(3) 监督和检测绩效评估过程的效度和信度。绩效评估效度是指绩效评估系统对于与绩效有关的所有相关方面进行评价的程度。一项绩效评价指标要想有效，就必须没有污染(与工作无关的方面)和没有缺失(漏掉了与工作有关的方面)的。绩效评估信度是指绩效评价系统的一致性程度，包括评价者信度和再测信度。评价者信度是对雇员的绩效进行评价的人之间的一致性程度；再测信度是对绩效的衡量时间上的一致性程度。如果绩效评价系统没有极高的信度和效度，绩效评估过程就会沦为摆形式、走过场，绩效评价系统就不能指出员工绩效中所存在的问题，也就不能帮助组织实现战略目标。

(4) 搜集绩效评估的信息。恰当选择绩效评估信息的来源(评估者)，人力资源管理实践中较为普遍的绩效评估信息采集方法是360度绩效评估。

360 度绩效评估(全方位绩效评估)就是选择上司、同事、下属、本人、服务对象(顾客)做评估人，把他们对被评估人的评价作为基本的绩效信息来源。

3. 绩效评估的检查阶段

绩效评估检查阶段的主要任务是保证绩效评估的公平性，具体措施有以下几点。

(1) 高层管理机构评审：为保证公平，大多数组织要求对已完成的评估进行高层管理机构评审，一般是评估人的上级主管或老板直接检查评估中的错误，以此保证评估人的诚实，限制评估人的主观性错误。

(2) 建立上诉系统：若员工对得到的评估不满意，上诉系统为其提供了获得公正听证的方法，若缺乏这一系统，管理权力可能被滥用，士气会下降。

4. 绩效反馈与运用阶段

绩效反馈与运用阶段的主要任务是把绩效评估的结果反馈给员工本人，帮助员工制订绩效改进计划；同时把绩效评估的结果应用到组织的管理活动中。

(1) 绩效反馈。绩效反馈是绩效管理的重要环节。绩效反馈的过程一般通过绩效面谈进行。绩效面谈时不仅要当面告知员工的考核成绩，更重要的是明确指出员工工作中的不足和差距，并制订出绩效改进计划。这种绩效面谈对管理者和员工双方都不轻松，向需要合作的人当面发出负面信息或得到自己的负面信息都是比较痛苦的。因此，管理者进行绩效面谈时应注重相应的技巧：绩效反馈应当是经常性的；为绩效讨论提供一个好环境；面谈之前让本人先对个人的绩效进行自我评价；鼓励员工积极参与绩效反馈过程；肯定员工的有效业绩；把重点放在解决问题上；将绩效反馈集中在行为上或结果上而不是人的身上；尽量少批评；制定具体的绩效改善目标，然后确定检查改善进度的日期。

(2) 绩效结果应用。把绩效评估的结果应用到组织的人力资源管理活动中，让员工看到个人绩效结果与个人利益之间的直接对应关系。组织要依据绩效评估的结果进行奖惩兑现。聪明的管理者将绩效评价看作与员工沟通，使员工了解企业希望他们做什么及怎么做的一个良好机会。

(三) 绩效评估的模式与方法

目前，美国等发达国家在人力资源管理实践中探索出了许多比较有效的绩效评估的模式，包括关键绩效指标、目标管理法、平衡计分卡等。每一种绩效评估的模式都可选择多样方法来实现，绩效评价既是一门科学，又是一门艺术。没有一种方法能适应所有情况的绩效评价，管理者必须设计适合于具体的、经常变化的企业环境的评价方法。

企业常用的绩效评估方法有如下几种。

1. 比较法

比较法又称序列法，是应用广泛的常规方法。它要求评价者拿一个人的绩效去与其他人进行比较。它是对一个人的绩效或价值进行某种全面的评价，并且设法对在同一组织中工作的所有人排定一个顺序。比较法常用的形式有以下三种。

(1) 排序法。排序法包括简单排序法和交替排序法。简单排序法又称直接排序法，它要求管理者将本部门的所有雇员从绩效高到绩效低排出一个顺序。交替排序法又称间接排序法，它要求管理者对需要接受评价的员工进行审查，从中挑出最好的员工列在名单开首，再找出最差的员工列在名单末尾，依次类推。

(2) 等级评估法。等级评估法又称强制分布法，它以群体形式按等级(如优秀、良好、中等、合格、不合格)对员工进行粗略排序。

(3) 两两(配对)比较法。两两(配对)比较法是在对相同职位员工进行考核时，任何两位员工都要进行一次比较，两位员工比较之后做区别计分，全部人员比较完后对个人分数加总，总分越高，绩效考核成绩越好。

比较法的最大优点是可以清楚地区分员工的绩效，排除了宽大误差、居中趋势误差、严格误差出现的可能性，在加薪、晋升决策方面尤有价值。比较法的另一个优点是简单、操作方便、开发成本和使用成本都比较低。这些优点使得比较法被众多企业采用。

比较法的缺点：无法与组织战略目标联系在一起；主观性大，其效度、信度取决于评价者本人；对员工的评价缺乏明确性。

2. 行为评价法

行为评价法种类繁多，包括量表评等法、关键事件法、行为评等法、混合评等法、行为观察评等法。

行为评价法的优点：可将公司战略与执行战略的某些特定的行为类型联系在一起；能向员工提供组织对其绩效期望的特定指导及信息反馈；行为评价法的技术都依赖于深度的工作分析，被界定出来和被衡量的行为都是很有效的；使用该方法的人也参加其开发和设计，因此可接受性很高。行为评价法的缺点：只适合不太复杂的工作，而且工作行为与工作所要达到的结果之间的关联度比较清楚。

3. 工作成果评价法

工作成果评价法又称目标评价法、工作标准评价法，就是按事先制定的工作标准对员工的工作结果进行考核。工作成果评价法包括绩效目标评估法和绩效指数评估法。

工作成果评价法的优点：绩效评价所依赖的是客观的、可以量化的绩效指标，能将主观性降低到最低限度；可将雇员的绩效结果与组织的战略目标联系在一起。工作成果评价法的缺点：事先制定的工作标准有可能会受到污染或存在缺失。

四、薪酬激励

(一) 薪酬的构成及作用

1. 薪酬的构成

薪酬是员工从企业得到的各种直接和间接的经济收入，它相当于报酬体系中的货币报酬部分，一般分为直接薪酬和间接薪酬。其中直接薪酬又分为基本薪酬(工资)、激励薪酬(奖金)，间接薪酬(福利)分为基本福利和特殊福利，如图 8-2 所示。

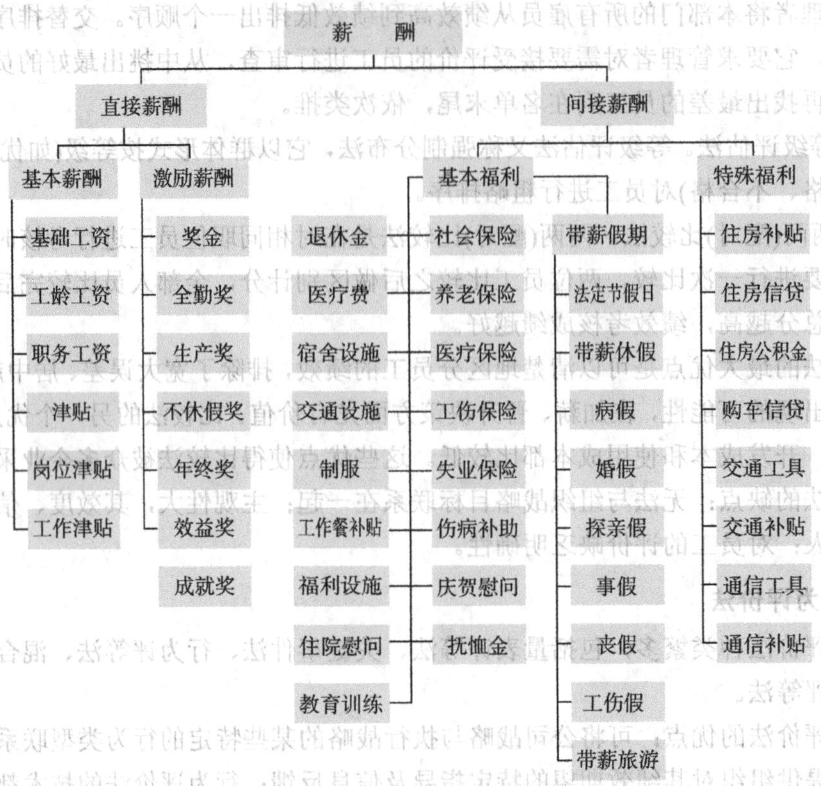

图 8-2　薪酬的主要构成

具体而言，薪酬的组成部分包括以下内容。

(1) 基本薪酬，又称基本工资，指报酬中相对不变的部分，是组织为员工工作支付的固定薪酬，反映的是员工所在岗位或所具技能较为固定的价值。

(2) 激励薪酬，又称绩效工资、奖金，是薪酬中的变动部分，它与员工的工作业绩挂钩并随着员工工作绩效的变化而变化，是基本工资外的增加部分，反映不同员工或群体间的绩效水平的差异。组织通过支付激励薪酬达到影响员工将来工作行为、提高绩效水平的作用。

(3) 福利，又称间接薪酬，包括国家法定福利和组织自主福利两部分。国家法定福利是国家强制性要求组织必须为员工提供的各种保障，包括养老保险、失业保险、社会保险、医疗保险、住房公积金和法定节假日休假等。组织自主福利是组织自愿为员工提供的各项福利措施，种类繁多，其形式和额度与组织效益密切相关。效益高的组织自主福利项目一般包括商业保险、交通补贴、带薪假期、弹性工作制、定期体检、健身项目、医疗补助、家庭生活困难补助等。组织自主福利通常不考虑员工的实际绩效和技能水平如何，组织中的福利措施是组织的所有成员都可以享受到的。

2. 薪酬的作用

薪酬激励的目的是从组织战略出发，以能力和工作业绩为导向，为组织吸纳、维系和激励优秀员工，并为组织赢得竞争优势提供支持。为实现这一目的，薪酬激励要在满足员工经济需要的同时，引导员工的工作行为，激发员工的工作热情，不断提高员工的工作绩效。在组织的各项人力资源管理措施中，薪酬激励对员工的作用最直接。

薪酬是推动企业战略目标实现的一个强有力的工具。在员工心目中，薪酬绝不简单是工资单上的钱数，它代表了身份、地位及在公司中的业绩，甚至个人的能力、品行、发展前景。薪酬的发放传递着一个信息：管理层认为"什么是重要的"及"何种行为受到鼓励"。

薪酬激励的作用具体表现在以下方面。

(1) 有效的薪酬激励有助于吸引和保留优秀的员工。

(2) 有效的薪酬激励有助于实现对员工的激励。

(3) 有效的薪酬激励有助于改善组织的绩效。

(4) 有效的薪酬激励有助于塑造良好的组织文化。

（二）薪酬激励的原则

1. 公平性原则

公平性原则是指组织在进行薪酬激励时应该做到同岗同绩同酬，这是薪酬激励最主要的原则。

根据亚当斯的公平理论，员工总是通过将自己的成果与投入比同他人的成果与投入比进行比较来判断自己的薪酬是否公平。这里参照的他人可以是同一组织中做同一工作的人，或同一组织中做不同工作的人，也可以是其他组织中做同一工作的人。但人们在评价自己报酬的公平性时，会同时与他人做多项对比，只有每一种对比都被认为是相等时，才会形成公平的感觉。因此，少报酬性不公平的产生是一种普遍的现象，少报酬性不公平产生时，员工会寻找弥补公平的措施：减少投入，降低自己的努力或绩效；远离产生不公平的地方，离职或拒绝与比自己报酬高的人共事或合作；增加个人的收益，要求增加薪酬或假公济私。

感到不公平的员工采取哪种行为取决于比较的来源：若是来自于外部比较的不公平，他会采取离职的行为；若是来自于内部比较的不公平，他会采取留下但减少投入的行为。因此，在制定报酬系统时应首先考虑公平性原理，使员工产生下列知觉：内部一致性，即相对于同一组织内部的同事所得的薪金是公平的；外部竞争性，即相对于其他组织中具有相似岗位的员工所得的薪金是公平的；承认员工贡献，公平地反映员工对组织的投入。

2. 经济性原则

经济性原则是指薪酬的制定必须以成本为前提，必须使企业提供的产品或服务在市场上具有竞争力，若价格太高就会被竞争者抢走。薪酬系统应有一个适当的上下限：产品市场的竞争为劳动力成本及工资规定了一个上限；劳动力市场的竞争为工资水平规定了一个下限。

3. 及时性原则

及时性原则是指薪酬的发放应当及时，不能超过事先约定的薪酬支付期。若遇到不可抗力导致薪酬的发放延迟，应当及时对员工说明原因并承诺明确的薪酬支付期。

4. 合法性原则

合法性原则是指薪酬激励的限度与范围应当符合国家的有关劳动人事政策法规，如最低工资、最长工作时间、经济补偿金等都要在国家法律允许的范围内进行。

5. 动态性原则

动态性原则是指由于组织面临的外部环境处于不断地变化之中，因此薪酬管理还应坚持动态性的原则，要根据环境因素的变动随时进行调整，以确保企业薪酬的适应性。

第三节　职业生涯管理

职业生涯管理是组织员工关系管理的重要内容之一，劳动关系管理只是关系管理的基础，在此基础上，要使员工关系融洽和谐就要从入职到退休对员工进行全过程的职业生涯管理，尤其是对知识员工这一点尤为重要。企业对员工职业生涯管理的本质是满足员工和组织双方的发展需要，最终达到员工本人不断成长、组织不断发展的目的。

一、职业生涯管理的特征

职业生涯管理是组织帮助员工制定职业生涯规划和帮助其职业生涯发展的一系列活动。所谓职业生涯(career)，根据美国组织行为专家道格拉斯·霍尔的观念，是指一个人一生工作经历中所包括的一系列活动和行为。职业生涯管理具有以下特征。

(1) 职业生涯管理是组织为其员工设计的职业发展和援助计划。

(2) 职业生涯管理必须满足个人和组织的双重需要。

(3) 职业生涯管理形式多样、涉及面广。

(4) 职业生涯管理是一种动态管理。

二、职业生涯管理的内容

职业生涯管理有常规管理和延伸管理两个方面，具体内容包括设定职业生涯目标、帮助职业适应、及时评估绩效、轮岗与升迁、提供培训机会、修改职业生涯计划等。

1. 设定职业生涯目标

职业生涯目标是指个人在选定的职业领域内未来时点上所要达到的具体目标，包括短期目标、中期目标和长期目标。职业生涯目标一般都是在进行个人评估、组织评估和环境评估的基础上，由组织里的部门负责人或人力资源部负责人与员工个人共同商量设定。

2. 帮助职业适应

任何一个人从学校毕业进入一个职业，起初阶段都有一个适应期。为了帮助新人尽快度过适应期，组织都要先做一些工作，如招聘时就把有关工作内容和工作环境描述尽可能多地展现给应聘者，管理人员多给新员工提出希望和给予信任，提供具有挑战性的初始工作，同时进行一些心理疏导等。

3. 及时评估绩效

人人都希望自己的工作状况能有一个反馈，以便从中看到自己的优势和不足。对于组织来说，通过评估可以发现员工个人工作绩效好在哪里，绩效差的原因是什么，是态度问题还是能力问题，以便有针对性地进行反馈和调整。

4. 轮岗与升迁

轮岗与升迁是职业生涯管理的重要内容，也是促进员工职业发展的一个主要手段。所以，组织要建立和完善员工的轮岗与升迁制度，要研究开辟多种升迁渠道。

5. 提供培训机会

随着知识经济时代的到来，终身教育已成为促进每个人职业发展的一把金钥匙。由于知识和能力要求的不同，任何员工想从一个层次上升到另一个更高的层次，都需要进行相应的培训。

6. 修改职业生涯计划

由于环境等各方面因素的不断变化，在职业发展过程中，不适应的情况也是时有发生的。如果遇到这种情况，组织要给员工个人提供修改生涯计划的机会，以选择新的发展道路。

7. 关注员工健康

健康对于每个人来说都是非常重要的。没有健康就不会有良好的工作状态。在当今充满竞争和压力的时代，人们都非常关注自己的健康。人的健康包括身体健康和心理健康，从某种程度上来说，心理健康比身体健康显得更为重要。关注员工健康，首先要给员工提供有利于健康的工作环境。关心员工因心理紧张或压力所造成的各种疾病，帮助员工进行健康教育和心理调适。只有当员工处于一种健康的状态下，提高其工作效率才会有一个好的基础。

8. 协调工作—家庭关系

关心员工的工作—家庭平衡计划。组织中的员工除了职业生活外，同时还在经历家庭生活，家庭对员工本身有重大意义，也会给职业生活带来许多影响。工作—家庭平衡计划是组织帮助员工认识和正确看待家庭同工作的关系，调和职业和家庭的矛盾，缓和由于工作—家庭关系失衡而给员工造成的压力的计划，其目的在于帮助员工找到工作和家庭需要中的平衡点。要达到这一目的，组织必须参考家庭发展周期理论，了解家庭各阶段的需求、工作境况对家庭生活的影响，然后给予员工适当的帮助。

9. 帮助再就业

在企业发展的过程中，总会因为各种各样的原因而进行一些裁员工作，特别是在经济结构大调整和世界经济发展不景气的大背景下，裁员会更多。裁员并不是简单地把员工踢向社会，任何一个以职业生涯管理为导向的组织，都会重视这项工作。在员工离开单位之际，帮助其设计再就业方案，甚者向其提供就业培训，或和其他有关部门建立合作就业机制等，这会有效激励在职员工，增强组织的向心力。

10. 员工退休管理

随着员工年龄的增长，任何一个组织都会面临着员工离退问题。所以从职业生涯管理的角度来说，一是要帮助员工进行退休前的准备，诸如心理适应、老年健康和联谊等；二是要同时关注已经退休的员工，对他们给予关心和提供发挥余热的机会，或组织一些慰问等。

三、职业生涯管理的主要任务

具体地说，职业生涯管理的任务主要包括以下六个方面。

1. 做好职业生涯发展规划

这是有效管理职业生涯的第一项任务，员工个人是完成这一任务的主要责任者，在这一任务的完成过程中个人主要完成以下工作。

(1) 认清自我职业锚。职业锚(career anchor)是由美国埃德加•沙因(Edgar Schein)教授提出来的。当一个人不得不做出职业选择的时候，本人无论如何都不会放弃的那种职业中至关重要的东西或价值观就是职业锚。职业锚分为以下类型：技术或功能型职业锚；管理型职业锚；创造型职业锚；自主与独立型职业锚；安全与稳定型职业锚。

(2) 设定自我职业生涯的发展目标。

(3) 制订自我职业生涯开发与行动计划。

(4) 确认个人发展目标与组织发展目标的一致性。

(5) 完成职业生涯规划设计。

为确保职业生涯规划的有效性和合理性，组织也要确实担当起导师的职责，并为员工提供以下帮助：提供工作分析与职务描述资料；提供企业的发展战略、近期发展目标与远景发展规划；提供企业的人才需求与人才培育发展计划，以及人力资源开发政策、策略；宣传企业经营理念、企业制度和企业价值观；为员工合理完成职业规划提供咨询与帮助；为员工发展提供政策与激励的保障。

2. 确定组织的发展目标

该项工作主要由组织来完成。确定组织长期的发展目标，对组织职业生涯管理有重要作用，主要体现在以下方面。

(1) 根据组织的发展战略目标和方向制定组织人才规划。

(2) 针对不同时期的发展目标预测人才需求，设计与规划职位。

(3) 制定合理的员工升迁制度，确定甄选升迁的标准，给优秀员工提供晋升机会。

(4) 为相应的岗位选拔合适的员工。

(5) 及早确认和开发员工的各方面能力。

(6) 实施员工培训与开发计划。

及时确定组织长期的发展目标，不仅对组织人力资源管理和人力资源储备有重要意义，而且对员工个人来说也有重要作用：确认自我价值观与组织价值观是否一致；组织提供的岗位是否符合自己的专业、特长和兴趣爱好；组织资源是否有利于获得可持续发展；个人是否能够满足岗位的要求，胜任工作。

3. 开展与职业管理相结合的绩效评估

从职业生涯管理的角度看，绩效评估是进行职业生涯管理的手段。对组织来说，绩效评估的结果有助于建立内部员工的管理体系，为组织内员工的考核、培训、晋升、选拔、任免提供第一手最为直接和客观的依据，同时还可为员工培训、需要确定、岗位轮换、薪酬管理等诸多的问题提供依据。对个人来说，绩效评估的结果是认识自我的重要依据，也是调整职业生涯发展目标的重要依据。

4. 进行职业生涯发展评估

由于社会环境的巨大变化和一些不确定因素的存在，会使职业生涯发展与原来制定的职业生涯目标与规划有所偏差，这时需要对职业生涯目标与规划进行评估和做出适当的调整，以更好地符合组织和个人发展的需要。定期对组织和个人的职业生涯发展状况进行评估，可以及时找出组织和个人在发展过程中存在的问题，并提出针对性的解决办法。同时，业生涯规划的评估与反馈过程是个人对自己的不断认识过程，也是对社会的不断认识过程，是使职业生涯规划更加有效的有力手段。

5. 进行职业适宜性调整

个人进入组织后，一般都会产生探索新岗位、争取获得理想岗位的心理需要。但是，很多理想的岗位，并不是适合于每个人。职业生涯管理的一个任务就是要将一些工作绩效表现不佳的个人调整到适合他能力所及、兴趣所在的岗位上去。那么，职业生涯管理有效性的标志之一是职业的适宜性。如果个人在职业活动中通过多次培训仍不能适应，那么他无论如何也难以获得职业生涯发展的成功。因此，进行职业适宜性调整，就成了职业生涯管理十分必要的任务。

6. 制定职业生涯发展措施

员工在组织中工作，常常有三种类型：一种是能够胜任某一职务工作的要求，他们在工作岗位上也能尽心尽责地完成职务工作，并平稳地发展着；一种是既能胜任某一职务工作，还能胜任更高一级的职务工作，他们具有极大的职业潜能开发的空间；还有一种类型是能以胜任或勉强胜任某一职务工作的要求，他们需要培训或重新调整、选择新的职务工作。这就需要组织有专门的职业生涯发展措施来保证这些员工都能各尽所能地发展。其实在日常职业活动中，不乏有好的想法和方案，但如果没有强有力的执行措施保证，再好的职业生涯管理制度也难以实现，并产生效益。

第四节　小　结

组织系统要正常运行必须依赖于相关的人员。就组织而言，管理过程实际上是管理者通过引导别人来实现自己的工作目标，从某种程度上说，组织系统的管理就是人力资源管理，人力资源管理是组织理论的重要组成部分。

本章主要介绍了人力资源管理的基础工作、主要职能和人力资源管理制度贯彻执行的保障。本章首先介绍了人力资源管理的基础：进行工作分析与开展人力资源总体规划；其次，介绍了人力资源管理的主要职能：员工招聘与选拔、员工培训、绩效评估与薪酬管理；最后，介绍了人力资源管理各项职能工作顺利进行的有力保障：建立和谐的员工关系，在健全劳动关系的基础上不断推进职业生涯管理。

【关键概念】

人力资源管理(human resource management)　工作分析(work analysis)
人力资源规划(human resource planning)　招聘(recruitment)
培训(training)　绩效(performance)
薪酬(compensation)

第五节　复习思考题

1. 简答题

(1) 人力资源管理的作用体现在哪些方面？
(2) 工作说明书应包括什么内容？
(3) 人力资源供求平衡的策略有哪些？
(4) 员工招聘的主要方法是什么？
(5) 阐述绩效管理的过程。
(6) 阐述薪酬的基本结构及作用。

2. 案例分析

索尼公司的内部招聘制度

有一天晚上，索尼公司董事长盛田昭夫按照惯例走进职工餐厅与员工一起就餐、聊天。他多年来一直保持着这个习惯，目的是培养员工的合作意识和自己与他们的良好关系。这天，盛田昭夫忽然发现一位年轻员工郁郁寡欢，满腹心事，只顾闷头吃饭，谁也不理。于是，盛田昭夫就主动坐在这名员工对面，与他攀谈。几杯酒下肚之后，这个员工终于开口了："我毕业于东京大学，之前有一份待遇十分优厚的工作。进入索尼公司之前，我对索尼公司崇拜得发狂。当时，我认为进入索尼公司是我一生的最佳选择。但是我现在发现，我不是在为索尼公司工作，而是为课长干话。坦率地说，我的这位课长是个无能之辈，更可悲的是，我所有的行动与建议都要得到课长批准。我自己的一些小发明与改进，课长不仅不支持、不解释，还挖苦我癞蛤蟆想吃天鹅肉，有野心。对我自己来说，这名课长就是索尼。我十分泄气，心灰意冷。这就是索尼？这就是我的索尼？我居然会放弃了那份优厚的工作来到这种地方！"

这番话令盛田昭夫十分震惊，他想，类似的问题在公司内部员工中恐怕不少，管理者应该关心他们的苦恼，了解他们的处境，不能堵塞他们的上进之路，于是产生了改革人事管理制度的想法。之后，索尼公司开始每周出版一次内部小报，刊登公司各部门的"求人广告"，员工可以自由而秘密地前去应聘，他们的上司无权阻止。另外，索尼原则上每隔两年就让员工调换一次工作，特别是对于那些精力旺盛、干劲十足的人才，不是让他们被动地等待工作，而是主动地给他们施展才能的机会。在索尼公司实行内部招聘制度以后，有能力的人才大多能找到自己较中意的岗位，人力资源部门也可以发现那些"流出"人才的上司所存在的问题。

(资料来源：广小利，李卫东. 管理学[M]. 北京：北京理工大学出版社，2016：149-150.)

【思考题】

(1) 你认为本案例中的年轻员工所反映的情况在现实中存在吗？这种现象对组织有什么样的不利影响吗？

(2) 一般而言，像本案例中的这位年轻人这样的员工在组织中会给人恃才傲物的感觉，如何正确对待这样的员工是领导者要慎重处理的问题。如果是你，你将如何处理？

(3) 你如何评价索尼公司的做法？如果所有类似的事情必须由董事长或总经理去了解和解决，会产生什么样的结果？

3. 管理实战

我们和我

【形式】个人完成

【时间】10～20 分钟

【材料】马尔科姆奖励标准项目的列表

【自备】铅笔和纸、白板和记号笔或幻灯片和放映机

【场地】室内

【适用】所有级别的销售人员

【目的】应用 1995 年马尔科姆·波多里奇国家质量奖在“员工教育、培训和发展(4.3)”的标准作为方针，对员工需要的培训类型进行定义。

【程序】

- 将摘自 1995 年马尔科姆国家质量奖奖励准册子的项目写在白板上或印在幻灯片上，让整个小组可以看见。
- 让每位参与者在一张纸的左边空白处依次写上每个项目，并在纸上留出两栏，一栏标题是“我”，另一栏标题是“我们”，如表 8-1 所示。
- 当阅读列表上每一个项目时，参与者在适当的“我”或“我们”的栏内做个记号。每位参与者必须决定自己是否需要特别项目的培训，若需要，请在“我”一栏打勾。
- 在个人评估之后，依据所列的项目要求小组成员举手示意小组是否需要此项目的培训。

表 8-1　参考用表

马尔科姆奖励标准项目	我	我们
领导技能		
沟通		
团队工作		
问题解决		
数据解释和使用		
满足客户需求		
过程分析		
过程简化		
减少浪费		
缩短周期		
误差验算		
(基于成本/利润数据的优先处理		
基本技能(读写能力和基本算术)		
安全		
客户沟通培训		

【讨论】

个人选择完成之后，针对这15 条项目进行讨论。特别注意那些认为他们自己现在需要培训的项目——并按照这些内容来进行培训设计和开发。

【总结与评估】

通过参与该游戏，参与者独立地思考了自身和团队的特点，我们可以根据这些特点进行培训项目的设计和开发。这种“量体裁衣”式的培训项目设计考虑到了每个员工的个性需求，培训的效果将会更好。

第九章

领　导

领导是管理的一项重要职能，在实际的组织管理工作中，即使组织计划完善，组织结构合理，如果没有卓有成效的领导去协调、影响组织成员的行动和具体指导实施组织计划，也很容易产生混乱，降低工作效率，偏离组织目标。所以，领导是影响群体为实现组织目标而努力的过程。领导工作是计划工作、组织工作、人员配备及控制工作等各项管理职能的纽带。

【学习目的与要求】

- 理解领导的含义
- 掌握主要领导理论
- 掌握不同领导方式的特点
- 了解关于领导理论的新观点

【引例】

拿破仑的领导风格

拿破仑是一个非常出色的军事家，他非常善于激励官兵士气。在征服意大利的一次战斗中，拿破仑夜间巡岗查哨，发现一名哨兵倚着树根睡着了。他没有喊醒哨兵，却拿起枪替他站岗约半小时，哨兵从沉睡中惊醒，认出了正在替他放哨的司令官，十分惶恐和绝望，跪倒在他面前。拿破仑却和蔼地说：“朋友，这是你的枪。你们艰苦作战，又走了那么长的路，你打瞌睡是可以谅解的。但是目前，一时的疏忽就可能断送全军。我正好不困，就替你站了一会儿，下次可要小心。”

1799年，法军从叙利亚向埃及撤退时，由于鼠疫猖獗，法军患者甚多，其他伤病员也不少。拿破仑在撤退的命令中明确规定，把所有的骡马和车辆全部用于载运伤病员，全体高级将领都要徒步行军，不准有任何特殊待遇。当时，管理马匹的军官认为总司令应当例外，去请示拿破仑留下那匹马。拿破仑当场勃然大怒，大声喊道：“全体步行我第一个先走！难道你不知道命令吗？”这个举动迅速传遍全军，产生了巨大的影响力。

正是拿破仑本人的坚毅勇敢和在关键时刻的以身作则，对于保持和提高部队的士气

及战斗力起到了巨大的甚至是决定性的作用。一个优秀的领导者应该通过自己的示范行为，去激发下属的积极性，给下属以信心和力量。

(资料来源：广小利，李卫东. 管理学[M]. 北京：北京理工大学出版社，2016：171.)

第一节 领导概述

“领导”这个词具有两种词性：从名词角度而言，领导是指领导的主体，即领导者，是领导活动的发起者，是指既拥有组织的职位权力又具有个人影响力，从而影响他人行为的人。从动词角度而言，领导是领导者所从事的活动，即一定环境下，运用职位权力和个人影响力，通过对组织成功地引导、指挥、协调和控制以完成任务，实现组织目标的行为过程。

一、领导的内涵

管理学中的“领导”一词是指一种行为过程。意大利政治学家马基雅维利是较早研究领导理论的人，他指出：“领袖是权力的行使者，是那些能够利用技巧和手段达到自己目标的人。”美国政治学家伯恩斯更进一步地将“追随者”纳入领导的要素，认为：“领导人劝导追随者为某些目标而奋斗，而这些目标体现了领袖及其追随者共同的价值观和动机、愿望和需求、抱负和理想。”不同的政治学家、领袖们对“领导”有着自己独到的认识。毛泽东指出：“领导依照每一具体地区的历史条件和环境条件，统筹全局，正确地决定每一时期的工作重心和工作秩序，并把这种决定坚持地贯彻下去，务必得到一定的结果，这是一种领导艺术。”美国前总统尼克松对“领导”是这样描述的：“伟大的领导能力是一种独特的艺术形式，既要求有非凡的魄力，又要求有非凡的想象力。经营管理是一篇散文，领导能力是一篇诗歌。”

管理学界对“领导”下过许多定义，如泰罗认为：“领导是影响人们自觉为实现团体目标而努力的一种行为。”斯托格第尔认为：“领导是对组织内群体或个人施加影响的活动过程。”戴维斯提出：“领导是一种说服他人热心于一定目标的能力。”罗伯特认为：“领导是在某种条件下经由意见交流的过程所实施出来的一种为了达到目标的影响力。”彼得·德鲁克认为：“领导就是创设一种情境，使人们心情舒畅地在其中工作。有效的领导应能完成管理的职能，即计划、组织、指挥、控制。”哈罗德·孔茨认为：“领导是一种影响力，它是影响人们心甘情愿地和满怀热情地为实现群体目标努力的艺术或过程。”他还认为：“领导是一种影响过程，即领导者和被领导者个人的作用和特定的环境相互作用的动态过程。”《中国企业管理百科全书》把领导定义为：“率领和引导任何组织在一定条件下实现一定目标的行为过程。”

以上定义基本上都包含了“影响力”“过程”“达到目标”等核心内容，其中孔茨的定义更具代表性。我们认为，从管理学意义上来讲，领导的定义可概括为：领导是指领导者依靠影响力，指挥、带领、引导和鼓励被领导者或追随者，实现组织目标的活动和艺术。其基本含义包括以下几方面。

(1) 领导的本质是影响力。领导者拥有影响被领导者的能力或力量，它们既包括由组织赋予的职位权力，也包括领导者个人所具有的影响力。一个领导者如果一味地行使职权而忽视社会和情绪因素的作用力，就会使被领导者产生逃避和反抗行为。当一个领导者的职位权威不足以说服下属从事适当的活动时，领导是无效的。正是靠着影响力，领导者在组织或群体中才得以实施领导行为。领导者凭借影响力获取组织或群体成员的信任，并把组织或群体中的人吸引到他的周围来，因此，拥有个人影响力的人才能称得上是一位真正的领导者。

(2) 领导是一个活动过程。领导是引导人们的行为过程，是对人们施加影响的过程，是领导者带领、引导和鼓舞下属去完成工作、实现目标的过程。同时，领导还是一种艺术。领导过程中所面临的组织或群体的内外部环境是千变万化的，被领导者也是各种各样的，他们的身份不同，教育、文化和经历背景不同，进入组织或群体的目的和需要也不同。因此，领导的过程是一种充满复杂因素和不确定因素的过程，越是高层次的领导行为，这种复杂性和不确定性就越高，领导行为中艺术的成分也就越多。

(3) 领导包含领导者和被领导者两个方面。领导者是指能够影响他人并拥有管理的制度权力、承担领导职责、实施领导过程的人。领导是领导者与被领导者的一种关系，如果没有被领导者，领导者将变成光杆司令，其领导关系也就不复存在。在领导过程中，下属都甘愿或屈从于领导者而接受领导者的指导。

(4) 领导的目的是使人们情愿地、热心地为实现组织或群体的目标而努力。使人们情愿地而非无奈地、热情地而非勉强地为组织或群体的目标而努力，这体现了领导工作的水平，也是领导者追求的目标。在领导工作中，领导者是领导行为的主体。但千万不要把领导者同被领导者对立起来。实际上，领导者与被领导者都是以对方的存在而存在的，没有被领导者当然也就没有领导者。在领导过程中，领导者要对被领导者施加影响，但此时被领导者也同样在对领导者施加影响，其影响是相互的。因此，领导并非是单向的，而是一种双向的动态过程，即除了领导者通过指导、激励等影响被领导者外，被领导者也给领导者以信息来修正领导者现在和未来的行动。人们的能力、感受与心态是不断演变的，领导者与被领导者的关系也必须不断修正，行动也必须持续调节，因此说领导是一种动态的过程。

二、领导的影响力

领导的本质是一种影响力。所谓影响力，是指一个人在与他人的交往中，影响和改变他人心理和行为的能力。影响力来源于权力，领导者对个人和组织的影响力来自两方面：一是职位权力(又称为制度权力)影响力，二是非职位权力(又称为个人权力)影响力(见图 9-1)。

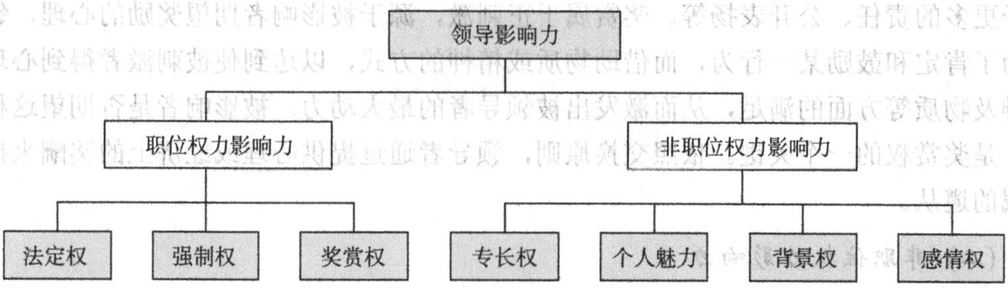

图 9-1　领导影响力来源

(一) 职位权力影响力

职位权力是由于领导者在组织中担任一定的职务而获得的权力，是由上级或组织制度所赋予的权力，具有很强的职位特性。这种权力与领导者的职位相对应，领导者退位后相应的权力便会消失，如法定权、惩罚权、奖赏权都属于职位权力。这种影响力一般仅属于社会各层结构中占有管理者角色地位的人，只有在某些特殊情况下，非掌权者才具有这种影响力。这种权力与特定的个人没有必然的联系，它只同职务相联系。权力是管理者实施领导行为的基本条件，没有这种权力，管理者就难以有效地影响下属，实施真正的领导。

职位权力影响力包括法定权、强制权和奖赏权，它由组织正式授予领导者，并受组织规章的保护。

1. 法定权

法定权是组织中等级制度所确定的正式权力，被组织、法律、传统习惯甚至常识所认可。它通常与合法的职位紧密联系在一起。组织正式授予领导者一定的职位，从而使领导者占据权势地位和支配地位，使其有权力对下属发号施令。下属会认为领导者有合法的权力影响他，而他必须接受领导者的影响。法定权力是领导者职权大小的标志，是领导者的地位或在权力阶层中的角色所赋予的，是其他各种权力运用的基础。

2. 强制权

强制权又叫惩罚权，是指通过精神或物质上的威胁，强迫下属服从的一种权力。例如，企业领导者可以给予员工扣发工资、降职等惩罚。服从是强制权的前提；法律、纪律、规章是强制权的保障；处分、惩罚是强制权的手段。在某些情况下，领导是依赖于强制的权力与权威施加影响的。对于一些心怀不满的下属来说，他们不会心悦诚服地服从领导者的指示，这时领导者就要运用惩罚权迫使其服从。这种权力的基础是下属的惧怕。这种权力对那些认识到不服从命令就会受到惩罚或承担其他不良后果的下属的影响力是最大的。惩罚权在使用时往往会引起愤恨、不满甚至报复行为，因此必须慎重使用。

3. 奖赏权

奖赏权是一种建立在良好希冀心理之上的权力，在下属完成一定的任务时给予相应的奖励，以鼓励下属的积极性。例如，经理可以根据情况给下级增加工资、提升职务、赋予更多的责任、公开表扬等。奖赏属于正刺激，源于被影响者期望奖励的心理，领导者为了肯定和鼓励某一行为，而借助物质或精神的方式，以达到使被刺激者得到心理、精神及物质等方面的满足，从而激发出被领导者的最大动力。被影响者是否期望这种奖赏，是奖赏权的一个关键。依照交换原则，领导者通过提供心理或经济上的奖酬来换取下属的遵从。

（二）非职位权力影响力

非职位权力是指与组织的职位无关的权力，主要有专长权、个人魅力、背景权、感情权等。这些是由于领导者的个人经历、地位、人格特殊品质和才能而产生的影响力，它可以使下属心甘情愿地、自觉地跟随领导者。这种权力对下属的影响比职位权力更具有持久性。

1. 专长权

专长权是指领导者因为具有各种专门的知识和特殊的技能或学识渊博而获得同事及下属的尊重和佩服，从而在各项工作中显示出的在学术或专长上的一言九鼎的影响力。领导者如果涉猎广泛，通今博古，学识渊博，特别是拥有组织活动所必备的专业技能，必然使被领导者对其产生一种钦佩感，这种信服力、信任力、钦佩力综合起来，共同构成领导者的专长权。专长权与职位没有直接的联系，许多专家、学者虽然没有行政职位，但是在组织和群体中具有很大的影响力，这就是专长权的表现。专长权的影响往往仅限定在专长范围之内。

2. 个人魅力

个人魅力是建立在领导者的个人素质之上的，是一种无形的、难以用语言准确描述的权力，诸如品格、知识、才能、毅力和气质等。它通常与具有超凡魅力或名声卓著的领导者相联系，又被称作领导者的感召权。这些个人素质能吸引那些欣赏它并希望拥有同样魅力的追随者，从而激起人们的忠诚感和极大的热忱。个人魅力的影响力对人们的作用是通过潜移默化而变成被领导者的内驱力来实现的，因为赢得了被领导者发自内心的信任、支持和尊重，对被领导者的影响和激励作用不仅很大，而且持续的时间也较长。

3. 背景权

背景权是指个体由于以往的经历而获得的权力。例如，领导者过去在大企业或知名外企任职的经历，在海外学习和工作的经历，或者是劳动模范、知名人士等，由于他的这些特殊背景或荣誉，在初次见面时，人们就愿意听从他的意见，接受他的影响。

4. 感情权

感情权是指个体出于和被影响者感情较融洽而获得的权力。如果多年的老朋友提出要求，请求一些帮助，人们都会感到难以拒绝，从而接受他的影响。

(三) 领导影响力运用效果的影响因素

领导者在影响力运用过程中，必须认真研究影响力的运用效果，重点考虑以下几个主要因素。

1. 领导者职权与个人素质的结合程度

一般情况下，如果领导者个人素质、个人专长与所处职位能有机结合，则权力运用效果最佳；如果领导者个人专长及个人素质与所处职权不能相得益彰，则权力运用效果就会很不理想。在现实生活中，领导者可以通过个人素质和个人专长来强化职权运用，以获得更好的效果。

2. 组织系统结构优化的程度

组织系统从某种意义上说，就是一定层次领导者的上级或下级。组织系统结构优化程度如何，会影响到领导者权力运用的效果。因此，一个精明的、成功的领导者总是十分注意选配下属及不断优化组织系统结构，以确保权力运用的效果。

3. 社会心理

社会心理对领导者权力运用的效果有重要的影响，特别是在社会改革和发展中，由于社会地位及其他因素的改变，很容易在组织中形成一定的逆反心理，在某种程度上削弱和损害领导者权力的运用。因此，领导者必须正视社会心理，善于利用社会心理，提高权力运用的效果。

4. 授权、分工和权限

是否有明确的授权、分工与权限，是影响权力运用效果的非常关键的因素。

三、领导的有效性

领导的有效性也被称作有效的领导或领导效能，是指领导者影响下属实现目标的实际效果。它包括两层含义：一是看目标能否实现，二是看目标是如何实现的。

如图 9-2 所示，B 在 A 的领导下不同程度地实现(或未实现)目标。B 没有实现目标和 B 在 A 的权力迫使下被迫完成目标的情况，都被视为 A 的无效领导，因为在考察领导的有效性时，我们不仅考察被领导者 B 的目标是否实现，还要考察 B 是在 A 的何种领导行为下实现目标的。如果 B 处于害怕权威而被迫服从，那么 B 的工作行为是被动的，这种情况下，我们认为 A 的领导是无效的；相反，如果 B 是在 A 的激励和信任之下，主动愉快地接受任务并实现目标，那么我们说 A 的领导是有效的。因此，评价领导有效性的标准必须包括目标的实现程度和员工的激励水平两方面指标。

领导者的行为是要帮助一个群体尽可能地实现目的，为此，领导者要建立有效的激励制度，激励下属充满热情和竭尽全力地为实现组织目标做出贡献，同时使下属的个人需要得到满足，这就是领导的激励功能。管理心理学者认为，现代组织管理工作所涉及的专业知识和各种技术日益复杂，领导者不可能懂得各方面的知识，但是，如果他能够正确地认识自己，则可以借助于别人的力量来弥补自己的不足。也就是说，只要他能够充分发挥自己的激励功能，将人们的积极性调动起来，就能借助于别人的知识和能力完成工作。相反，如果领导者不能很好地发挥激励功能，即使目标再好，组织再合理，管理手段再科学，也难以实现组织的目标。激励功能主要体现在以下三个方面。

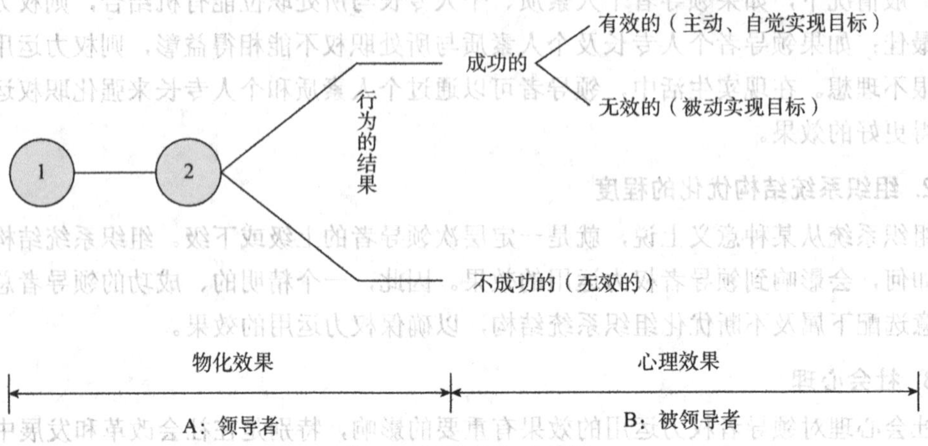

图 9-2　领导效能示意图

(1) 提高被领导者接受和执行目标的自觉性。领导者的任务之一是将组织目标的实现与员工需要的满足统一起来，创造一种组织环境，加强员工对组织目标的感受，从而提高员工接受和执行目标的自觉性。

(2) 激发被领导者实现组织目标的热情。领导者和被领导者之间不仅存在一种上下级工作关系，还存在着一种相互影响的人际关系，而领导者往往处于主导地位。要使员工焕发工作热情并持续下去，有赖于领导者个人的感召力。而满足被领导者的各种需要，尤其是心理需要，则是激发其实现组织目标热情的关键因素。

(3) 提高被领导者的行为效率。所谓行为效率，是指为实现组织目标所作贡献的大小及其能力的发挥程度。领导者应通过自己的领导行为，全方位地为被领导者创造一个有利于提高其行为效率的物质环境和心理气氛。

四、领导者与管理者

领导与管理是两个不同的概念。管理活动包括计划、组织、领导、控制等职能，领导只是管理的一项职能。领导侧重研究如何影响一个组织或群体成员去实现既定的目标，领导行为是与组织或群体中的人密切联系在一起的。与此相对应，领导者和管理者也不是一个概念，二者的含义不同，不能将它们混为一谈。领导者不一定是管理者，管理者也不一定是领导者。管理者是正式组织的组织结构中的部门负责人，他们都是组织正式任命的，在既定的权限范围内履行相应的职责。因而管理者拥有正式的职位权力，他们主要靠这种权威性的职位权力来影响下属，下属也往往因为这种权威而服从管理者。领导者主要是通过非职位权力，即个人影响力在组织或群体中发挥作用，因而领导者可能存在于正式组织中，也可能存在于非正式组织中。

由此可见，如果管理者只能依靠职权迫使人们工作，而不能靠自身的影响力感召他人去工作，那他只是一名管理者而不是领导者；如果有人虽然没有正式职权，却能因个人的影响力感召他人工作，那他一定是个领导者，即使他可能并不是一位管理者。理想的情况是，组织中的管理者不仅有正式职位赋予的权力影响力，还具有良好的非职位的个人影响力，在讲求以人为本的管理时代，这样的人才是组织应该着力发现和培养的。

那么，如何才能做一个好的领导者呢？或者说一个好的领导者应该具备哪些条件呢？一般而言，一位优秀的领导者应符合下列条件。

1. 思想素质

领导者应有强烈的事业心、责任感和创业精神；有良好的思想作风和工作作风，严格遵守规章制度和道德规范；具有影响他人的魅力；关心群众疾苦，多为群众办好事，对员工一视同仁。

2. 业务素质

领导者应具有管理现代企业的知识和技能，包括以下几点。

(1) 应懂得市场经济的基本原理，掌握中国特色的社会主义市场经济的基本规律。

(2) 应懂得管理的基本原理、方法和各项专业管理的基本知识。此外，还应学习管理学、统计学、会计学、经济法、财政金融和外贸等方面的基本知识，并了解国内外管理科学的发展方向。

(3) 应懂得生产技术和有关自然科学、技术科学的基本知识，掌握本行业的科研和技术发展方向，了解本企业产品的结构原理、加工制造过程，熟悉产品的性能和用途。

(4) 应懂得思想政治工作、心理学、人才学、行为科学、社会学等方面的知识，以便做好思想政治工作，激发职工士气，协调好与员工之间的关系，充分调动员工的积极性。

(5) 应能熟练应用计算机、信息管理系统和网络，及时了解和处理有关信息。

3. 业务技能

领导者不仅应具有一定的业务知识，还要有较高的业务技能。

(1) 较强的分析、判断和概括能力。领导者应能在纷繁复杂的事务中，透过现象看清本质，抓住主要矛盾，运用逻辑思维，进行有效的归纳、概括、判断，找出解决问题的办法。

(2) 决策能力。决策，特别是经营决策正确与否，对企业生产经营的效果影响巨大。因此，现代企业十分重视决策问题。作为企业的领导者，必须有很强的决策能力。

(3) 组织、指挥和控制的能力。领导者应懂得组织设计的原则，熟悉并善于运用各种组织形式，善于运用组织的力量，协调人力、物力和财力，以期达到综合平衡，获得最佳效果。同时，在实现企业预定目标的过程中，领导者要能够及时发现问题并采取措施予以克服，从而保证目标的顺利实现；在确认目标无法实现时，要能果断地调整目标。

(4) 沟通、协调企业内外各种关系的能力。领导者应善于与人交往，倾听各方面的意见，应是交换意见、沟通情况的能手。

(5) 不断探索和创新的能力。领导者应对做过的工作能及时认真总结经验，吸取教训，善于听取不同意见，从中吸取有用的东西。对新鲜事物要敏感，富有想象力，思路开阔，善于提出新的设想、新的方案，对工作能提出新的目标，鼓舞下属去完成任务。

(6) 知人善任的能力。领导者要重视人才的发现、培养、提拔和使用，知其所长，委以适当工作；重视教育、提高部下的业务能力，大胆提拔，勇于起用新人。

4. 身体素质

领导者负责指挥、协调组织活动的进行，是一项不仅需要足够心智而且消耗大量体力的工作，因此，必须有强健的身体、充沛的精力。

五、领导者的类型

(一) 按制度权力的集中与分散程度划分

1. 集权式领导者

所谓集权式领导者，就是指把管理的制度权力相对牢固地进行控制的领导者。由于管理的制度权力是由多种权力的细则构成的，如奖励权、强制权和收益的再分配权等，这就意味着对被领导者或下属而言，受控制的力度较大。在整个组织内部，资源的流动及其效率主要取决于集权领导者对管理制度的理解和运用，同时，个人专长权和影响权是他行使上述制度权力成功与否的重要基础。这种领导者把权力的获取和利用看成自我的人生价值。

显然，这种领导者的优势在于，通过完全的行政命令，在其他条件不变的情况下，管理的组织成本要低于在组织边界以外的交易成本。这对于组织在发展初期和组织面临复杂突变的环境时，是有益处的。但是，长期将下属视为某种可控制的工具则不利于他们职业生涯的良性发展。

2. 民主式领导者

与集权式领导者形成鲜明对比的是民主式领导者。这种领导者的特征是向被领导者授权，鼓励下属的参与，并且主要依赖于其个人专长权和影响权影响下属。从管理学角度看，这样的领导者通过对管理制度权力的分解，进一步通过激励下属的需要，去实现组织的目标。不过，这种权力的分散性会使得组织内部资源的流动速度减缓，因为权力的分散性一般导致决策速度降低，进而增大了组织内部的资源配置成本。但是，这种领导者对组织带来的好处也十分明显。通过激励下属的需要，组织可以发展所需的知识，尤其是意会性或隐性知识，能够充分地积累和进化，员工的能力也会得到长足提高。因此，相对于集权式领导者而言，民主式领导者更能为组织培育21世纪越来越需要的智力资本。

(二) 按领导工作的侧重点不同划分

1. 事务型领导者

事务型领导者通过明确角色和任务要求来指导或激励下属向着既定的目标活动，并且尽量考虑和满足下属的社会需要，通过协作活动提高下属的生产率水平。他们对组织的管理职能推崇备至，以勤奋、谦和且公正地把事情理顺、使工作有条不紊地进行而自豪。这种领导者重视非人格的绩效内容，如计划、日程和预算，对组织有使命感，并且严格遵守组织的规范和价值观。

2. 变革型领导者

变革型领导者鼓励下属为了组织的利益而超越自身利益，并能对下属产生深远而且不同寻常的影响。他们关怀每一个下属的日常生活和发展需要；他们帮助下属用新观念看待老问题，从而改变下属对问题的看法；他们能够激励、唤醒和鼓舞下属为达到群体目标而付出更大的努力。

3. 战略型领导者

战略型领导者的特征是用战略性思维进行决策。战略型领导者是将领导的权力与全面调动组织的内外部资源相结合，实现组织的长远目标；动态调整组织的价值活动，使组织在市场竞争中站稳脚跟的同时，积极抢占未来商机领域的制高点。战略型领导者认为组织的资源由有形资源、无形资源和有目的地整合资源的能力构成。管理人力资本的能力是战略型领导者最重要的技能。战略型领导者行为的有效性，取决于他们愿意进行坦荡、鼓舞人心且务实的决策。他们强调同行、上级和员工对于决策价值的信息反馈，讲究面对面的沟通方式。战略型领导者一般是指组织的高层管理人员，尤其是首席执行官。其他战略型领导者还包括企业的董事会成员、高层管理团队和各事业部门的总经理。战略型领导者一般具有不可授权的决策责任。没有战略型领导者，就谈不上战略的提出与实施。

第二节　领导理论与领导方式

在管理学领域中，比较典型的领导理论大致有四种，即领导特性理论、领导方式理论、领导行为理论和领导权变理论。

一、领导特性理论

领导特性理论又叫领导品质理论或领导特质理论，是以研究领导者个性特征为主要内容的一种领导理论。通过研究领导者的各种个性特征，来预测具有怎样性格特征的人才能成为有效的领导者。根据研究者对领导者特性来源的观点不同，领导特性理论又可分为传统领导特性理论和现代领导特性理论，以及近些年被广泛关注的领袖魅力领导理论。

（一）传统领导特性理论

1949年以前，学者们主要从领导者的个人品质、特性进行分析，并以此描述和预测领导成效。他们研究了一些美国名人的素质和心理特征，得出了领导者必须具备的天赋条件。早期提出这种理论的学者认为，领导者所具有的特性是天生的，是由遗传决定的，领导者与被领导者之间存在着个性品质的明显差异，这就是“伟人论”的主要观点。拉尔夫·M. 斯托格第尔(Ralph M. Stogdill)研究发现，领导者应具备16种先天个性：有良心，可靠，勇敢，有责任心，有胆略，力求革新进步，直率，自信，有理想，有良好的人际关系，风度优雅，乐观，身体健康，智力过人，有组织能力，有判断力。

亨利(W. Henry)于1949年在调查研究的基础上指出，成功的领导者应具备12种品质：成就需要强烈，他把工作成就看成最大的乐趣；干劲大，工作积极努力，希望承担富有挑战性的工作；用积极的态度对待上级，尊重上级，与上级关系较好；组织能力强，有较强的预测能力；决断力强；自信心强；思想敏捷，富于进取心；竭力避免失败，不断地接受新的任务，树立新的奋斗目标，驱使自己前进；讲求实际，重视当下；对上级亲近而对下级较疏远；对父母没有情感上的牵扯；效力于组织，忠于职守。吉普(Gibb)于1954年提出，领导者应具备以下特性：善言辞，外表英俊潇洒，智力过人且具有自信心，心理健康，有支配欲，外向而敏感。

传统领导特性理论强调领导者的个性品质是与生俱来的，随着研究的深入和实践的反馈，传统领导特性理论受到了各方面的质疑，归纳起来，主要反映在三个方面：①据有关统计，在1940—1947年的124项研究中，所得出的天才领导者的个人特性众说纷纭，各特性之间的相关性不大，有的甚至产生矛盾。②进一步的研究发现，领导者与被领导者、卓有成效的领导者与平庸的领导者有量的差别，但并不存在质的差异。③许多被认为具有天才领导者特性的人并没有成为领导者。

（二）现代领导特性理论

现代领导特性理论认为，领导是一个动态的过程，领导者的特性和品质是在实践中逐渐形成的，并且可以通过教育和培训而造就。不同国家的学者根据对本国情况的研究提出了培养和训练领导者所必须具备的特性条件。例如，日本的有效领导观要求一个领导者具有10项品德和10项能力。10项品德是使命感、责任感、信赖感、积极性、忠诚老实、进取心、忍耐性、公平、热情和勇气。10项能力是思维能力、决策能力、规划能力、改造能力、洞察能力、劝说能力、理解能力、解决问题能力、培养下级能力、调动积极性能力。

美国企业界认为一个企业家应具备10个条件，即合作精神、决策才能、组织能力、精于授权、善于应变、敢于求新、勇于负责、敢担风险、尊重他人、品德超人。

劳伦斯·格利纳(Lawrance Graner)在哈佛大学对300多人进行调查后，提出了有效领导者的10项重要特质：①劝告、训练与培训下属；②有效地与下属沟通；③让下属人员知道对他们的期望；④建立标准的工作要求；⑤给予下属参与决策的机会；⑥了解下属人员及其能力；⑦了解组织的士气状况，并能鼓舞士气；⑧不论情况好坏，都应让下属了解真情；⑨愿意改进工作方法；⑩下属工作表现较好时，及时给予表扬。

(三) 领袖魅力领导理论

领袖魅力领导理论指的是当下属观察到某些行为时，会把它们归因为伟人的或杰出的领导能力。很多学者通过研究具有领袖魅力的领导者的个性特点，指出领袖魅力领导者的普遍特点是：自信，有远见，具备清楚表述目标的能力，对目标抱有坚定的信念，不循规蹈矩，经常作为变革的代言人出现，对环境有较高的敏感性。另外一些学者的研究指出，有领袖魅力的领导者与下属的高绩效和高满意度之间有着显著的相关性。大多数学者认为个体可以经过培训而展现领袖魅力的行为，成为有领袖魅力的领导者。

领导特性理论强调了良好的个人特性或品质对于领导工作与提高领导效能的重要意义。领导特性理论系统地分析了领导者所应具有的能力、品德和为人处世的方式，向领导者提出了要求和希望，有助于选拔和培养领导人才。

管理学家进行了大量的研究，希望发现领导者与非领导者在个性、社会、心理或智力因素方面的差异，但这些研究有很大的局限性，主要体现在以下方面。

(1) 尽管在成功的领导者身上已经找到100种以上的特性，但从未找到完全一致的模式。

(2) 气质、体格、知识等因素和有效的领导有关，但是，这些因素中的绝大多数又与许多其他环境因素有关。

(3) 领导技巧要随着领导者在组织中从事的工作类型而变化。

(4) 忽视了下属的能动性。

(5) 不清楚是领导者的自信导致了成功，还是领导者的成功建立了自信。

尽管存在局限性，但领导特性理论仍然具有很高的理论价值。一些研究表明，某些个人品质与领导者有效性之间确实存在着相互联系。例如，一些研究发现领导者确实具有高度的才智、广泛的社会兴趣、取得成功的强烈欲望，以及对待员工的极端关心和尊重。另一些研究则发现个人的才智、管理能力、首创性、自信及个性等，与领导的有效性有重要的关系，系统地分析了领导者所应具有的能力、品德、为人处世方式，向领导提出了要求和希望。这些研究成果对我们培养、选择和考核领导者有很大帮助。

那么，领导的艺术可以被传授吗？

密执安大学的诺艾尔·提克(Noel Ticky)教授指出大约有80%的领导者是直接从工作中训练出来的，另外20%的领导技能可以通过培训和学习获得。当然，这很难被证实而且取决于不同的人，但是却指出在岗培训和在校训练应该结合起来。在强生公司，潜在的领导人员在上岗的最初阶段就被给予显示他们能力的机会，来管理公司小型的自治单位。这种实践的背后是一种严密的工作分配，意味着学习和发展机会的思想。

二、领导方式理论

领导方式理论又叫领导风格理论或领导作风理论。在引导和影响组织成员的过程中，组织成员对领导者的追随往往是以领导方式为基础的，所以许多学者开始从研究领导者的内在特征转移到外在行为上。领导者对所获得的权力的使用方式称为领导方式或领导风格，领导方式回答的是怎样领导的问题。在管理实践中，不同的领导者倾向于何种领导行为方式，往往是由他们对人性的不同认识所决定的，领导者对人性的假设和判断在很大程度上决定着领导者的行为方式。

(一) 勒温的领导方式理论

美籍德国心理学家、依阿华大学的研究者勒温和他的同事们从 20 世纪 30 年代起就开始进行关于团体气氛和领导风格的研究。勒温等人发现，团体的不同领导并不是以同样的方式表现他们的领导角色，领导者们通常使用不同的领导风格，这些不同的领导风格对团体成员的工作绩效和工作满意度有着不同的影响。根据领导者控制或影响被领导者方式的不同(权力定位不同)，勒温等人把领导方式划分为专制式、民主式和放任式三种类型。

1. 专制式领导

专制式领导者将权力定位于领导者个人，主要是靠权力和强制命令来进行管理。领导者只注重工作的目标，仅仅关心工作的任务和工作的效率，但对团队的成员不够关心。被领导者与领导者之间的社会心理距离比较大，领导者对被领导者缺乏敏感性，被领导者对领导者存在戒心和敌意，容易使群体成员产生挫折感和机械化的行为倾向。

2. 民主式领导

民主式领导将权力定位于群体，主要特征是领导者对将要采取的行动和决策同下属商量，并且鼓励下属参与决策。领导者注重对团体成员的工作加以鼓励和协助，关心并满足团体成员的需要，营造一种民主与平等的氛围，领导者与被领导者之间的社会心理距离比较近。在民主型的领导风格下，团体成员自己决定工作的方式和进度，工作效率比较高。

3. 放任式领导

放任式领导将权力定位于被领导者个人，领导者的主要特点是极少运用其权力，而是给下属以高度的独立性。领导者采取的是无政府主义的领导方式，对工作和团体成员的需要都不重视，无规章、无要求、无评估，工作效率低，人际关系淡薄。

这三种领导方式的特点见表 9-1。

表 9-1 勒温三种领导方式特点分析表

	专制式领导	民主式领导	放任式领导
权力分配	权力集中于领导者个人手中	权力在团体之中	权力分散在每个员工手中，采取无为而治的态度
决策方式	领导者独断专行，所有的决策都由领导者自己做出，不重视下属成员的意见	让团队参与决策，所有的方针政策由集体讨论做小决策，领导者加以指导、鼓励和协助	团队成员具有完全的决策自由，领导者几乎不参与
对待下属的方式	领导者介入到具体的工作任务中，对员工在工作中的组合加以干预，不让下属知道工作的全过程和最终目标	员工可以自由选择与谁共同工作，任务的分工也由员工的团队来决定，让下属员工了解整体的目标	为员工提供必要的信息和材料，回答员工提出的问题
影响力	领导者以权力、地位等因素强制性地影响被领导者	领导者以自己的能力、个性等心理品质影响被领导者，被领导者愿意听从领导者的指挥和领导	领导者对被领导者缺乏影响力
对员工评价和反馈方式	采取“个人化”的方式，根据个人的情感对员工的工作进行评价。采用惩罚性的反馈方式	根据客观事实对员工进行评价。将反馈作为给员工训练的机会	不对员工的工作进行评价和反馈
实际效果	通过严格管理能够达到目标，但组织成员没有责任感，情绪消极，士气低落	工作效率最高，不但能够完成工作目标，而且组织成员之间关系融洽，工作积极主动，有创造性	工作效率最低，只能达到组织成员的社交目标，但完不成工作目标

在分析了三种领导方式的特点后，勒温也指出，在实际的组织与企业管理中，很少有极端型的领导，大多数领导都是介于专制型、民主型和放任型之间的混合型。领导者倾向于采用何种领导方式，取决于他们对人性的认识及具体的工作环境等。

（二）利克特的领导方式理论

美国管理学家利克特和密歇根大学社会研究所的有关研究人员，曾进行了一系列的领导研究，其对象包括企业、医院及政府各种组织机构。通过研究，他们提出了四种领导方式。

1. 专制—权威式

领导者非常专制，决策权仅限于高层，决策中没有下属参与；对下属很少信任，主要用恐吓和惩罚，有时也偶尔用奖赏去激励人们；惯于由上而下地传达信息。

2. 开明—权威式

领导者对下属有一定的信任和信心，激励方式采用奖赏与惩罚并行的做法，允许一些自下而上传递的信息；向下属征求一些想法与意见，并允许把某些决策权授予下属，但加以严格的政策控制。

3. 协商式

领导者对下属抱有相当大但并不是完全的信任，激励方式主要是以奖赏为主，偶尔采用惩罚的方式；在做决策时征求、接受和采用下属的建议；通常试图去酌情利用下属的想法与意见；既使下情上达，又使上情下达；由上级主管部门制定主要的政策和运用于一般情况的决定，但让较低一级的主管部门去做出具体的决定，并采用其他一些方法通过协商办事。

4. 群体参与式

领导者对下属在一切事务上都抱有充分的信任和信心，向下属提出挑战性目标，鼓励各级组织做出决策，让群体参与，以奖赏作为激励方式，既使上下级之间的信息畅通，又使同级人员之间的信息畅通。

利克特发现，那些用群体参与式领导方式去从事管理活动的管理人员，一般都是极有成就的领导者，以此种方法来管理的组织，在制定目标和实现目标方面是最有成绩的。他把这些主要归之于员工参与管理的程度，以及在实践中坚持相互支持的程度。此外，他还发现，实行群体参与式领导的企业，其生产效率要比一般企业高出 10%～40%。据此，利克特倡议员工参与管理。他认为有效的领导者是注重于面向下属的，他们依靠信息沟通使所有各个部门像一个整体那样行事。群体的所有成员(包括领导者在内)实行一种相互支持的关系，在这种关系中，他们感到在需求价值、愿望、目标与期望方面有真正共同的利益。因此利克特认为，它是领导一个群体最为有效的方法。

三、领导行为理论

领导行为理论主要研究领导者的行为及其对下属的影响，以期寻求最佳的领导行为，也就是要回答一个领导者是怎样领导他的群体的。行为理论中最有影响力的是连续统一体理论、管理系统理论、领导行为四分图理论、管理方格图理论等。

(一) 连续统一体理论

1958 年，美国学者坦南鲍姆(R. Tannenbaum)与施密特(W. H. Schmidt)提出了领导方式连续统一体理论。他们指出，领导风格并不是只有专制和民主这两种极端方式，在这两种极端之间，根据以领导者为中心还是以下属为中心的程度不同而存在着一系列领导方式，这些领导方式因以领导者授予下属的权力大小的差异而不同。

如图 9-3 所示，他们假设了两个极端，一个极端是独裁的领导方式，认为权力来自职位；另一个极端是民主的领导方式，认为权力来自群体的授予和承认。从一个极端到另一个极端或从独裁到民主，领导方式的民主程度逐渐提高，领导者运用权力逐渐减少，下属的自由度逐渐加大。

坦南鲍姆和施密特认为，很难说哪种领导方式是正确的，领导者应当根据具体情况考虑各种因素选择某种领导方式。在这个意义上，连续统一也是一种情景理论。

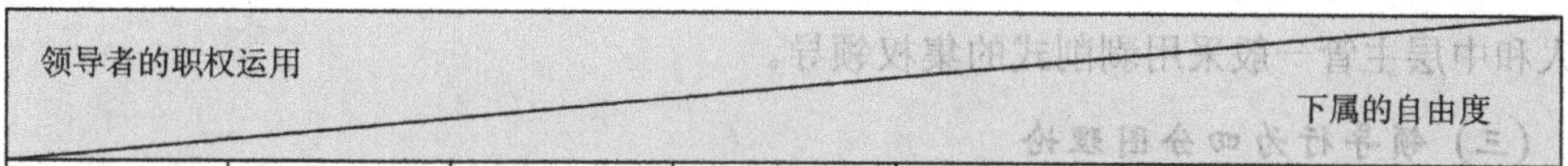

领导者专断地做出决策，并宣布执行即可	领导者做出决策，但要说服下属予以执行	领导者做出决策，并对下属的问题进行解决	领导者提出试验性决策，可根据下属的意见进行修改	领导者提出问题，征求意见，然后再做出决策	领导者规定问题的范围，在范围之内与下属共同决策	领导者允许下属在职权范围内自由行动

图 9-3 领导方式连续统一模型示意图

（二）管理系统理论

行为科学家利克特(R. Liken)通过借鉴领导方式连续统一体理论，以数百个组织机构为对象，研究得出管理系统理论。他认为，在所有的管理中，对人的管理是最重要的中心工作。典型的领导方式可分为四类，在连续统一体上定出四个系统，即四种基本领导方式。

1. 剥削式的集权领导

在这种领导形态中，管理层对下级缺乏信心，下级不能过问决策的程序。决策由管理上层做出，然后以命令宣布，强制下属执行。上下级之间互不信任。组织中的非正式组织对正式组织的目标通常持反对态度。

2. 仁慈式的集权领导

在这种领导形态中，管理层对下属有一种谦和的态度。但决策权力仍控制在最高层，下层能在一定的限度内参与，但仍受高层的制约。对职工的激励有奖励也有惩处。上下级相处态度谦和，但下属小心翼翼。机构中的非正式组织对正式组织的目标一般不会反对。

3. 协商式的民主领导

在这种领导形态中，上下级之间有相当的信任，但不完全信任。主要的决策权仍掌握在高层手里，但下级对具体问题可以决策。双向沟通在相对信任的情况下经常进行。机构中的非正式组织一般对正式组织的目标持支持态度。

4. 参与式的民主管理

在这种领导形态中，管理阶层对下属完全信任，决策采取高度的分权化形式，随时进行上下沟通和平行沟通，上下级之间在充分信任和友好的状态下交往，分不出正式组织和非正式组织。

利克特设计了一套测定表，包括领导、激励、沟通、交往与相互作用、政策、目标的设定、控制和工作指标 8 个方面，共 51 个问题，编制成问卷做组织调查，然后根据答案评定分数，绘成曲线，以判断组织的领导形态属于哪种类型。根据他们的研究，具有高度成就的部门负责人或中层主管，大部分采用参与式的民主管理，而成就低的部门负责人和中层主管一般采用剥削式的集权领导。

(三) 领导行为四分图理论

领导行为四分图理论是 1945 年由美国俄亥俄州立大学的学者们研究提出的。他们认为，领导行为由二元结构构成：生产导向(抓组织)行为，员工导向(关心人)行为。前者是指领导者规定他与领导群体的关系，建立明确的组织模式、意见交流渠道和工作程序的行为。它包括设计组织机构，明确职责和权力、相互关系和沟通办法，确定工作目标与要求，制定工作程序、工作方法与制度。后者是指建立领导者与被领导者之间的友谊、尊重、信任关系方面的行为。它包括尊重下属的意见，给下属以较多的工作主动权，了解他们的思想感情，注意满足下属的需要，平易近人、平等待人、关心群众、作风民主。

美国俄亥俄州立大学的斯托格第尔和沙特尔对领导行为进行调查后，根据领导行为"抓组织"和"关心人"的不同组合，提出了四种基本的领导行为，如图 9-4 所示，用四个象限来表示四种类型的领导行为：高组织高关心人，低组织低关心人，高组织低关心人，低组织高关心人。

图 9-4　领导行为四分图理论示意图

高组织低关心人的领导者最关心的是工作任务；高关心人低组织的领导者较为关心与下级之间的合作，重视互相信任和互相尊重的气氛；低组织低关心人的领导者，对工作、对人都不关心；高组织高关心人的领导者，对工作、对人都比较关心。该理论认为，高组织高关心人的领导效果最好，低组织低关心人的领导行为效果最差。

(四) 管理方格图理论

管理方格图理论是 1964 年由美国管理学者布莱克(Robert R. Blake)和莫顿(Jane S. Mouton)研究提出的，他们用纵坐标表示"对人的关心的程度"，用横坐标表示"对生产的关心程度"，并将两个坐标轴划分为 9 等份，于是便形成了 81 种领导方式的"9，9 图"。

其中有 5 种典型的领导风格，如图 9-5 所示。

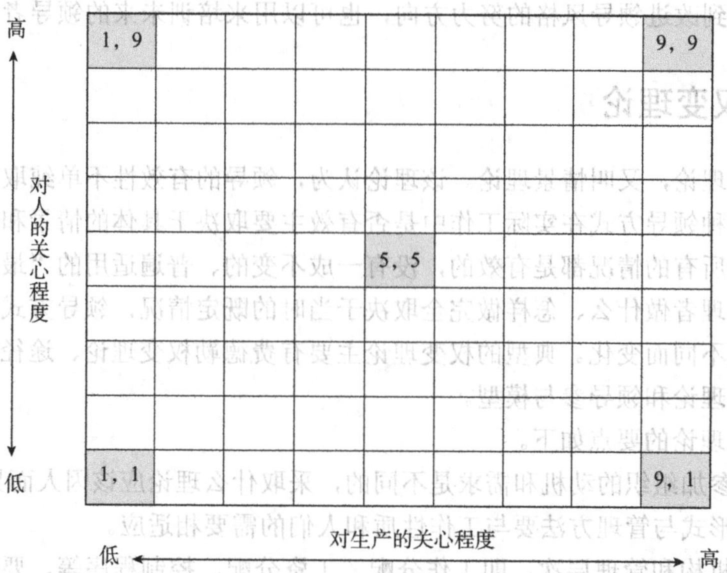

图 9-5 管理方格图理论示意图

关心生产是指领导者对许多不同的事项所持的态度，如政策决定的质量、程序和过程、研究工作的创造性、职能人员的服务质量、工作的效率及产量等。关心人是指领导者关注个人对实现目标所承担的责任，保持员工的自尊，基于信任而非服从的职责，保持良好的工作环境及满意的人际关系。如果要评价某一位领导者的领导方式，只要在“9，9”图中按照他的两种行为寻找交叉点即可。布莱克和莫顿在提出方格图理论的同时，还列举了 5 种典型的领导风格。

- (1，1)型：贫乏式领导。领导者既不关心生产，也不关心人。表现为只做最低限度的努力来完成任务和维持士气。
- (9，1)型：任务式领导。领导者非常关心生产，但不关心人。其特征是把工作安排得使人的干扰因素为最小来谋求工作效率。
- (1，9)型：乡村俱乐部式领导。重点在于使人们建立友好关系，领导者重视对职工的支持和体谅，营造轻松愉快的组织气氛和工作节奏，但很少考虑如何使员工协同努力去达到企业的目标，生产管理松弛。
- (9，9)型：战斗集体式领导。领导者不但注重生产，而且也非常关心人，把组织目标的实现与满足职工需要放在同等重要的地位。既有严格的管理，又有对人的高度的关怀和支持。通过沟通和激励，强调工作成就来自献身精神，以及在组织目标上利益一致、相互依存，从而建立起信任和尊敬的关系。
- (5，5)型：中间式领导。兼顾工作和士气两个方面来使适当的组织绩效成为可能，并使职工感到基本满意。

在这 5 种类型的管理形态中，布莱克和莫顿认为(9，9)型是最有效的管理，其次是(9，1)型，再次是(5，5)型、(1，9)型，最后是(1，1)型。最有效的领导风格并非一成不变，而要依实际工作情况而定，管理方格图理论能够使领导者较为明确地认识到自己的领导风格，找到改进领导风格的努力方向，也可以用来培训未来的领导者。

四、领导权变理论

领导权变理论，又叫情景理论。该理论认为，领导的有效性不单纯取决于领导者的个人行为，某种领导方式在实际工作中是否有效主要取决于具体的情景和场合。没有一种领导方式对所有的情况都是有效的，没有一成不变的、普遍适用的“最好的”管理理论和方法，管理者做什么、怎样做完全取决于当时的既定情况，领导方式应随被领导者和具体环境的不同而变化。典型的权变理论主要有费德勒权变理论、途径—目标理论、领导生命周期理论和领导参与模型。

权变领导理论的要点如下。

(1) 人们参加组织的动机和需求是不同的，采取什么理论应该因人而异。

(2) 组织形式与管理方法要与工作性质和人们的需要相适应。

(3) 管理机构和管理层次，即工作分配、工资分配、控制程序等，要依工作性质、管理目标和被管理者的素质而定，不能强求一致。

(4) 当一个管理目标达到后，可继续激发管理人员勇于实现新的更高目标。

这就要求管理人员深入研究、分析客观情况，使特定的工作由合适的机构和合适的人员来管理和担任，以发挥其最高效率，提高管理水平。

(一) 费德勒权变理论

目前，在权变领导理论方面最具影响力的当属费德勒(F. E. Fiedler)。费德勒所提出的权变理论被视为较完整的情景领导理论，并受到许多人的肯定和认同。费德勒认为并不存在一种普遍适用于各种情景的领导模式，然而在不同的情况下都可以找到一种与特定情景相适应的有效领导模式。

1. 两种领导风格

费德勒确认了两种领导风格，一种为任务导向型(类似于以工作为中心和主导型结构行为)，另一种为关系导向型(同以职工为中心及关心型的行为相似)。他还认为，领导行为的方式是领导人个性的反映，基本上不大会改变。所以，一个领导人的领导风格究竟是任务导向还是关系导向是可以确定的。

费德勒设计了一种“你最不喜欢的同事”(LPC)的问卷，让被测试者填写。一个领导者如对其最不喜欢的同事仍能给予好的评价，则表明他对人宽容、体谅，提倡好的人际关系，是胜过对人的关心。

2. 三种环境因素

费德勒还分析了环境因素。通过大量研究，他认为任何领导形态均可能有效完全取决于是否适应所处的环境。环境影响因素主要有三个方面。

(1) 上下级关系。领导者和下级的关系，包括领导者是否得到下属的尊敬、信任和喜爱，是否对下属具有吸引力，使下属主动追随他。

(2) 任务结构。指工作团体的任务是否明确，是否有详细的规划和程序化，有无含糊不清的地方。

(3) 职位权力的有力支持。

3. 费德勒模型

费德勒提出了一个“有效领导的权变模型”，将三个情景条件任意组合成 8 种情况，在对 1200 多个团体进行调查和数据收集的基础上，找出不同环境类型下最适应、最有效的领导类型，如图 9-6 所示。

上下级关系	好				差			
任务结构	明确		不明确		明确		不明确	
职位权力	强	弱	强	弱	强	弱	强	弱
情景类型	1	2	3	4	5	6	7	8
领导所处的环境	有利			中间状态				不利
有效的领导方式	任务导向型			关系导向型				任务型

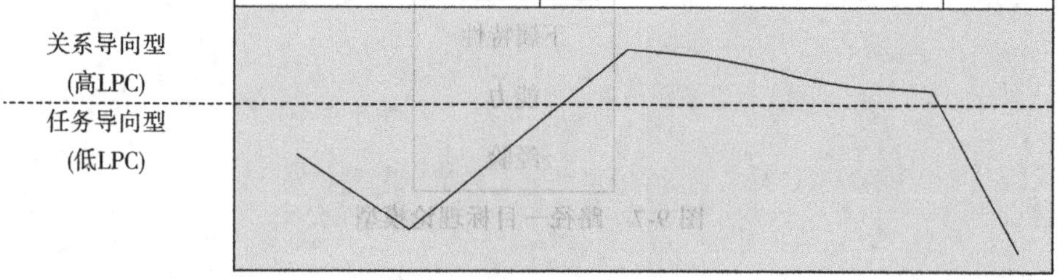

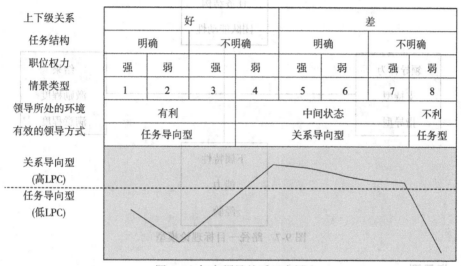

图 9-6 权变领导关系示意图

费德勒的研究结果说明，在对领导者最有利(1、2、3)和最不利的情况下(8)，采取任务导向型领导风格效果较好。在对领导者中等有利的情况下(4、5、6、7)，采用关系导向型效果较好。领导行为与领导者的个性相联系，因此领导风格不是固定不变的。费德勒模型理论在许多情况下是正确的，但有许多批评意见，如取样太小有统计误差，该理论只是概括出结论而没有提出整套的理论体系等。

4. 费德勒模型理论的意义

(1) 该理论特别强调效果和应该采取的领导方式，这无疑为研究领导行为指出了新的方向。

(2) 该理论将领导行为和情景的影响、领导者和被领导者之间关系的影响联系起来，指出并不存在一种绝对好的领导形态，必须和权变因素相适应。

(3) 该理论指出了选拔领导人的原则，在最好或最坏的情况下，应选用任务导向型的领导，反之则选用关系导向型的领导。

(4) 该理论指出，必要时可以通过环境改造以适应领导者。

(二) 途径—目标理论

领导者是使下属获得更好的激励、更高的满意度和工作成效的关键人物，在整个领导过程中担当着重要的角色，基于这一点，罗伯特·豪斯(Robert House)研究提出了途径—目标理论，如图 9-7 所示。此理论以期望理论及领导行为四分图为依据，提出领导的主要职能是为下属在工作中提供获得满足需要的机会，并为下属搞清哪些行为能推动目标的实现并获得有价值的奖励，即领导应指明达成目标的途径。1974 年豪斯与米切尔发表的论文中提出了四种领导行为，即指示型、支持型、参与型和成就型。

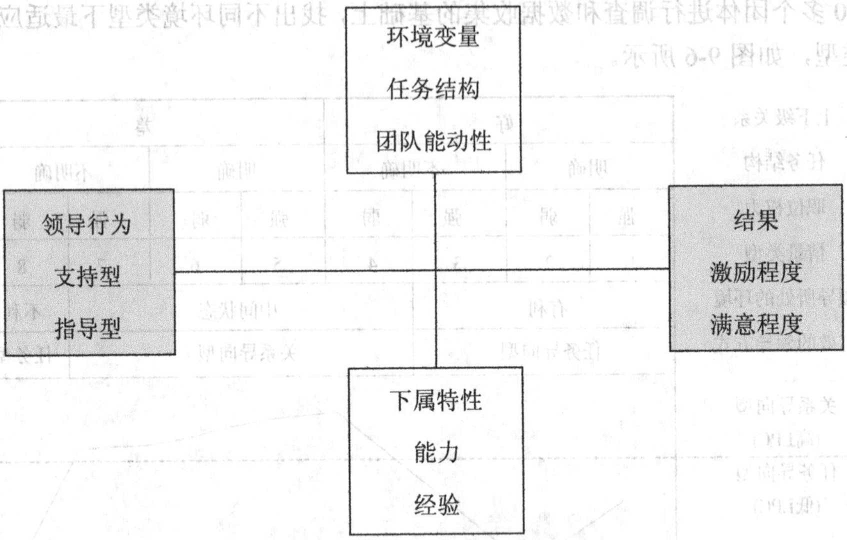

图 9-7 路径—目标理论模型

1. 指示型

这种类型的领导者明确指示下属，告诉下属任务的具体要求，包括做什么、怎么做。工作日程、决策都由领导做出，下属不参与。

2. 支持型

这种类型的领导者能够考虑下属的需要，与下属友善相处，平易近人，关心下属的福利，用心营造宽松愉快的组织氛围，当下属遇到困难和产生不满意时，这种领导方式有助于他们提高和改善业绩。

3. 参与型

这种类型的领导者在作决策时与下属商量，征询、采纳下属的建议决策，通过此种方式对下属起到激励作用。

4. 成就型

这种类型的领导者往往提出有挑战性的目标，希望下属充分发挥潜力，力求有高水平的表现，鼓励下属并对下属的能力表示出充分的信心。

豪斯认为“高工作”和“高关心”的组合不一定是最有效的领导方式，还需考虑环境因素。该理论特别关注两类情景因素，一类是下属的个人特点，另一类为工作场所的环境因素。

(1) 员工个人特点。每个员工都具有自身的特点，如教育水平、灵敏度、责任心、对成就的需求等。自我评价较高的员工，充分相信自我行为主导未来，而不是环境控制未来，对周围的人和事往往有较强的影响力，更乐于接受参与型的领导方式；而一些缺乏主见的员工，往往把发生的结果归因于运气、命运或“制度”，认为自己能力不强，因而更喜欢指示型领导。反之，有的人自视甚高，则可能对指示型的领导行为表示不满。管理者对下属的个人特点是难以影响和改变的，但是管理人员对于环境的塑造及针对不同的个性采取不同的领导方式是完全可能的。

(2) 环境因素。环境因素非下属所能控制，它包括工作性质、权力结构、工作群体等情况。当工作任务很明确时，一般要强调“高关心人”的领导方式，而如果采用指示型领导行为效果就差，人们会对上司喋喋不休的吩咐感到厌烦。而在工作任务不十分明确时，则应强调“高组织”的领导方式。另外，如果组织中正式职权都规定得很明确，则下属会更欢迎非指示型的领导行为。此外，工作群体的性质会影响领导行为，如果工作群体为个者提供了社会上的支持和满足，则支持型的领导行为就显得多余；反之，个人则会从领导者那里寻求这类支持。与费德勒理论不同的是，途径—目标理论认为领导者的风格和行为是能改变的，并使之适应特定的情景。有时，领导者根据不同的情况可分别采用不同的领导方式。如一个新上任的项目经理，开始他可用指示型的方式，建立明确的任务结构，并明确告诉下属做些什么；随后，他可采取支持型的行为，来增强群体的凝聚力和形成积极的群体氛围；当项目小组成员对任务更熟悉后，并遇到新问题时，则可让下属一起参与做出一些决定；最后则可运用成就型行为来鼓励下属不断取得更高的成就，如表 9-2 所示。

表 9-2 与环境匹配的高绩效领导行为

环境	领导行为
任务不明、压力过大	指示型
令人沮丧的、不满意的	支持型
权力关系明确、官僚化组织	支持型
团体内部存在激烈冲突	指示型
下属能力强、经验丰富	支持型/参与型
内控型/高度自我投入的下属	参与型
外控型	指示型
模糊、非重复性任务	参与型/成就型

途径—目标模型表明，领导者的行为会影响下属的工作动机，而个人特点和环境因素也会影响这种关系的性质。

途径—目标领导理论是一种动态的理论，目前看来尚不够完善，此理论的原意是以一般的术语来表达一种理论框架，以便能更进一步探索相互间的各种关系，随着未来研究的深入，这种理论也将得到修正。

(三) 领导生命周期理论

领导生命周期理论是由科曼(A. K. Korman)于1996年首先提出的，后由赫塞(P. Hersey)和布兰查德(K. Blanchard)进一步予以发展。他们认为，领导者的风格应适应其下属的“成熟度”。在该理论中，下属的“成熟度”是一个重要的参考因素。“成熟度”是指个人对自己的直接行为负责任的能力和意愿，包括工作成熟度和心理成熟度两个方面。工作成熟度是指一个人的知识、技能和经验，工作成熟度高的下属在完成其工作任务时不需要别人的指导；心理成熟度是指一个人做事时的意愿和动机，心理成熟度高的个人不需要太多的外部鼓励，他们主要靠内驱力激励自己。

领导生命周期使用的两个领导维度与费德勒的划分相同：任务行为和关系行为。但是，赫塞和布兰查德则向前迈进了一步，他们认为每一行为有低有高，从而组合成以下四种具体的领导风格，如图 9-8 所示。

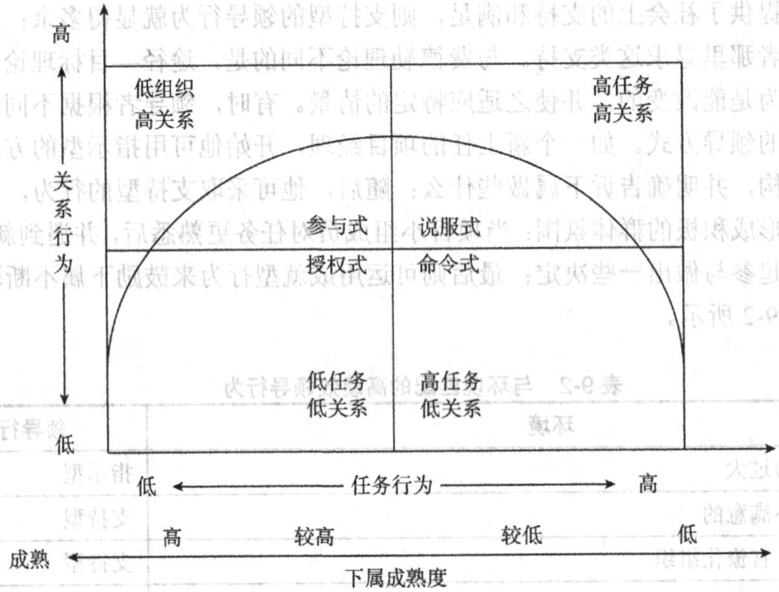

图 9-8　领导生命周期理论模型示意图

(1) 第一象限，命令型(高任务—低关系)。适用于低成熟度的下属，这类下属往往既不愿意也不能够承担工作责任。领导者应定义角色，告诉下属应该干什么、怎么干以及何时何地去干。

(2) 第二象限，说服型(高任务—高关系)。适用于较不成熟的下属，这类下属往往愿意担负起工作责任，但因缺乏工作技能而不能胜任工作。领导者同时提供指示型的行为与支持型的行为，并且从心理上增加他们的工作意愿和热情。

(3) 第三象限，参与型(低任务—高关系)。适用于比较成熟的下属，这类下属往往能够胜任工作，但不愿意领导有过多的指示和约束。领导者与下属共同决策，领导者的主要角色是提供便利条件与沟通。

(4) 第四象限，授权型(低任务—低关系)。适用于成熟度高的下属，他们往往具有较强的自信心、能力和愿望来承担工作。领导者应当适当授权，让其自主管理，领导者起监督指导作用。

总之，领导生命周期理论为情景领导理论提供了一个有用而易于理解的模型，该理论再次说明了并不存在一种万能的领导方式能适合各种不同的情景，管理的技巧需配合下属目前的成熟度，并帮助他们发展，加强自我控制。因此，各种领导风格必须因势利导，灵活运用。

(四) 领导参与模型

领导参与模型是由弗鲁姆和耶顿提出来的。该理论试图确定出适合某些特定环境和情景的领导方式，这些不同的领导方式是由下属参与决策的程度决定的。它强调在各种决策活动中应允许下属参与，因此其也参加决策，包括下属参与决策确定标准和准则。该模型认为，决策的有效性可用决策的质量和决策被接受的程度来衡量。决策的质量客观上影响了下属的绩效，而下属对决策的接受程度又将影响他们对此决策的执行和负责程度。为了提高决策效果，弗鲁姆和耶顿建议，根据七种不同的权变因素，在五种可供选择的领导方式中进行选择，如表 9-3 所示。

表 9-3 领导参与模型的决策方式

决策方式	定义
独裁方式 I(A1)	领导者独自做出
独裁方式 II(A2)	领导者向下属取得资料，然后独自做决定，下属不一定被告知决策情况
协商方式 I(C1)	领导者以个别接触的方式让下属了解情况，征求下属意见并获取信息，再由领导者自行做出决定
协商方式 II(C2)	领导者和下属一起讨论问题，征求集体的意见和建议，但决定仍由领导者做出
集体决策方式(G)	领导者和下属共同讨论问题，一起提出并评估各备选方案，最后由集体做出决定

领导者在决定采取哪一种领导方式时，可以根据七种不同的情景因素，对下述七个问题进行回答：

(1) 此决策是否有质量上的要求？如果有此要求，则领导者应当寻求提供一个能够达到所需质量的方案。

(2) 是否有足够的信息来做出高质量的决策？如果没有是合适的。

(3) 决策是否明确需要哪些信息以及如何获得？

(4) 下属是否接受决策对有效地执行此决策很重要吗？如果是，那么就应当让下属更多地参与决策。

(5) 下属对领导者单独做出决策的接受程度如何？如果是否定的，那就应当让下属更多地参与决策。

(6) 下属是否明确此决策与实现组织目标的联系？

(7) 如果采用所选的方案，在下属中是否会引起矛盾？

前三个问题主要是针对如何确保决策的质量提出的，而后四个问题则强调下属对决策的接受程度。弗鲁姆和耶顿认为，对上述七个问题的不同回答可组合成各种情景，运用决策树的办法可相应地选择各种领导决策方式，其中，A1、A2 为集权方式或称为独裁方式，C1、C2 为协商方式，G 为集体决策方式。

第三节　领导理论的新观点

人们于 20 世纪开始了对“领导”问题的研究，并把“领导”发展为一门科学。20 世纪 80 年代以前创立的领导行为理论和权变理论，都是以交换型领导行为为基础的。领导行为常被理解为一种交易或成本—收益交换的过程。交换型领导行为理论的基本假设就是：领导—下属间的关系是以两者一系列的交换和隐含的契约为基础的。交换型领导行为理论已得到了广泛的验证，这些理论都强调环境因素对领导行为产生缓冲效应的重要性，也注意到了领导—下属这对关系，并认为应运用综合性指标对其进行测量，以便能预测领导行为对个体的作用。

21 世纪是一个充斥着变革的世纪，随着人类进入知识经济时代，企业外部环境的变化日益频繁，知识性员工日渐增多，这些都不断冲击着传统的领导管理理论与方法，引发了企业和政府管理理念的深刻变革，因而要求领导者必须跟上时代的要求，有效地实施领导工作。在领导理论方面，1978 年，美国政治社会学家詹姆斯·麦格雷戈·伯恩斯在对政治型领导人进行定性分类研究的基础上，在他的经典著作《领袖论》中提出领导过程应包含交易型和变革型两种领导行为，这一分类为领导行为的研究开辟了新的思路；1985 年，伯恩斯正式提出了交换型领导行为理论和变革型领导行为理论，它比以往理论采取更为实际的观点，是以一个“走在大街上的”普通人的眼光看待领导行为的，具有实际的应用价值，在实践中得到了广泛应用。

变革型领导行为是一种领导向员工灌输思想和道德价值观，并激励员工的过程。在这个过程中，领导除了引导下属完成各项工作外，常以领导者的个人魅力，通过对下属的激励、刺激下属的思想、对他们的关怀来改变员工的工作态度、信念和价值观，使他们为了组织的利益而超越自身利益，从而更加投入工作中。该领导方式可以使下属产生更大的归属感，满足下属高层次的需求，使组织获得高的生产率和低的离职率。变革型领导行为的前提是领导者必须明确组织的发展前景和目标，下属必须相信领导者。其主要特征为：①超越了交换的诱因，通过对员工的开发、智力激励，鼓励员工为群体的目标、任务及发展前景超越自我的利益，实现预期的绩效目标；②集中关注较为长期的目标，强调以发展的眼光，鼓励员工发挥创新能力，并改变和调整整个组织系统，为实现预期目标创造良好的氛围；③引导员工不仅为了他人的发展，也为了自身的发展承担更多的责任。变革型领导行为拓宽了领导行为的研究范围。

变革型领导行为应包含以下四个维度。

(1) 理想影响力(idealized influence)。指能使员工产生崇拜、尊重和信任的一些行为，包括领导者承担风险、考虑员工的需求及良好的道德品质。

(2) 鼓励性激励(inspirational motivation)。指向员工提供富有意义和挑战性工作的行为，包括明确描述预期目标，而且该目标受到整个组织目标的约束，同时通过积极乐观的态度唤起团队精神。

(3) 智力激励(intellectual stimulation)。指领导者启发员工发表新见解和从新的角度或视野寻找解决问题的方法与途径，鼓励员工采用崭新的方式完成任务。

(4) 个人化考虑(individualized consideration)。指领导者仔细倾听并关注员工的需求。一项关于中西方企业领导行为的研究中曾提出六种变革型领导行为，包括提供远见卓识、智力激励、寄予厚望、树立榜样、促进合作和提供个人支持。

研究结果表明，在中国文化背景下，促进合作(促进员工合作，使他们为共同目标而工作的程度)、提供个人支持(领导关心下属个人感受和需求的程度)和树立榜样(领导树立与之力求推广的价值观相一致的行为榜样)与中国文化特征和传统中国领导哲学相一致；有远见、寄予厚望和智力激励三种领导行为则在中国文化中不是很受重视。由此可见，变革型领导行为是一种动态性的结构，具有多维性，在不同的文化背景和工作环境下，它的维度具有权变性，并且有一点可以肯定，变革型领导行为着重突出了领导者对组织和个人的变革效应。

根据变革型领导理论，这里主要介绍两种比较有代表性的观点，即领导的艺术性和领导的柔性化。

一、领导的艺术性

领导过程是领导者发挥影响力，以使被领导者完成任务，达成组织目标的过程，因此要让被领导者自觉地、主动地工作，需要领导者善于掌握和运用领导艺术。领导艺术是指领导者在非程序化的管理过程中娴熟巧妙地运用领导科学与经验，以实现高效领导的技巧。纵观历史，人类的领导活动经历了由经验领导到科学领导，由科学领导到艺术领导的发展过程。

领导艺术是领导者在领导的方式方法上表现出的创造性和有效性。领导艺术是领导者个人素质的综合反映，是因人而异的。黑格尔说过“世界上没有完全相同的两片叶子”，同样也没有完全相同的两个人，没有完全相同的领导者和领导模式。有多少个领导者，就有多少种领导模式。因此，领导艺术具有随机、非模式化的特征。领导艺术的特点有以下几点。

(1) 创造性。领导工作，特别是高层领导工作具有模糊性和非程序化的特点，往往没有先例可以遵循，也不可能照抄照搬别人的做法，这就需要领导者能够运用创新型的思维，创造性地解决问题。

(2) 应变性。领导工作中突发事件、例外事件很多，需要掌握灵活应变的领导技巧。

(3) 综合性。领导艺术的运用是领导者综合素质的体现，这要求领导者有良好的品质、广博的知识和才能，以及必要的胆识、强烈的责任心和危机感等。

(4) 科学和经验的统一。领导工作在很大程度上要基于领导实践的总结和升华，要符合领导过程的基本规律，因此，领导者要掌握领导科学。但是，仅仅停留在书本知识上，而不能将其用在实践中，缺乏领导技能，也只能是纸上谈兵。因此，领导艺术是领导科学与领导经验的统一。

在个性化的时代，人和人存在差异是普遍的现实，能够重视和理解员工差异是尊重员工的表现。如何重视员工的差异，利用员工的差异，用人所长，而非排斥差异，是领导艺术性的表现，也是提高领导效能的有效途径。

领导的艺术性的表现形式很多，主要包括用人艺术、授权艺术、协调人际关系艺术、监督艺术、时间管理艺术和谈话艺术等。

二、领导的柔性化

所谓柔性，究其本质，是指灵活地适应环境变化，强调以人为中心的一种方式。领导的柔性化是相对于传统领导的刚性(以规章制度为中心)而言的，它在研究人的心理和行为规律的基础上，采用非强制性方式，在员工心目中产生一种潜在说服力，从而把组织意志变为个人的自觉行动。柔性管理对人的智力活动，尤其是创造性活动具有特别的意义，这一点对于未来的“视创新为生命”的知识型企业尤为重要，加之知识经济时代下企业组织系统的弹性化和生产作业的柔性化，也对相应的管理体制提出了要求，柔性管理就是适应这一要求的未来管理的发展趋势。

(一) “第五级领导”的提出

著名美国管理学者吉姆•考林斯提出了“第五级领导”这一概念，并分析了柔性领导的特征和现代领导发展的大趋势。“第五级领导”是在领导实践中相对于前四级而言的。

“第一级领导”是潜在的领导。领导者只是通过个人的知识、才能、技能和良好的工作作风来影响组织群体中的其他成员。第一级领导者只是组织中优秀的个体、优秀的成员，只是可能在组织成员中脱颖而出，是潜在的领导者。

“第二级领导”致力于实现团队的目标，配合团队其他成员一起开展工作，追求团队的绩效而不是个人的绩效。

“第三级领导”有着明确的领导意识，组织其他成员，利用各种资源，朝着既定的组织目标前进。第三级领导者追求高效率，有着明确的目标，有很强的意志力和控制力。为了达到组织目标，第三级领导者通常会较多地运用手中的权力，运用法定的硬权力来控制被领导者。“第三级领导”才是真正意义上的领导者。

“第四级领导”则善于激励，善于运用软权力，是以人为中心的现代的柔性领导。这一跨越具有划时代的意义，因为“第三级领导”依赖硬权力，是20世纪的传统的领导方式，追求高效率，应该属于工业化初期的领导范式。

“第五级领导”除具有其他四级领导者所拥有的核心能力外，还具有自身显著的特点。

(1) 突出的谦虚性。在领导某一活动取得成功后，在激励下属时，第五级领导者常常把功劳归于他人，归功于下属，甚至归因于外部的偶然因素和好运气。而第五级领导者在遇到领导活动失败时，总是把责任归于自己，归于内部因素，从而针对失败的原因进行反思，克服困难，反败为胜。

(2) 超优的绩效。第五级领导者事业心极强，他们决心把组织的绩效从良好推向优异，追求卓越，追求超优的结果，追求长期的结果。第五级领导者在追求领导绩效方面通常用“超优决策”取代“最优决策”，所以他们比起一般的领导者所能取得的成就也就更大。

(3) 超强的意志力。第五级领导者总是不怕任何挫折和任何困难，为了追求超优的目标和绩效，他会尽自己最大的努力，超常地发挥自己的水平，表现出永不动摇的决心、坚毅与果敢，及时地行动，持久与忍耐，一直坚持到最后的胜利。第五级领导者不能容忍平庸，他常常会积聚能量，寻求突破。领导者的超强意志力肯定能够产生超强的影响力，激发出被领导者超强的意志力。

(4) 较强的前瞻性。第五级领导者追求长远的绩效，着眼于未来的发展，着眼于组织的发展，而不只是关心眼前，关心个人的利益。由于第五级领导者立足于组织的未来，他通常都会注意培养优秀的领导者，并在适当的时候让权于新的领导者。

现代领导的功能重在“导”而非“领”。“领”一定要在组织成员的前面，而“导”则既可以在组织成员的前面，也可以在组织成员的旁边或后边，更多的时候则是在组织成员的中间。“导”是引导和促使组织成员有能力并有意愿与领导者一道前行，去实现组织的共同愿景。

(二)“学习型领导”的提出

面对复杂多变的环境，知识的更新变得越来越快，跟上知识发展的步伐，特别是持续不断地跟随知识发展显得尤为重要，因此产生了学习型领导的新观点。学习型领导来源于彼得·圣吉所提出的学习型组织的理论，该理论的五点主要内容是：自我超越、改善心智模式、共同愿景、团队学习和系统思考。

在传统的观念里，人们总认为领导者是拥有特殊才能的人，他们设定组织的方向，制定组织的重大决策，激励组织成员，处理企业突发的重大危机等，他们变成组织成员心目中的英雄，因此也更加强了他们对短期问题的重视，变成处理危机的高手。彼得·圣吉在《第五项修炼》一书中指出，学习型组织的建立需要对领导有新的看法。他认为，学习型组织里的领导者并非如此，他们必须学习一些新的技能和新的工具，以建立一种能够让组织成员拓展其能力并构想其远景的组织，也就是有责任让成员不断地“学习”。而这种新的领导力的形成，必须先从领导者的角色转换入手，他们不但是设计者，也是教师、教练，还是仆人。

首先，领导者是一名设计者，设计如何能让组织动起来。他必须为组织指出前进的方向和目标，关心组织如何达到目标，以及如何着手实现目标，并且如何维持已取得的成绩。领导者在组织和群体中的定位应该是塑造自己和塑造他人的艺术家。

其次，领导者是教师和教练，帮助员工认清自己、明确目标、激发潜能。领导者能够在四个层次下影响人们对真实情况的看法：事件、行为变化形态(趋势)、系统(整体)结构和使命。学习型组织的领导者应兼顾这四个层面，焦点主要放在使命和系统结构上，并且“教导”组织中所有的人都这样做。领导者是教师，教的不是如何形成愿景，而是如何促进每个人学习。

最后，领导者还必须扮演仆人这个角色。现代领导在企业中应该树立服务的意识，由显性角色退为隐性角色。领导者的首要任务是关心组织中的人，因为他们是组织中核心与精神之所在。仆人心态是一种自然的情感，一种发自内心愿意服务他人的意愿。这种仆人的角色主要表现在两方面：一方面是为所领导的人服务，另一方面是为组织的目标、使命服务。

第四节　小　结

本章介绍了管理学中领导的基本定义和有代表性的领导理论，并简要介绍了领导理论的新观点。

领导是指领导工作，是一种行为过程。在这个过程中，领导者依靠影响力，指挥、带领、引导和鼓励被领导者或追随者，实现组织目标的活动和艺术。领导在根本上是一种影响力，领导的影响力一方面来源于职位权力影响力，另一方面来源于非职位权力影响力。领导的有效性取决于两点：一是看目标是否实现，二是看目标是如何实现的。此外，指出了领导和管理及领导者和管理者分别是两个不同的概念，同时介绍了不同的领导者类型。

关于领导理论和领导方式，着重阐述了领导特性理论、领导方式理论、领导行为理论、领导权变理论等。其中，领导特性理论包括传统领导特性理论、现代领导特性理论和领袖魅力领导理论；领导方式理论包括勒温的领导方式理论、利克特的领导方式理论；领导行为理论包括连续统一体理论、管理系统理论、领导行为四分图理论和管理方格图理论；领导权变理论包括费德勒权变理论、途径—目标理论、领导生命周期理论和领导参与模型。

关于领导理论的新观点，主要探讨了在新的时代背景下领导理论由交换型理论向变革型理论转变的趋势，并介绍了两个有代表性的观点：领导的艺术性和领导的柔性化。

通过对于领导理论的介绍，有助于厘清领导理论发展的历史过程，正确认识领导行为和领导者在组织中的作用和影响，帮助组织内的管理者针对实际情况采用适合的领导方式和风格，并特别指出当代领导者应着力培养的各项领导技能，从而能更好地实施领导工作，领导被领导者实现组织的目标。

【关键概念】

领导(leadership)　　柔性(flexibility)

领导效能(efficient of leadership)　　领导特性(characteristic of leadership)

领导行为(behavior of leadership)　　领导方式(method of leadership)

权变理论(contingency theory)　　领导艺术(art of leadership)

学习型领导(learning leadership)

第五节　复习思考题

1. 简答题

(1) 你如何看待“领导的特性理论”？你认为有效的领导者是天生的还是后天造就的？

(2) 谈谈本章几种领导理论各自的研究侧重点及基本观点。

2. 案例分析

金山的两任掌舵人

金山软件股份有限公司创建于 1988 年，是中国领先的应用软件产品和服务供应商，创造了 WPS Office、金山词霸、金山毒霸、剑侠情缘、封神榜等众多知名产品。谈到金山的成功一定离不开两个人，那就是它的两任掌舵人——求伯君和雷军。

在程序员眼中，他是 IT 英雄；在 IT 业内眼中，他是民族软件的先知；在游戏 fans 眼中，他是“剑侠情缘”系列的 Boss——诸多光环下的这个人，正是被誉为“中国第一程序员”的求伯君，金山公司的第一任掌门人，有着盖世豪侠一般的名字，是 IT 业的一个传奇。

在金山创业初期，求伯君以WPS 一招打天下，奠定了公司在业界的地位。然而，求伯君的 WPS 绝不是一夜之间练就的绝世武功。恰恰相反，从 1988 年 5 月开始，求伯君为了这个 WPS，将自己锁在了宾馆，和方便面“结婚”，引发肝炎 3 次，每次住院一两个月，在医生的告诫中，他仍将电脑放在病床前继续一个人战斗。求伯君在这种孤独中写下了十几万行代码的 WPS 软件。1989 年 9 月的某天，国内第一款中文处理软件 WPS 1.0 终于问世，这成了 1988 年创立的金山公司的主打产品。

一路高唱凯歌的 WPS，在 1993 年遇到了 Word 的挑战。求伯君主动迎接挑战，将公司所有的财力、人力都投入到“盘古”开天地中。尽管如此，金山还是在和微软的遭遇战中一夜溃败。面对昔日的对手微软抛来的橄榄枝，求伯君依然没有放弃自己的理想。他卖掉了自己的别墅，几乎倾家荡产全新投入 WPS97 的开发中。终于，WPS97 推出仅两个多月，就销出了一万三千套，求伯君和他的WPS翻盘了。

2000年后，求伯君俨然成了金山的精神领袖，而金山也走向了多元化，尤其是游戏，在喜欢玩游戏的求伯君的带领下，依靠网游这个曾经让通用软件公司不耻的小零碎，金山软件真正崛起了，更让许多新世纪才接触电脑的人误以为金山软件是一家游戏公司。

随着金山公司的不断发展，求伯君又开始了一个程序员到一个领导者的修行之路。在管理上，求伯君有一个宗旨：谁负责任谁说了算。“你在做这件事，你就要承担责任，因此你对所有事情都有决定权，包括本部门员工的招聘、培训、考核、利益分配、解聘等。”因此他在企业中实行“目标管理制”，给予每一个部门经理充分自由自主的空间，没有早请示晚汇报，也没有冗长的考核，每一个部门都有一个任务指标，部门经理的任务就是带动大家去完成任务。求伯君认为对每一个员工的考核应由部门经理来执行，但他本人也会经常向部门经理询问下面员工的情况。除了中层主管灵活性的把握以外，公司本身也有一些框架性的措施来对每个员工进行监督和考核。金山有20%的自然淘汰率，谁将被淘汰也视部门经理的考核结果而定。

金山的员工表示：“金山的收入不高，但金山让我们学到了很多，去金山，是冲着求伯君的大名。”也正如求伯君所言：“如果从开始就想着怎么赚钱，我也不会有今天。事业与金钱无关。当你全身心投入开发的时候，不给你钱你也要干。开发时，根本没有心思考虑报酬。只有先成就了业，才有资格谈报酬。”

提起雷军，你一定想到的是小米，而金山公司才是雷军生命中一度最重要的公司。外界和金山人对雷军曾做出这样的评价：如果说求伯君代表着金山的WPS时代，那么雷军则代表着整个金山。在他的领导下，金山软件进一步将应用软件扩展至实域，并在金山的全面互联网转型的过程中做出了重要贡献。在金山时期，雷军形成了自己的管理风格——身先士卒、以身作则、将心比心。在有些人看来，雷军就是一台机器。他按时上班，深夜才从办公室离开，他坚持跑步、滑雪，午餐吃得很简单，刻苦而自律，精力非常人能比。

1998年，风华正茂的雷军升任金山公司总经理，可谓是年少得志、意气风发、挥斥方遒。接任金山CEO的时候，雷军有过挣扎，前后辗转反侧3天，他始终觉得自己很难成为心目中的偶像——柳传志这样的管理型人才。毕竟，雷军曾经的梦想是成为中国最好的程序员。为此雷军总结出从程序员到总经理的三大障碍：第一，程序员都是完美主义者，他们不能容忍漏洞。管理要学会眼睛里能揉进沙子，他得有容忍精神，有时候甚至需要妥协精神。第二，从写程序到做管理，一定要学会欣赏别人，学会“拿放大镜去看别人的优点”。第三，写程序大多数时候只需要跟计算机沟通，是在自己的国度里自由驰骋，可做管理者要学会跟别人沟通，并且还需要很高的沟通技巧。有了这样的总结，雷军开始了一个从好学生到好领导的蜕变。

雷军蜕变成为成功领导者的因素归于四种武器。

第一种武器——个人独特魅力。

因为雷军的热情聚集了一群优秀的人，使金山形成了独特的程序员文化，这样的文化尊重技术，尊重人才；这样的文化培养了一代又一代杰出的工程师，也造就了金山的成功。雷军做事很有章法；管理金山，他懂得放权，将项目“包产到户”，调动了每个有理想员工的积极性；管理投资项目，他除了懂项目，更懂识人，他要求创始人要有理想，有诚信，不做假账。

第二种武器——好学。

雷军从学生时代就很好学，是大家眼中的全能学霸，推崇“肯学、肯干”的工作态度。为了成为合格的领导者，雷军恶补过营销学、管理学，为了把产品卖出去，总结出了自己的销售方法。他积极结识媒体，虚心请教前辈，到如今讲起营销已经头头是道了。

第三种武器——创新。

唯一不变的只有变化。他带领的小米科技公司手机在发布后，成了互联网企业中最早吃“手机”螃蟹的人，如今小米手机第四代销售火爆，拥有了不少铁杆发烧粉丝。

第四种武器——信任。

信任是无价的财富。雷军处事懂得有所为有所不为，游戏项目不投、与金山竞争的项目不投，这些足以让求伯君和金山人信任他。2007 年 2 月，董事会给予 430 名员工发放了海量期权(占上市完全摊薄后的11%)，在所有上市公司中这是绝无仅有的，极大地影响了公司的短期价值。董事会为什么还要这么做？是因为和员工分享上市财富，可以保持公司长期发展的动力。在金山近 20 年的历史上，长期作战的过程中形成了兄弟文化，“胜则举杯相庆，败则拼死相救”。如果赶项目需要加班的时候，领导会和员工一起加班，其他同事也会留下来陪着加班。时间长了，这种情谊会使整个公司形成一种情感共同体，有利于员工保持良好的生活情绪状况，也有利于公司的稳定。

2011 年，雷军重回金山担任董事长，对媒体强调着自己对金山的感情和责任。此时的雷军，对外谦逊有加，在管理上更多体现了强势、霸道的一面，在金山扮演的角色“有点像定海神针”，大家不关心他是否忙得过来，最重要的是，他在那里。

(资料来源：余敬，刁凤琴. 管理学[M]. 武汉：中国地质大学出版社，2016：171-173.)

【思考题】

(1) 求伯君与雷军分别采取了何种领导方式？是否有效？请运用菲德勒模型进行分析。

(2) 从金山两任领导者身上，你得到什么启示？

3. 管理实战

对别人的肯定

【形式】集体参与
【时间】15 分钟
【材料】无
【场地】不限

【应用】

➢ 沟通技巧

➢ 领导艺术

【目的】

鼓励人们说出对别人肯定的看法。

【程序】

将大家分成两人一组，要求每个人写下在同伴身上注意到的 4～5 件事，但必须全部是肯定的(如穿着整齐、声音悦耳、善于倾听等)。在他们写了几分钟后，每两人组成一个小组进行讨论，每人说出他/她写了同伴哪些事。

【讨论】

➢ 这个练习让你感到自在吗？如果不自在，为什么？(对别人给出肯定的看法或接受对自己肯定的看法可能都是一种全新的经历)

➢ 怎样才能让我们更容易对别人给出肯定的看法？(建立一种亲密关系；给出确切的证据；选择适当的时机)

➢ 怎样才能让我们更容易接受别人肯定的看法？(试着欣然接受；在质疑之前先拿定主意思考一下其真实性；允许自己自我感觉良好)

【总结与评估】

恰如其分、不失时机地赞美别人，无疑对提高对方自信心、建立友好关系必不可少。作为领导，此举更是好处多多，不能吝啬。

第十章

激 励

激励是管理的基本职能，同时又是管理最重要的职能之一，激励在现代管理中具有不可替代的作用。在信息社会和知识经济时代的今天，对人的管理已是管理全过程的核心问题。人是组织中最活跃、最有生命力、最有发展潜力的资源，调动人的积极性、激发人的创造性成为管理中的首要问题。成功的管理者必须知道用什么样的方式有效地调动下属的工作积极性。

【学习目的与要求】

- 理解激励的概念
- 掌握内容激励理论
- 掌握过程激励理论
- 了解强化激励理论

【引例】

林肯电气公司的按件计酬与职业保障

林肯电气公司年销售额为44亿美元，拥有2400名员工，形成了一套独特的激励员工的方法。该公司90%的销售额来自于生产弧焊设备和辅助材料。林肯电气公司的生产工人按件计酬，他们没有最低小时工资，员工为公司工作两年后，便可以分享年终奖金。在过去的56年中，平均奖金额是基本工资的95.5%。近几年经济发展迅速，员工年均收入为44 000美元左右，远远超出制造业员工年收入17 000美元的平均水平。公司自1958年开始一直推行职业保障政策，从那时起，他们没有辞退过一名员工。当然，作为对此政策的回报，员工也相应要做到几点：在经济萧条时他们必须接受减少工作时间的决定；要接受工作调换的决定；有时甚至为了维持每周30小时的最低工作量，而不得不调整到一个报酬更低的岗位上。林肯公司具有极高的成本和生产率意识，如果工人生产出一个不合标准的部件，那么除非这个部件修改至符合标准，否则这件产品就不能计入该工人的工资中。严格的计件工资制度和高度竞争性的绩效评估系统，形成了一种很有压力的氛围，有些工人还因此产生了一定的焦虑感，但这种压力有利于生产率的提高。据该公司的一位管理者估计，与竞争对手相比，林肯公司的总体生产率是它们的两倍。该公司还是美国工业界中工人流动率最低的公司之一。前不久，该公司的两个分厂被《财富》杂志评为全美十佳管理企业。

(资料来源：季辉. 管理学[M]. 重庆：重庆大学出版社，2017：240-241.)

第一节　激励概述

激励是一种活动，同时又是一个过程。它的产生有一定的内外因素。激励的起点是需求，由此产生出的动机会引起人们一定的行为，从而对目标的实现产生相关的作用。研究激励，不仅要研究产生激励的诱因，还要研究由此产生的不同的行为。

一、激励思想的发展阶段

在西方管理理论中，激励思想大致经过了四个发展阶段。

(1) 以“恐吓与惩罚”为主的激励思想，盛行于20世纪以前至20世纪初，以泰罗制为代表。这种思想坚持“经济人”的人性假设，以恐吓和惩罚作为激励的主要措施，而以奖赏作为较为次要的措施。

(2) 以“奖赏”为主的激励思想，流行于20世纪20年代至40年代，以霍桑实验为代表。这种思想坚持“社会人”的人性假设，更为重视对雇员的关心，为他们提供各种福利和良好的工作条件，以使雇员心情愉快，对工厂“感恩戴德”，从而起到激励的作用。

(3) 以“工作中的奖赏”为主的激励思想，第二次世界大战后开始流行于美国，强调工作本身的激励作用。这种思想实际上是坚持了“自我实现的人”的人性假设，认为有利于员工交往的工作组织形式和工作内容的丰富化就是实现了对员工的激励。

(4) 以“激励特征”为主的激励思想，始于20世纪70年代，中心内容是建立具有期望的激励特性的组织，包括设计具有激励特征的工作，培养有利于员工发挥主动性和创造性的组织气氛，建立扁平化的组织结构，注重员工自我激励等。这种思想以“复杂人”的人性假设为基础和前提。

二、激励的定义

激励(motivation)，是激发、刺激之意，原是心理学的概念，就其本质而言，它是表示某种动机所产生的原因。所以，激励是一种精神力量或状态，起加强、激发和推动作用，并且指导和引导人们的行为指向目标。

从管理学的角度出发，国内外的专家和学者从不同的角度对激励的定义进行了阐述。美国管理学家贝雷尔森(Berelson)和斯坦尼尔(Steiner)给出如下定义：“一切内心要争取的条件、希望、愿望、动力等都构成了对人的激励……它是人类活动的一种内心状态。”

斯通纳将激励论述为：“激励是人类心理方面的特征，它决定着个体的努力程度。激励对人们在其承诺的某一特定方面的行为具有始发、引导和支持的作用。激励是管理的一个过程，即利用有关动机的知识来影响人们的行为。”周三多的定义为：“激励是指影响人们的内在需求或动机，从而加强、引导和维持行为的活动或过程。”张文士和张雁的定义是：“激励是一种精神力量或状态，起加强、激发和推动作用，并且指导和引导行为指向目标。”我们认为，激励就是管理者采用某种有效的措施或手段调动人的积极性的过程，它使人产生一种兴奋的状态并保持下去，在这种状态的支配下，员工的行为效率得以不断提高，其行为趋向于最终高效地完成组织的目标。

三、激励产生的内因和外因

如何对组织中的人或员工进行激励，是建立在对人的运动规律的认识基础上的，而不是孤立存在的。人或员工是生活在特定的环境之中的。这个环境包括气候、水土、阳光、空气等自然环境和社会制度、劳动条件、经济地位、文化条件等社会环境。外界环境对人的影响是客观存在的。

因此，激励产生的根本原因，可分为内因和外因。内因由人的认知知识构成，外因则是人所处的环境。因此，从激励的角度看，人的行为可看成人自身特点及其所处环境的函数。显然，激励的有效性在于对内因和外因的深刻理解，并使其达成一致。

为了引导人的行为达到激励的目的，领导者既可在了解人的需要的基础上，创造条件促成这些需要的满足，也可以通过采取措施，改变个人行动的环境。这个环境被研究人员称为人的行动的“力场”。对企业而言，领导者对在“力场”中活动的员工行为的引导，就是要借助各种激励方式，减少阻力，增强驱动力，提高员工的工作效果，从而改善企业的经营效益。

四、激励与动机

激励的实质是动机的激发过程。人的行为是由动机决定的，而动机则是由需要引起的。当人们产生某种需要而未能满足时，就会引起人的欲望，它促使人处在一种不安和紧张状态之中，并转化为做某件事的内在驱动力。心理学上把这种驱动力叫作动机。动机是由需要驱动、刺激强化和目标诱导三种因素相互作用的一种合力。

动机具有三个特征：

(1) 动机与实践活动有密切关系，人的一切活动、行为都是由某种动机支配的。

(2) 动机不但能激起行为，而且能使行为朝着特定的方向、预期目标行进。

(3) 动机是一种内在的心理倾向，其变化过程是看不见的，通常只能从动机表现出来的行为来逆向分析动机本身的内涵和特征。

动机产生以后，人们会寻找、选择能够满足需要的策略和途径，而一旦策略确定，就会进行满足需要的活动，产生一定的行为。活动的结果如果未能使需要得到满足，则人们会采取新的行为，或重新努力，或降低目标要求，或变更目标从事别的活动。如果活动的结果使作为活动原动力的需要得到了满足，则人们往往会被自己的成功所鼓舞，产生新的需要和动机，确定新的目标，开始新的活动。因此，从需要的产生到目标的实现，人的行为是一个周而复始、不断进行、不断升华的循环过程。激励就是要把指导内驱力、需要、目标三个相互影响、相互依存的要素衔接起来，构成动机激发的整个过程。需要、动机、行为之间的关系模型如图 10-1 所示。

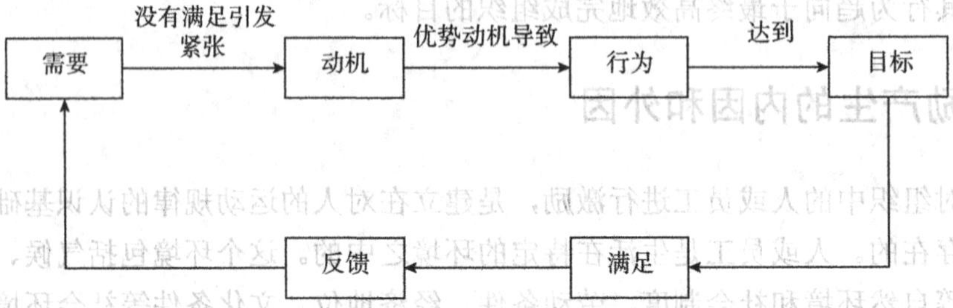

图 10-1　需要、动机、行为关系模型图

五、激励的主要方式

1. 物质性激励

物质性激励来自于人们生存的基本需要，而每个人都有这种需要的动力来自于行为者自身，表现出来的是一种主动的力量。物质性激励所产生的激励作用是边际递减的。

2. 精神性激励

精神性激励来自于对高级生活质量的需要，也是一种发自内心的、主动的力量。一般而言，需要层次高的人更乐意接受这种激励方式。

3. 竞争性激励

竞争性激励来自于外界的压力，行为者被动接受其作用，常常被迫采取某种行为以符合组织要求。这是一种推力激励，而前两者是拉力激励。

当群体面对外来的巨大威胁和压力时，会增强群体成员相互之间的依赖程度，使他们更加紧密地团结起来，以对付外来的威胁和压力，从而提高群体的凝聚力。

第二节　激励理论

在管理学中，激励理论是研究如何预测和激发人的动机、满足人的需要、调动人的生产积极性的理论。有关激励的理论有很多种，大体上可以分为四种类型：内容型激励理论、过程型激励理论、强化理论和综合型激励理论。内容型激励理论侧重研究用什么样的因素激励人、调动人的积极性；过程型激励理论着重探讨人们接受了激励信息以后到行为产生的过程；强化理论则强调行为结果对行为本身的作用；综合型激励理论则对已有的激励理论进行概括与综合，试图全面揭示人在激励中的心理过程。

一、内容型激励理论

内容型激励理论研究的是“什么样的需要会引起激励”这样的问题，它说明了激发、引导、维持和阻止人的行为的因素，旨在了解人的各种需要，解释“什么会使员工努力工作”的问题，如马斯洛的需要层次理论、奥尔德弗的ERG理论、赫茨伯格的双因素理论、麦克利兰的三种需要理论等。

（一）需要层次理论

需要层次理论(hierarchy of needs theory)是研究人的需要结构的一种理论，是美国心理学家亚伯拉罕·马斯洛(Abraham H. Maslow，1908—1970，见图10-2)所首创的一种理论，他在1943年发表的《人类动机的理论》一书中提出了需要层次理论。

图10-2 亚伯拉罕·马斯洛

亚伯拉罕·马斯洛出生于纽约市布鲁克林区。1926年考入康奈尔大学，三年后转至威斯康星大学攻读心理学，在著名心理学家哈洛的指导下，1934年获得博士学位，之后留校任教。1935年在哥伦比亚大学任桑代克学习心理研究工作助理。1937年任纽约布鲁克林学院副教授。第二次世界大战后转到布兰戴斯大学任心理学教授兼系主任，开始对健康人格或自我实现者的心理特征进行研究。1951年被聘为布兰戴斯大学心理学教授兼系主任。1969年离任，成为加利福尼亚劳格林慈善基金会第一任常驻评议员。

马斯洛陆续写出了《动机与人格》《存在心理学探索》《宗教、价值观和高峰体验》《科学心理学》《人性能达的境界》《人的动机理论》等著作，马斯洛需求层次理论便出自《人的动机理论》，该理论问世后产生了深远的影响，至今在人力资源行业、教育行业、流动人口管理、青年教师管理、水资源开发利用、管理心理学、企业薪酬制定等方面都有运用。

需要层次论主要试图回答这样的问题：决定人的行为的尚未得到满足的需要是些什么内容？20世纪30年代著名的霍桑实验发现工人的劳动积极性的提高在很大程度上取决于他们所处的环境，既有车间环境又有工厂外的社会环境，认为工人是“社会人”，而不是简单的“经济人”。

马斯洛深化了包括霍桑实验在内的其他关于激励对象的行为科学研究，通过对需要的分类，找出对人进行激励的途径，即激励可以看成对具体的社会系统中未满足的需要进行刺激的行为过程。

马斯洛的需要层次理论主要有三个基本出发点：

(1) 人要生存，他的需要能够影响他的行为。只有未满足的需要能够影响行为，满足了的需要不能充当激励工具。

(2) 人的需要按重要性和层次性排成一定的次序，从基本的(如食物和住房)到复杂的(如自我实现)。

(3) 当人的某一级的需要得到最低限度满足后，才会追求高一级的需要，如此逐级上升，成为推动人继续努力的内在动力。

在此基础上，马斯洛认为，每个人都有五个层次的需要：生理的需要、安全的需要、社会或情感的需要、尊重的需要、自我实现的需要，如图 10-3 所示。

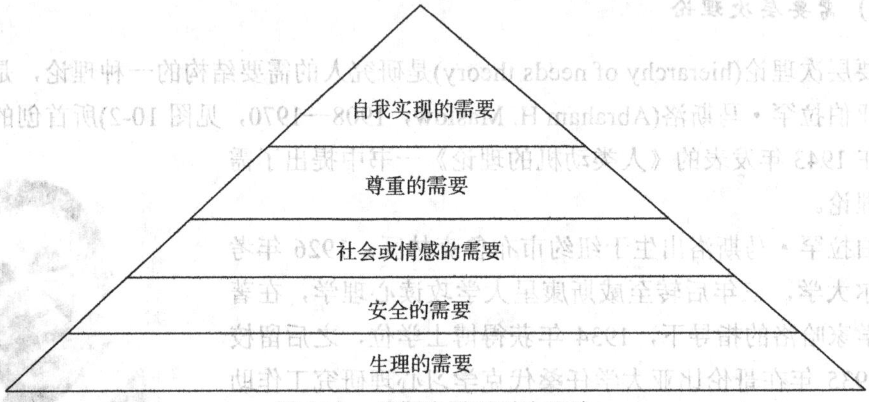

图 10-3　马斯洛需要层次理论

(1) 生理的需要(physiological needs)。任何动物都有这种需要，但不同的动物的需要的表现形式是不同的。就人类而言，人们为了能够继续生存，首先必须满足基本的生活要求，如衣、食、住、行等。马斯洛认为，这是人类最基本的需要。人类的这些需要得不到满足就无法生存，也就谈不上其他需要。所以在经济不发达的社会，必须首先研究并满足这方面的需要。

(2) 安全的需要(safety needs)。基本生活条件具备以后，生理需要就不再是推动人们工作的最强烈力量，取而代之的是安全的需要。这种需要又可分为两小类：一类是对现在的安全的需要，另一类是对未来的安全的需要。对现在的安全的需要，就是要求自己现在的社会生活的各个方面均能有所保证，如就业安全、生产过程中的劳动安全、社会生活中的人身安全等；对未来的安全需要，就是希望未来生活能有保障。未来总是不确定的，而不确定的东西总是令人担忧的，所以人们都追求未来的安全，如病、老、伤、残后的生活保障等。

(3) 社会或情感的需要(love and belonging)。马斯洛认为，人是社会的一员，需要友谊、爱情和群体的归属感，人际交往需要彼此同情互助和赞许。由此，人们常希望在一种被接受的情况下工作，在他所处的群体中占有一个位置，否则就会感到孤独而消沉。

(4) 尊重的需要(esteem)。是指人希望自己保持自尊和自重，并获得别人的尊敬，得到别人的高度评价。这种需要可分为两类：一类是要求力量、成就、信心、自信和独立的愿望，属于内在需要；另一类是要求名誉和威信(别人对自己的尊敬和尊重)、表扬、注意、重视和赞赏的愿望，属于外在需要。每一个人都有一定的自尊心。这种需要得到满足，就会使人感到自信、有价值、有力量、有能力并适于生存；若得不到满足，就会产生自卑感、软弱无能感，从而导致情绪沮丧，失去自信心。

(5) 自我实现的需要(self-actualization)。是指人希望从事与自己能力相称的工作，使自己潜在的能力得到充分的发挥，成为自己久已向往的人物。一个人通过自己的努力，实现自己对生活的期望，从而对生活和工作真正感到很有意义。当人的其他需要得到基本满足以后，就会产生自我实现的需要。它会产生巨大的动力，使人努力尽可能实现自己的愿望。

1954年，马斯洛在《激励与个性》一书中探讨了他早期著作中提及的另外两种需要：求知需要和审美需要。这两种需要未被列入到他的需求层次排列中，他认为这二者应居于尊重的需要与自我实现的需要之间。

在自我实现的需要之后，还有自我超越需求(self-transcendence needs)，但通常不作为马斯洛需求层次理论中必要的层次，大多数会将自我超越合并至自我实现需求当中。超自我实现(over actualization)是马斯洛在晚期时所提出的一个理论。这是当一个人的心理状态充分地满足了自我实现的需求时，所出现短暂的“高峰经验”，通常都是在执行一件事情时，或是完成一件事情时，才能深刻体验到这种感觉。

马斯洛还将这五种需要划分为高低两级。生理的需要和安全的需要称为较低级的需要，而社会或情感的需要、尊重的需要与自我实现的需要称为较高级的需要。高级需要是从内部使人得到满足，低级需要则主要是从外部使人得到满足。

马斯洛的需要层次理论，揭示了人类心理发展的一种普遍特性，得到了实践中管理者的普遍认可，因为该理论简单明了，易于理解，具有内在的逻辑性。到目前为止，马斯洛的观点仍然是最被广泛传播的一种，作为一种重要的激励理论，它对管理工作具有重要的指导意义。

马斯洛理论也存在某些不足：①对需要的五个层次的划分似乎过于机械。②需要并不一定依循等级层次递增。③许多行为的后果可能与满足一种以上的需要有关(如适当的薪酬不仅能满足生理和安全的需要，也能满足自尊的需要)。④一个人的自我观感会影响需要层次体系对个人动机的激励力。有人满足了低层次的需要后，不一定就会对高层次的需要有所渴求。与此同时，理论界对此也颇多争议：道格拉斯·T. 霍尔和哈利勒·纽加姆曾做过5年的相关研究，没有足够实验证据证明马斯洛的需求层次关系的确存在；即使需求层次存在，但其之间的联系并不明显。随着主管人员的升迁，他们的生理需求和安全需求在重要程度上有逐渐减少的倾向，而社会或情感需求、尊重需求、自我实现需求有增强倾向。需求层次的提高，是职位上升的结果，而不是低级需求得到满足后产生的。换句话说，需求没什么层次之分。瓦巴巴和布里奇韦尔在1976年发表于《组织行为和人类表达》(*Organizational Behavior and Human Performance*)的文章《马斯洛反思：对需求层次理论的研究概述》(*Maslow reconsidered: A review of research on the need hierarchy theory*)中表示马斯洛理论的需求排名，或者某些特定需求存在的证据并不足。

(二) X 理论、Y 理论、超 Y 理论与 Z 理论

美国管理学家麦格雷戈在其所著的《企业的人性方面》一书中提出了 X 理论和 Y 理论。他认为：组织管理如何受到管理人员对人本性的假设的影响，当管理人员持某一种对人的本性的观点时，他就会建立与之相应的管理方式。他提出两种截然相反的人性假设，分别称之为 X 理论和 Y 理论，见表 10-1。

表 10-1　X 理论和 Y 理论

	人性假设	管理要点
X 理论	➢ 人生来就是懒惰的，只要可能就会逃避工作 ➢ 人生来就缺乏进取心，不愿承担责任，宁愿听从指挥 ➢ 人天生就以自我为中心，漠视组织需要 ➢ 人习惯于守旧，本性就反对变革 ➢ 只有极少数人才具有解决组织问题所需要的想象力和创造力 ➢ 人缺乏理性，容易受外界的影响	➢ 管理者以经济目的——获得利润为出发点，来组织人、财、物等生产要素 ➢ 管理是一个指挥他人的工作、控制他人的活动、调整他人的行为以满足组织需要的过程 ➢ 管理的手段或者是奖惩、严格的管理制度、权威、严密的控制体系，或者是采用松弛的管理方法，宽容和满足人的各种要求，求得相安无事
Y 理论	➢ 要求工作是人的本性 ➢ 在适当条件下，人们不但愿意，而且能够主动承担责任 ➢ 个人追求满足欲望的需要与组织需要没有矛盾 ➢ 人对于自己新参与的工作目标，能实行自我指挥与自我控制 ➢ 大多数人都具有解决组织问题的丰富想象力和创造力	➢ 管理要通过有效地综合运用人、财、物等生产要素来实现企业的各种目标 ➢ 把人安排到具有吸引力和富有意义的岗位上工作 ➢ 重视人的基本特征和基本需求，鼓励人们参与自身目标和组织目标的制定 ➢ 把责任最大限度地交给工作者 ➢ 要用信任取代监督，以启发与诱导代替命令与服从

按照 X 理论，人的本性是不诚实、懒惰、愚蠢和不负责任的。多数人天生就好逸恶劳，不愿负任何责任，宁肯接受别人的命令。多数人工作都是为了满足基本的需要，只有金钱和地位才能鼓励他们工作。基于这种假设而引出的管理方式是：组织以经济报酬来使人们服从和做出贡献，同时管理人员对多数人必须予以强制、控制、命令，或以惩罚相威胁，即采用“胡萝卜加大棒”的政策，才能促使人们为达到组织目标而努力地工作。

按照 Y 理论，控制和惩罚不是实现目标的唯一手段。人的本性并不是厌恶工作，而是把工作中花费体力和精力看作与游戏和休息一样自然。人并不是被动的，而是能够进

行自我指导和自我控制的，在适当条件下，一般人不仅会接受某种职责，而且还会主动寻求职责。有自我满足和自我实现需求的人，认为个人目标与组织目标并不总是矛盾的。在现代社会条件下，人们的潜能只得到了一部分的发挥。基于这种假设应采用的管理方式是：安排好组织工作方面的条件和作业的方法，使人们的智慧潜能充分发挥出来，更好地为实现组织目标和自己具体的个人目标而努力。

麦格雷戈认为：传统的管理方式以对职工的约束和控制为主要手段，就是基于对 X 理论的人性假设，这种管理方式已经过时。只有基于 Y 理论的管理方式才能取得好的成效。

“X-Y 理论”阐述了人性假设与管理理论的内在关系，即人性假设是管理理论的哲学基础；提出了“管理理论都是以人性假设为前提的”重要观点，这表明麦格雷戈已揭示了“人本管理原理”的实质。这一理论关于“不同的人性假设在实践中就体现为不同的管理观念和行为”的观点，动态地分析了人性假设的变化对管理理论的影响，进而提出了管理理论的发展也是以人性假设的变化为前提的研究课题。不仅如此，“X-Y 理论”提出的管理活动中要充分调动人的积极性、主动性和创造性，实现个人目标与组织目标一体化等思想及参与管理、丰富工作内容等方法，对现代管理理论的发展和管理水平的提高具有重要的借鉴意义。

X 理论中认为人们工作本性是被动的，所以应该以“计件工资”等形式加强监管的措施；Y 理论认为人们工作本性是主动的，所以只要采取以“内在奖励”为主的重精神、轻物质等方式，就可以激励人们的工作积极性。但实际上，人们在工作中不可能仅依赖于工作懒惰或勤勉的本性，人们工作的积极主动性主要还是取决于人们在工作中能、责、权、利是否能够统一，如果这四项有一项与其他项目不能达到统一的话，以 X 理论实施加强工作监控就是不得不采取的措施，但由此员工工作动力的激发只能是靠监控的力度去体现。

超 Y 理论是 1970 年由美国管理心理学家约翰·莫尔斯(J. J. Morse)和杰伊·洛希(J.W. Larsen)根据“复杂人”的假定提出的一种新的管理理论。它主要见于 1970 年《哈佛商业评论》杂志上发表的《超 Y 理论》一文和 1974 年出版的《组织及其他成员：权变法》一书中。

超 Y 理论认为：人们带着许多不同的需要和动机加入组织，但最主要的是实现其胜任感。由于人们的胜任感有不同的满足方法，所以对管理要求也不同，有人适用 X 理论管理方式，有人适用 Y 理论管理方式。组织结构、管理层次、职工培训、工作分配、工资报酬和控制水平等都要随着工作性质、工作目标及人员素质等因素而定，才能提高绩效。一个目标达成后，人们就会产生新的更高的目标，然后进行新的组合，以提高工作效率。

日本学者威廉·大内在比较了日本企业和美国企业的不同的管理特点之后，参照 X 理论和 Y 理论，提出了所谓的 Z 理论，将日本的企业文化管理加以归纳。Z 理论强调管理中的文化特性，主要由信任、微妙性和亲密性所组成。根据这种理论，管理者要对员工表示信任，而信任可以激励员工以真诚的态度对待企业、对待同事，为企业而忠心耿耿地工作。微妙性是指企业对员工的不同个性的了解，以便根据各自的个性和特长组成最佳搭档或团队，增强劳动率。而亲密性强调个人感情的作用，提倡在员工之间应建立一种亲密和谐的伙伴关系，为了企业的目标而共同努力。

X 理论和 Y 理论基本回答了员工管理的基本原则问题，Z 理论将东方国度中的人文感情融进了管理理论。我们可以将 Z 理论看作对 X 理论和 Y 理论的一种补充和完善，在员工管理中根据企业的实际状况灵活掌握制度与人性、管制与自觉之间的关系，因地制宜地实施最符合企业利益和员工利益的管理方法。

(三) ERG 理论

美国耶鲁大学的克雷顿·奥尔德弗(Clayton Alderfer)在马斯洛提出的需要层次理论的基础上，进行了更接近实际经验的研究，提出了一种新的人本主义需要理论。

奥尔德弗认为，人们共存在三种核心的需要，即生存(existence)的需要、相互关系(relatedness)的需要和成长发展(growth)的需要，因而这一理论被称为 ERG 理论。生存的需要与人们基本的物质生存需要有关，它包括马斯洛提出的生理和安全需要。第二种需要是相互关系的需要，即指人们对于保持重要的人际关系的要求。这种社会和地位的需要的满足是在与其他需要的相互作用中达成的，它们与马斯洛的社会需要和自尊需要分类中的外在部分是相对应的。奥尔德弗把成长发展的需要独立出来，它表示个人谋求发展的内在愿望，包括马斯洛的自尊需要分类中的内在部分和自我实现层次中所包含的特征，如图 10-4 所示。

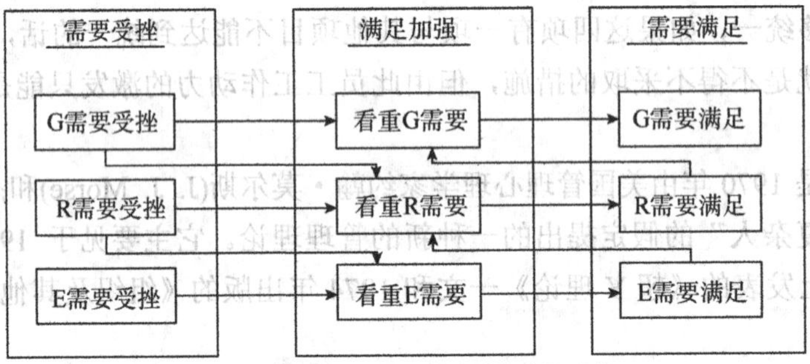

图 10-4　ERG 理论模型的系统过程

ERG 理论假设激励行为是遵循一定的等级层次的。在这点上虽然和马斯洛提出的观点相类似，但它又有两个重要的区别：第一，ERG 理论认为在任何时间里，多种层次的需要会同时发生激励作用。所以它承认人们可能同时受赚钱的欲望(生存的需要)、友谊(关系的需要)和学习新的技能的机会(成长的需要)等多种需要的激励。第二，ERG 理论明确提出了“气馁型回归”的概念。马斯洛理论认为人的低层次的需要得到满足后，就会上升为更高层次的需要，受高层次需要的激励。可是奥尔德弗认为，如果上一层次的需要一直得不到满足的话，个人就会感到沮丧，然后回归到对低层次需要的追求。

ERG理论比马斯洛理论更新、更有效地解释了组织中的激励问题。当然，管理人员不应只局限于用一两个理论来指导他们对职工的激励工作。但通过对需要层次论的了解，应看到，每个人的需要重点是不同的，当某种需要得到满足后，人们可能会改变他们的行为。

(四) 双因素理论

双因素理论又称为激励—保健理论(motivation-hygiene theory)，由美国心理学家赫茨伯格(Frederick Herzberg)于20世纪50年代所提出。他通过对200名工程师和会计师的访谈，深入研究了“人们希望从工作中得到些什么”。他要求受访者详细描述哪些因素使他们在工作中感到特别满意及受到高度激励，又有哪些因素使他们感到不满和消沉。赫茨伯格对调查结果进行了分类归纳。

赫茨伯格在分析调查结果时惊讶地发现，对工作满意的员工和对工作感到不满意的员工的回答十分不同，与满意和不满意相关的因素是两类完全不同的因素。例如，“低收入”通常被认为会导致不满，但“高收入”却不一定被归结为满意的原因。如图10-5所示，右侧列出的因素是与工作满意有关的特点，左侧列出的因素是与工作不满意有关的特点。一些内在因素如成就、承认、责任与工作满意相关。当对工作感到满意时，员工倾向于将这些特点归因于他们本身；而当他们感到不满意时，则常抱怨外部因素，如公司的政策、管理和监督、人际关系、工作条件等。

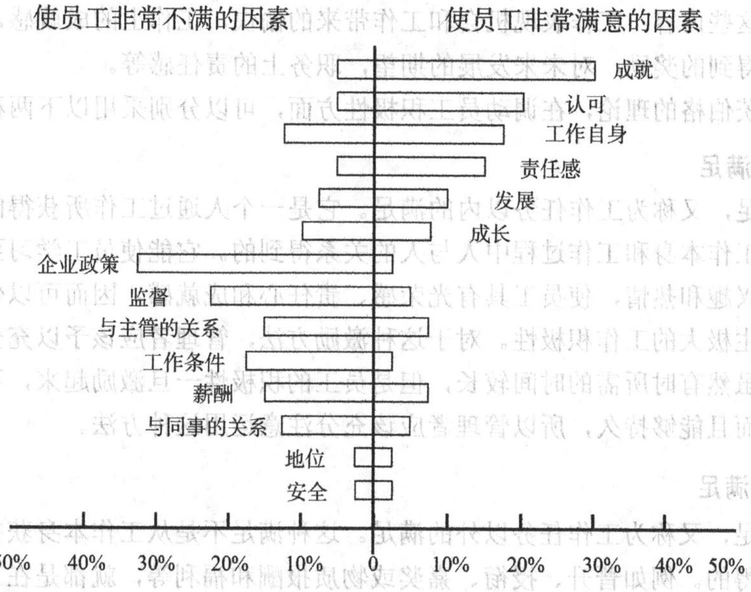

图10-5 “满意因素”与“不满意因素”对比图

这个发现使赫茨伯格对传统的“满意—不满意”相对立的观点提出了修正。传统的看法认为，满意和不满意是一个单独连续体相对的两端。但是，赫茨伯格认为，满意的对立面并不是不满意，消除了工作中的不满意因素并不必定能使工作结果令人满意。如

图 10-6 所示，赫茨伯格提出这之中存在双重的连续体：满意的对立面是没有满意，而不是不满意；同时，不满意的对立面是没有不满，而不是满意。

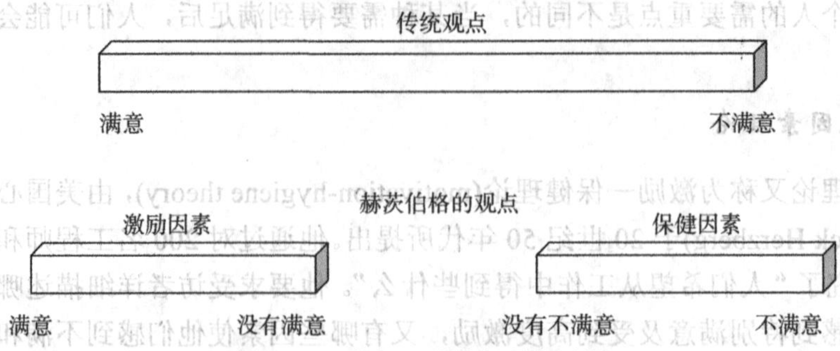

图 10-6　满意—不满意观点对比

因此，赫茨伯格提出，影响人们行为的因素主要有两类：保健因素和激励因素。保健因素是那些与人们的不满情绪有关的因素，如公司的政策、管理和监督、人际关系、工作条件等。保健因素处理不好，会引发员工对工作不满意情绪的产生；处理得好，可以预防或消除这种不满。但这类因素并不能对员工起激励的作用，只能起到保持人的积极性、维持工作现状的作用，所以保健因素又称为“维持因素”。激励因素是指那些与人们的满意情绪有关的因素。与激励因素有关的工作处理得好，能够使人们产生满意情绪；如果处理不当，其不利效果顶多只是没有满意情绪，而不会导致不满。他认为，激励因素主要包括这些内容：工作表现机会和工作带来的愉快，工作上的成就感，由于良好的工作成绩而得到的奖励，对未来发展的期望，职务上的责任感等。

根据赫茨伯格的理论，在调动员工积极性方面，可以分别采用以下两种基本做法。

1. 直接满足

直接满足，又称为工作任务以内的满足。它是一个人通过工作所获得的满足，这种满足是通过工作本身和工作过程中人与人的关系得到的。它能使员工学习到新的知识和技能，产生兴趣和热情，使员工具有光荣感、责任心和成就感，因而可以使员工受到内在激励，产生极大的工作积极性。对于这种激励方法，管理者应该予以充分重视。这种激励的措施虽然有时所需的时间较长，但是员工的积极性一旦激励起来，不仅可以提高生产效率，而且能够持久，所以管理者应该充分注意运用这种方法。

2. 间接满足

间接满足，又称为工作任务以外的满足。这种满足不是从工作本身获得的，而是在工作以后获得的。例如晋升、授衔、嘉奖或物质报酬和福利等，就都是在工作之后获得的。其中福利方面，诸如工资、奖金、食堂、托儿所、员工学校、俱乐部等，都属于间接满足。间接满足虽然也与员工所承担的工作有一定的联系，但它毕竟不是直接的，因而在调动员工积极性上往往有一定的局限性，常常会使员工感到与工作本身关系不大而满不在乎。研究者认为，这种满足虽然也能够显著地提高工作效率，但不容易持久，有时处理不好还会发生副作用。

在实际工作中，借鉴这种理论来调动员工的积极性，不仅要充分注意保健因素，使员工不至于产生不满情绪；更要注意利用激励因素去激发员工的工作热情，使其努力工作。如果只顾及保健因素，仅仅满足员工暂时没有什么意见，是很难创造出一流工作成绩的。

双因素理论还可以用来指导奖金发放。当前，我国正使用奖金作为一种激励因素，但是必须指出，在使用这种激励因素时，必须与企业的效益或部门及个人的工作成绩挂起钩来。如果奖金不与部门及个人的工作成绩相联系，一味地“平均分配”，久而久之，奖金就会变成保健因素，失去其激励作用。

双因素理论的科学价值，不仅对搞好奖励工作具有一定的指导意义，而且为如何做好人的思想政治工作提供了有益的启示。既然在资本主义的管理理论和实践中，人们都没有单纯地追求物质刺激，那么在社会主义条件下，就更不应把调动员工积极性的希望只寄托于物质鼓励方面；既然工作上的满足与精神上的鼓励将会更有效地激发人的工作热情，那么在管理中，应特别注意处理好物质鼓励与精神鼓励的关系，充分发挥精神鼓励的作用。

双因素理论在学术界同样存在着争议，批评意见主要来自于以下几方面。

(1) 赫茨伯格所采用的研究方法具有一定的局限性。人们容易把满意的原因归于他们自己，而把不满意的原因归因于外部因素。

(2) 赫茨伯格研究方法的可靠性令人怀疑。评估者必须进行解释，但他们有可能会对两种相似的回答做出不同的解释，因而使调查结果掺杂偏见。

(3) 缺乏普遍适用的满意度评价标准。一个人可能不喜欢他工作的一部分，但他仍认为这份工作是可以接受的。

(4) 双因素理论忽视了情境变量，没有考虑情境变量在其中所起的作用。

(5) 赫茨伯格认为满意度与生产率之间有一定的关系，但他所使用的研究方法只考察了满意度，而没有涉及生产率。

(五) 三种需要理论

三种需要理论(three needs theory)，也称为成就需要理论，是由美国哈佛大学教授戴维·麦克利兰(David McClelland)等人在 20 世纪 40 年代至 50 年代通过对人的需求和动机的研究而提出来的。

麦克利兰认为个体在工作情境中有三种主要的动机或需要。

(1) 成就需要(need for achievement)：达到标准、追求卓越、争取成功的需要。

(2) 权力需要(need for power)：影响或控制他人且不受他人控制的欲望。

(3) 归属需要(need for affiliation)：建立友好亲密的人际关系的愿望。

麦克利兰认为，具有强烈的成就需要的人渴望将事情做得更为完美、提高工作效率，获得更大的成功，他们追求的是在争取成功的过程中克服困难、解决难题、努力奋斗的乐趣，以及成功之后的个人的成就感，他们并不看重成功所带来的物质奖励。个体的成就需要与他们所处的经济、文化、社会、政府的发展程度有关，社会风气也制约着人们的成就需要。麦克利兰发现高成就需要者的特点是：他们希望得到有关工作绩效的及时明确的反馈信息，从而了解自己是否有所进步；他们喜欢设立具有适度挑战性的目标，不喜欢凭运气获得成功，不喜欢接受那些在他们看来特别容易或特别困难的工作任务。高成就需要者事业心强，有进取心，敢冒一定的风险，比较实际，大多是进取的现实主义者。

高成就需要者对于自己感到成败机会各半的工作，表现得最为出色，他们不喜欢成功的可能性非常低的工作，这种工作碰运气的成分非常大，那种带有偶然性的成功机会无法满足他们的成功需要。同样，他们也不喜欢成功的可能性很大的工作，因为这种轻而易举就取得的成功对于他们自身的能力不具有挑战性。他们喜欢设定通过自身努力才能达到的奋斗目标。对他们而言，当成败可能性均等时，才是一种能从自身的奋斗中体验成功的喜悦与满足的最佳机会。

权力需要是指影响和控制别人的一种愿望或驱动力。不同人对权力的渴望程度也有所不同。权力需要较高的人喜欢支配、影响他人，喜欢对别人"发号施令"，注重争取地位和影响力。他们喜欢具有竞争性和能体现较高地位的场合和情境，他们也会追求出色的成绩，但他们这样做并不像高成就需要的人那样是为了个人的成就感，而是为了获得地位和权力或与自己已具有的权力和地位相称。权力需要是管理成功的基本要素之一。

麦克利兰提出的第三种需要是归属需要，也就是寻求被他人喜爱和接纳的一种愿望。高归属需要者渴望友谊，喜欢合作而不是竞争的工作环境，希望彼此之间的沟通与理解，他们对环境中的人际关系更为敏感。有时，归属需要也表现为对失去某些亲密关系的恐惧和对人际冲突的回避。归属需要是保持社会交往和人际关系和谐的重要条件。

麦克利兰的动机理论在企业管理中很有应用价值。首先，在人员的选拔和安置上，通过测量和评价一个人动机体系的特征，对于如何分派工作和安排职位有重要的意义。其次，由于具有不同需要的人需要不同的激励方式，了解员工的需要与动机有利于建立合理的激励机制。最后，麦克利兰认为动机是可以训练和激发的，因此可以训练和提高员工的成就动机，以提高生产率。

二、过程型激励理论

过程型激励理论是研究"激励是怎样产生的"问题，解释人的行为是怎样被激发、引导、维持和阻止的，着重分析人们怎样面对各种满足需要的机会及如何选择正确的激励方法，过程型激励理论解释的是"为什么员工会努力工作"和"怎样才会使员工努力工作"这两个问题，如弗鲁姆的"期望理论"、亚当斯的"公平理论"等。

(一) 期望理论

相比较而言，对激励问题进行比较全面研究的是激励过程的期望理论。期望理论(expectancy theory of motivation)是美国心理学家弗鲁姆(Victor Vroom)在 1964 年出版的

《工作与激发》一书中首先提出来的。

期望理论的基本内容主要包括弗鲁姆的期望公式和期望模式。

弗鲁姆认为，人总是渴求满足一定的需要并设法达到一定的目标。这个目标在尚未实现时，表现为一种期望，这时目标反过来对个人的动机又是一种激发力量，而这个激发力量的大小，取决于目标价值(效价)和期望概率(期望值)的乘积，用公式表示为：

$$激励水平(M)=目标效价(V)\times期望值(E)$$

式中：M 表示激发力量，是指调动一个人的积极性、激发人内部潜力的强度。

V 表示目标效价，是指达到目标对于满足个人需要的价值。同一目标，由于各个人所处的环境不同，需求不同，其需要的目标价值也就不同。同一个目标对每一个人可能有三种效价：正、零、负。如果个人喜欢其可得的结果，则为正效价；如果个人漠视其结果，则为零值；如果不喜欢其可得的结果，则为负效价。效价越高，激励力量就越大。

该理论指出，效价受个人价值取向、主观态度、优势需要及个性特征的影响。可以根据行为的选择方向进行推测，假如个人可以自由地选择 X 结果和 Y 结果的任一个，在相等的条件下：如果选择 X，即表示 X 比 Y 具有正效价；如果选择 Y，则表示 Y 比 X 具有正效价。也可以根据观察到的需求完成行为来推测。

E 是期望值，是人们判断自己达到某种目标或满足需要的可能性的主观概率。目标价值大小直接反映人的需要动机强弱，期望概率反映人实现需要和动机的信心强弱。期望的概念是指一个人根据以往的能力和经验，在一定的时间里希望达到目标或满足需要的一种心理活动。

这个公式说明：假如一个人把某种目标的价值看得很大，那么这个目标激发动机的力量越强烈。

效价和期望值的不同组合，会产生不同的激发力量：

$$E_{高}\times V_{高}=M_{高}$$
$$E_{中}\times V_{中}=M_{中}$$
$$E_{低}\times V_{低}=M_{低}$$
$$E_{高}\times V_{低}=M_{低}$$
$$E_{低}\times V_{高}=M_{低}$$

因此，在管理者设定目标激励员工时，应当将目标的难度设定在这样一个位置：该目标具有相当高的价值，能够使员工在达到目标之后得到极大的满足，同时，达到目标必须具备的能力是员工经过努力可以达到的。只有这样，才能保证目标对于员工具有挑战性和可得性，才能激发出其最强大的动力，如图 10-7 所示。

怎样使激发力量达到最大值，弗鲁姆提出了他的期望模式(见图 10-8)。

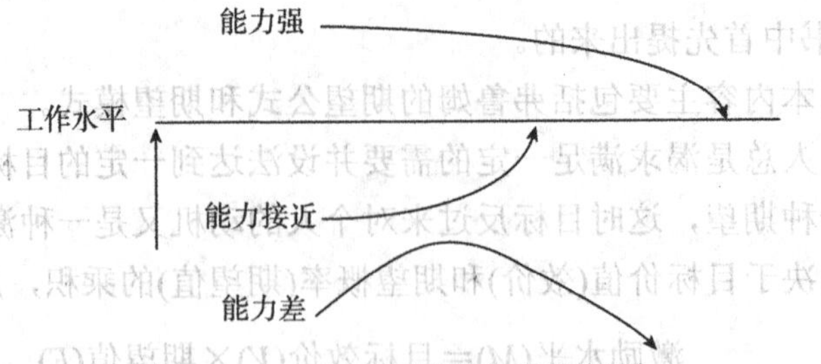

图 10-7　工作水平设定与能力强弱

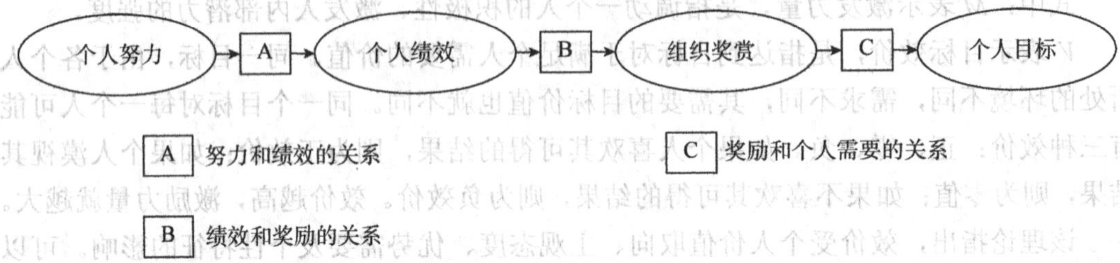

图 10-8　期望模式

在这个期望模式的四个因素中，包含了以下几方面的关系。

(1) 努力和绩效的关系。个人感觉到通过一定程度的努力而达到工作绩效的可能性。

(2) 绩效与奖励的关系。个人对于达到一定工作绩效后即可获得理想的奖赏结果的信任程度。人们总是期望在达到预期成绩后，能够得到适当的合理奖励，如奖金、晋升、提级、表扬等。组织的目标如果没有相应的有效的物质和精神奖励来强化，经过较长一段时间后，员工积极性就会消失。

(3) 奖励和个人需要的关系。工作完成后，个人所获得的潜在结果或奖赏对个人的重要性程度。奖励要适合各种人的不同需要，要考虑效价。要采取多种形式的奖励，满足各种需要，最大限度地挖掘人的潜力，最有效地提高工作效率。

通过对弗鲁姆的期望模式的分析，我们可以总结出期望理论中所包含的激励产生过程的四个步骤或应回答的主要问题。

(1) 员工感到这份工作能提供什么样的结果？这些结果可以是积极的，如工资、人身安全、同事友谊、信任、额外福利、发挥自身潜能或才干的机会等；也可以是消极的，如疲劳、厌倦、挫折、焦虑、严格的监督与约束、失业威胁等。当然，也许实际情况并非如此，但这里强调的是员工知觉到的结果，无论他的知觉是否正确。

(2) 这些结果对员工的吸引力有多大？他们的评价是积极的、消极的还是中性的？这显然是一个内部的问题，与员工的态度、个性及需要有关。如果员工发现某一结果对他有特别的吸引力，也就是说，他的评价是积极的，那么他将努力实现它，而不是放弃工作。对于相同的工作，有些人则可能对其评价消极，从而放弃这一工作，还有人的看法可能是中性的。

(3) 为得到这一结果，员工需采取什么样的行动？只有员工清楚明确地知道为达到这一结果必须做些什么时，这一结果才会对员工的工作绩效产生影响。比如，员工需要明确了解绩效评估中“干得出色”是什么意思，组织使用什么样的标准评价他的工作绩效。

(4) 员工是怎样看待这次工作机会的？在员工衡量了自己可以控制的决定成功的各项能力后，他认为工作成功的可能性有多大？

期望理论对企业安全管理具有启迪作用，它明确地提出职工的激励水平与企业设置的目标效价和可实现的概率有关，这对企业采取措施调动职工的积极性具有现实的意义。首先，企业应重视安全生产目标的结果和奖酬对职工的激励作用，既充分考虑设置目标的合理性，增强大多数职工对实现目标的信心，又设立适当的奖金定额，使安全目标对职工有真正的吸引力。其次，要重视目标效价与个人需要的联系，将满足低层次需要(如发奖金、提高福利待遇等)与满足高层次需要(如加强工作的挑战性、给予某些称号等)结合运用。同时，要通过宣传教育引导职工认识安全生产与其切身利益的一致性，提高职工对安全生产目标及其奖酬效价的认识水平。最后，企业应通过各种方式为职工提高个人能力创造条件，以增加职工对目标的期望值。

(二) 公平理论

公平理论(equity theory)是美国心理学家亚当斯(J.S. Adams)于20世纪60年代首先提出的，也称为社会比较理论。这种理论的基础思想在于，员工不是在真空中工作的，他们总是在进行比较，比较的结果对于他们在工作中的努力程度有影响。大量事实表明，员工经常将自己的付出与所得和他人进行比较，而由此产生的不公平感将影响到他以后付出的努力。

公平理论主要讨论报酬的公平性对人们工作积极性的影响。这一理论认为员工首先考虑自己收入与付出的比率，然后将自己的收入—付出比与相关他人的收入—付出比进行比较。如果员工感觉到自己的比率与他人相同，则为公平状态；如果感到二者的比率不相同，则产生不公平感，也就是说，他们会认为自己的收入过高或过低。这种不公平感出现后，员工就会试图去纠正它。

人们通常通过两个方面的比较来判断其所获报酬的公平性，即横向比较和纵向比较。所谓横向比较，就是将“自我”与“他人”相比较来判断自己所获报酬的公平性，从而对此做出相对应的反应。纵向比较则是把自己的目前与过去进行比较。

亚当斯提出“贡献率”的公式，描述员工在横向和纵向两个方面对所获报酬的比较及对工作态度的影响：

$$\frac{O_A}{I_A}=\frac{O_B}{I_B}$$

式中：I为个人所投入(付出)的代价，如资历、工龄、教育水平、技能、努力等；O为个人所获取的报酬，如奖金、晋升、荣誉、地位等；A指代“自我”，即现在的自己；B指代比较对象，可以是“他人”“制度”或“过去的自我”。

该式简明地表达了影响个体公平感各变量间的关系。从式中可以看出，人们并非单纯地将自己的投入或获取与他人进行比较，而是以双方的获取与投入的比值来进行比较，从而衡量自己是否受到公平的对待，如表10-2所示。

表 10-2 比较的结果和员工评价

比较的结果	员工的评价(感觉)
$\frac{O_A}{I_A} < \frac{O_B}{I_B}$	不公平(报酬过低)
$\frac{O_A}{I_A} = \frac{O_B}{I_B}$	公平
$\frac{O_A}{I_A} > \frac{O_B}{I_B}$	不公平(报酬过高)

若$\frac{O_A}{I_A} = \frac{O_B}{I_B}$，人们就会有公平感，因而心理平衡，心情舒畅，工作努力。若$\frac{O_A}{I_A} < \frac{O_B}{I_B}$，在这种情况下，他可能要求增加自己的收入或减小自己今后的努力程度，以便使左方增大，趋于相等；第二种办法是他可能要求组织减少比较对象的收入或者让其今后增大努力程度以便使右方减小，趋于相等。此外，他还可能另外找人作为比较对象，以便达到心理上的平衡。若$\frac{O_A}{I_A} > \frac{O_B}{I_B}$，在这种情况下，他可能要求减少自己的报酬或在开始时自动多做些工作，但久而久之，他会重新估计自己的技术和工作情况，终于觉得他确实应当得到那么高的待遇，于是产量便又会回到过去的水平了。

在公平理论中，员工所选择的与自己进行比较的参照对象(reference)是一个重要变量，我们可以划分出三种参照类型："他人""制度"和"自我"。

"他人"包括同一组织中从事相似工作的其他个体，还包括朋友、邻居及同行。员工通过口头、报纸及杂志等渠道获得了有关工资标准、最近的劳工合同方面的信息，并在此基础上将自己的收入与他人进行比较。

"制度"指组织中的薪酬政策与程序及这种制度的运作。

"自我"指的是员工自己在工作中付出与所得的比率。它反映了员工个人的过去经历及交往活动，受到员工过去的工作标准及家庭负担程度的影响。

公平理论认为，每个人不仅关心自己的工作努力所得到的绝对报酬，而且还关心自己的报酬与他人的报酬之间的关系。他们对自己的付出与所得和他人的付出与所得之间的关系做出判断。他们以对工作的付出，如努力程度、工作经验、教育程度及能力水平等为根据，比较其所得，如薪金、晋升、认可等因素。如果发现自己的付出与所得比和其他人相比不平衡，就会产生紧张感，这种紧张又会成为他们追求公平和平等的动机基础(见图 10-9)。

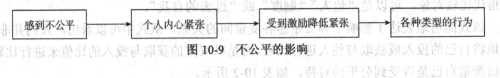

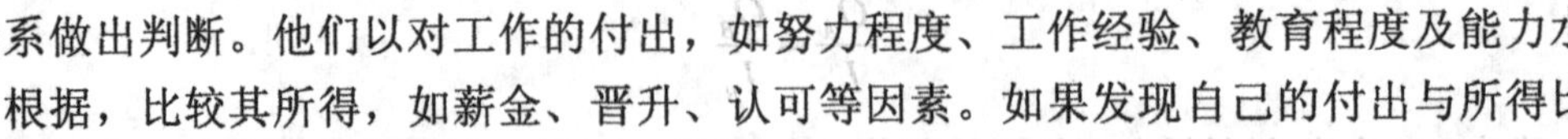

图 10-9 不公平的影响

当一个人发现自己受到不公平(利己或损己)待遇时，他往往采取以下几种方式消除心理的不公平感。

(1) 力求改变自己的报酬。阿伦(J. Allen)和布鲁斯(K. Bruce)做过一个处于不公平状态下的人怎样改变自己报酬的实验。实验是让被试大学生每两人一组解数学题，一人为解题者，一人为验算者，并告诉他们按解题的速度和正确的程度付报酬，报酬付给两人后，再由他们两人自己分配。在实际解题过程中，解题者和验算者投入的时间量相等，因此公平分配方法是将报酬平分。实验分两次进行。第一次由解题者掌握报酬分配权，第二次由验算者掌握报酬分配权。无论哪一次，没有分配权的人有权对分配者的决定做出 5 美分的修正。在第一次实验中，绝大多数解题者提出的都是公平的分配(平分)，故验算者无异议。在第二次实验中，实验者操纵验算者使分配发生变化，即将得到的 1 美元 40 美分分别按 85.7%(1 美元 20 美分)、67.9%(95 美分)、50%(70 美分)、32.1%(45 美分)、14.3%(20 美分)、3.6%(5 美分)、1.4%(2 美分)分配给解题者。结果是，得到 85.7%和 67.9%报酬的解题者，提出要将自己的报酬减少 5 美分，而所得报酬不足 50%的，提出要把自己的报酬增加 5 美分。只有恰好获得 50%报酬的，才没有异议。这说明，解题者不仅在损己不公平(所得报酬不足 50%)时，而且在利己不公平(所得报酬超过 50%)时，都想通过改变自己的报酬以减少不公平感。

(2) 要求改变他人的报酬。这点在上面的实验中也得到了证明。当报酬总额恒定时，要求改变自己的报酬实际上就是要求改变他人的报酬。

(3) 设法改变自己的投入。雅各布森(P. R. Jacbson)等人做过处于利己不公平状态下的人的实验。实验是让哥伦比亚大学的学生(被试)参加印刷品校对工作。事先告诉被试者校对一页给 30 美分。实验之前，先检测被试者的校对能力，再随机分为三个实验组(三组成员的校对能力实际上大致相等，没有统计学意义上的差别)。实验开始前，实验者告诉第一组被试者：“测验证明，你们的校对能力并不强。但由于我们要赶任务，所以还是聘请你们。报酬还是事先商定的，即每页 30 美分。”然后对第二组说：“测验证明，你们的校对能力不太强。因此不能按事先商定的支付报酬，只能每页 20 美分。”最后告诉第三组：“测验证明你们的校对能力很强，因此按事先所说每页 30 美分付钱，这种报酬与有资格从事这项工作的其他人所得的报酬相同。”实验结果证明：第一组觉得自己报酬过多而要改变不公平，于是比其他两组更努力地工作，矫正校样的错误最多。其他两组都觉得自己的投入与报酬相当，没有不公平感，因而在投入上也比较正常。这是利己不公平实验。至于因损己不公平而减少投入的，实际生活中屡见不鲜。

(4) 要求改变他人的投入。处于不公平待遇状态下的人，不仅能通过改变自己的投入和报酬，而且能通过改变他人的投入和报酬消除不公平。因为改变他人的投入，也就改变了他人的投入与报酬的比值，就有可能使其比值与自己的投入与报酬比值接近。

(5) 自我消除不公平感。具体的办法是改变比较对象或知觉方式，前者如换一个投入与报酬比值低于自己的人和自己做比较。后者如重新分析自己的投入，使自己的投入和报酬之比接近比较对象。

在实际生活中，人们到底采用什么样的方法消除不公平感呢？要具体情况具体分析。一般来说，人们根据“彻底”与“少投入”原则做选择，即选择能彻底消除不公平感的方法和用较少投入却能较大程度消除不公平感的方法。

具体而言，公平理论对报酬分配提出四点建议。

(1) 按时间付酬时，收入超过应得报酬的员工的生产率水平，将高于收入公平的员工。按时间付酬能够使员工生产出高质量的产品，并实现高产量以增加自己收入—付出比率中的付出额，保持公平感。

(2) 按产量付酬将使员工为实现公平感而加倍努力，这将促使产品的质量或数量得到提高。然而，数量上的提高只能导致更高的不公平，因为每增加一个单位的产品导致了未来的付酬更多，因此，理想的努力方向是指向提高质量而不是数量。

(3) 按时间付酬对于收入低于应得报酬的员工来说，将降低他们生产的产品数量或质量。他们的工作努力程度也将降低，而且相比收入公平的员工来说，他们将减少产出数量或降低产出质量。

(4) 按产量付酬时，收入低于应得报酬的员工与收入公平的员工相比，他们的产量高而质量低。在计件付酬时，应对那些只讲产品数量而不管质量好坏的员工不实施任何奖励，这种方式能够产生公平性。

传统的公平理论强调分配公平，而现代的公平理论更突出程序公平，包括以下六点：①一致性规则，即分配程序对不同的人员或在不同的时间应保持一致性；②避免偏见规则，即在分配过程中应该抛弃个人的私利和偏见；③准确性规则，即决策应该依据正确的信息；④可修正规则，即决策应有可修正的机会；⑤代表性规则，即分配程序能代表和反映所有相关人员的利益；⑥道德与伦理规则，即分配程序必须符合一般能够接受的道德与伦理标准。这些标准基本上代表了实现组织公平的主要程序内容。如果组织严格按照这些要求执行，员工的公平感会得到提高。现代研究认为，程序公平更容易影响组织成员的组织承诺、对上司的信任和流动意图。领导者应该通过决策过程公开化等手段使组织成员增加程序公平感，这样，员工即使对薪金、晋升或其他方面不满意，也可能以积极的态度看待上司和组织。

三、强化理论

所谓强化，从其最基本的形式来讲，指的是对一种行为的肯定或否定的后果(报酬或惩罚)，它至少在一定程度上会决定这种行为在今后是否会重复发生。最早提出强化概念的是俄国著名的生理学家巴甫洛夫，在巴甫洛夫经典条件反射中，强化指伴随于条件刺激物之后的无条件刺激的呈现，是一个行为前的、自然的、被动的、特定的过程。而在斯金纳的操作条件反射中，强化是一种人为操纵，是指伴随于行为之后以有助于该行为重复出现而进行的奖罚过程。巴甫洛夫等的实验对象的行为是刺激引起的反应，称为“应答性反应”(respondents)；而斯金纳的实验对象的行为是有机体自主发出(emitted)的，称为“操作性反应”(operant)。经典条件作用只能用来解释基于应答性行为的学习，斯金纳把这类学习称为“S(刺激)类条件作用”。另一种学习模式，即操作性或工具性条件作用的模式，则可用来解释基于操作性行为的学习，他称为“R(强化)类条件作用”，并称为 S-R 心理学理论。

强化理论(reinforcement theory)是由美国哈佛大学教授、心理学家斯金纳(B. F. Skinner)提出来的。强化理论也叫作行为矫正理论，是斯金纳在对有意识行为特性深入研究的基础上提出的一种新行为主义理论，它是以学习的强化原则为基础的关于理解和修正人的行为的一种学说。此理论认为，人的行为具有有意识条件反射的特点，即可以对环境起作用，促使其产生变化，环境的变化(行为结果)又反过来对人的行为产生影响。因此，当有意识地对某种行为进行肯定强化时，可以促进这种行为重复出现；对某种行为进行否定强化时，可以修正或阻止这种行为的重复出现。因此，人们可以用这种正强化或负强化的办法来影响人们行为的后果，从而修正其行为。根据这一原理，采用不同的强化方式和手段，可以达到有效激励员工积极行为的目的。

斯金纳的强化理论主张对激励进行针对性的刺激，只看员工的行为和结果之间的关系，而不是突出激励的内容和过程。该理论认为人的行为是其所获刺激的函数。如果这种刺激对他有利，则这种行为就会重复出现，若对他无利，这种行为就会减弱直至消逝。

强化包括正强化、负强化和自然消退三种类型。

(1) 正强化，又称积极强化。当人们采取某种行为时，能从他人那里得到某种令其感到愉快的结果，这种结果反过来又成为推进人们趋向或重复此种行为的力量。例如，企业用某种具有吸引力的结果(如奖金、休假、晋级、认可、表扬等)，以表示对职工努力进行安全生产的行为的肯定，从而增强职工进一步遵守安全规程进行安全生产的行为。

(2) 负强化，又称消极强化。它是指通过某种不符合要求的行为所引起的不愉快的后果，对该行为予以否定。若职工能按所要求的方式行动，就可减少或消除令人不愉快的处境，从而也增大了职工符合要求的行为重复出现的可能性。例如，企业安全管理人员告知工人不遵守安全规程，就要受到批评，甚至得不到安全奖励，于是工人为了避免此种不期望的结果，而认真按操作规程进行安全作业。

惩罚是负强化的一种典型方式，即在消极行为发生后，以某种带有强制性、威慑性的手段(如批评、行政处分、经济处罚等)给人带来不愉快的结果，或者取消现有的令人愉快和满意的条件，以表示对某种不符合要求的行为的否定。

(3) 自然消退，又称衰减。它是指对原先可接受的某种行为强化的撤销。由于在一定时间内不予强化，此行为将自然下降并逐渐消退。例如，企业曾对职工加班加点完成生产定额给予奖酬，后经研究认为这样不利于职工的身体健康和企业的长远利益，因此不再发给奖酬，从而使加班加点的职工逐渐减少。

四、综合型激励理论

综合型激励理论是指有综合特性的激励理论，其中最为典型的是波特(L.Poner)和劳勒(E. Lawler)的综合激励模型。波特—劳勒综合激励模型是由美国心理学家莱曼·波特和爱德华·劳勒在1968年的《管理态度和成绩》一书中首先提出来的。它是在期望理论的基础上引申出的一个更为实际、更为完善的激励模式。

波特和劳勒以工作绩效为核心，对与绩效有关联的许多因素进行了一系列相关性研究，并在此基础上提出了一个激励综合模型，如图10-10所示，图中涉及10种因素，分别由图中10个方框表示。

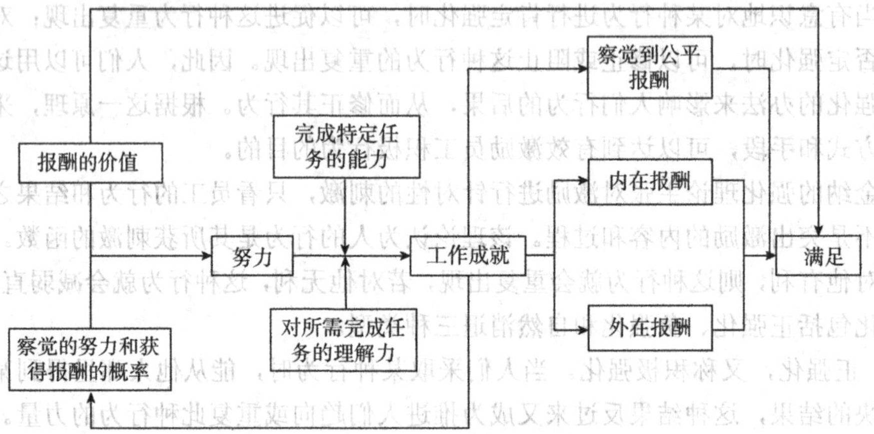

图10-10　波特—劳勒的激励模式

该模式突出了四个变量，即努力程度、工作成果绩效、报酬和满意感之间的有机联系，把整个激励过程(特别是期望理论和公平理论)联结为一个有机的整体。

从图10-9中我们可以归纳出该模式的几个基本点。

(1) 个人是否努力及努力的程度不仅取决于奖励的价值，而且还受到个人觉察出来的努力和受到奖励的概率的影响。个人觉察出来的努力是指其认为需要或应当付出的努力，受到奖励的概率是指其对于付出努力之后得到奖励的可能性的期望值。很显然，过去的经验、实际绩效及奖励的价值将对此产生影响。如果个人有较确切的把握完成任务或曾经完成过并获得相当价值的奖励，那么他将乐意付出相当的或更高程度的努力。

(2) 个人实际能达到的绩效不仅取决于其努力的程度，还受到个人能力的大小及对任务了解和理解程度深浅的影响。特别是对于比较复杂的任务如高难技术工作或管理工作，个人能力及对此项任务的理解较之其实际付出的努力对所能达到绩效的影响更大。

(3) 个人所应得到的奖励应当以其实际达到的工作绩效为价值标准，尽量剔除主观评估因素，要使个人看到：只有努力完成了组织的任务或达到目标时，才会受到精神和物质上的奖励，不应先有奖励，后有努力和成果，而应当先有努力的结果，再给予相应的奖励。这样，奖励才能成为激励个人努力达到组织目标的有效刺激物。

(4) 个人对于所受到的奖励是否满意及满意的程度如何，取决于受激励者对所获报酬公平性的感觉。如果受激励者感到不公平，则会导致不满意。

(5) 个人是否满意及满意的程度将会反馈到其完成下一个任务的努力过程中。满意会导致进一步的努力，而不满意则会导致努力程度的降低甚至离开工作岗位。

综上所述，波特—劳勒的激励模式是对激励系统比较全面和恰当的描述。该模式告诉我们，激励和绩效之间并不是简单的因果关系，要使激励能产生预期的效果，就必须考虑到奖励内容、奖励制度、组织分工、目标设置、公平考核等一系列的综合性因素，并注意个人满意程度在努力中的反馈。

第三节 小 结

激励是管理的重要职能。激励渗透于管理过程的每一个要素之中，与其他职能相互作用、相辅相成，为实现管理目标而承担着不可替代的功能。激励是一种精神力量或状态，是管理者采用某种有效的措施或手段调动人的积极性的过程。激励的起点是需求，由此产生出的动机会引起人们一定的行为，从而对目标的实现产生相关的作用。有关激励的理论有很多种，大体上可以分为四种类型：内容型激励理论、过程型激励理论、强化理论和综合型激励理论。内容型激励理论研究的是“什么样的需要会引起激励”这样的问题，它说明了激发、引导、维持和阻止人的行为的因素，旨在了解人的各种需要，解释“什么会使员工努力工作”的问题，如马斯洛的需要层次理论、奥尔德弗的ERG 理论、赫茨伯格的双因素理论、麦克利兰的三种需要理论等。过程型激励理论则研究“激励是怎样产生的”问题，解释人的行为是怎样被激发、引导、维持和阻止的，着重分析人们怎样面对各种满足需要的机会及如何选择正确的激励方法，解释的是“为什么员工会努力工作”和“怎样才会使员工努力工作”这两个问题，如弗鲁姆的“期望理论”、亚当斯的“公平理论”等。强化理论则强调行为结果对行为本身的作用。强化理论认为当有意识地对某种行为进行肯定强化时，可以促进这种行为重复出现；对某种行为进行否定强化时，可以修正或阻止这种行为的重复出现。因此，人们可以用这种正强化或负强化的办法来影响行为的后果，从而修正其行为。综合型激励理论则对已有的激励理论进行概括与综合，试图全面揭示人在激励中的心理过程，如波特—劳勒的综合激励模型。

【关键概念】

激励(motivation)	需要(needs)
需要层次理论(hierarchy of needs theory)	自我实现(self-actualization)
保健因素(hygiene factors)	成就需要(need for achievement)
ERG 理论(existence-relatedness-growth theory)	期望理论(expectancy theory)
公平理论(equity theory)	强化理论(reinforcement theory)

第四节 复习思考题

1. 简答题

(1) 简述激励的含义。

(2) 需要与激励之间的关系是什么？

(3) 需要层次理论的主要内容有哪些？

(4) 平均分配公平吗？

(5) 什么是激励因素？什么是保健因素？

(6) 在期望理论中包含哪三个方面的关系？

(7) 如果一个人感受了不公平，他可能采取什么样的措施？

(8) 强化有哪几种类型？

(9) 解释波特—劳勒的激励模式。

2. 案例分析

工人们为何不满？

高明最近由大冶某总公司委派到下属的油漆厂，担任油漆厂厂长助理，以协助厂长搞好管理工作。高明毕业于某名牌大学，主修企业管理专业，来油漆厂之前，在公司企业管理处负责人力资源管理工作。这次来油漆厂工作他信心十足。

到油漆厂上班的第一周，高明深入车间体察"民情"。一周后，他不仅对工厂的生产流程已了如指掌，同时也发现生产效率低下，工人们怨声载道，他们认为在车间工作又脏又吵，工厂对他们的工作环境压根儿就没有改善性措施。冬去夏来，他们常常要忍受气温从冬天的-10℃到夏天的40℃的剧烈变化，而报酬也少得可怜。

在第一周里，高明还看了工厂工人的有关记录，从中他获悉以下信息：

工厂以男性工人为主，约占92%。50%的工人年龄处于25～35岁，36%的工人在25岁以下，14%的工人在35岁以上。

工人的文化程度：8%的人小学毕业，初高中毕业的占82%，具中专、技校或更高学历的仅占10%。

任职时间较短，50%的人在油漆厂工作仅1年或更短，30%的人工作不到5年，工作5年之上的仅占20%左右。

高明将他一周来所了解的情况向钱厂长做了汇报，同时向他提出自己的一些想法："钱厂长，与车间工人们在一起，我发现他们的某些需要没有得到满足，我们厂要想真正把生产效率搞上去，必须首先想办法去满足他们的需要。"

没想到钱厂长却振振有词地说："要满足工人们的需要？你知道，他们是被金钱激励着，而我们是被成就激励着。他们所关心的仅仅是通过工作获得外在的报酬，如能拿到多少工资。他们根本不关心内在的报酬。"钱厂长稍稍停顿了一下，语气更为激愤："小高，你在车间一周也看到了吧？工人们很懒，他们逃避责任，他们不全力以赴。问题在于，他们对工作本身根本不关心。”

钱厂长的一席话使高明颇为吃惊。他认为钱厂长对工人们的评价不太正确。通过与工人们一周的接触，他觉得他了解工人，也相信工人。

于是，高明准备第二周向所有的工人发出调查问卷，以便确定出工人们有哪些需要，并找到哪些需要已被满足，哪些未被满足。他希望通过问卷结果来说服厂长，重塑油漆厂工人的士气。在问卷中，他根据对工人工作的重要程度排列了 15 个因素，每个因素都涉及他们的特定工作。

调查问卷的结果显示，工人们并不认为他们懒惰，只要工作合适，他们并不在乎多做额外的工作。工人们还要求工作具有挑战性，能运用创造性，并激发他们的潜力。比如：他们希望工作复杂多样，能让他们多动脑筋，并提供良好的回报。此外，工人们表达了工作中需要友情的愿望。他们乐于在良好的合作关系中工作并互相帮助，分享快乐和分担忧愁，并且能了解到怎样才能把工作做得更好。

由此，高明得出了一个简单的结论，即导致工人产生愤恨情绪和低生产效率的最主要原因是：报酬低、工作单调和人情冷漠。

(资料来源：王晓丽，等. 管理学理论与实务[M]. 北京：北京理工大学出版社，2016：224-225.)

【思考题】

(1) 你能设想出高明调查问卷的主要项目吗？根据调查问卷结果，试分别列出保健因素和激励因素可能包括哪些项目？

(2) 钱厂长对工人的看法属于 X 理论吗？高明的调查问卷结果又说明了对人的何种假设？

(3) 根据马斯洛的需求层次理论，你认为油漆厂工人们的主导需求是什么？

(4) 根据高明的调查问卷结果，请你为该油漆厂出点主意，来满足工人们的一些需要。

3. 管理实战

天才的猎取

【形式】集体参与

【时间】45 分钟

【材料】大的彩色纸或轻优质纸板、毡头记号笔

【场地】不限

【应用】员工激励

【目的】

- 确定和认同每一个团队成员的能力。
- 确保团队成员的能力在团队中得到开发。
- 对成员带给团队的力量表示赞许。

【程序】

- 让团队成员写下每个团队成员的名字，在每个名字下面建立他(她)的能力和才干的清单。强调一下成员们在日常基础工作中可能未曾用到的能力和才干以及才干的重要性。
- 在房间四周为每个团队成员张贴一张大彩纸，在每张纸旁边放一支毡头记号笔。
- 让团队成员拿着他们建立好的清单，将他们已确定的那些才干描述誊写到大彩纸上。
- 以组为单位检查这些列表并确保每张列表中的每个力量都被注意到。用心去做这件事——这是对团队成员的贡献的一个小小的庆祝。询问正在讨论其才干的成员，他们是否有什么才干被忽视了。如果是这样，将它们添加上去。对每一张列表确定：团队正在全力开发的才干；团队未在全力开发的才干。
- 为每个团队成员至少选择一个未在全力开发的才干，并向小组询问："团队如何更好地使用此才干？"
- 让团队成员提出关于他们怎样保持团队成员的才干超前于团队的建议，并在目前正在实施的基础工作中更好地利用它们。
- 对行动的每一条建议依次提出这些问题并检查多数人的意见。

【提示】将成员们各自的才干表交给他们自己保管。建议他们将这些纸或以更小一点的形式张贴起来，以提醒他们自己充分利用这些才干。

【讨论】

- 你清楚团队中其他成员的才能吗，尤其是他们的潜能？
- 怎么做才能让我们更好地了解队友？让队友了解我们？

【总结与评估】

团队常常只挖掘出团队成员一小部分的潜能；只用到需要完成团队成员的工作的一些基本技能。效率高的团队成员相互间知道对方的能力，寻找机会利用那些力量，并祝贺他们的成功。

第十一章

沟 通

沟通渗透于组织管理活动的各个方面，沟通不仅是组织经营管理中的润滑剂，更是组织落实经营管理思想的重要工具。沟通是组织有效性的一个核心成分，也是管理者的一项重要职能。组织中存在的大量问题，往往是由于沟通不畅造成的。因此，有效沟通对于管理者来说，是不容忽视的。组织必须建立合理的沟通机制，加强对沟通活动的管理，以确保各项工作的顺利进行，使组织目标得以实现。

【学习目的与要求】

- 理解沟通的概念
- 掌握沟通的主要类型
- 掌握人际沟通、组织沟通的方法
- 了解解决冲突的策略

【引例】

斯塔福德航空公司的信息沟通

斯塔福德航空公司是美国北部一个发展迅速的航空公司。然而，最近在其总部发生了一系列的传闻：公司总经理波利想出卖自己的股票，但又想保住自己的总经理的职务，这是公开的秘密了。他为公司制定了两个战略方案：一个是把航空公司的附属单位卖掉；另一个是利用现有的基础重新振兴发展。他自己曾对这两个方案的利弊进行了认真的分析，并委托副总经理本杰明提出一个参考的意见。

本杰明曾为此起草了一份备忘录，随后叫秘书比利打印。比利打印完后到职工咖啡厅去，在喝咖啡时比利碰到了另一位副总经理肯尼特，并把这一秘密告诉了他。比利对肯尼特悄悄地说："我得到了一个极为轰动的最新消息。他们正在准备成立另外一个航空公司。他们虽说不会裁减职工，但是，我们应该联合起来，有所准备啊！"这话又被办公室的通信员听到了，他立即把这消息告诉他的上司巴巴拉。巴巴拉又为此事写了一个备忘录给负责人事的副总经理马西，马西也加入了他们的联合阵线，并认为公司应保证兑现其不裁减职工的诺言。

第二天，比利正在打印两份备忘录，又被路过办公室的探听消息的人摩罗看见了。

摩罗随即跑到办公室说："我真不敢相信公司会做出这样的事来，我们要被卖给联合航空公司了，而且要大量削减职工呢！"

这消息传来传去，3 天后又传回到总经理波利的耳朵里。波利也接到了许多极不友好、甚至敌意的电话和信件。人们纷纷指责他企图违背诺言而大批解雇工人，有的人还表示为与别的公司联合而感到高兴，而波利则被弄得迷惑不解。

第一节　沟通概述

"沟通"并不是新鲜名词，自人类出现，便产生了沟通，有人的地方，就有沟通的存在。但没有任何时候像今天这样，沟通变得如此重要。我们经常需要与家人、朋友、同事、领导、客户等沟通。只要你不是在一个孤岛上，只要你生活在这个社会上，你就需要与人沟通、交流——只要有人存在，就少不了沟通，可谓沟通无处不在。

一、沟通与管理

沟通(communication)是指信息(message)在两个或者两个以上的人群中传递和理解的过程。由定义可知，沟通首先是一个信息传递的过程，传递是沟通发生的出发点，信息没有被传递，沟通也就不会发生。例如，说话者没有听众、表演者没有观众都不能构成沟通。此外，沟通的进行还要有对信息的理解，信息被理解了沟通才能成功。两个来自不同国家的人如果都使用对方听不懂的母语进行交流，沟通就无法进行。所以，真正的沟通既包括信息成功的传递，也包括接受者对信息准确地理解。

管理的过程其实是一个通过发挥各种管理功能，充分调动人的积极性，提高机构的效能，实现企业共同目标的过程。因此从一定意义上讲，沟通就是管理的本质，管理离不开沟通。著名的组织管理学家巴纳德认为："沟通是把一个组织中的成员联系在一起，以实现共同目标的手段。"没有沟通，就没有管理。美国通用电气(GE)公司的前 CEO 杰克·韦尔奇认为当今的企业比以往任何一个时期都更需要沟通，对企业来讲，可谓沟通时代的来临。享誉世界的美国未来学家约翰·奈斯比特指出，未来竞争是管理的竞争，竞争的焦点在于每个社会组织内部成员之间及其外部组织的有效沟通上。

二、沟通在管理活动中的作用

现代组织处于一个复杂的网络关系之中，员工之间、各部门之间、组织上下级之间、工作团队之间以及组织之间、组织与客户之间无不存在着广泛的沟通，他们特别需要彼此进行沟通，互相理解，互通信息。沟通在管理中的具体作用主要体现在以下几方面。

(1) 沟通促进信息的流通和获取，有助于使个人和组织做出正确的决策。任何组织机构的决策过程，都是把情报信息转变为行动的过程，准确可靠而迅速地收集、处理、传递和使用情报信息是决策的基础。任何决策都会涉及干什么、怎么干、何时干等问题。每当遇到这些急需解决的问题，管理者就需要从广泛的沟通中获取大量的信息情报，然后进行决策，或建议有关人员做出决策，以迅速解决问题。下属人员也可以主动与上级管理人员沟通，提出自己的建议，供领导者做决策时参考；或经过沟通，取得上级领导的认可，自行决策。良好的沟通为各个部门和人员进行决策提供了信息，增强了判断能力。

(2) 沟通促使组织员工协调有效地工作，增强组织的凝聚力。组织中各个部门和各个职务是相互依存的，依存性越大，对协调的需要越高，而协调只有通过沟通才能实现。缺乏恰当的沟通，管理者对下属的了解也不会充分，下属就可能对分配给他们的任务和要求有错误的理解，使工作任务不能正确圆满地完成，导致企业在效益方面的损失。

(3) 沟通有利于领导者激励下属，建立良好的人际关系和组织氛围，提高员工的士气。除了技术性和协调性的信息外，企业员工还需要鼓励性的信息。良好的沟通可以使领导者了解员工的需要，关心员工的疾苦，在决策中就会考虑员工的要求，以提高他们的工作热情。人一般都会要求对自己的工作能力有一个恰当的评价。如果领导的表扬、认可或者满意能够通过各种渠道及时传递给员工，就会形成某种工作激励。同时，企业内部良好的人际关系更离不开沟通。思想上和感情上的沟通可以增进彼此间的了解，消除误解、隔阂和猜忌，即使不能达到完全理解，至少也可取得谅解，使企业有和谐的组织氛围。所谓“大家心往一处想，劲往一处使”，就是有效沟通的结果。

(4) 沟通能够加强组织与外部环境的联系。组织必然要和客户、政府、社会团体、公众、原材料供应商、竞争者发生各种各样的联系。组织为了满足客户的需要，需要对客户的需求特点有充分的了解，组织的生产经营也必须遵守政府的法规法令，组织要担负一定的社会责任，也需要从银行等金融机构获得资金支持，以较低的成本获得较好的原材料，并且在市场中取得竞争优势，这些活动无一不依赖于有效的沟通。良好的沟通能使组织更好地了解外部环境的变化，进而做出相应的调整，更好地适应环境。

(5) 沟通有助于拓展员工的思维，提高员工的工作能力。一个人无论其多么优秀，他的能力都是很有限的。个人拥有的知识、技能和经验往往会限制个人的思维和行为，尤其是在面临新的环境和新的问题时，如果只是固执己见、墨守成规，就很难有效地开展工作。而如果通过与别人进行良好的沟通，可以从中获取更加全面的相关信息，进而拓展自己的思维，改变原有的思考方式和工作方法，提高工作能力，促进组织的发展。

(6) 沟通有利于加强组织的文化建设。塑造优秀的企业文化并非一朝一夕之工，需要长期的努力方可见效。在这个努力的过程中，建立一个畅通的内部沟通机制是必不可少的。一个良好的沟通机制将能有效地整合情感要素，充分尊重员工的感情需求，使员工能够达成精神层面的充分交流，把心里话和内心情感尽量表达出来，调整好职务的位置、行为的位置和心态的位置，从而在员工内心深处激发起对企业的向心力、凝聚力和归属感，创造一种良好的、和谐的、积极向上的企业文化氛围。

总而言之，企业内部良好的沟通文化可以使所有员工真实地感受到沟通的快乐和绩效。加强企业内部的沟通管理，既可以使管理层工作更加轻松，也可以使普通员工大幅度提高工作绩效，同时还可以增强组织的竞争力，因此组织应该从战略意义上重视沟通。表 11-1 列举了中西方语言沟通中的主要差异。

表 11-1　中西方语言沟通差异

中国	西方
要点反映在其他话题中	直接提到要点
以一种微妙的方式，通过暗示	坦率地讨论要点、所考虑和所关心的问题等
赞扬群体	表扬个人，即使在公共场合
说促进和谐的话，说人们爱听的话	准确地说出想说的事情
未说出的也很重要	所说的话很重要
不说“不”，换个话题或给出很模糊的答案	说“不”
最重要的最后表达	最重要的最先表达
首先是关系——在正事前先讨论个人问题	先谈正事，这比私事更重要
综合各种意见，努力达成一致，以包括各种想法	使差异分化，使各种不同观点尽可能有差别，让最好的一件取胜
人与意见是不可分的，不与长者或位置高的人抵触，不因不赞同某人观点而冒犯他	人与意见是可分的，可以与任何人的想法辩论，所采纳的应是最好的想法
沉默并不表示赞同	沉默意味着赞同

三、沟通的过程

从外在形式上看，沟通是一个信息传递的过程。信息要在发送者和接收者之间被传送。信息首先被转化成信号形式(编码)，然后通过媒介或通道传送至接收者，由接收者将收到的信息再转译过来(解码)，这才完成了信息由一个人到另一个人的传递过程。图 11-1 反映了沟通的过程。

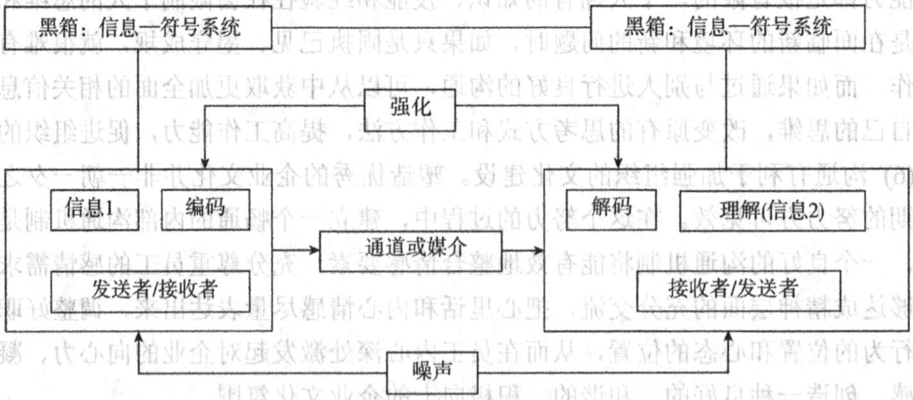

图 11-1　沟通的过程

完整的沟通过程包括以下几方面。

(1) 发送者和接收者。信息的传递是沟通的核心，这意味至少存在着一个信息的发送者和信息的接收者，传递才能完成。在完整的沟通过程中，二者的地位不是固定的，即信息的发送者在下一个信息传递过程中可能会成为信息的接收者。正是这种互相转换和信息传递的循环往复，才使得沟通得以进行。

(2) 通道或媒介。在沟通过程中，信息需要利用各种工具和方式进行传递。随着科技的发展，人们可以借用的沟通工具越来越多，沟通方式也更加灵活。衡量一种沟通媒介的要素主要有：①反馈的使用和迅速程度；②对接收者环境信息的个性化；③传递线索的能力。人们可以根据需要选择最合适的工具进行沟通。

(3) 信息。信息包括传递的数据和给予数据特定含义的编码符号(语言和非言语)。语言和非言语符号自身没有任何意义，它们的意义是由发出者、接收者及情境或环境所创造。发送者的想法、观点和资料都可以成为要传递的信息。信息的质量高低要受到发送者知识、技能、态度、信念和价值观等多方面因素的影响。

(4) 编码。赋予发送的信息以个性化的意义。语言和知识能力是编码的关键因素。

(5) 解码。赋予接收到的信息以个性化的含义。

(6) 反馈。接收者对信息的反应，即反馈。接收者把收到并理解了的信息返送给发送者，以便发送者对接收者是否正确理解了信息进行核实。通过反馈，发送者可了解接收者对信息的理解情况，使沟通成为一个动态的、双向的过程。

(7) 噪声。噪声是指对信息的传送、接收或反馈造成干扰和扭曲的因素，噪声的来源是多方面的，包括人为的或客观的。噪声的存在会影响接收者对信息的理解，使得沟通的效率降低。

(8) 沟通的目的和背景。沟通的目的和背景是沟通活动进行的基础，它影响着沟通的方式和过程。

四、沟通的原则和要求

(一) 准确性原则

沟通不仅要把信息传递出去，而且还要被接收者明确理解，只有这样才是准确的信息，沟通才能真正实现。但是在实际工作中，接收者对发送者的信息由于受到各种噪声的影响，往往不能充分理解。这就要求信息的发出者与接收者要提高准确分辨、总结、表达、传递管理信息的能力，把沟通过程中的噪声干扰减少到最小。信息尽量做到言简意赅、深入浅出，便于信息接收者准确把握传递者所传递信息的真实内在意义。

(二) 及时性原则

在沟通的过程中还应遵循及时性原则。只有这样，组织中出现的问题和矛盾才能更快地得到解决，组织制定的新政策、人员配备、工作任务变化等情况才能尽快得到全体员工的理解和支持。要做到及时沟通，就要求较高的沟通效率。沟通效率体现在沟通的各个要素与环节上，如编码有编码的效率，发送有发送的效率，渠道有渠道的效率，接收有接收的效率，解码也有解码的效率，即便噪声也有其效率：噪声高，必然阻碍沟通达到更高效率；噪声低，在客观上有利于提高沟通效率。

（三）完整性原则

沟通的完整性原则强调的是沟通过程的完整无缺。企业在设置沟通模式时，必须注意使每一个沟通行为过程要素齐全、环节齐全，既要有明确的信息发送者和接收者，还要有具体的沟通渠道和方式，尤其是不能缺少必要的反馈过程。只有沟通的过程完整无缺，管理信息的流动才能畅通无阻，沟通的职能才能够充分实现。

（四）灵活性原则

组织内的沟通形式应该是灵活多变的，并不是所有的沟通都需要是正式的。事实上，在实际中大量的沟通是非正式的。当然，只有当管理者使用非正式的渠道来补充正式渠道的信息沟通时，才会产生最佳的沟通效果。非正式渠道传递信息的缘由是一些信息不适合用正式渠道来传递。所以，企业应该鼓励管理者采用非正式的渠道传达、发送和接收必要的信息，以辅助正式渠道做好管理沟通和协调工作，为达到企业目标做出共同努力。

（五）互动性原则

在沟通过程中，沟通的双方或多方(信息发出者和接收者)应当全部进入沟通系统和沟通角色，沟通必须是双向的交流过程，而不应当是单向或其中一方信息处于封闭或半封闭状态。也就是说，成功的管理沟通必须是沟通主体之间互动的，双方处于平等交流地位的沟通。而不是一方强迫另一方接受自己的信息，或人为地拒绝接受对方的信息，即双方均应当对沟通同时具有适当、及时、同步的反应，互相理解，充分把握住对方所传达信息的意义，这样才能保证沟通的顺利完成。

（六）连续性原则

大多数沟通行为过程都不是一次沟通就可以一劳永逸地完成沟通工作任务，而是要通过反反复复多次的沟通，才能较好地履行和完成沟通的工作职责。这就要求在沟通过程中保持沟通时间、沟通模式、沟通内容上的连续性。时间上的连续性要求沟通行为要持续地进行，而沟通模式上的连续性原则要求沟通者选择合适、高效、简捷的模式，并且要考虑到人们的习惯，尽量使其具备操作上的连续性。内容上的连续性与模式上的连续性均是从提高沟通的熟练程度与效率角度出发考虑问题。

五、基本沟通类型及其比较

(一) 按沟通方式不同分类

按沟通方式的不同，可以将沟通分为口头沟通与书面沟通(见表 11-2)。

表 11-2 口头沟通与书面沟通的比较

口头沟通	书面沟通
① 以口头语言为媒介进行的沟通 ② 灵活、速度快 ③ 可传递感情、态度 ④ 可凭体态、手势等缩小双方的心理距离 ⑤ 可随时得到接收方的信息反馈 ⑥ 受时空限制，不能随时、随地进行 ⑦ 效果受发送者表达力和接收者理解力的影响 ⑧ 信息不能保存	① 以书面文字为媒介进行的沟通 ② 不受时空限制 ③ 较正式，可长期保存、反复阅读 ④ 信息发送者可字斟句酌，准确表达 ⑤ 缺乏态度、感情的交流 ⑥ 效果受接收者文化水平的限制 ⑦ 不能及时得到反馈

美国科学家戴尔研究证明：口头沟通与书面沟通混合运用沟通效果最佳；单纯口头沟通的效果居第二位；单纯运用书面沟通方式的效果最差。

(二) 按是否有反馈分类

按照是否有反馈，可以将沟通分为单向沟通和双向沟通(见表 11-3)。

表 11-3 单向沟通与双向沟通的比较

单向沟通	双向沟通
① 发送者、接收者的地位不变，无信息反馈 ② 速度快，秩序好 ③ 信息发送者压力小 ④ 信息接收者对信息的理解无机会表达 ⑤ 有时准确性差 ⑥ 缺乏民主性，易产生抗拒心理	① 发送者、接收者地位不断变换，有信息反馈准确性高 ② 有反馈，易保持良好气氛和人际关系 ③ 信息接收者反馈意见，有时沟通会受到干扰，费时费力，速度慢 ④ 信息发送者心理压力大

在管理实践中，为了工作快速有序，适合用单向沟通方式；如果要求工作准确，搞好人际关系，宜采用双向沟通方式；在处理陌生、复杂问题时，宜采用双向沟通方式；如果某项决定的执行效果取决于执行者是否认可与接受，或某项决策涉及大部分人的切身利益，应该采用双向沟通的方式达成共识。总之，应根据实际情况选择沟通方式。

(三) 按是否有第三者参与信息传递分类

根据是否有第三者参与信息的传递，可以将沟通分为直接沟通与间接沟通(见表 11-4)。

表 11-4　直接沟通与间接沟通的比较

直接沟通	间接沟通
① 信息发送者与接收者直接联系，无须第三方参与 ② 沟通迅速，可获得准确信息，同时可交流感情 ③ 沟通容易受时间、地点、条件的限制	① 信息发送者发出的信息需通过第三者(人或物)进行传递才能到达接收者手中 ② 不受时间、地点限制，比较灵活 ③ 比较费时间和人力，有时信息容易失真

第二节　人际沟通与组织沟通

沟通包括人际沟通(interpersonal communication)和组织沟通(organizational communication)两大方面。人际沟通是指存在于两人或多人之间的沟通，是一种最常见的沟通形式，普遍存在于组织的经营活动中，它是组织沟通的基础。

一、人际沟通

组织中的人际沟通是指组织中的个体成员如何将个体目标和组织目标相联系的过程。每个组织都由数人、数十人、数百人甚至更多的人组成，他们在从事着组织内许许多多的具体工作。由于个体地位、能力和利益的差异，他们对企业目标的理解、所感受的信息和工作的方式都不尽相同，这就使得各个个体的目标有可能偏离企业的总目标，甚至完全背道而驰。因此，有效的人际沟通在组织活动中是必不可少的，它可以协调组织相关人员更好地完成工作。

人际沟通活动中常用的沟通形式有口头沟通、文字沟通、非言语沟通和电子媒介沟通。

(一) 口头沟通(oral communication)

利用口语进行沟通是运用最为广泛的沟通方式，它是一种高度个人化的交流思想、内容和情感的方式，它可以是面对面的谈话，也可以通过一些现代化语音工具进行。常见的口头沟通方式有交谈、讲座、讨论会、电话、语音聊天等。

口头沟通为沟通双方提供了更多的平等交换意见的可能性，人们通过沟通信息的内容培育相互之间的理解。但它也有局限性：一是语义，不同的词对不同的人有不同的意义；二是语音、语调使意思变得复杂，不利于意思的传递。口头沟通传递的意思会因人的态度、意愿和感知而被偷换，人们推知的意思可能是正确的，也可能是不正确的。据估计，在口头沟通中，最终原汁原味地保留下来的内容不超过原来信息的20%。有关研究表明，知识丰富、自信、发音清晰、语调和善、诚意、逻辑性强、有同情心、心态开放、诚实、仪表好、幽默、机智、友善等都能有效促进口头沟通。

(二) 文字沟通(written communication)

当组织或管理者的信息必须广泛向他人传播或信息必须保留时，报告、备忘录、信函、电传、信件等文字形式是一般情况下口头沟通所无法替代的。文字沟通可以使沟通者精确地表达他所想要传递的信息，并有机会在给接收者发送之前充分地准备、组织这些信息。此外，文字沟通所传达信息的准确性高，书面材料是准确而可信的依据，比口头沟通要正式。文字沟通也存在一些问题，比如，编写文字材料比较费时，在有些情况下不能得到即时的反馈，有关的部门没有机会对该信息进行讨论等。现代通信技术能够在一定程度上解决以上问题。在一个有数千名职员的大型企业中，文字沟通可能是最方便的沟通途径。

采用文字沟通的原则有以下几个：①文字要简洁，尽可能采用简单的用语，删除不必要的用语和想法。②如果文件较长，应在文件之间加目录或摘要。③合理组织内容，一般最重要的信息要放在最前面。④要有一个清楚明确的标题。

(三) 非言语沟通(nonverbal communication)

它是不经由言语表达的沟通，一些极具意义的沟通既非口头形式也非文字形式，如十字路口的红绿灯、学校里的铃声等都有效地向人们传递了信息。非言语沟通的信息意义十分明确、内涵丰富，但也具有传递距离有限、界限模糊、只能意会不能言传等缺陷。

非言语沟通常见形式有三种：肢体语言沟通、副语言沟通、物体操纵(即道具沟通)。其中最为人熟知的就是体态语言，它是指传达意义的手势、脸部表情和其他肢体动作。比如，微笑、愤怒和温和的表情所传递同一个信息的效果是截然不同的。此外，利用空间沟通时人与人之间的距离远近，是站着还是坐着，以及办公室的设备和摆设等，均会影响到沟通效果。在各种组织中，不同的地位和权力通常由空间的安排显示出来，高层管理者一般拥有宽敞、视野良好及高品位摆设的办公室，不同档次的宾馆及餐饮业也可以通过空间的信息表达出来。人们衣着的不同也可给对方传达一定的信息，因为衣着可明显影响人们对不同的地位、不同的身份、不同的群体的认知。

非言语沟通往住会伴随着口头沟通进行，所以它往往会对有效沟通造成极大影响，这一点在沟通中必须引起足够的重视。在沟通过程中，我们既要观察理解对方的非语言信息，也要适当地发出自己的非语言信息，这样可以了解对方的真实意图、情绪，以便能适时采取应对措施，引导出想要的结果，同时也可以更快更好地表达自己的信息用意，轻松地达成沟通目的。

(四) 电子媒介沟通

人们现在依赖各种各样复杂的电子媒介来传递信息。除了常见的媒介(如电话、邮政等)之外，还拥有闭路电视、计算机、静电复印机、传真机、移动电话等一系列电子设备，将这些设备与言语和纸张结合起来就产生了更有效的沟通方式。其中发展最快的当属互联网。人们可以通过计算机网络快速传递书面及口头信息。电子邮件迅速而廉价，并可以同时将一份信息传递给若干人；网络聊天工具不仅用于人们的休闲娱乐中，也成为组织内部开展工作的一种有效的沟通方法。视觉感知是影响思想的一个很有潜力的工具，人们更易于理解并保留视觉印象而不是文字印象。由于人脑保留视觉形象的时间比保留语音文字的时间长，所以，现代通信技术可作为一个极好的工具用来支持和强化其他形式沟通。正在出现的“信息高速公路”就是一个例子，它能为增强沟通效果发挥重要的作用，有利于在特定语境下理解信息传播者的真实含义。

人际沟通虽然也符合信息沟通的一般模式要求，但它又有不同于机器之间沟通的特点。其特点主要表现为以下四个方面。

(1) 沟通双方都是积极的主体。在人际沟通过程中，每一个参与者都是积极活动的主体。在双向沟通过程中，信息接收者在接收到信息发出者发出的信息后，要根据自己对信息的理解做出反馈，对方则根据反馈信息，及时调整自己的言行，因此双方之间的沟通是一个相互作用的互动过程。

(2) 人际沟通过程受制于一定的人际关系，并对人际关系产生影响。人际沟通总是在一定的社会环境中进行的，人际关系状况对人际沟通的深度和广度会产生一定的影响，“酒逢知己千杯少，话不投机半句多”就是这种影响的真实写照。而人际沟通对人际关系也会产生一定的影响，人际沟通并不单纯是信息交流的过程，还包括态度、感情、观点的交流。此外，人们总是力图通过沟通，达到影响对方心理与行为的目的，使双方的态度和行为趋于一致以保持良好的人际关系。通过有效的人际沟通，还可以达到沟通信息、消除误解、增进感情的目的。

(3) 人际沟通过程中会遇到特殊的障碍。一般的信息沟通会因为通信设施出问题或线路故障而中断。人际沟通遇到的障碍主要是心理障碍，即沟通双方因为知识经验、经历、职业和动机不同，对相同的信息会从不同的角度去理解，从而产生偏差，影响沟通效果。

(4) 人际沟通的主要方式是语言，辅之以手势、表情等。人际沟通主要通过语言来实现，口头语言中的音调、重音、语气及说话时的表情等都在传递一定的信息。书面语言中句子的结构、标点符号等也都会影响沟通的效果。

沟通是一种艺术，是透过眼睛和耳朵的接触，把我们自己投射在别人心中的艺术。眼睛直视对方，全神贯注地倾听，是有效沟通的基本法则。

二、组织沟通

组织沟通是人际沟通中的一种表现和应用形式。所谓组织沟通是指在商务活动中组织围绕既定的目标，通过各种信号、媒介和途径有目的地交流信息、意见和情感的信息传递行为，它是组织内部和外部沟通的有机整合。组织沟通的目的就是协调好组织内部和外部的各种关系，为组织的发展创造良好的沟通环境。组织沟通受沟通要素的影响，它包括沟通背景、沟通发起者、沟通编译码、沟通渠道、沟通干扰、沟通接受者和沟通反馈。上述诸要素的科学合理配置、选择与否对组织沟通的效果都有不同程度的影响。同时任何组织的沟通总是在一定背景下进行的，受到组织文化类型的影响。企业的行为文化直接决定着员工的行为特征、沟通方式、沟通风格，而企业的物质文化则决定着企业的沟通技术状况、沟通媒介和沟通渠道。

（一）组织沟通的基本形式

在组织内，沟通的方式和类型多种多样。按照沟通的渠道或途径不同，可分为正式沟通(formal communication)与非正式沟通(informal communication)。

1. 正式沟通及其特点

正式沟通是指在组织系统内，依据一定的组织原则，通过正式组织系统渠道所进行的信息传递与交流。例如，组织与组织之间的公函来往，组织内部的文件传达、召开会议，上下级之间定期的情报交换等。另外，团体所组织的参观访问、技术交流、市场调查等也在此列。正式沟通畅通无阻，组织的生产经营活动及管理活动才会井然有序，反之，整个组织将陷入紊乱甚至瘫痪状态。因此，正式沟通渠道必须灵敏而高效。

正式沟通的优点是：比较严肃正规、约束力强、权威性高，参与沟通的人员普遍具有较强的责任心和义务感，从而易保持所沟通的信息的准确性及保密性，沟通效果好。重要的信息、文件和政策的传达、组织的决策等，一般都采取这种沟通方式。其缺点是：对组织机构依赖性较强，依靠组织系统层层的传递易造成速度迟缓，沟通形式刻板，如果组织管理层次多、沟通渠道长，容易导致信息失真，造成信息损失。

2. 非正式沟通及其特点

非正式沟通指的是正式沟通渠道以外的信息传递和交流，这类沟通主要是通过个人之间的接触来进行的，它不受组织监督，可自由选择沟通渠道，比较灵活方便。例如，组织成员私下交流、朋友聚会、工会组织的文娱活动、个人走访、传播谣言和小道消息等都属于非正式沟通。非正式沟通往往能表露人们的真实想法和动机，还能提供组织没有预料的或难以获得的信息。

与正式沟通相比，非正式沟通有以下特点：①信息传递速度较快。由于这些信息与职工的利益相关或者是他们比较感兴趣的问题，再加上没有正式沟通那种烦琐的程序，信息传播速度大大加快。②信息比较准确。据国外研究表明，它的准确率可高达 95%。一般来说，非正式沟通中信息的失真主要来源于形式上的不完整，而不是提供无中生有的谣言。人们常把非正式沟通与谣言混为一谈，这是缺乏根据的。③能够缓解工作压力，增进人际关系，更符合员工的实际需要。由于非正式沟通的形式和内容自由，不是基于管理者的权威，也不受组织制度的制约，而是出于职工的愿望和需要，因此，这种沟通常常是积极的、卓有成效的，并且可以满足职工们的安全的需要、社交的需要、尊重的需要。④沟通效率较高。非正式沟通一般是有选择地、针对个人的兴趣传播信息，正式沟通则常常将信息传送给本来不需要它们的人。⑤非正式沟通有一定的片面性。非正式沟通中的信息常常被夸大、曲解，因而需要慎重对待。

非正式沟通的优点是：沟通不拘于形式，直接明了，速度很快，容易及时了解到正式沟通难以提供的“内幕新闻”。非正式沟通能够发挥作用的基础，建立团体中良好的人际关系。其缺点是：非正式沟通难以控制，传递的信息不确切，易于失真、曲解，而且它可能导致小集团、小圈子，影响人心稳定和团体的凝聚力。

（二）组织沟通的信息流

1. 向上沟通(upward communication)

向上沟通主要是指组织员工和基层管理人员通过一定的渠道与管理决策层所进行的沟通交流。在这个过程中，信息是由下属人员向上层管理者传递，如下级向上级反映意见、汇报工作情况、提出意见和要求、解决与客户或同事发生的纠纷等。向上沟通是管理者了解下属和一般员工对于工作、同事及整个组织的意见和想法的重要途径。

向上沟通有两种表达形式：一是层层传递，即依据一定的组织原则和组织程序逐级向上反映，即下属和自己的直接上级领导进行沟通，如员工和班长、班长和车间主任的沟通等。这种沟通形式在组织中较为普遍。二是越级反映，是指组织员工向比自己的职位高两级或以上的领导反映，如基层员工和车间主任、基层员工和公司总经理的沟通都属于此类。这种沟通形式使用得较少，往往是在紧急事件发生或员工和直接上司产生沟通障碍时才会出现。

向上沟通的优点是：员工可以直接把自己的意见向领导反映，获得一定程度的心理满足，并且使问题得到实际的帮助和解决；管理者也可以利用这种方式了解企业的经营状况，与下属形成良好的关系，改进自己的工作，提高管理的水平。向上沟通的缺点是：在沟通过程中，下属因级别与上级不同容易造成心理距离，形成一些心理障碍，不能畅所欲言；还有些员工由于担心自己的意见会遭到领导的嘲笑或打击报复，不愿反映工作中出现的各种问题。有时，由于特殊的心理因素，信息经过层层过滤，会导致严重失真甚至扭曲，出现适得其反的结果。因此，向上沟通常常效率不佳。向上沟通畅通无阻，各层次管理人员才能及时了解工作进展的真实情况，了解员工的需要和要求，体察员工的不满和怨言，了解工作中存在的问题，从而有针对性地做出相应的决策。为此向上沟通中应防止信息被层层“过滤”，尽量保证真实性和准确性。

2. 向下沟通(downward communication)

向下沟通是指信息自上而下地沟通，即管理者通过向下沟通的方式传送各种指令及政策给组织的下层，其中传递的信息一般包括：①企业战略目标；②管理制度和政策；③有关工作的指示；④工作内容的描述；⑤工作程序；⑥有关员工绩效的反馈；⑦组织举行的各种临时活动。向下沟通渠道的优点是：向下沟通顺畅可以帮助下级主管部门和组织成员明确工作的任务、组织的目标要求和领导的意图，增强员工的责任感和归属感。它也可以增强上下级之间的联系，协调组织内部各个层次的活动，加强组织原则和纪律性，使组织各项工作正常地进行下去。向下沟通渠道的缺点是：如果这种渠道使用过多，会在下属中造成高高在上、独裁专横的印象，使下属产生心理抵触情绪，影响团队的士气。此外，由于来自最高决策层的信息需要经过层层传递，容易被耽误、搁置，有可能出现事后信息曲解、失真的情况，对组织工作产生负面的影响。

相比较而言，向下沟通比较容易，居高临下，甚至可以借助于组织广播台、电视台、组织网络平台传播工具进行广泛宣传，信息更容易被传递和理解；向上沟通则困难一些，它要求基层领导深入实际，及时了解情况，做细致的工作，拓展各种沟通渠道，鼓励和带动下属员工的积极性。一般来说，传统的管理方式偏重于向下沟通，管理风格趋于专制；而现代管理方式则是向下沟通与向上沟通并用，强调信息反馈，增加员工参与管理的机会。

3. 水平沟通(lateral communication)

水平沟通又称为横向沟通。水平沟通渠道指的是组织内部平行机构之间或同一层级人员之间的信息交流，如组织内部各职能部门之间、车间之间、班组之间、员工之间的信息交流。在企业管理中，水平沟通又可具体划分为四种类型。一是高层管理人员之间的信息沟通；二是企业内各部门之间的信息沟通；三是中层管理人员之间的信息沟通；四是一般员工之间的信息沟通，通常采取非正式沟通的形式。组织很多的政策和规章制度在制定之前，不同部门的管理人员之间往往会进行多次的非正式沟通。

水平沟通具有很多优点：①它可以使办事程序、手续简化，节省时间，提高工作效率。②它可以加强各部门之间的联系、了解、协作与团结，减少各部门之间的矛盾和冲突，有助于培养整体观念和合作精神。③它可以增加职工之间的互谅互让，培养员工之间的友谊，改善人际关系，满足职工的社会需要，使职工提高工作兴趣，改善工作态度。其缺点表现在：水平沟通头绪过多，信息量大，易造成混乱；此外，水平沟通尤其是个体之间的沟通也可能成为员工发牢骚、传播小道消息的一条途径，造成涣散团体士气、不利于团结的消极影响。

4. 斜向沟通(diagonal communication)

斜向沟通是指处于不同层次的没有直接隶属关系的成员之间的沟通，这种沟通往往发生在同时跨工作部门和组织层次的员工之间，如人力资源主管针对员工的工作业绩和员工所在的班组长沟通了解情况时，就是在进行斜向沟通，因为这两个人既不在同一部门又不在同一组织层次。斜向沟通常常发生在项目型结构和团队结构的组织中。斜向沟通方式有利于加速信息的流动，提高工作的效率。

这四种沟通方式并存于组织活动中。向上、向下沟通都属于纵向沟通，应尽量缩短沟通渠道，以保证信息传递的快速与准确；横向的平行沟通应尽量做到广泛和及时，以保证协调一致和人际和谐。同时，为加速信息流动，可灵活运用斜向沟通。

（三）组织沟通的网络

沟通网络(communication networks)是组织沟通信息的纵向和横向集合而成的各种形态。许多信息往往都是经过多种渠道、多个环节的传递，才最终到达接收者。沟通的网络主要有五种典型的理想化的形式。这五种基本沟通网络有链式、环式、Y 式、轮式、全通道式，如图 11-2 所示。图中每一对字母之间的连续代表一个双向交流通道。

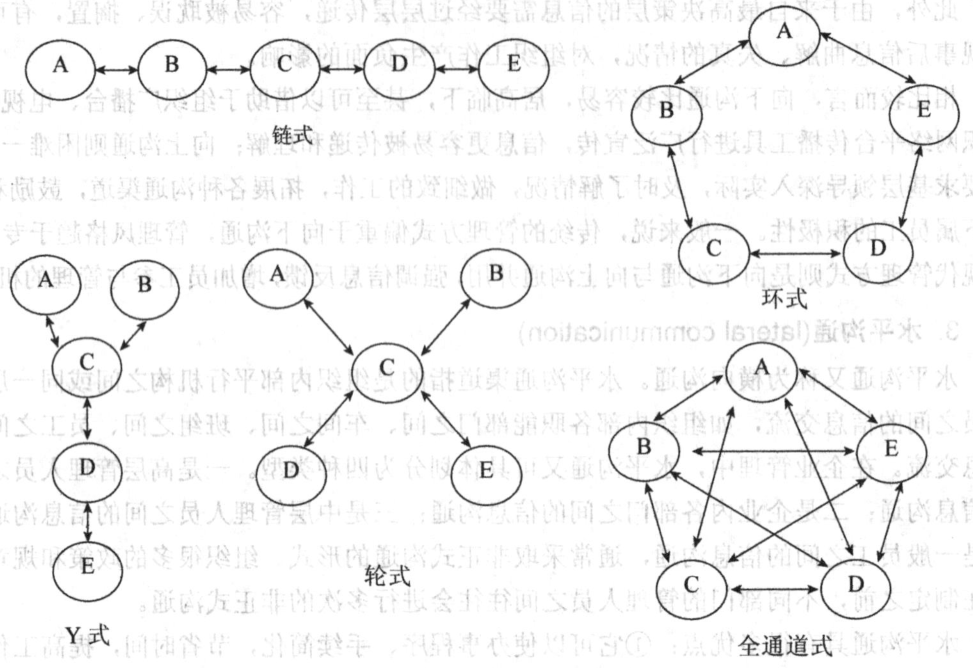

图 11-2　五种沟通网络形态

1. 链式沟通

这是一个平行网络，这种沟通方式表示上下级之间单个等级链的沟通。它可以是上行的沟通，也可以是下行的沟通。它是一种单线的、顺序传递的犹如链条状的沟通网络形态。在组织中，这种形式的沟通信息是按照组织的层级设置纵向传递的，属于控制性结构。在这种沟通网络中，沟通信息经过层层传递、筛选，容易失真，各个信息传递者所接收的信息差异很大，平均满意程度有较大差距。

2. 环式沟通

此形态可以看成链式形态的一个封闭式控制结构，表示 5 个人之间依次联络和沟通，其中每个人都可以同时与两侧的人沟通信息，也就是组织内的所有成员之间都不分彼此地依次传递信息。在这个沟通网络中，大家地位平等，不存在信息沟通中的领导或中心人物。因此，组织的集中化程度和领导人的预测程度比较低，组织中的成员具有比较一致的满意度，组织士气高昂。

3. Y 式沟通

这是一个纵向沟通网络，其中只有一个成员位于沟通的中心，是沟通的媒介，成为网络中拥有信息而具有权威感和满足感的人。这一网络大体相当于组织领导、秘书班子再到下级管理人员或一般成员之间的纵向关系，即组织领导从秘书处收集信息和建议，形成决定后再向下级人员传达命令这样一种信息联系方式。这种网络的集中化程度高，解决问题速度快；组织中领导人员预测程度较高；除中心人员外，组织成员的平均满意程度较低；易导致信息曲解或失真，影响组织中成员的士气，阻碍组织提高工作效率。此网络适用于管理人员工作任务十分繁重，需要有人选择信息、提供决策依据、节省时间而又要对组织实行有效控制的情况。

4. 轮式沟通

这种网络只有一个成员是各种信息的汇集点与传递中心，信息由他向周围多线传递，其结构形状像轮盘。在组织中，大体相当于一个主管领导直接管理几个部门的权威控制系统，所有信息都是通过他们共同的领导人进行传递和交流。此网络集中化程度高，解决问题的速度快，管理人员的预测程度高，因此，它是加强组织控制、争时间、抢速度的一个有效的方法。但沟通的渠道很少，组织成员的满意程度低，士气低落。这种网络属于控制网络，领导者在成为信息交流和控制中心的同时可能面临着信息超载的负担。如果组织接受紧急攻关任务，要求进行严密控制，则可采取这种网络。

5. 全通道式沟通

这是一个开放式的网络系统。其中每个成员都有一定的信息沟通联系，彼此了解。此网络中组织的集中化程度及管理人员的预测程度均较低。由于沟通渠道很多，组织成员的平均满意程度高且差异小，所以士气高昂，合作气氛浓厚。但是沟通渠道太多也容易造成混乱，而且又费时，影响工作效率。此网络适合于解决复杂问题、增强组织合作精神、提高士气的情况。

（四）组织与外部的沟通

组织与外部的沟通即组织同其利益相关者进行的有利于实现各自组织目标的信息交流和传递的过程。其宗旨是充分利用社会的各种资源，协调各方利益，实现组织共生的可持续性发展。其前提是组织与其利益相关者之间是异质的，以个性化方式而存在。组织信息沟通的对方都有存在的价值，其沟通的最终目的是实现双赢。组织与外部的沟通主要包括组织与顾客、组织与中间商、组织与供应商、组织与公众、组织与竞争者之间的沟通。

(1) 顾客就是组织的目标市场，是组织服务的对象，也是组织经营活动的出发点和归宿。组织的一切经营活动都应以满足顾客的需要为中心。建立与顾客的良好沟通则是组织实现满足顾客需要的重要途径。良好的沟通可以使组织了解顾客的需求特征、购买行为及他们对产品和服务的满意程度和市场的变化，从而不断改进组织各方面的工作，更好地适应和满足顾客的需求。

(2) 中间商是协助组织把产品和服务提供给最终购买者的机构。组织与中间商的关系直接影响着产品的销售。中间商对市场、顾客和产品情况都有着很全面直接的了解，这些情况无疑对组织有很重大的价值。通过沟通，组织与中间商建立良好的关系，使各种信息得以及时反馈。此外，还有助于鼓励中间商更加出色地完成组织产品的分销工作，保证分销渠道的顺畅。

(3) 供应商对组织的经营活动也有着实质性的影响，它所提供的原材料情况直接影响产品的数量、质量和成本。组织为保持与供应商的良好合作关系，必须加强与供应商的沟通和交流，及时了解供应商的变化和动态。

(4) 公众是指对组织实现其目标的能力有实际或潜在利害关系和影响力的团体或个人，如金融机构、媒介、政府、社会团体、社区居民和组织等。组织必须采取积极的措施与各方面进行沟通，力求保持和主要公众的良好关系，以树立良好的组织形象，获得广泛的公众支持，进而保证组织经营的顺利进行。

(5) 任何组织都会面对形形色色的竞争对手。面对激烈的市场竞争，组织应借助一切可以利用的机会、渠道和竞争者进行适时的交流沟通，能够更多地了解到竞争者和产品市场的情况，如现在很多行业协会或论坛都提供了这样一个机会。这些情况往往是其他手段了解不到的。只有这样才能更好地做到知己知彼，在竞争中取得优势。

三、团队沟通

(一) 团队沟通的含义与特征

团队是由少数有互补技能、愿意为了共同的目的、在特定可操作范围内为实现特定目标和方法而相互承担责任的人组成的群体。团队沟通是指在特定的环境中，两个或两个以上的人利用言语的、非言语的手段进行协商谈判以达到一致意见的过程。

与传统的工作群体相比，团队沟通有以下特征。

1. 平等的沟通网络

团队内部成员之间的关系是平等的，是一种任务的协作和分工，形成内部平等的沟通网络，团队成员之间是平等的沟通关系。

2. 规范的沟通

与非正式团队相比，由于团队是一种工作上的协作方式，团队成员为着同一个目的而工作，有共同的目标，团队中的每个成员共同对团队所要达到的目标负责。在这种情况下，其团队的沟通是以任务为导向的，有一定的规范性和正式路径。

3. 外部沟通频繁

团队具有核心能力，团队之间是合作关系，彼此共享特有的专长。因此，团队要与其他团队进行广泛的合作。以此为推动，团队之间也会进行频繁的知识和任务协作的沟通，形成外部的沟通网络。

(二) 团队沟通的目的

团队沟通的目的可以从以下三个方面来分析。

1. 沟通是团队的协调方式

沟通在团队中是一种主要的协调方式。因为团队与正式组织不同，它更需要一种水平的情感导向的软约束方式。如团队在管理过程中，很重要的一种管理方式是通过塑造共同愿景来吸附团队的成员。在共同愿景的形成过程中，沟通扮演着必不可少的角色。

2. 沟通是团队决策与发展的信息来源

团队是创造知识的团体，它必须利用充分的信息来决策和发展。及时地获取信息非常重要，一方面，团队面临快速变化的外部环境，必须及时获得外部的信息以便正确决策；另一方面，在团队运作中知识的份额增加，而知识离不开信息和沟通。

3. 沟通是增强团队凝聚力的必要手段

团队成员之间的密切协作依赖于彼此的信任与认可，取决于团队凝聚力的建立，需要团队成员之间通过开诚布公的沟通来实现。

（三）团队沟通的类型

1. 语言沟通和非语言沟通

团队沟通的最常用类型有语言沟通和非语言沟通。

(1) 语言沟通。语言沟通指人们通过语言表达所进行的沟通方式，它的直接形式和所要达到的目的是磋商共通，即团队成员们必须交换适应相互的思维模式，直到每个人都能对所讨论的意见有一个共同的认识。

(2) 非语言沟通。非语言沟通是指人们从语言中包含的提示或语言之外的提示中解析出含意。人们常常没有意识到从眼神、身体、脸部表情和声音——甚至从他们运用时间的方式、从触摸或保护其自身的方式中存在的非语言信息。

2. 团队对话

语言沟通和非语言沟通仅仅是传达信息，团队往往通过成员以倾听和提问的方式提供一些必要的、及时的反馈，使团队理解彼此传达的信息，这就是团队对话。倾听和提问可以为个人和团队进行成功的沟通引发对话，创造氛围，并互相合作进行分析。团队对话不仅意味着人们轮流说话，在对话中，人们形成自己的看法和见解并进行交换。对话包括发表看法、倾听、释义、提问、添加、变化，最终起到达成共识的效果。因此，团队对话是良好团队决策的基础。

3. 情感沟通

情感包括多方面的内容。一般来讲，情感可以分为情绪、感受和情操。情绪指团队成员在沟通中的社会性情绪，这些情绪包括愉快、痛苦、愤怒及悲喜交加、悔恨交织等。感受指较为高级的感情现象，着重体现感情的内容方面，具有较为稳定持久、内隐含蓄的特点，主要包括依恋需要、交往需要、尊重需要、探究需要等。情操是最高级的感情现象，具有更稳定、更含蓄的特点，不仅与人较高层次的社会性需要相联系，而且与一定的社会价值观念相结合。

(四) 团队沟通的策略

团队沟通策略是指团队为了达到沟通目的而采取的一系列行之有效的措施，以保证团队沟通的顺利完成。团队沟通策略运用得当，往往会起到事半功倍的效果。因此，团队在沟通中，一般都讲究沟通策略。团队沟通可以采用四个方面的策略。

1. 把听取内部意见当作首要任务

团队是成员的团队，每一个团队成员都希望出色地完成团队的任务，他们也有自己对团队及任务的理解和解决的方式途径，而这些认识和解决问题的途径，往往是完成团队任务最直接最有效的。因此，团队组建后的首要任务，就是听取内部成员对团队的看法。聆听内部意见能使第一线的团队成员和组织建立直接联系，当他们受到重视时，他们的积极性就会提高。在谈到聆听内部意见的重要性时，英国前首相温斯顿·丘吉尔说过一句话：“勇气能使你站起来讲话，勇气也能使你坐下来静听。”

2. 使用多渠道的内部联系

团队中的领导人常常认为他们把最新的决策告诉团队成员时，他们的任务就完成了。他们认为他们应该做的就只是这些：只要发出通知，而且发给每一个应该发的人，就算完成。但内部系统的方式绝不仅限于此，组织的员工来自许多不同方面，要和他们联系，领导人必须利用多种多样的通信技术。小型和大型会议、专职小组和工作小组、录像和录音带、电子邮件、电视屏幕和计算机屏幕、内部通信和公文函件和通告等都可以用作有效的交流工具。

3. 鼓励双向交流

管理学家肯·布莱查德阐述过“海鸥经理”现象。他说的“海鸥经理”就是平常很少和员工交往，但有时突然来到工作场所和大家见上一面又突然走了的经理。这会导致团队成员之间没有交流的愿望，也不会了解工作的真正进展情况。实际上，真诚的交流真正做起来要比想象得容易。大家只要从办公桌后走出来，走出办公室让大家看到你，让大家有机会直接看到你的反馈。团队成员之间的双向交流更有助于促进他们之间相互了解，便于更好地合作。

4. 及时反馈

对于团队中成员之间交流的信息要反馈。当员工们未能及时得到反馈时，他们往往会向最坏处设想，从而影响他们的工作情绪和工作积极性。不及时反馈情况还会产生谣言——谣言往往是由于不能得到准确消息，由此产生不全面的猜想。

第三节 有效沟通

从概念上来讲，管理沟通是为了一个设定的目标，把信息、思想和情感向特定个人或群体间传递，并且达成共同协议的过程。沟通是自然科学和社会科学的混合物，是企业管理的有效工具。沟通还是一种技能，是一个人对本身知识能力、表达能力、行为能力的发挥。

一、有效沟通的重要性及其特征

无论是企业管理者还是普通职工，都是企业竞争力的核心要素，做好沟通工作，无疑是企业各项工作顺利进行的前提。有效沟通在企业管理中的重要性主要表现在以下几个方面。

(1) 准确理解公司决策，提高工作效率，化解管理矛盾。公司决策需要一个有效的沟通过程才能施行，沟通的过程就是对决策的理解传达的过程。决策表达得准确、清晰、简洁是进行有效沟通的前提，而对决策的正确理解是实施有效沟通的目的。在决策下达时，决策者要和执行者进行必要的沟通，以对决策达成共识，使执行者准确无误地按照决策执行，避免因为对决策的曲解而造成的执行失误。

(2) 从表象问题过渡到实质问题的手段。企业管理讲求实效，只有从问题的实际出发，实事求是才能解决问题。而在沟通中获得的信息是最及时、最前沿、最实际、最能够反映当前工作情况的。在企业的经营管理中出现的各种各样的问题，如果单纯地从事物的表面现象来解决，不深入了解情况，接触问题本质，会给企业带来灾难性的损失。

(3) 激励职工，形成健康、积极的企业文化。人具有自然属性和社会属性，在实际的社会生活中，在满足其生理需求时还要满足其精神需求。每个人都希望得到别人的尊重、社会的认可和自我价值的实现。一个优秀的管理者，就要通过有效的沟通影响甚至改变职员对工作的态度、对生活的态度。把那些视工作为负担，对工作三心二意的员工转变为对工作非常投入，工作中积极主动，表现出超群的自发性、创造性。在有效沟通中，企业管理者要对职工按不同的情况划分为不同的群体，从而采取不同的沟通方式。如按年龄阶段划分为年轻职工和老职工，对年轻的、资历比较浅的职工采取鼓励认可的沟通方式，在一定情况下让他们独立承担重要工作，并与他们经常沟通其在工作生活方面的问题，对其工作成绩认可鼓励，激发他们的创造性和工作热情，为企业贡献更大的力量。对于资历深的老同志，企业管理者应重视尊重他们，发挥他们的经验优势，与他们经常接触，相互交流，给予适当的培训，以调动其工作积极性。

有效沟通一般具备以下特征。

(1) 有效沟通的信息具有真实性。有效沟通必须是有意义、真实的信息被传递，如果传递的信息是无意义的、不真实的，会浪费大量的人力物力资源，甚至有可能带来负面影响。

(2) 有效沟通的信息具有完整性。有效沟通的信息在传递过程中是完整无损的，信息既没有被任意添加也没有被任意减少或扭曲。

(3) 有效沟通的主体具有共识性。有效沟通的信息是由适当的主体发出，并通过适当的渠道传递给适当的另一主体接受，这两者缺一不可。此外，信息接收者必须真正了解或体验或理解信息发出者所发出信息的真正含义或意义。

(4) 有效管理沟通的代码具有相同性。有效管理沟通的主体传递信息时，使用的是相同的信息代码系统，即信息在发出者是以何种代码被编码的，在接收者那里也必须以相同的代码系统来对接收到的信息代码进行解码。

(5) 有效沟通的及时性。有效的沟通要求沟通的主体及时地传递信息并给予及时反馈，提高沟通的效率。任何信息传递和反馈的延迟都会影响沟通的效果。

(6) 有效沟通的渠道是适当的。有效的沟通需要将信息通过适当和必要的沟通渠道进行传递。不同的信息对于传递渠道的选择是有要求的。正确地选择适当的沟通渠道有助于理想地进行沟通，而错误的渠道选择则会产生信息遗失、误读或信息扭曲，导致管理沟通受挫或失败。

(7) 有效沟通方式具有灵活性。同一个问题可以用不同的方式进行沟通，在不同的时间、地点和场合，沟通方式并非固定不变的，适当的沟通方式会带来更好的沟通效果。

(8) 有效沟通的结果和目标具有一致性。最终评价沟通的有效性应该看沟通的结果是否与沟通的目标相一致，即沟通应该能够解决组织所面临的现实问题，促进组织的高效运转。

二、影响组织有效沟通的因素

在现实组织活动中，往往不能达到最有效的沟通。由于存在着外界干扰及其他种种原因，不同的人之间、不同的部门和组织之间常常横隔着一道道无形的“墙”，妨碍彼此的沟通。尽管现代化的通信设备非常神奇，但却无法穿透这种看不见的“墙”。如果沟通的渠道长期堵塞，信息不交流，感情不融洽，关系不协调，就会影响工作，甚至阻碍整个组织经营活动的顺利进行。比如，在企业的生产活动中，有的业务部门不明确自己的生产活动应当与整个企业的生产计划协调一致，有的甚至不择手段地去追求本单位的私利，不考虑其他业务部门的利益，更不愿意与其他部门进行合作，这样会给整个企业的生产活动造成严重影响。

影响有效沟通的因素主要有以下几方面。

（一）个人因素

个人因素对沟通的影响主要表现在以下几方面。

1. 个性气质

信息沟通在很大程度上受个人个性气质的制约。气质和性格的差异导致了个体沟通风格的不同，我们可将其归纳为自我克制型沟通风格、自我保护型沟通风格、自我暴露型沟通风格、自我交易型沟通风格和自我实现型沟通风格。任何一个组织中，这些不同的个体组成错综复杂的沟通环境，增加了沟通的难度，影响有效沟通的进行。

2. 个人的生理特征

不同年龄的人对同一个问题的观点可能会差别很大，很难做到有效沟通。如有关新政策的颁布、组织机构的改革等这些问题，组织管理人员在与一些年龄较长的员工进行沟通时，往往会遇到很大障碍。另外，不同性别也对沟通的内容、方式等有不同的偏好和选择。个人的生理特征还表现在身体语言的使用上，如姿势、手势、目光接触、面部表情、接触、音调、音量、说话速度等都会影响信息的传递和理解。此外，生理上的缺陷也影响沟通，如发送信息方如果口齿不清就难以把信息完整、准确地表达出来。

3. 个人的情绪特征

沟通时情绪的好坏会直接影响沟通的效果，如一个人在心情愉悦时比烦闷时更容易与外界沟通。一个情绪稳定的人比起一个情绪起伏较大的人来说，对于沟通过程中的信息更能够冷静地分析、处理、接受和反馈。

4. 个人的知识、经验水平

在信息沟通中，如果双方经验水平和知识水平差距过大，会影响对信息内容理解的一致性，进而会产生沟通障碍。此外，个体经验差异对信息沟通也有影响。在现实生活中，人们往往会凭经验办事。一个经验丰富的人往往会对信息沟通做通盘考虑，谨慎细心；而一个初出茅庐者往往会不知所措。

5. 个人的态度

个人的态度是个人对事物的认识和看法，可分为不同的层次来考虑：一是认识差异。在管理活动中，不少员工和管理者忽视信息的作用的现象还很普遍，这为正常的信息沟通造成了很大的障碍。二是利益观念。在团体中，不同的成员对信息有不同的看法，所选择的侧重点也不相同。很多员工只关心与他们的物质利益有关的信息，而不关心组织目标、管理决策等方面的信息，这也成了信息沟通的障碍。

6. 个人的直觉选择偏差

个人的直觉选择偏差指个人会有意地拒绝或片面地接受传递给他们的信息，即有选择地接听。接收和发送信息也是一种知觉形式。由于种种原因，人们总是习惯接收部分信息，而摈弃另一部分信息，这就是知觉的选择性。知觉选择性所造成的沟通既有客观方面的因素，又有主观方面的因素。客观因素如组成信息的各个部分的强度不同，对接收者的价值大小不同等，都会致使一部分信息容易引人注意而为人接受，另一部分则被忽视。主观因素也与知觉选择时的个人心理品质有关。在接受或转述一个信息时，符合自己需要的、与自己有切身利害关系的、和自己的期望相一致，则很容易听进去，而对自己不利的、有可能损害自身利益的，则不容易听进去。凡此种种，都会导致信息歪曲，影响信息沟通的顺利进行。

7. 社会文化差异

不同地域、不同国度、不同民族、不同宗教、不同文明发展历程会使社会文化背景存在很大差异。不同文化背景的人在价值观体系、风俗习惯、宗教信仰、符号体系等方面存在诸多不同，这些都会成为有效沟通的障碍。

（二）组织因素

组织因素具体包括人际因素、结构因素和文化因素。

1. 人际因素

人际因素主要包括沟通双方的相互信任、沟通双方在组织中的角色地位及他们之间的相似程度。

信息在社会中的传播是通过独特的“信任”和“不信任”的“过滤器”进行的。这个过滤器能起到这样的作用：如果没有信任，完全真实的信息可能变成不可接受的，而不真实的信息倒可能变成可接受的。一般来说，只有受到对方信任的人发出的信息，才可能完全为对方所接受。因此，有效的信息沟通要以相互信任为前提，这样才能使向上反映的情况得到重视，向下传达的决策迅速实施。管理者在进行信息沟通时，应该不带成见地听取意见，鼓励下级充分阐明自己的见解，这样才能做到思想和感情上的真正沟通，才能接收到全面可靠的情报，才能做出明智的判断与决策。

沟通的有效性还与沟通双方间的相似性有着直接的关系。具有相似的个性特征、文化习俗、知识技术水平和职位的人沟通起来更加容易，而且这种相似性越强，他们就越容易达成共识。

2. 结构因素

在管理中，合理的组织结构有利于信息沟通。如果组织结构过于庞大，中间层次太多，那么，信息从最高决策层传递到下属单位不仅容易产生信息的失真，而且还会浪费大量时间，影响信息的及时性。有学者统计，如果一个信息在高层管理者那里的正确性是 100%，到了信息的接收者手里可能只剩下 20%的正确性。这是因为，在进行信息沟通时，各级主管部门都会花时间把接收到的信息加以甄别，一层一层地过滤，然后有可能将断章取义的信息下传或上报。此外，在甄选过程中，还掺杂了大量的主观因素，尤其是当发送的信息涉及传递者本身时，往往会由于心理方面的原因，造成信息失真。这种情况也会使信息的提供者望而却步，不愿提供关键的信息。因此，如果组织机构臃肿，机构设置不合理，各部门之间职责不清、分工不明，形成多头领导，或因人设事、人浮于事，就会给沟通双方造成一定的心理压力，影响沟通的进行。

3. 文化因素

个人所处的社会群体也会对沟通产生重要的影响，特别是当这种沟通违背这个群体的文化惯例时，表现尤为强烈。一个人的态度很大程度上依赖于他所属群体的观点和态度，特别是在他很珍惜其群体成员身份时。研究表明，在一个群体中最珍视其成员身份的人，他们的观点最不易受那些违反原则的沟通的影响。这就表明对一个群体的归附程度和这个群体文化准则的内部化之间有着直接的关系。而组织中的沟通正是在一定的组织文化背景下进行的信息的双向传递过程，因此组织文化因素在组织沟通的有效实现过程中起着关键的作用。组织文化上的不同可表现在思维模式、信念、价值观及共同的风俗习惯等方面，也可表现为信息处理方式的不同。这些都会直接影响到组织中无时无刻不在进行的沟通活动。一个良好的组织文化为沟通活动的进行创造了融洽和谐的氛围，人们对企业各种事物的认知一致，价值判断很容易达成一致，信息的处理和传递更加直接快速，提高了沟通的效率。一种开放、民主、平等、创新的组织文化，会使成员之间相互信任和友爱，他们可以开诚布公、畅所欲言地进行广泛充分的交流，这将大大增加沟通的有效性。而在一个封闭、保守、条规严格的文化体系中，人与人之间缺乏应有的信任和坦诚，他们不敢公开发表自己的言论，也不愿去理解他人，以至于深度交流和有效沟通的渠道被一层厚厚的“心墙”给封堵上了。

(三) 技术因素

影响有效沟通的技术因素主要是指沟通双方在进行信息传递时所使用的各种方法和技术。大多数沟通的有效性依赖于沟通者所使用的方法和技术。同样的内容，使用不同的沟通方式会产生截然不同的效果，如一位领导要表现对某位下属的工作不满意，可以使用公开宣布或私人谈话的方式，后者显然能够更好地让下属认识到自己的不足之处，并愿意积极改进。繁杂的会议、冗长的报告也都影响着有效沟通的进行。计算机网络系统和无线通信技术无疑是当前对沟通有着重要影响的技术，如电子邮件、即时信息、音频邮件、传真、电子数据交换、电话会议、可视会议、内部互联网、外部互联网及移动电话和笔记本电脑等。这些信息技术的应用已从根本上改变了人们沟通的方式，它使组织成员间的沟通和信息交换已经不再受空间和时间的约束，信息的传递更加快捷方便。现代化的组织正越来越多地依赖于这些新的媒介工具进行沟通。但随之而来的也有很多的问题，如计算机病毒、网络黑客的入侵导致组织内部数据信息被盗取和破坏，组织内部网络无法正常运行等。垃圾邮件也困扰着人们对信息的处理，网络速度的快慢会直接影响到信息的传递，移动信号的好坏也决定了人们能否随时随地及时地收到信息。这些问题都会成为有效沟通的障碍。

三、冲突管理

(一) 冲突与冲突形成的过程

冲突是指有关各方在观念和行为上的对立或对抗，是一种在满足各自需要的过程中遇到挫折、阻力或力图超越现状时的心理紧张和压力及其外部表现。

冲突形成的过程分为五个阶段：潜在冲突阶段、知觉冲突阶段、意向冲突阶段、行为冲突阶段和结果冲突阶段，这五个阶段是一个循序渐进的升级过程。

(1) 潜在冲突阶段。冲突的萌生阶段，其主要表现形式为发生交互关系和互动过程的不同主体，彼此间存在和积累了能够引发冲突的一些前提条件，这些前提条件并非一定导致冲突，但是它们聚集了冲突的根源，是冲突产生的必要条件。

(2) 知觉冲突阶段。冲突的认知期，是冲突主体对冲突的条件和根源的认识与感觉阶段。也就是说，在冲突的这一阶段，客观存在的双方对立或不一致将为冲突主体的主观所意识到，产生了相应的知觉，开始推测辨别是否会有冲突，是什么类型的冲突，是什么性质的冲突，等等。

(3) 意向冲突阶段。在此阶段，冲突主体主要是在自身的主观认知、情感与外显的行为之间，要做出究竟应采取何种行为的决策或特定行为意图取向的选择。冲突主体恰当或不恰当的行为意向选择，往往会导致其做出正确或不正确的冲突行为，从而造成不同性质和作用的冲突结果。

(4) 行为冲突阶段，是冲突的公开表现阶段。进入该阶段后，不同的冲突主体在自己冲突行为意向和其他因素的影响下，正式做出一定的冲突行为，来贯彻自己的意志，试图阻止或影响对方的目标实现。

(5) 结果冲突阶段。在此阶段，冲突主体的行为导致冲突的最后结局。冲突的结果一般表现为作用性质不同的两种结果：一是功能正常的建设性冲突，促进了群体或组织绩效的提高；二是功能失调的破坏性冲突，降低或破坏了群体或组织绩效的提高。冲突的最后结果又会间接或直接地影响到冲突的主体，并反馈形成新的冲突的前提条件，酿造新一轮“潜在冲突”。

对组织冲突有以下三种观点。

(1) 冲突的传统观点(traditional view of conflict，19 世纪末—20 世纪 40 年代)。认为冲突对组织是有害无益，冲突本身表明组织内部的机能失调，组织应该避免冲突。

(2) 冲突的人际关系观点(human relation view of conflict，20 世纪 40 年代—70 年代)。认为冲突是任何组织不可避免的产物，冲突并不一定会导致对组织的危害，甚至可能有利于组织的发展，主张接纳冲突。

(3) 冲突的相互作用观点(interactionist view of conflict)。人际关系观点接纳冲突，而相互作用的观点则鼓励冲突。这一观点认为，融洽、和平、安宁、合作的组织容易对变革和革新的需要表现为静止、冷漠和迟钝，而冲突有利于组织创新。

(二) 组织中冲突的类型

在组织活动中，按照冲突发生的层次来划分，冲突可以分为以下四种。

(1) 个人内心的冲突。它一般发生于组织中个人面临多种难以做出选择时，对一些目标、认知或情感的冲突。

(2) 人际关系冲突。这是指组织中两个或两个以上的个人感觉到他们的态度、行为或目标的对立时所发生的冲突。

(3) 团队间的冲突。这是组织内团队之间出于各种原因而发生的对立情形，包括垂直冲突、水平冲突、指挥系统与参谋系统的冲突、正式系统与非正式系统间的冲突四种形式。

(4) 组织之间的冲突。这是指组织在与其生存环境中的其他一些组织发生关系时，由于目标、利益的不一致而发生的冲突。

(三) 组织中冲突形成的原因

相互依赖性和相互间的差异是冲突形成的客观基础，组织内资源的稀缺和机制的不完善推动了冲突的实现。在组织的活动中，发生冲突的具体原因可以归纳为以下几方面。

(1) 组织内各成员之间的高度依赖性和差异性。组织内的专业分工导致了不同的岗位人员、部门之间高度的依赖，因此一个人、一个部门的行动结果经常会直接影响到其他人、其他部门的工作效果。一旦一方的行动妨碍了另一方目标的实现，冲突就会产生。另外，主体个性差异较小则在许多方面容易达成共识，个性差异显著的主体之间就不易接受对方(包括其行为)。组织内成员的个性差异越大，共性就会越少，成员间合作的可能性就越小，存在的分歧、矛盾就越普遍，工作和交往中的阻碍、争执和冲突也就越频繁。具有一定的相互依赖关系的双方差异性越大，就更容易导致最后冲突的发生。

(2) 组织资源的稀缺。充足的人力、物力、财力资源是工作目标得以实现的必要保证。组织的资源稀缺时，不同的员工、不同的部门会就资源如何分配而发生冲突。

(3) 组织机制的不完善。组织中各种机制的不完善也是导致冲突的重要原因。这表现在诸多方面，如组织在结构上存在功能缺陷。现存的源于以功能为根本的组织结构设计由于过于强调组织功能的实现，一个完整的企业组织被切割成业务、财务、人事等许多部分，由于信息不对称和利益不一致，会不可避免地导致企业组织冲突的产生。组织中缺乏良好的沟通机制，导致企业组织信息沟通过程中的误解或传递的无效，极易引起个人或群体之间产生隔阂，引起冲突。组织不能够有效地协调个人、组织及社会目标，个人、企业及社会的目标存在着对立，这种对立是引起个人、企业、社会目标冲突的重要原因。另外，没有统一的组织文化，个人文化与组织文化匹配的不协调也会带来许多组织关系的不和谐和矛盾。

(四) 管理冲突的策略

对于不同的管理冲突，通常可以采用五种策略：回避策略，指既不合作又不武断的策略；强制策略，指高度武断且不合作的策略；克制策略，指一种高度合作而武断程度较低的策略；合作策略，指在高度的合作精神和武断的情况下采取的策略；妥协策略，指合作性和武断程度均处于中间状态的策略(见图 11-3)。

结合组织的运行特点，在组织的冲突管理中，可以采取以下几种具体措施。

(1) 树立新的冲突管理观念。现代组织理论认为，在组织中冲突是平常事，是企业组织中的成员在相互交往、相互作用的过程中发生的一种关系而已。它本身具有两面性——建设性功能和破坏性功能，关键在于如何对冲突进行管理，使其消极作用最小，积极作用最大。因此，组织应该建立积极的冲突观，以积极的态度对待冲突。冲突不再只是双方关系不融洽或利益对立时的具体表现，冲突所暴露出的冲突双方之间的不协调，为双方的发展与自我完善提供机会。冲突主体应改变过去的被动，主动参与到冲突管理过程中，努力实现自我管理，成为真正的冲突管理参与者与实施者。

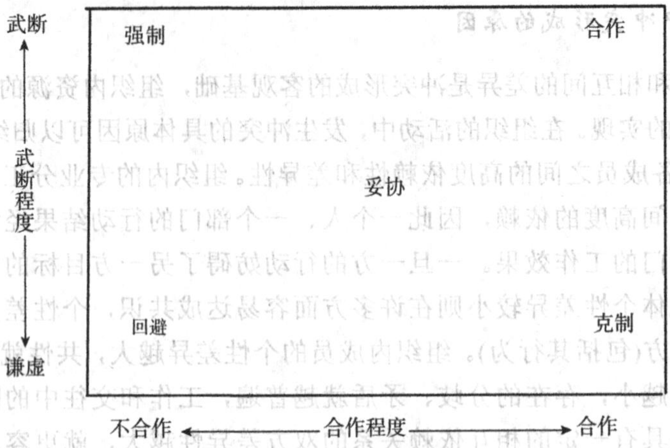

图 11-3　管理冲突的策略

(2) 建立灵活多变的弹性组织结构。这种弹性结构具有应变功能和预测功能，动中有静，灵活多变，它能从根本上消除产生和激化冲突的结构根源，而且能应付变化无常的冲突问题。

(3) 加强对员工的管理。组织应采取各种有力的措施来提高组织成员的主观认识水平，减少由于个性、观点差异导致的冲突。

(4) 建立全方位的信息沟通渠道，形成良好的沟通机制。有相当数量的企业冲突是因为缺乏有效的沟通而产生的，而其中有畅通的沟通渠道至关重要。要使整个组织成为一个全方位的信息传递交流的关系渠道，每个成员都应成为该渠道中的一个结点，同时减少信息传递的中间层次，弱化等级观念，增强沟通双方的心理接受程度。这样，冲突管理就具备了一个良好的环境，冲突数量将大大减少，冲突管理的效率也将得到极大的提高。当冲突发生时，冲突双方之间的沟通可以避免对对方能力特点等的错误认识，是一种有效的管理冲突的方法。

(5) 构建和谐统一的组织文化。组织文化像一根纽带，把员工和组织紧密联系在一起，它能最大限度地激发员工的积极性和创造性。和谐统一的组织文化使组织全体员工有了共同的价值观念，对很多问题的认识趋于一致，而且经过潜移默化能形成一种群体道德规范和行为准则，对员工具有无形的约束力，减少了冲突的发生，使企业的各项活动更加协调。

(五) 通过谈判解决冲突

谈判是两个或两个以上既有冲突又有一致利益的个体，相互公开意见，就某些重大问题进行磋商以求达到可能的协议的行为。它通常是组织之间发生冲突时的一种有效的解决方式。

谈判的结果和谈判的形式有两种情况：零和谈判和双赢谈判。零和谈判是有输有赢的谈判，即一方所得就是另一方所失。双赢谈判是谈判的结果为一种双方都赢的方案。具体采用哪一种形式或者会出现哪种结果，关键在于谈判双方的力量和态度。

管理者实现有效的谈判，一般有如下策略。

(1) 理性分析谈判的事件，避开各种人为的、主观的因素，理性地判别信息、依据的真伪，分析事件的是非曲直，分析双方的未来得失。

(2) 全面研究谈判对手。分析对手的谈判意图、谈判战略、兴奋点和抑制点等，尽可能多地去掌握有关对手的各方面信息，这有助于更好地理解对手的行为。

(3) 真诚进行谈判。态度不卑不亢，条件合情合理，提法易于接受。必要时可主动让步，也许一个小小的让步可能会得到对方同样的甚至更大的让步，尽可能寻找双赢的方案。

(4) 谈判过程中应针对问题，而不针对个人。着眼于谈判问题本身，而不针对谈判者个人。当谈判进行得十分不顺利时，应避免产生攻击对手的倾向。

(5) 谈判时要注意坚定与灵活相结合。对原则性的问题要坚持，对对方最初的意见不必太在意，那多半只是一种试探，有极大的伸缩余地。当谈判陷入僵局时，应采取暂停、冷处理后再谈，或争取第三方调停，尽可能避免破裂。

第四节 小 结

沟通是指信息在两个或者两个以上的人群中传递和理解的过程。组织实施有效的管理离不开沟通。沟通的过程是：信息被编码，并通过媒介传送至接收者，由接收者将收到的信号再解码。沟通过程受噪声的影响。沟通要遵循准确性、及时性、完整性、灵活性、互动性和连续性的原则。沟通包括人际沟通和组织沟通两大方面。人际沟通是指存在于两人或多人之间的沟通，它是组织沟通的基础。常用的人际沟通形式有口头沟通、文字沟通、非言语沟通和电子媒介沟通。组织中存在着正式沟通与非正式沟通，按照信息的流向还可以分为向上沟通、向下沟通、水平沟通和斜向沟通。组织中五种基本沟通网络是链式、轮式、Y式、环式、全通道式。此外，组织还要与其外部的各种利益相关者进行沟通。个人、组织和技术因素都会影响有效沟通，这就要求组织加强对信息、沟通者、沟通渠道、沟通方法和技术及沟通制度的管理。同时，良好的沟通也是处理组织中各种冲突的一个重要手段。

【关键概念】

人际沟通(interpersonal communication)	组织沟通(organizational communication)
正式沟通(formal communication)	非正式沟通(informal communication)
向上沟通(downward communication)	向下沟通(upward communication)
水平沟通(lateral communication)	斜向沟通(diagonal communication)

沟通网络(communication networks)　　书面沟通(written communication)
口头沟通(oral communication)　　非语言沟通(nonverbal communication)

第五节　复习思考题

1. 简答题

(1) 简述沟通在管理活动中的地位和作用。

(2) 组织中的各种沟通方式是如何在沟通中发挥作用的？

(3) 组织中常见的沟通问题有哪些？

(4) 管理者应该具备哪些沟通技能？

2. 案例分析

防止小道消息传播的圆桌会议

圆桌案例：Y公司是国内大型民营企业，这几年发展可谓如日中天，每年业绩以100%的增速成长，主导产品的市场占有率也在50%以上。在公司经营情况总体向好的情形下，公司总裁却时常觉得有点烦。原因在于公司内小道消息满天飞，一些企业内的非正式组织津津乐道于有关企业内似是而非的东西。比如：公司在外面欠了许多钱，某某市场部的经理拿了公司贷款跑了等，因此极大地影响了企业内的员工士气与团队精神，更可怕的是员工对企业的信心与向心力亦由于小道消息而减弱。

圆桌成员：

诸强新：杭州唯新食品有限公司常务副总经理

韩志锋：青汉阳品牌管理咨询公司副总经理

王长江：北京浩竹猎头公司总经理

高树山：普华信(国际)管理咨询公司总经理

(一) 都是信息渠道惹的祸

诸强新：小道消息几乎每个企业都存在，很让人头痛。小道消息为什么能大行其道，其中一个重要因素在于：企业方面的讯息缺乏正常传播渠道，企业领导没有意识到，在企业内建立规范信息传播渠道的必要性与重要性。企业没有给员工建立正常的信息沟通渠道，员工自然只能通过非正式组织及企业内部所谓“消息灵通人士”去获悉有关信息。

王长江：我觉得企业内部小道消息之所以有市场，源于人类爱好闲聊、喜欢传递一些好奇或者隐私信息的特性。

韩志锋：一是每个员工在所掌握的信息上存在不对称现象；二是一个企业中非正式组织的存在是在所难免的。每个人都可能因为不掌握事情的真实情况而产生猜疑，同时在自己的非正式组织中加以传播，就产生了“小道消息”。

(二) 建立“官方”传播渠道

诸强新：疏、堵结合很重要。首先“疏”，创办一份企业内刊，将相关信息传递给员工；二是建立管理层与员工定期沟通交流机制，及时消除员工的疑虑、误会；另外，针对企业内部有中央音响系统的状况，开办内部电台，使信息能在第一时间传达给员工。建立了多层次、立体化的正常“官方”信息传播渠道，员工有许多途径了解企业，小道消息自然大幅减少。“疏”的同时，“堵”的工作还是要做，要制定出一些禁止小道消息传播的制度。

要培养员工积极的心态，企业首先做的是有关理念、态度方面的培训工作。同时趁热打铁，针对培训内容与小道消息对企业、个人的危害展开大讨论。

王长江：不过，针对Y公司的情况，首先应该解决的是已经发生的谣言，这要善于利用事实。比如某市场部的经理拿公司货款跑了，可以请那个经理在公司的公开会议上做工作报告，协助传递和澄清某些事实。至于一些不易澄清的事情，可以使用反面的结论推翻谣言。只要公司处理事情客观公正，谣言一般会不攻自破。

防止有害消息产生是最根本的问题，一般主要采取诸先生讲的疏导方法；另外在企业文化建设上，提倡诚信为本，公司领导言出必行，承诺一定兑现。

(三) 让工作内容丰富化

韩志锋：第一，实现“透明化”管理，对员工关心的一些问题，如人事变动、薪资调整、公司转型、财务状况等进行定期发布，可借助企业内刊，也可借助内部网络。第二，强化内部沟通，提高各级例会质量，及时发现问题、解决问题。在消息刚出炉时，就对其进行修正或阻截的话，影响自然就会小一些。第三，引导非正式组织的舆论导向，使员工自觉地从意识上杜绝小道消息的传播。最后，从小道消息中查找企业工作的缺陷。

高树山：俗话说“无风不起浪”。首先，信息源的管理非常重要。公司的中高层管理干部是信息源的关键掌握者，所以首先要使中高层管理干部具备良好的沟通素质。培训是有效捷径。在一个组织中，沟通的渠道包括会议、文件、口头、座谈会、内刊、指令等。公司必须从信息的性质和重要性，选择合适的沟通渠道和方式。而对于公司喜欢搬弄是非的一小部分人，要给予教育。其次，让工作丰富化。就像王经理说的，这需要适宜的制度创新和工作流程优化。最后，形成富有责任感的沟通文化。就是使公司每一位员工形成“说出的话不仅要对自己负责，还要对同事和公司负责”的观念。

(资料来源：周三多，陈传明，鲁明泓. 管理学——原理与方法[M]. 5版. 上海：复旦大学出版社，2013.)

【思考题】

(1) 结合该案例谈谈沟通在企业管理中的作用。

(2) “小道消息”与非正式沟通是一个概念吗？如果不是同一概念，它们有什么区别？

(3) 企业应该如何对待“小道消息”？

3. 管理实战

心有灵犀一点通

【形式】集体参与

【时间】大约 20 分钟

【材料】笔和纸

【场地】不限

【应用】

- 学员之间相互交流沟通
- 团队沟通
- 有效沟通的技巧

【目的】

- 使彼此了解。
- 考察团队成员之间的相互了解程度。
- 娱乐。

【程序】

- 每个小组成员用所提供的笔和纸写下前一天晚上自己所做的事情，写完交到主持人的手中。
- 在成员暂行休息的时候，对所收上来的信息进行任意编号。
- 读出每一条信息及其编号，让参与者记下编号以及其认为做这件事的人。
- 重新读出每一条信息，让小组成员逐个说出他认为做这件事的人。
- 请真正做这件事的主人站起来。
- 请各参加者统计自己的得分(每猜对一个得 1 分)，并公布最高得分。

【特别注意事项】

- 使用同一规格的纸张。
- 注意提醒他们不要写下已经告知小组其他成员的一些事情。

第十二章

控　制

在现代管理系统中，人、财、物等要素的组合关系是多种多样的，受时空变换和环境影响很大，内部运行和结构有时变化也很大，加上组织关系复杂，随机因素很多。处在这样一个复杂多变的系统中，组织如果缺少有效的控制，工作就容易出现错乱，甚至偏离原来的计划。控制的目的就是要使实际活动与组织计划保持一致，它是管理工作最重要的职能之一。为了使控制有效，组织有必要设计一个良好的组织控制系统。控制系统越完善，组织目标就越容易实现。

【学习目的与要求】

- 掌握控制的概念与类型
- 了解控制系统与控制理论
- 掌握控制的过程
- 熟悉控制的原则
- 熟悉控制的技术和方法

【引例】

内部控制缺失：三鹿奶粉事件

近年来，我国乳制品产业发展迅速，中国人均乳制品需求量增长率明显高于世界平均水平，然而乳制品质量却不断出现问题，危害消费者的身体健康及生命安全，严重影响了我国乳制品行业的健康发展。

三鹿集团奶粉事件在社会上引起广泛关注可以追溯到 2008 年 9 月 9 日。中国卫生部确认三鹿集团婴幼儿奶粉中掺杂三聚氰胺，导致甘肃等全国各地多名婴幼儿食用之后患肾结石入院治疗。同月 12 日，三鹿集团向公众宣称有不法奶农投毒导致部分奶粉出现问题。9 月 15 日，甘肃省政府新闻办召开新闻发布会宣布 2 名来自甘谷和临洮的婴幼儿因食用含有三聚氰胺的三鹿牌婴幼儿奶粉医治无效死亡。因该事件的曝光，国家质检总局对多家奶粉生产企业的产品进行了检验，结果令人震惊。包括三鹿、蒙牛、光明、伊利、雅士利等知名品牌在内的 20 多家婴幼儿奶粉生产企业的产品中均被检测出具有不同含量的三聚氰胺，在这些企业生产的液态奶中也被检验出添加有三聚氰胺添加物。由此可见，为添加乳制品的蛋白质系数，在产品中添加三聚氰胺已经成了中国乳制品行业中的一项“潜规则”。

(资料来源：孙寰勇，李敏娟，赵明. 企业内部控制案例分析[J]. 中国科技纵横，2017(7)：231-233.)

第一节　控制概述

控制是管理工作的重要职能之一，是管理过程中不可分割的一部分，是企业各级管理人员的一项重要工作内容。本节主要介绍控制的基本概念、分类和对象。

一、控制与管理控制

(一) 控制与管理控制的含义

控制是指施控主体对施控对象施加的一种能动影响或作用，以保持或改变对象的某种状态，使其达到施控主体预期目标的活动。简单地说，系统(或系统要素)之间有目的地影响或干扰就是控制。没有目的地影响或干预不能称为控制。像雷电、台风等自然灾害对人类造成的影响就不是控制。控制是监视各项活动的运作，及时纠正活动中出现的偏差，使活动按计划进行的过程。

管理控制，是组织为了实现其各种目标而制订了相应的计划，但由于内外环境发生的变化，活动往往会偏离原来的计划标准，那就需要采取相应的技术和措施，纠正偏差以保证原始计划的顺利实施或者修改原始计划标准，使计划更加符合实际情况来消除偏差，从而达到组织的经营目标。

管理控制系统由环境、目标计划系统、控制系统和执行系统组成。其运作原理是，组织要根据环境因素确定目标与战略和具体的计划，计划提供控制的标准，控制系统按照上述标准对执行系统进行控制，出现偏差便及时纠正。如果环境没有大的变化，计划标准就作为衡量活动执行的标准；如果环境因素有较大变化，这时需要重新修改计划标准，然后按照新的标准进行控制。可见，控制的过程也要适应内外环境的变化，保持动态适应性。由此可见，管理控制是控制论在管理活动中的运用，控制是管理活动的一项重要职能。

(二) 控制原理

任何管理者，都希望有一个适宜的、有效的控制系统来帮助他们确保各项活动都符合计划要求。而这个控制系统是要按照一定的控制原理来设计的。

1. 反映计划要求原理

这条原理可表述为：控制是实现计划的保证，控制是为了实现计划，因此，计划越是明确、全面、完整，所设计的控制系统越是能反映这样的计划，则控制工作也就越有效。

2. 组织适宜性原理

组织结构的设计确定组织内各部门的职责和各岗位的职责，它是明确执行计划和纠正偏差职责的依据。因此，组织适宜性原理可表述为：若一个组织结构的设计越是明确、完整和完善，所设计的控制系统越是符合组织机构中的职责和职务的要求，就越有助于纠正脱离计划的偏差。

3. 控制关键点原理

每一项管理活动都有关键点或关键线路，控制了关键点或关键线路也就控制了整个管理活动。控制关键点原理可表述为：为了进行有效的控制，需要特别注意依据各种计划来衡量工作成效时有关键意义的那些因素。对一个主管人员来说，很难注意到计划执行情况的每一个细节，这样做通常也是没有必要的，但他们应当将注意力集中于计划执行中的一些关键影响因素上。

4. 控制工作效率原理

控制工作效率的要求，则从另一方面强调了控制关键点原理的重要性。控制工作效率原理可表述为：控制方法如果能够以最低的费用或其他代价来探查和阐明实际偏离或可能偏离计划的偏差及其原因，那么它就是有效的。

5. 控制趋势原理

控制趋势原理可表述为：对控制全局的管理者来说，重要的是把握和控制组织和组织环境的发展趋势，而不仅是现状本身。企业在与环境相适应过程中有四个阶段：持续稳定阶段、逐步发展阶段、摆动阶段和巨变阶段，这是企业发展的一种趋势。我们要审时度势地了解其所处的阶段，在控制好现状的同时，把握和控制其下一步发展趋势。

6. 例外原理

这一原理可表述为：主管人员越是把控制的主要注意力集中在那些超出一般情况的特别好或特别坏的情况，控制工作的效能和效率就越高。

质量控制中广泛地运用例外原理来控制工序质量。工序质量控制的目的是检查生产过程是否稳定，如果影响产品质量的主要因素，例如原材料、工具、设备、操作工人等无显著变化，那么产品质量也就不会发生很大差异。这时我们可以认为生产过程是稳定的，或者说工序质量处于控制状态中。反之，如果生产过程出现违反规律性的异常状态时，应立即查明原因，采取措施使之恢复稳定。

7. 直接控制原理

直接控制是相对于间接控制而言的。在工作过程我们往往不能觉察到即将出现的问题。那么，在控制工作时，就只能在出现了偏差之后，通过分析偏差产生的原因，在今后的工作中加以改正。这种控制方式，我们称之为"间接控制"。这种控制的缺陷是在出现了偏差后才去进行纠正。针对这个缺陷，直接控制原理可表述为：主管人员及其下属的工作质量越高，就越不需要进行间接控制。这是因为主管人员对他所负担的职务越能胜任，也就越能在事先觉察出偏离计划的误差，并及时采取措施来预防它们的发生。

二、控制的相关理论

为了更好地理解控制及管理的控制职能，我们在这里对有关控制的几个理论做简要介绍。

（一）控制论

“控制论”(cybernetics)一词最初的意思是“操舵术”，即掌舵的方法和技术。1834年，法国物理学家安培写了一篇论述科学哲理的文章，把管理国家的科学称为“控制论”，在这个意义下，“控制论”一词被编入19世纪许多著作词典中。1948年，维纳发表了著名的《控制论——关于在动物和机器中控制和通讯的科学》一书，自此，控制论的思想和方法渗透到了几乎所有的自然科学和社会科学领域。

控制论为其他领域的科学研究提供了一套思想和技术，以至于在维纳创立控制论后的几十年中，各种以控制论为名的边缘学科迅速发展，例如工程控制论、生物控制论、神经控制论、经济控制论和社会控制论等。而管理更是控制论应用的一个重要领域。从上文对控制论的介绍我们不难看出，人们对控制论原理的最早认识和最初运用是在管理方面，在此基础上控制论又得到了充分的发展和应用。用控制论的概念和方法来分析管理的控制职能，有助于揭示和描述其内在机理。

管理中成功应用控制理论的是计算机集成制造系统(CIMS)。CIMS 首先是由美国国防部出巨资研发，在一些制造企业使用的。它由管理信息系统(MIS)、计算机辅助设计(CAD)和计算机辅助工艺设计(CAPP)、计算机辅助质量管理(CAQ)、计算机辅助制造(CAM)组成。CIMS 各个部分都有信息的相互传输，通过信息共享，使企业的全面管理、产品设计、生产过程的质量控制和过程控制合为一个统一的整体，大大提高了生产的效率和控制系统的可靠性。

（二）反馈

1. 反馈的基本概念

反馈(feedback)的概念最初是由美国贝尔电话技术实验室的哈罗德·布朗克在20世纪20年代提出来的，它的原意是：“把电子系统的输出信号全量或部分量回送到本系统的输入端。”20多年后，美国电信工程师维纳拓展了反馈概念，将它发展成为控制论的两大基本概念之一。在控制论中，反馈就是：把施控系统的输入信号，作用于被控系统后输出的结果，再送回到系统的输入端，并重新对系统的再输入发生影响的过程。这种用系统活动的结果参与调整系统活动的方法叫作反馈方法。

所谓反馈原理，就是根据因果相互作用的辩证法，通过事物调节中心输出信息的“返回传入”，实现事物自动控制或自动调节的原理。

2. 反馈的类型

应用反馈方法对系统进行控制，一般会产生两种不同的效果：如果系统的输入信息和反馈信息之和加剧系统偏离目标的运动，这种反馈将使系统趋于不稳定状态，这种性质的反馈通常被称为负反馈；如果输入信息和反馈信息之和反抗系统偏离目标的运动，这种反馈就会使系统趋向稳定状态，这种性质的反馈被称为正反馈。

3. 反馈与管理控制

反馈活动是自然界和人类社会普遍存在的一种现象，反馈原理也被广泛应用于各种领域。它是控制论的基本原理，同时也是管理控制职能的基本原理。从反馈原理来讲，管理活动就是管理信息输入、输出和反馈不断循环的过程。

在管理活动中，决策机构根据掌握的信息做出决策(如确定计划、目标、方案等)，由执行部门具体组织实施，信息系统把实施的结果等情况反馈到系统的输入端，决策者将反馈的信息进行比较和分析之后，采取适当的调整措施(即做出新的决策)，然后再以信息的形式发出指令，作用于受控对象后观察系统的效果，这样循环往复，直到经济目标的实现。

(三) 时滞

反馈是在系统出于内外因素的变化和干扰而出现偏差后，发挥着检测和纠正偏差的作用。也就是说，正负反馈只有在系统出现偏差后才能起作用。然而在现实中，任何系统的运行都存在惯性和时间延迟现象，即遇到干扰后需要一定的时间和过程偏差才能反映出来，而这种偏差一旦出现又不易很快得到纠正，因此调控效果的显现往往存在着滞后的现象。这种现象我们称之为时滞(timelag)。时滞对一个系统控制的影响是很大的，它的存在使组织很难实现实时控制，可能造成系统输出的剧烈波动和不稳定。

但如果能够将对系统的干扰因素预测出来，并将干扰的变化经预测后送到控制系统的输入端，作为输入信息进行处理，使系统早在偏差出现之前就能克服和避免这些干扰因素的影响，将更有利于达到系统预定的目标。这就要求我们对活动实施预先的控制。

三、管理控制的类型

(一) 集中控制与分散控制

按控制的集中程度，可将管理控制分为集中控制和分散控制。

(1) 集中控制是在系统中只设一个控制机构，上层主管领导授权给下级部门的领导，由下级部门的领导在授权的范围内实施控制。如实行事业部制的企业中，各事业部对市场开发、产品研发等均有自主决策的权力，控制较多的是在事业部自身完成的，对事业部本身来讲，实行的是集中控制。

(2) 分散控制也称多级控制，即在系统中设有多层和多个控制机构，上一级控制机构对下一级控制机构进行控制，各下级控制机构则对本身系统进行控制。如公司本部将权力分散给了下属各事业部，公司本部对各事业部实施的就是分散控制。由于分散控制必然形成权力结构和组织结构上的多层次，所以也是多级控制。

（二）开环控制与闭环控制

按控制过程中是否存在信息反馈，可将控制分为开环控制和闭环控制。开环控制是指控制主体与被控对象之间只有顺向作用而没有反馈的控制。闭环控制是指控制装置与被控对象之间既有顺向作用，又有反馈的控制。

管理控制中，大量的是闭环控制。如将用户对商品质量信息反馈到设计部门或生产部门，使这些部门提高了商品的设计质量和生产质量，从而完成产品质量控制，就是闭环控制。但是如果这类信息不能反馈到生产部门，生产部门仅仅依据产品设计要求在生产部门内部完成质量控制的就是开环控制。

（三）事前控制、事中控制与事后控制

按控制的时刻，可将控制分为事前控制、事中控制和事后控制。

(1) 事前控制或称程序控制是在计划执行之前，通过设置控制程序，执行程序达到控制目的。事前控制是根据预先设置的程序进行控制，所以它也应属于开环控制，如职工上岗前的岗位培训就是事前控制。

(2) 事中控制或称现场控制是在计划执行的现场进行控制。如主管人员现场指导营业人员的销售活动，发现不符合标准或违反规定，立即予以纠正就是事中控制。

(3) 事后控制或称结果控制是在计划执行已出现结果或出现部分结果时进行控制。事后控制是以计划的结果为依据进行的，如果反馈结果的信息对计划产生影响，它就是闭环控制。

（四）市场控制、组织控制与团体控制

按照控制的来源，可以分为市场控制、组织控制和团体控制。

(1) 市场控制是指利用组织外在的市场机制，如产品价格、市场占有率、销售增长率等，在系统中建立活动标准，这种方法通常用于产品或服务比较明确、且面临的市场竞争较为激烈的公司。

(2) 组织控制是指主要依靠组织的管理规章、制度、政策、预算等进行活动的控制，衡量活动的标准主要是看其是否符合组织的规章、政策等要求。

(3) 团体控制是指员工的行为依靠共同的价值、规范、传统、仪式、信念及组织文化等来调节控制。

（五）直接控制与间接控制

按控制的状态可以分为直接控制与间接控制。直接控制是指通过提高主管人员素质，使他们改善管理工作，从而防止出现因管理不善而造成的不良后果的一种控制方式，这种控制模式的特点是通过培训等形式，着力提高主管人员的素质和责任感，并在控制

过程中实施自我控制。间接控制是指根据计划和标准考核工作的实际结果，分析出现偏差的原因，并追究责任者的个人责任以使其改进未来工作的一种控制方法，多见于上级管理者对下级人员工作过程的控制。

控制在现实的企业经营活动中进行，常常不是单一地采用一种控制方式，而是多种控制方式同时进行，构成一个复合控制系统。掌握管理控制的不同分类方式，有利于我们更好地了解各类控制的特征，搞好控制工作。

四、管理控制的对象

（一）人员控制

组织人员是组织活动的主体，是组织计划的执行者和组织目标的实现者，所以管理控制首要的是对组织活动的相关人员进行有效的控制。对人员的控制主要是对员工行为的控制，是管理控制活动中最重要也是最困难、最灵活的一项内容。人员的有效控制要求管理人员首先要了解员工行为的驱动力，即内在的动力，如知识技能、需要和动机、情感态度等，或外在的动力，如家庭、社会环境、组织文化等。因此，一个有效的管理控制可以采取多种措施进行，如甄选聘用人员、实施目标管理、技能培训、制定相应制度政策、实施绩效评估、运用强化手段、宣扬组织文化等。

（二）财务控制

财务控制是为了实现企业预期财务目标，对企业财务活动的各个环节、各个方面，以及影响和制约公司财务绩效的各因素实施约束并对脱离预算或适度的偏差进行调节的一种管理活动。在财务管理活动中，常用一些财务比率指标来考察组织在利用资产、负债和库存等方面的效率，如流动比率、速动比率、资产负债率、利息收益倍比、存货周转率、总资产周转率、销售利润率和投资收益率等。财务控制渗透到了管理控制的其他方面，如人员控制、生产控制等都涉及一些财务指标，因此我们可以把它看作管理控制的核心内容。

（三）作业控制

将劳动力、原材料、资本等资源转化成最终产品和服务提供给顾客，这是一个由此及彼、由内到外的有序集合体，这个有序的集合体就是组织的作业链。作业控制的目的是通过实施作业管理来优化企业的作业链，即尽量地去提高每个作业所创造的价值和降低该作业所消耗的资源。

（四）信息控制

信息遍布于组织活动的每个环节，是组织的一项重要资源，也是现代化管理的依据和基础，及时、准确、全面的信息是管理者做出正确决策的前提。因此，组织应该建立一个信息管理系统，对信息进行管理和控制，使其能在正确的时间，以正确的数量，为正确的人提供正确的数据信息。以计算机为工具的管理信息系统(MIS)在目前组织的信息管理活动中应用十分广泛。

(五) 组织绩效控制

斯蒂芬·P. 罗宾斯这样给组织绩效下定义：组织绩效(organizational performance)是所有组织中工作流程和活动的最终累积结果。可见，组织绩效衡量的是一个组织的整体运营效果，需要对整个组织管理工作的成效进行总的衡量和评价。对组织实施恰当的控制可以使组织获得更好的资产管理，提供更多的顾客价值，并由此树立良好的组织形象。一般而言，我们可以从 5 个方面来衡量组织绩效：组织的生产率、组织财务状况、客户对组织的满意度、组织核心业务流程、组织学习成长和创新能力。

对于组织绩效的控制是一种综合控制，它在很大程度上是通过对组织的财务活动进行控制来实现的，如总预算、损益控制及投资回收率等。此外还有一些非财务方法：①平衡记分卡(balanced scorecard)：作为一种全新的绩效测评体系，平衡记分卡既有财务衡量指标，也包括对客户满意度、内部程序及组织的创新和提高活动进行测评的业务指标。前者用来说明已采取的行动所产生的结果，而后者则是对财务业绩的驱动系统的考察。平衡记分卡方法强调所有这些领域对组织的成功都是重要的，并强调它们之间需要保持平衡。②标杆管理(benchmarking)：在管理上，标杆管理是衡量组织相对于其他组织绩效的一种实用的工具。标杆管理认为大多数的企业流程都有相通之处，因此可以通过寻找来确定在某些活动、功能和流程等绩效上具有“最佳表现”“出类拔萃”的顶尖企业，研究其能有如此绩效的原因，并将自己企业的绩效表现与这些企业的相比较，进而拟订出要提升到哪些企业绩效标准的计划，执行该计划并监测其执行结果，以使组织能够更客观地评估其绩效，进而改进组织的经营活动。

第二节 控制的原则与过程

为了达到对计划的有效控制，在控制执行工作中我们要遵循一定的原则。同时，控制是一个有规律的程序化过程，它贯穿于整个管理活动的始末。在组织目标的实施中，不断地在计划与实施结果之间进行比较，发现两者之间的差距，找出这种差距的原因和制定新的改进措施，就是整个控制过程。

一、控制的原则

(一) 合理性和多重性原则

合理性和多重性原则主要是针对控制目标的制定。在管理活动中，主管人员制定的控制标准要合理可行，如果标准不合理，控制工作就无法进行。此外，对于有些控制的指标，如果单一的标准无法全面衡量，需建立多项控制标准。比如，对流水线岗位工人，我们可以通过出勤率、次品率、人际关系等多方面指标来衡量他的工作能力及他对工作计划所产生的影响。

(二) 系统性原则

系统是一个由各种相互作用、相互制约的要素为达到共同的目的而组成的有机体。系统控制是指在控制中要树立目的性、全局性、层次性的观点。为了保证计划的顺利实施，控制与计划、控制设立的各项标准及各种控制的技术和方法、实施控制活动的人员之间都要密切联系、相互制约和协调。

(三) 突出例外原则

凡对达到组织目标没有重要意义的项目与事务，不应该经常核查，而只是应以防止情况恶化为限。它应该严格地用“例外”来控制。在任何一系列需控制的因素中，总是存在着少数相当重要的因素，而其他许多因素是无关紧要的。因此，在控制工作中有必要对那些重要的点和位置进行重点控制，而无须对所有的点、过程和位置进行控制。如果管理者能关心其下级工作的关键领域，他的下级也会这样做。如果管理者只关心琐事而忽略工作的关键领域，其下级也会同样如此。个人监督应当是周期性、系统性的，并辅以随机性的个人关注。在随机性检查中，管理者必须寻找那些可能出现差错的、不寻常的、例外的事件。控制关键点原理意味着必须注意那些需要观察的点，而突出例外原则强调必须观察在这些点上所发生的偏差的大小(特别好或特别差)。

(四) 及时准确性原则

工作需要大量及时准确的信息反馈，信息的及时性和准确性是控制执行的前提。没有准确及时的信息，控制工作就像人在黑暗中失去了引路灯，无法顺利实施下去，既增加了控制的成本，也不会起到监控计划执行的作用。

(五) 灵活性原则

任何一个控制系统，都需要与外部进行正常的物质、能量和信息交换，同外部环境之间保持积极的动态适应关系，都必须充分考虑到各种变化的可能性，使管理系统整体或内部各要素、层次在各个环节和阶段上保持适当的弹性，而不是把控制当作一把铁钳，用来强制计划的实施。

(六) 经济性原则

与所有其他经营活动一样，管理控制的操作和执行应该是经济的，即做到以较低的控制成本来获得最大的控制效益，或者说要控制活动物有所值。一项控制系统无论设计得多么完美，如果需要耗费大量的人力和物力，都是不可取的。控制系统一定要适合企业的业务和规模。

二、控制的过程

控制是在“维持现状”的过程和“打破现状”的过程中完成的。一方面保证按计划实施活动的结果尽可能地接近原定目标，即“维持现状”；另一方面针对内部条件和外部环境的变化，确定新的更先进、更合理的现实目标和管理控制标准，即“打破现状”。

控制过程(control process)由三个基本环节构成：确定控制标准、衡量绩效和纠正性调整，如图 12-1 所示，控制活动一般按照以下基本过程进行。

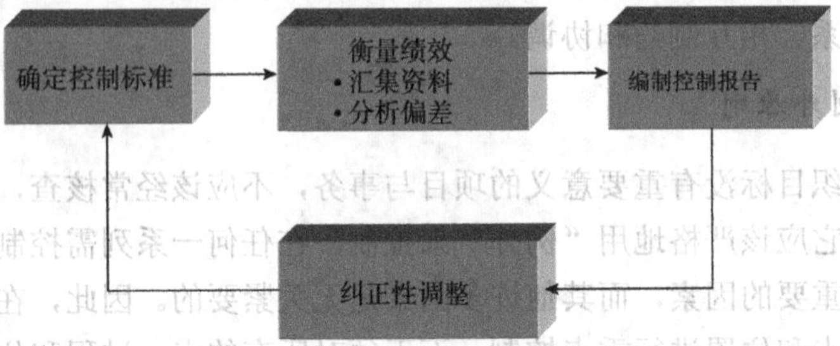

图 12-1　控制活动的基本过程

(一) 确定控制标准

控制标准就是控制的依据。所谓控制标准，是指从整个计划方案中选出的对工作成效进行控制的关键指标、关键点。建立控制标准是实施控制的前提，一般将年度计划、标准文件和管理制度作为控制标准。

1. 控制标准的要求

(1) 目的性。控制工作必须以计划为标准，控制标准必须体现计划的目的性。

(2) 多元性。不论是企业，还是机关、学校、各种类型的单位，它的目标都不是单一的，而是多元的。每一个目标都可以转换成一个标准，可见，标准也是多元的。

(3) 可检验性。标准的制定要具有可检验性，标准只有量化才具有可检验性，要尽量地将定性目标转化为定量的形式来加以控制。

(4) 可行性。标准的制定要切实可行，具有可行性，即标准水平的高低要适当，标准制定得太高或太低都不会调动执行人员的工作积极性。

(5) 目标利益一致。一个组织的部门是多元的，组成的目标也是多元的，组织内部这些部门的利益也是多元的。这些多元的目标和多元的利益都要与组织整体的目标和整体的利益相一致，体现组织整体目标和整体利益的要求。

2. 确定标准的方法

确定标准的方法有三种，对不同标准的制定，应该采用不同的方法。

(1) 统计分析法。它是以企业的历史数据资料或与同类企业对比的水平为基础，运用统计方法分析，据以确定现在的控制标准。标准可选择统计平均数，也可选择高于或低于平均数的某个数。这种方法能较好地反映过去的平均或一般的水平或状态，为预期未来的行为提供依据。但当被控制对象波动较大时，这种方法就不再准确，因为它忽视了新的情况，特别是未来可能出现的变化。

(2) 经验估计法。它是在缺乏充分资料数据的情况下，由有经验的管理人员以过去的经验和判断为基础进行估计评价以确定控制标准。这种方法制定的标准实质上是一种价值判断，管理者对目标的期望及某个人价值系统将起着决定作用。这种方法更重视新的情况，有利于发挥管理人员的主观技能，特别是在没有历史资料的情况下，则更显示其长处。这种方法的不足之处是比统计分析法缺乏一些关于历史状况或趋势的精确分析。

(3) 技术分析法。它是以定量分析为基础制定的准确的技术参数和实测的数据作为控制标准。它主要应用于测量生产者个人或群体的产出定额标准，用这种方法订立的标准，一般更科学、更可靠，因为它是以实际测量为基础的。但这种方法也有一定的局限性，即有些实际工作测量的难度很大，而且现在的实际又难以反映未来的可能变化。

3. 控制标准类型

(1) 实物标准，是反映工作的数量值，如每单位产出所需工时数、生产每单位产品所耗电度数、运输货物的吨·公里数、单位机器台时的产量、每吨铜生产多长的铜线等数量标志。

(2) 成本标准，是经营活动成本的货币值，如单位产品的直接成本和间接成本、单位产品或每小时的人工成本、单位产品的原材料成本、工时成本、单位销售额的销售费用等。

(3) 资金标准，是物质项目的货币值，如流动资产与流动负债比率、负债与资本净值比率、固定投资额与总投资比率、现金及应收账款与应付账款比率、票据或债券与股票比率以及存货的数量及其周转率等。

(4) 收益标准，是绩效的货币值，如每辆公共汽车乘客-公里的收入、每名顾客的平均销售额、每股收益等。

(二) 衡量绩效

衡量绩效即用控制标准去衡量活动的业绩成效，找出实际活动绩效与控制标准的差异，并以此对实际活动做出评估。控制中的衡量绩效是力图回答“我们的工作做得如何”这个问题。

衡量绩效的步骤如下。

(1) 汇集资料。对控制对象进行评估，首先要有足够的资料，这些资料有计划统计表、财务报表、各种对控制对象记录统计的表格。

(2) 分析偏差。实际作业活动并非总是按所计划那样进行，当我们的控制衡量表明事情进展不顺利时，我们不得不对许多可能的原因进行分析以发现其差异的真正原因。即要深入分析造成偏差的原因、条件，并寻找出诸因素中的主要原因，这就能有针对性地采取纠正措施，从根本上纠正偏差。

(三) 纠正性调整

1. 编制控制报告

在对实际工作结果进行衡量后，下一步的工作就是要编制控制报告。衡量绩效是为了分析造成偏差的原因，并进一步采取纠正措施，这样才能达到控制工作的目的。所以只有在把有关评价的结果报告给能够采取纠正措施的管理人员时，对绩效的衡量才有意义。由此可见，编制控制报告是有效评价中的一个关键阶段。

2. 调整偏差

一旦查出了偏差原因之所在，很快就进入采取纠正性调整阶段，以使管理回到控制轨道上来，从而保证预期目标的实现。常见的纠正偏差的方法有以下几种。

(1) 调整原计划。如果发现原有计划安排不当，或由于内外环境的变化，不得不调整计划时，就要调整原计划。

(2) 改进生产技术。如因生产技术上的原因达不到控制标准，应采取措施，提高各方面的技术水平，及时处理出现的技术问题，纠正偏差，完成预定目标。

(3) 改进组织工作。在执行计划的过程中出现了偏差，如是组织工作造成的，就应采取步骤改善组织工作，使工作恢复正常。

(4) 改进激励工作。控制是和激励相辅相成的，控制如无激励，就会失去动力；激励如无控制，就没有客观依据。因此可以通过改进激励工作，达到控制目的。有效控制是在偏差出现时，采取必要的纠正行动之后才能得以实现。

第三节　控制的技术与方法

组织在管理活动中，可以利用各种技术、使用多种方法来进行控制活动。既可以利用预算实施预算控制，还可以利用管理经济学和管理会计所提供的一些专门方法，如用比率分析和盈亏平衡分析等对实际系统进行经济分析。此外，还可以借用行政手段监测、控制受控系统，主要包括实地观察、资料统计、报告、企业诊断、制度规范与培训。另外，审计控制也是一种有效的控制方法。而近年来一些新的管理观念(目标管理、全面质量管理等)的兴起、信息技术的迅猛发展，都对管理控制活动的方式和方法产生着重大影响。

一、预算控制

(一) 预算的概念

预算(budgeting)，也可以称之为预算编制，是一种用数字编制来反映组织在未来某一个时期的综合计划，也可以简单地理解为预算是计划的数量体现，即用数字来表明预期的结果。它预估了组织在未来时期的经营收入或现金流量，也限定了各项活动的资金、人员、材料、设施、能源等方面的支出额度。

预算控制是指通过编制预算并根据预算规定的收入和支出标准为基础，来检查、监督和控制组织各个部门的生产经营活动，在活动过程中比较预算和实际的差距及原因，以保证各种活动或各个部门在充分达成既定目标实现利润的过程中对经营资源的利用，从而费用支出受到严格有效的约束。组织中的预算控制体系见表12-1。

表 12-1 组织中的预算控制体系

组织层次	控制的内容
公司层次	◇利润◇在行业中的位置◇方针◇组织结构 ◇销售◇采购◇财务◇研究与开发
分公司层次	◇产出◇原材料和人工成本◇产品质量
运作层次	◇人工标准◇原材料标准◇间接变动成本◇废品
职能层次	◇销售：产品、广告、赊销、销售人员、产品组合 ◇采购：质量、成本、存货 ◇财务：现金、应收账款和应付账款、资本支出、资本结构 ◇研究与开发：纯理论和应用型、新产品、降低成本、单个项目 ◇人事：选拔和培训、激励、工资和薪水

预算控制项目大部分都是可以数字化的。编制预算有助于改进计划工作，更有效地确定目标和拟定标准。但是，预算的最大价值还在于它有助于改进协调和控制工作。当为组织的各个职能部门都编制了预算时，就为协调组织的活动奠定了基础。同时，由于对预期结果的偏离更容易被查明和评定，预算也为控制工作中的纠正措施奠定了基础。所以，预算有助于形成更好的计划和协调，并为控制提供基础。此外，要使预算对主管人员具有指导和约束作用，预算就必须反映组织的机构状况。只有充分按照各部门业务工作的需要来制订、协调并完善计划，才有可能编制一个足以作为控制手段的分部门预算。将各种计划缩略为一些确切的数字，有助于主管人员清楚地看到哪些资金将由谁来使用，将由哪些单位使用，并涉及哪些费用开支计划，收入计划和以实物表示的投入量和产出量计划。主管人员明确了这些情况，就可以放手地授权下属，以便使之在预算的限度内去实施计划。

(二) 预算控制方法

预算是用货币和数量指标编制的一定时期的计划，是组织使用最广泛的控制手段。

全面预算是组织全部计划的数字说明，它包括业务预算、资本预算(资本性收支预算)、专项预算(特定资金来源预算)和财务预算。各种预算相互联系，构成全面预算体系。

不同行业预算的具体内容有所差别。下面是以制造业为例描述各种预算的内容。

1. 业务预算

业务预算是指预算期内组织可能形成现金收支的生产经营活动(或营业活动)的预算，它一般包括销售或营业预算、采购预算、生产预算、制造费用预算、产品成本预算、营业成本预算、期间费用预算等。

(1) 销售或营业预算是编制全面预算的基础。组织首先应根据市场预测和组织生产能力的情况，确定销售目标，编制年度、季度及月份的销售数量、销售单价、销售金额及销售货款收入情况。

(2) 采购预算是预算执行单位在预算期内为保证生产或者经营的需要而从外部购买各类商品、各项材料、低值易耗品等预算。

(3) 生产预算是根据销售预算所确定的销售数量，按产品名称、数量分别编制生产预算。生产预算必须考虑合理的存货量。预计生产量＝预计销售量＋预计期末库存量－预计期初库存量。生产预算编制好后，为了保证均衡生产，一般还必须编制生产进度日程表，以便控制生产进度。

(4) 制造费用预算是从事工业生产的预算执行单位在预算期内为完成生产预算所需各种间接费用的预算。

(5) 产品成本预算是从事工业生产的预算执行单位在预算期内生产产品所需的生产成本、单位成本和销售成本的预算。

(6) 营业成本预算是非生产型预算执行单位对预算期内为了实现营业预算而在人力、物力、财力方面必要的直接成本预算。

(7) 期间费用预算是预算期内执行单位组织经营活动必要的费用支出，如科技开发费用及业务招待费、会议费、宣传广告费等费用支出。

2. 资本预算

资本预算是组织在预算期内进行资本性投资活动的预算，主要包括固定资产投资预算、权益性资本投资预算和债券投资预算、筹资预算。

(1) 固定资产投资预算是组织在预算期内购建、改建、扩建、更新固定资产进行资本投资的预算，应当根据本单位有关投资决策资料和年度固定资产投资计划编制。组织处置固定资产所引起的现金流入，也应列入资本预算。组织如有国家基本建设投资、国家财政生产性拨款，应当根据国家有关部门批准的文件、产业结构调整政策、组织技术改造方案等资料单独编制预算。

(2) 权益性资本投资预算是组织在预算期内为了获得其他组织单位的股权及收益分配权而进行资本投资的预算，应当根据组织有关投资决策资料和年度权益性资本投资计划编制。组织转让权益性资本投资或者收取被投资单位分配的利润(股利)所引起的现金流入，也应列入资本预算。

(3) 债券投资预算是组织在预算期内为购买国债、组织债券、金融债券等所作的预算，应当根据组织有关投资决策资料和证券市场行情编制。组织转让债券收回本息所引起的现金流入，也应列入资本预算。

(4) 筹资预算是组织在预算期内需要新借入的长短期借款、经批准发行的债券及对原有借款、债券还本付息的预算，主要依据组织有关资金需求决策资料、发行债券审批文件、期初借款余额及利率等编制。

3. 专项预算

专项预算是反映在特定资金用途和资金来源、需有关部门专项审批的项目所作的财务安排。

4. 财务预算

财务预算是组织在计划期内反映现金收支、经营成果及财务状况的预算，它主要包括现金流预算、预计损益表、预计资产负债表。

(1) 现金流预算是反映计划期内现金收入、现金支出、现金余额及融资情况，通过现金预算反映计划内组织现金流动的情况，控制现金的收支，做到合理理财。

(2) 预计损益表是根据现金预算而编制的，反映了组织在一定期间内的经营成果。组织可通过损益表了解自身的盈利能力。

(3) 预计资产负债表反映组织的资产、负债及收益情况，反映组织财务状况及偿债能力。

二、审计控制

审计控制是对反映企业资金运动过程及其结果的会计记录及财务报表进行审核、鉴定，以判断组织有关的经济活动的真实、合法和效益，从而为控制和管理组织活动提供依据。根据审查的内容和主体不同，可将审计划分为：由外部机构进行的外部审计；由内部专职人员对企业财务控制系统进行全面评估的内部审计；由外部和内部审计人员对管理政策及其绩效进行评估的管理审计。

(一) 外部审计

外部审计由外部机构(国家审计机关或社会审计机构)选派的审计人员对企业财务报表及其反映的财务状况进行独立的评估。外部审计人员通过抽查企业的基本财务记录，来检查财务报表及其反映的资产与负债的账面情况是否与企业的真实情况相符。它是对企业内部弄虚作假、欺骗行为的一个重要而系统的检查，从而迫使企业自觉控制自己的经营行为。外部审计的优点是由独立于被审计单位以外的审计机构所进行，可以不受任何干涉、独立地行使审计监督权，因而能够比较客观公正地对被审计单位或案件做出正确的评价，得到社会的信任。但外部审计人员由于不了解组织内部的结构、生产经营特点或因组织内部人员的不配合，而增加了审计工作的难度。

(二) 内部审计

内部审计是在一个组织内部，对各种经济活动、管理制度是否合规、合理及有效所进行的独立评价系统，以确定既定的政策和程序是否贯彻，建立的标准是否遵循，资源的利用是否合理有效，以及单位的目标是否达到。

适当的组织目标和合理的评价标准是管理和内部审计工作走向规范的标志。没有合理的评价标准，内部审计工作展开也就无法真正发挥其作用。以风险评估为基础的风险导向审计属于开放式的模型。当审计人员开始一项审计项目时，必须首先评估组织面临的经营、管理、财务、风险情况，考虑组织目标是否适当和是否有相应的控制，这不仅体现在具体项目及与部门的相互沟通方面，而且还反映在宏观上审计目标的不断演变。由此可见，内部审计人员根据风险评估的思路开展对内部控制的评价，以组织目标为起点和核心，能够更加有效地发挥建设性作用，完成由监督控制到风险评估，为组织做好服务。

现代企业内部审计工作主要涵盖以下内容。

(1) 财务收支审计。主要是评价和监督企业是否做到资产完整、财务信息真实及经济活动收支的合规性、合理性和合法性，对会计记录和报表分析提供资料真实性和公允性证明。

(2) 经济责任审计。审计重点是评价企业内部机构、人员在一定时期内从事的经济活动，以确定其经营业绩、明确经济责任，这里包括领导干部任期经济责任审计和年度经济责任审计。

(3) 经济效益审计。审计重点是在保证社会效益的前提下，以实现经济效益的程序和途径为内容，对企业的经营效果、投资效果、资金使用效果做出判断和评价。其中，基建工程预决算审计应为重中之重。

(4) 开展明晰产权的审计。审计应明晰产权归属，避免造成国有资产、集体资产流失或其他有损企业利益的行为。

(三) 管理审计

管理审计是以企业的管理活动为审计检查的内容，对其组织机构、计划、决策的科学性、可行性、效益性等进行审核检查，从而评价其管理素质的审计行为。相对于外部审计和内部审计，管理审计的对象和范围更广，它是一种对企业所有管理工作及其绩效进行全面系统的评价和鉴定的方法。管理审计虽然也可以由组织内部的有关部门进行，但为了保证某些敏感领域得到客观评价，企业通常聘请外部专家来进行。

管理审计大体上应关注如下内容。

(1) 对组织机构的审查。根据企业的实际情况，审查其采用的组织形式(如有限责任公司、股份公司等)是否合适、科学；审查组织机构设置得是否具有科学性、可行性、经济性。

(2) 对计划的审查。审查计划是否具有科学性、可行性和经济性。

(3) 对决策的审查。审查决策是否具有科学性、可行性和经济性。

(4) 对内部控制制度的审查。企业内部控制制度是企业管理的手段和主要内容，因此也是管理审计的主要内容。

三、全面质量管理

(一) 全面质量管理的含义

质量管理一直是组织经营的一项重要内容，也是对相关组织活动实施控制的一种重要手段。随着组织管理理论的演变，质量管理经过了从检验质量管理、统计质量管理、全过程质量管理到全面质量管理的演变。全面质量管理作为一种全新的质量管理观点和方式，是企业为了保证和提高产品质量，综合运用一整套质量管理体系、手段和方法所进行的系统性管理活动。具体地说，就是组织企业全体职工和有关部门参加，综合运用现代科学和管理技术成果，控制影响产品质量的全过程和各因素，经济地研制生产和提供用户满意的产品的系统管理活动。

全面质量管理于20世纪60年代产生于美国，后来在西欧与日本逐渐得到推广与发展。它应用数理统计方法进行质量控制，使质量管理实现定量化，变产品质量的事后检验为生产过程中的质量控制。它通过计划—实施—检查—处理的质量管理循环，提高质量管理效果，保证和提高产品质量。因此，它比传统的质量检验、统计质量控制等质量管理更加完善与全面。全面质量管理是一个系统化、综合化的管理方法，是一套能够控制质量、提高质量的管理技术和科学技术。

（二）全面质量管理的基本内容

1. 对全面质量的管理

全面质量指所有质量，即不仅是产品质量，还包括工作质量、服务质量。在全面质量中，产品质量是核心。

2. 对全过程的管理

对产品的质量管理不限于制造过程，而是扩展到市场研究、产品开发、生产准备、采购、制造、检验、销售、售后服务全过程。

3. 由全体人员参与的管理

企业把“质量第一、人人有责”作为基本指导思想，将质量责任落实到全体职工，人人为保证和提高质量而努力。

（三）全面质量管理的工作程序

通常采用PDCA循环工作法，主要分为四个阶段进行。

1. 计划阶段(plan)

计划阶段包括以下步骤：①找出质量存在的问题；②找出质量问题的原因；③找出主要原因；④根据主要原因，制定解决对策。

2. 执行阶段(do)

按制定的解决对策认真付诸实施。

3. 检查阶段(check)

调查分析对策在执行中的效果。

4. 处理阶段(action)

处理阶段包括以下步骤：①总结执行对策中成功的经验，并整理为标准进行巩固；②执行对策中不成功或遗留的问题转下一个PDCA循环解决。

PDCA 循环对全企业可划为大圈循环，对各部门、各车间班组可在大圈循环中又有各自范围的小圈循环，形成大圈套小圈。PDCA 每循环一次，质量提高一步，不断循环则质量不断提高。

四、信息技术在管理控制活动中的应用

（一）信息与控制活动

日新月异的科技发展使得信息技术在企业中广泛应用，计算机、互联网、无线通信技术的出现，不仅改变了组织传统手工数据处理方式，而且改变了企业传统的运营模式，人们的行为模式也随之发生变化。这些变革对传统的控制观点和方法产生很大的冲击。信息技术应用使传统人工控制形式演变为人机系统控制，控制重心将集中在作业沉积的人机控制与信息系统控制，新的控制方式是建立在充分利用信息技术的基础上，用最少的资源达到更佳控制目标。

通过信息系统，管理者可以减少规则与管制，变得更分权，使组织更走向有机化，又能保持控制，因为信息的控制代替了规则与决策的裁量。通过信息系统，管理者更可迅速掌握决策的结果，并在决策偏差时，快速地进行修正与调整的行动，以维持良好的控制。因此，良好的信息系统可以让组织更为有机化，并免于失去控制的危险。

在控制功能中，管理者必须比较绩效标准与实际绩效间的差异，此时信息系统扮演举足轻重的角色。因为借由快速、完整及正确的信息，管理者可将有限的精力与注意力着重在最为关键的事物上。很多管理信息系统可让管理者直接取得信息，而避免了经由不必要的管道所可能导致的信息扭曲。

（二）管理信息系统

随着信息时代的来临，信息在管理控制中发挥的作用越来越大。能否建立有效的管理信息系统(Management Information System，MIS)，及时有效地搜集、处理、传递和使用信息，是衡量管理控制系统的标志之一。

现代管理信息系统是依据系统观点建立，利用现代技术方法和计算机网络，提供各种作业、管理和决策信息的集成化的人—机系统，它能准确、迅速地提供各级管理部门所需的信息。

管理信息系统存在于任何一个组织之中，因为每个组织自身都有一套获取、传输、处理信息的渠道，只不过传统的管理信息系统多是通过手工操作运行的，存在很多弊端，比如处理速度缓慢，手工年度会计报表有时在次年的 3 月份都做不出来，使得其他工作难以开展。另外，因为查询操作不方便，很难及时准确地获取信息，比如，想查询某项物资的库存情况，要翻看一大摞库存台账，有时由于资料不全无法查到确切信息，非得盘点才能弄清楚，这就给工作效率的提高造成了很大的障碍。现代管理信息系统是计算机技术和管理技术的集成，是根据组织的业务流程和信息需要综合构成的，它以解决组

织中面临的问题为目的，使基层办公人员提高工作效率，并能向各级管理部门提供所需的信息，据此做出决策，增强管理人员的决策水平和快速反应能力。高效率的管理信息系统能大量搜集、存储相关信息，并根据要求长时间保存；能迅速对信息进行加工处理，使信息更加精练、准确、集中；能快速传递信息，同时由于计算机网络技术的发展，信息的传递更加如虎添翼，无所不能，使在线服务、"遥控"指挥成为事实。

现代管理信息系统不仅具有很多优势.也使管理者的工作发生了一些变化。首先是信息的获取渠道有了变化，它可以在信息系统上直接获得大量的第一手信息，根据这些信息能够快速做出决策或改变计划，使应变能力增强，控制反馈速度提高，组织的结构可以向扁平化发展，使管理层次减少，管理幅度加大，同时控制力度却不会削弱。另外，丰富了管理者和下属的信息交流通道，他们不必事事面对面地交流，报告和指令都可以通过该系统双向传送，尤其在双方远隔千山万水时，可以节省大量时间和金钱。当然，建立管理信息系统要有一笔不小的投资，对管理者及员工的计算机操作水平也有一定的要求，这些在初期应加以考虑。

第四节 小 结

控制是监视各项活动的运作，及时纠正活动中出现的偏差，使活动按计划进行的过程。控制运用在管理活动中被称为管理控制，它是管理工作的一项基本职能。适时有效的控制有助于组织达到预期的目标。掌握管理控制的不同分类方式有利于我们更好地了解各类控制的特征，搞好控制工作。管理控制的主要对象是人员、财务、作业、信息和组织绩效。控制活动由三个基本环节构成：拟定标准、衡量绩效、纠正性调整。为了达到对计划的有效控制，在控制执行过程中我们应遵循合理性和多重性原则、系统性原则、突出例外原则、及时准确性原则、灵活性原则和经济性原则。此外，还需要运用恰当的技术和方法，既可以利用预算实施预算控制，还可以利用管理经济学和管理会计所提供的一些专门方法，如比率分析和盈亏平衡分析等。当然，也可以利用行政手段。另外，审计控制也是一种有效的控制方法。而近年来一些新的管理观念(目标管理、全面质量管理等)的兴起、信息技术的迅猛发展都对管理控制活动的方式和方法产生着重大影响。

【关键概念】

控制(controlling)	前馈控制(feedforward control)
同期控制(concurrent control)	反馈控制(feedback control)
组织绩效(organizational performance)	平衡记分卡(balanced scorecard)
标杆管理(benchmarking)	控制过程(control process)
标准(standard)	预算(budgeting)
全面质量管理(total quality control)	

第五节　复习思考题

1. 简答题

(1) 简述控制对于整个组织管理的意义。

(2) 简述控制的类型、特征及如何选择控制方式。

(3) 简述控制的基本过程。

(4) 谈谈组织是如何利用目标管理和全面质量管理实现有效控制的。

(5) 联系实际谈谈组织应如何做到有效控制。

2. 案例分析

IBM 建立华泰联合智慧执行体系

华泰证券股份有限公司于 1991 年 5 月 26 日在南京正式开业，是中国证监会首批批准的综合类券商，是全国最早获得创新试点资格的券商之一。成立 20 多年来，华泰证券的规模正逐步扩大，但行业竞争也在加剧，同时监管合规要求也不断提高，证券公司的竞争已经从业务创新的竞争，逐步拓展到运营模式创新的竞争。

随着公司流程管理的深入，流程运营中的审核失控、效率瓶颈、拟稿质量低、缺少风控预警、缺乏变更控制及管理口径不统一等问题日渐突出。这些表象性问题的背后是公司流程管理相关的规则体系、知识体系和指标体系的缺失。基于公司多年流程管理经验，公司提出构建新的企业级集中式、流程化运营模式，以实现前台与后台人员的专业化分工；强化中后台对业务的专业支撑能力，简化分支机构前端的工作量，使前台工作人员可专注于销售和客户服务工作；搭建强大的流程化后端运营支持平台，以支持公司各项原业务与创新业务的发展。

根据华泰联合证券的业务所需，IBM 通过先进的模块化用户界面，将案例所涉及的各种信息和资源进行统一管理；采用指标与规则的一体化设计，通过流程中指标性规则的事中预警，实现风险的过程自动控制。"高级案例管理"革命性地将信息、流程和人员统一起来，再结合以内容为中心的企业流程管理，通过先进的模块化用户界面，将内容、流程、规则、案例、协作软件和分析软件集中在一起，根据华泰联合证券业务所需，将所有案例所涉及的各种资源进行统一的执行管理，从而使处理者能够快速、正确地制定决策。实现了通过知识平台加快知识积累和应用；通过规则平台增强业务灵活性；通过流程平台提高业务运营效率，降低操作风险；通过指标平台实现业务的客观评价四大功能特点。

华泰联合证券负责项目实施的领导总结道："通过 IBM'高级案例管理'技术，能够较好地实现公司为提升战略执行力而实施的集中运营管理思想。华泰联合的流程管理方法论原本借鉴的就是 IBM 给华为公司做的流程设计方法，在这方面 IBM 是我们的老师。我们的流程管理、知识管理和规则管理的一体化设计思想成形于 2008 年年底，比

IBM‘高级案例管理’还要早两年，但双方在管理思路上不谋而合，这也是双方能够合作的基础。在执行系统的建设过程中，IBM 实验室投入了大量的技术和管理专家，帮助我们设计具有前瞻性的 IT 架构，以支持业务中长期发展的需求，并能将国际上在流程、内容和规则领域的成功经验与我们分享，从而开阔我们的视野，裁弯取直，规避一些管理‘陷阱’，提升我们的管理水平，这点已经超越了单纯 IT 项目的价值。执行系统项目首期在双方的通力合作下，按期、高质量地完成并运行良好，为我们双方进一步的合作奠定了基础，希望双方未来在更多的领域继续合作，相互学习，共同进步。”

(资料来源：华泰联合证券联合 IBM 建立智慧执行体系[EB/OL]. http://m.it168.com/article_1368085.html，2012-07-04.)

【思考题】

华泰证券在管理控制过程中运用了哪些控制方法？

3. 管理实战

会议效率指示计

【形式】集体参与

【时间】20 分钟以上

【材料】课堂资料

【场地】室内

【应用】有效管理的技巧

【目的】增加会议的效率。

【程序】

- 保留一定的时间在会议结束的时候使用会议效率指示计。
- 分发给每个参加者“会议效率指示计”的工作记录资料(见课堂资料)。
- 要求每个成员独立地完成指示计的记录。
- 所有成员分享每一项记录的成果，尤其是在级别高或者低时要求队员提供所列等级的证据。
- 提出对每一项意见的评价，例如：“你的意见表明你觉得团队的目的很明确，并且在完全理解基础上进行有效的工作。你认为最需要注意的事情是是否偏题和确保充分的参与。”

【问题讨论】

- 你认为怎样来帮助团队成员改进那些在下次会议期间需要进行的工作？
- 哪个问题最值得我们关注？

【总结与评估】

- 会议效率是指理解会议工作和一般的评估内容以确保会议所需。
- “会议效率指示计”(课堂资料，见表 12-2)强调如何落实工作会议的要求。

➢ 它的使用用来满足团队成员所面临的需求及评价团队的会议效率。

【特别注意事项】

➢ 如果会议已经相当有效，在会议结束时可以立即运用。

➢ 指示计可以要求团队把重点集中在一个方面，使其获得最大的机会来改进，这项活动需要 1～1.5 小时的工作时间。

【课堂资料】

表 12-2　会议效率指示计——参加者的工作记录

评分标准 / 会议效率指标	差	较差	好	较好	证据
	1	2	3	4	
目的明确？					
是否偏题？					
是否充分参与？					
每个人是否理解所有要点？					
对每一项是否有所限制？					
对结论的评价？					

第十三章

管理创新

人类社会的发展史是不断创新的历史，创新是人类社会的永恒主题，是企业进步和社会进步的根本途径。世界企业发展的历史已经充分表明，只有创新才是企业生命力的无穷源泉。本章主要讲述管理创新的内涵、动因和基本内容，并对管理创新的主要理论发展成果进行介绍。

【学习目的与要求】

- 掌握管理创新的内涵
- 理解管理创新的主要动因
- 掌握创新的基本内容
- 了解管理创新的发展趋势

【引例】

魔漫相机的艺术梦想与创新

魔漫相机创立于2008年，于2013年7月上线，是全球第一款将真人拍成幽默漫画的原创APP，当年10月底创下了单日新增用户325万、3日新增用户破千万、7个月破亿等多个移动互联网行业纪录。魔漫相机在只有中文版的情况下就拿下了包括美国在内的30多个国家的App Store的排名第一。

而魔漫相机的爆红也一直伴随着外部的质疑声音。在互联网界有一个新兴的产品概念，把在短时间内突然爆红而受到广大群众关注，但难以维持长时期发展的产品称为现象级产品。2014年3～8月，魔漫相机日新增用户从近百万下降到30万，和上线之初在微博、微信朋友圈刷屏的盛况相比，魔漫相机的新增用户有所下降，但日活跃用户保持平稳。

魔漫相机在2014年获得阿里集团数千万美元的投资，成为A轮融资中估值较高的创业企业。目前，魔漫相机在全球已拥有超过3亿用户。魔漫相机用户的另一个特点是全年龄段分布，商务白领、学生、退休老人等都是魔漫相机的用户。基于魔漫相机的庞大用户和产品的高附加值特性，企业在2016年开启了个性化定制的产业链延伸实践。

魔漫相机的创业团队从最初的5人已经发展到现在的100多人。在创业近8年、产品上线和成长 3 年之后，魔漫相机将通过不断创新迎接新的挑战。

（资料来源：张进，曹珊珊. 魔漫相机的艺术梦想与创新[J]. 清华管理评论，2017(3)：96-106.）

第一节　创新概述

管理创新，对于各级管理人员来说都不会感到陌生，任何一个从事管理工作的人都能在自己的工作经验中找到管理创新的影子，如办公室新增了一套信息化系统、单位实行了一套新的绩效考核办法、产品生产领域研制出一种新的生产工艺等。

一、管理创新的内涵

管理创新从概念体系上来说属于一种特殊领域中的创新活动，因此，要搞清楚什么是管理创新，首先必须明确创新是什么。“创新”来源于拉丁词根，是“新意”的意思。国内学术界公认“创新”的概念来源于约瑟夫·熊彼特的创新理论，其国际社会认同的特指英文是 innovation，有别于“创造”和“发明”。

经济学家约瑟夫·熊彼特于 1912 年在其《经济发展理论》一书中给出了创新的概念，并将其纳入经济发展之中，论证创新在经济发展过程中的重大作用。按照熊彼特的看法，创新是一系列社会和管理过程，通过这些过程所得到的解决问题的方法可在特定文化条件下转化为某一社会用途。熊彼特所说的创新概念包括下列五种情况：①引入一种新产品；②引用新技术；③开辟新市场；④获得新的原材料来源；⑤实行一种新的生产要素组织方式。从熊彼特的创新概念中，我们可以看到熊彼特用列举具体创新领域的方法对创新进行了描述，但他并没有直接明确地揭示出创新的实质。当前国际社会对于“创新”的定义比较权威的有两个：一是 2000 年联合国经合组织在《学习型经济中的城市与区域发展》报告中提出的：“创新的含义比发明创造更为深刻，它必须考虑在经济上的运用，实现其潜在的经济价值。只有当发明创造引入到经济领域，它才成为创新。”二是 2004 年美国国家竞争力委员会向政府提交的《创新美国》计划中提出的：“创新是把感悟和技术转化为能够创造新的市值、驱动经济增长和提高生活标准的新的产品、新的过程与方法和新的服务。”正如彼得·德鲁克所说：“创新不是一种技术用语，而是一种经济和社会用语，其判断标准不是科学或技术，而是经济或社会的一种变革，是一种价值。”

【小资料】

约瑟夫·熊彼特说创新

约瑟夫·熊彼特(Joseph Schumpeter，1883 年 2 月 8 日—1950 年 1 月 8 日)是一位有深远影响的奥地利政治经济学家，其后移居美国，一直任教于哈佛大学。其终生与凯恩斯间的瑜亮情节是经济学研究者中的一个热门讨论题目，虽然他的经济学说并不如凯恩斯在生前就获得很大的回响，但研究者都认为他对于经济学科的思想史有着很大的贡献。约瑟夫·熊彼特的重要学说主张包括景气循环、创新、资本主义的创造性破坏、精英民主理论。

创新(innovation)——将原始生产要素重新排列组合为新的生产方式，以求提高效率、降低成本的一个经济过程。在熊彼特经济模型中，能够成功“创新”的人便能够摆脱利润递减的困境而生存下来，那些不能够成功地重新组合生产要素的人会最先被市场淘汰。熊彼特认为，因创新而获取暂时性垄断权，并由此而获得超额回报，这超额回报即“熊彼特租金”。

资本主义的创造性破坏(the creative destruction of capitalism)——在景气循环到谷底的同时，也是某些企业家不得不考虑退出市场或是另一些企业家必须“创新”以求生存的时候。只要将多余的竞争者筛除或是有一些成功的“创新”产生，便会使景气提升、生产效率提高，但是当某一产业又重新是有利可图的时候，它又会吸引新的竞争者投入，然后又是一次利润递减的过程，回到之前的状态。因此说每一次的萧条都包括一次技术革新的可能，这句话也可以反过来陈述为：技术革新的结果便是可预期的下一次萧条。在熊彼特看来，资本主义的创造性与毁灭性因此是同源的。但熊彼特并不认为资本主义的优越性便是由于其自己产生的动力而不停地推动自身发展，他相信资本主义经济最终将因为无法承受其快速膨胀带来的能量而崩溃于其自身的规模。

保罗·罗默认为：管理创新是在创造和掌握新的管理知识的基础上，主动适应外部环境，提高组织整体效能，推动生产要素在质和量上发生新的变化和新的组合过程。美国著名管理学家德鲁克在其“社会创新理论”里把创新理论引入管理领域，认为创新就是赋予企业以新的创造财富能力的行为，企业通过在经济与社会中创造一种新的管理机构、管理方式或管理手段，从而在资源配置中获得更大的经济价值和社会价值。

管理创新不只是一种在现有结构中降低成本的方法，还可能是对现有资源整合范式本身的改变，这种改变不仅体现为原有绩效的渐进改善，而且可能获得绩效突破式的成长，是资源的成长，是资源整合范式的飞跃。因此，管理创新是指为了更有效地运用资源以实现目标而进行的创新活动或过程。管理者借助系统的观点，利用新思维、新技术、新方法，创造一种新的更有效的资源整合范式，这种范式既可以是新的有效整合资源以达到组织目标和实现组织责任的全过程式管理，也可以是新的具体资源整合及目标制定等方面的细节管理；是以促进企业管理系统综合效益的不断提高，达到以尽可能少的投入获得尽可能多的产出综合效益的目的的、具有动态反馈机制的管理。

从上述定义可以看到，管理创新与其他管理职能不同，它着眼于资源的更有效运用，是一个将资源从低效率使用转向高效率使用的过程。管理过程一般从计划开始，通过组织、领导到控制结束，各职能之间相互交叉渗透、循环往复，把工作不断推向前进。创新则是通过对组织计划、组织、领导、控制职能的创新，推动组织管理向更有效地运用资源的方向前进。

作为管理的基本内容，管理的四大职能与创新是相互联系、相互补充的。创新是维持基础上的发展，而维持则是创新的逻辑延续；维持是为了实现创新的成果，而创新则是为更高层次的维持提供依托和框架。任何管理工作，都应围绕着系统运转的维持和创新而展开。只有创新没有维持，系统会变成无时无刻无所不变的无序的混乱状态；而只有维持没有创新，系统则缺乏活力，犹如一潭死水，适应不了任何外界变化，最终会被环境淘汰。

二、管理创新的动因

按照管理创新的来源，管理创新的动因可以划分为两类，即内在动因和外在动因。

(一) 内在动因

管理创新的内在动因是指创新主体使创新行为发生和持续的内在动力和原因，主要包括以下几点。

(1) 创新思维。管理者的创新思维是管理创新的基本前提和重要内容。具有创新思维的管理者，往往不会满足于管理的现状，而是会根据组织内外环境的变化主动地探求新的管理方式和方法。

(2) 创新目标。当一个管理者确定了他所追求的目标之后，必然会把他所储备的知识、所潜藏的能力充分调动起来，投入高效率的使用过程，全力以赴地开展创新活动。

(3) 创新兴趣。当管理者有了兴趣，就会表现出一种强烈的求知欲和好奇心，并且兴趣会转化成一种意志，引导和促使他不断地开展探索和创新。

(4) 创新心理需求。创新心理需求是因创新主体对成就、自我价值等的追求而产生的，这种需求及追求本身也会成为创新行为的动因，因为创新一旦成功就可以表现创新主体自身价值的高低，也可以从中获得成就感，得到一种自我满足。因此，具有成就感的创新主体更容易在艰苦的创新过程中保持顽强的进取心。

(5) 创新的经济性动机。创新主体的经济性动机是明确的，即通过管理创新的成功增进企业管理效率，提高资源配置效率的同时也能增加自己的经济性收入。

(6) 责任心。只有具备高度责任心的人才会去寻找当前工作中的不足和缺陷，希望从中找到提高的方向，并进行创新，从而使自己的工作做得更好。

(二) 外在动因

管理创新的外在动因是指创新主体创新行为所面临的外部环境的变动，主要包括以下几点。

(1) 制度环境的变动。如在传统计划体制下，企业是政府的附属物，企业生产经营活动都是由上级主管部门决定的，所谓的管理只是如何更好地执行上级的指令，企业缺乏管理创新的激情。现代企业制度的建立，使企业成为自主经营、自负盈亏的市场经济主体，可促使企业积极从事管理创新，以获取更大的收益。

(2) 技术的改变。这种影响可能使企业资源的获取、生产设备和产品的技术水平发生变化，也可能使企业的生产规模及组织形式发生变化，从而使适应变化要求的管理创新成为必然。

(3) 社会文化因素的影响。社会文化是一种环境因素，但由于社会文化以其无形的形态深入组织成员及组织的方方面面，因此创新主体的主导意识、价值观必然受到其熏陶。在这样的条件下，创新目标、创新行为必然受到社会文化的影响。

(4) 市场竞争的压力。为在激烈的市场竞争中求得生存与发展，组织与个人所迸发的活力是推动管理创新的重要力量。

(5) 社会生产力发展的要求。管理创新本质上属于生产关系的范畴，生产力的发展水平决定生产关系。社会生产力的发展不断催生新的管理需要，随之而来的管理创新则进一步促进生产力的发展。

管理创新的魔力在于它不仅能够增进组织的绩效，还能带来持久的竞争优势。这主要是因为基于管理创新的优势难以模仿，对于许多企业高管来说，采用一种突破性的商业模式，比丢弃他们固有的管理理念和管理习惯要容易得多。一个明显的例子是丰田公司凭借管理创新赢得的产业竞争优势，这种优势迄今已经持续了20多年。美国汽车企业从20世纪80年代就开始学习丰田生产体系，它们先后研究了丰田的零库存、工厂自动化、与供应商的关系、准时系统等，但是似乎直到最近几年才弄明白丰田真正优势在其基本的管理理念上，即丰田认为一线员工的价值并不仅仅在于他们的双手(这是亨利·福特的观点)，他们相信如果向一线员工提供足够的工具和培训，他们能有效地解决问题，也会是创新者和变革家。

第二节 创新的基本内容

管理创新涉及很多方面，本节主要介绍技术创新、制度创新和组织创新，每一种创新又包含多种具体表现形式。

一、技术创新

技术创新是企业创新的主要内容，企业中出现的大量创新活动是有关技术方面的，因此，有人甚至把技术创新视为企业创新的同义词。

现代工业企业的一个主要的特点是在生产过程中广泛运用先进的科学技术。技术水平是反映企业经营实力的一个重要标志，企业要在激烈的市场竞争中处于主动地位，就必须在顺应甚至引导社会技术进步的方面，不断地进行技术创新。由于一定的技术都是通过一定的物质载体和利用这些载体的方法来体现的，因此企业的技术创新主要表现在要素创新、要素组合方法的创新及产品的创新三个方面。

(一) 要素创新

企业的生产过程是一定的劳动者利用一定的劳动手段作用于劳动对象，使之改变物理、化学形式或性质的过程。参与这个过程的要素包括材料和设备两类。

1. 材料创新

材料是构成产品的物质基础，材料费用在产品成本中占有很大比重，材料的性能在很大程度上影响产品的质量。材料创新的内容包括：开辟新的来源，以保证企业扩大再生产的需要；开发和利用大量廉价的普通材料(或寻找普通材料的新用途)，替代量少价高的稀缺材料，以降低产品的生产成本；改造材料的质量和性能，以保证和促进产品质量的提高。现代材料科学的迅速发展，为企业的原材料创新提供了广阔的前景。

2. 设备创新

现代企业在生产过程中广泛地利用机器和机械设备体系，劳动对象的加工往往由机械设备直接完成，设备是现代企业进行生产的物质技术基础。

设备创新主要表现在下述几个方面：①通过利用新的设备，减少手工劳动的比重，以提高企业生产过程中机械化和自动化的程度。②通过将先进的科学技术成果用于改造和革新原有设备，以延长其技术寿命，提高其效能。③有计划地进行设备更新，以更先进、更经济的设备来取代陈旧的、过时的老设备，使企业建立在先进的物质技术基础上。

(二) 要素组合方法的创新

利用一定的方式将不同的生产要素加以组合，这是形成产品的先决条件。要素的组合包括生产工艺的时空组织和生产过程的时空组织两个方面。

1. 生产工艺的时空组织

生产工艺是劳动者利用劳动手段加工劳动对象的方法，包括工艺过程、工艺配方和工艺参数等内容。工艺创新既要根据新设备的要求，改变原材料、半成品的加工方法，也要求在不改变现有设备的前提下，不断研究和改进操作技术和生产方法，以求使现有设备得到更充分的利用，使现有材料得到更合理的加工。工艺创新与设备创新是相互促进的，设备的更新要求工艺方法做出相应的调整，而工艺方法的不断完善又必然促进设备的改造和更新。

2. 生产过程的时空组织

生产过程的时空组织包括设备、工艺装备、在制品，以及劳动者在空间上的布置和时间上的组合。空间上的布置不仅影响设备、工艺装备和空间的利用效率，而且影响人机配合，从而直接影响工人的劳动生产率。各生产要素在时空上的组合，不仅影响在制品、设备和工艺装备的占用数量，从而影响生产成本，而且还影响产品的生产周期。因此，企业应不断地研究和采用更合理的空间布置和时间组合方式，以提高劳动生产率，缩短生产周期，从而在不增加要素投入的前提下，提高要素的利用效率。20 世纪最伟大的企业生产组织创新，莫过于福特将泰罗的科学管理原理与汽车生产实践相结合而产生的流水生产线。流水线的问世引起了企业生产率的革命。

（三）产品的创新

生产过程中各种要素组合的结果是形成企业向社会贡献的产品。企业是通过生产和提供产品来求得社会承认、证明其存在的价值的，也是通过销售产品来补偿生产消耗，取得盈余，实现其社会存在的。产品是企业的生命，企业只有不断地创新产品，才能更好地生存和发展。

产品创新包括许多内容，这里主要分析物质产品本身的创新。物质产品创新主要包括品种创新和产品结构的创新：①品种创新要求企业根据市场需要的变化，根据消费者偏好的转移，及时地调整企业的生产方向和生产结构，不断开发出受用户欢迎的适销对路的产品。②产品结构的创新，在于不改变原有品种的基本性能，对现在生产的各种产品进行改进和改造，找出更加合理的产品结构，使其生产成本更低，性能更完善，使用更安全，从而更具市场竞争力。

产品创新是企业技术创新的核心内容。它既受制于技术创新的其他方面，又影响其他技术创新效果的发挥：新的产品、新的结构，往往要求企业利用新的机器设备和新的工艺方法；而新设备、新工艺的运用又为产品的创新提供了更优越的物质条件。

二、制度创新

要素组合的创新主要是从技术角度分析了人、机、料等各种结合方式的改进和更新，而制度创新则需要从社会经济的角度来分析企业系统中各成员间的正式关系的调整和变革。

制度是组织运行方式的原则规定，企业制度主要包括产权制度、经营制度和管理制度三个方面的内容。

1. 产权制度

产权制度是决定企业其他制度的根本性制度，它规定着企业最重要的生产要素的所有者对企业的权力、利益和责任。在不同的时期，企业各种生产要素的相对重要性是不一样的。在经济学的分析中，生产资料是企业生产的首要因素，因此，产权制度主要指企业生产资料的所有制。目前存在的相互对立的两大生产资料所有制——私有制和公有制(或更准确地说是社会成员共同所有的“共有制”——在实践中都不是纯粹的。私有制正越来越多地渗入“共同所有”的成分，被“效率问题”所困扰的公有制则正在或多或少地添加“个人所有”的因素，如我国目前实行中的各种形式的“股份制”)。企业产权制度的创新也许应朝着寻求生产资料的社会成员“个人所有”与“共同所有”的最适度组合的方向发展。

2. 经营制度

经营制度是有关经营权的归属及其行使条件、范围和限制等方面的原则规定。它表明了企业的经营方式，确定了谁是经营者，谁来组织企业生产资料的占有权、使用权和处置权的行使，谁来确定企业的生产方向、生产内容和生产形式，谁来保证企业生产资料的完整性及其增值，谁来向企业生产资料的所有者负责及负何种责任。经营制度的创新方向应是不断寻求企业生产资料最有效利用的方式。

3. 管理制度

管理制度是行使经营权、组织企业日常经营的各种具体规则的总称，包括对材料、设备、人员及资金等各种要素的取得和使用的规定。在管理制度的众多内容中，分配制度是极重要的内容之一。分配制度涉及如何正确地衡量成员对组织的贡献，以及在此基础上如何提供足以维持这种贡献的报酬。由于劳动者是企业诸要素利用效率的决定性因素，因此，提供合理的报酬以激发劳动者的工作热情，对企业的经营有着非常重要的意义。分配制度的创新在于不断地追求和实现报酬与贡献的更高层次上的平衡。

产权制度、经营制度和管理制度这三者之间的关系是错综复杂的(实践中相邻的两种制度之间的划分甚至很难界定)。一般来说，一定的产权制度决定相应的经营制度。但是，在产权制度不变的情况下，企业具体的经营方式可以不断地进行调整；同样，在经营制度不变时，具体的管理规则和方法也可以不断改进。而当管理制度的改进一旦发展到一定程度，则会要求经营制度做相应的调整；经营制度的不断调整，必然会引起产权制度的革命。因此，管理制度的变化会反作用于经营制度；经营制度的变化也会反作用于产权制度。

企业制度创新的方向是不断调整和优化企业所有者、经营者和劳动者三者之间的关系，使各个方面的权力和利益得到充分的体现，使组织的各种成员的作用得到充分的发挥。

三、组织创新

任何组织机构，经过合理的设计并实施后，都不是一成不变的。它们如同生物的机体一样，必须随着外部环境和内部条件的变化而不断地进行调整和变革，才能顺利地成长、发展以避免老化和死亡。运用行为科学的知识和方法，把人的成长和发展希望与组织目标结合起来，通过调整和变革组织结构及管理方式，使其能够适应外部环境及组织内部条件的变化，从而提高组织活动效益的过程，就是组织创新。

对于企业来说，组织创新的主要内容就是要全面系统地解决企业组织结构与运行以及企业间组织联系方面所存在的问题，使之适应企业发展的需要。具体内容包括企业组织的职能结构、组织体制、机构设置、横向协调、运行机制和跨企业组织联系等方面的变革与创新。

1. 职能结构的变革与创新

职能结构的变革与创新要解决的主要问题包括：①走专业化的道路，分离由辅助作业、生产与生活服务、附属机构等构成的企业非生产主体，发展专业化社会协作体系，精干企业生产经营体系，集中资源强化企业核心业务与核心能力。②加强生产过程之前的市场研究、技术开发、产品开发和生产过程之后的市场营销、用户服务等环节，同时加强对信息、人力资源、资金与资本等重要生产要素的管理。

2. 组织体制的变革与创新

企业组织体制是指以集权和分权为中心，全面处理企业纵向层次特别是企业与二级单位之间权、责、利关系的体系。其变革与创新要注意以下问题：①在企业的不同层次，正确设置不同的经济责任中心，包括投资责任中心、利润责任中心、成本责任中心等，消除因经济责任中心设置不当而造成的管理过死或管理失控的问题。②突出生产经营部门的地位和作用，管理职能部门要面向一线，对一线既管理又服务，根本改变管理部门高高在上，对下管理、指挥监督多而服务少的传统结构。③作业层实行管理中心下移。作业层承担着作业管理的任务，可以借鉴国外企业的先进经验，调整基层的责权结构，将管理重心下移到工段或班组，推行作业长制，使生产现场发生的问题，由最了解现场的人员在现场迅速解决，从组织上保证管理质量和效率的提高。

3. 机构设置的变革与创新

考虑横向上每个层次应设置哪些部门，部门内部应设置哪些职务和岗位，怎样处理好它们之间的关系，以保证彼此间的配合协作。改革方向是推行机构综合化，在管理方式上实现每个部门使其管理的物流或业务能够做到从头到尾、连续一贯的管理，达到物流畅通、管理过程连续。其次是推行领导单职制，即企业高层领导尽量少设副职，中层和基层基本不设副职。

4. 横向协调的变革与创新

自我协调、工序服从制度，实行相关工序之间的指挥和服从；主动协作、工作渗透的专业搭接制度。在设计各职能部门的责任制时，对专业管理的接合部和边界处，有意识地安排一些必要的重置和交叉，以保证同一业务流程中的各个部门能够彼此衔接和协作；对大量常规性管理业务，在总结先进经验的基础上制定制度标准，大力推行规范化管理制度。

5. 运行机制的变革与创新

建立企业内部的“价值链”，上下工序之间、服务与被服务的环节之间，用一定的价值形式联结起来，相互制约，力求降低成本、节约费用，最终提高企业整体效益。改革原有自上而下进行考核的旧制度，按照“价值链”的联系，实行上道工序由下道工序考核、辅助部门由主体部门评价的新体系。

6. 跨企业组织联系的变革与创新

前面几项组织创新内容都是属于企业内部组织结构及其运行方面的内容，除此之外，还要考虑企业外部相互之间的组织联系问题。重新调整企业与市场的边界，重新整合企业之间的优势资源，推进企业间组织联系的网络化，这是企业组织创新的一个重要方向。

第三节　管理创新的发展

管理理念的进步促使人们重新系统地思考整个管理过程，科技技术尤其是信息技术的发展提供了实现新管理模式的手段。目前创新理论发展方兴未艾，包括企业流程再造、学习型组织、客户关系管理、标杆管理、价值管理、知识管理、虚拟管理等都是典型代表。

一、企业流程再造

企业流程再造(Business Process Reengineering，BPR)最早由美国的迈克尔·哈默和詹姆斯·钱普提出，在20世纪90年代达到全盛的一种管理思想。强调以业务流程为改造对象和中心、以关心客户的需求和满意度为目标、对现有的业务流程进行根本的再思考和彻底的再设计，利用先进的制造技术、信息技术及现代的管理手段，最大限度地实现技术上的功能集成和管理上的职能集成，以打破传统的职能型组织结构，建立全新的过程型组织结构，从而实现企业经营在成本、质量、服务和速度等方面的戏剧性改善。

企业流程再造的原则为整合工作流程、由员工决定、同步进行工作、流程的多样化、打破部门界限、减少监督审核、减少扩充协调、提供单点接触、集权分权并存，其特色如下。

(1) 以客户为中心。全体员工以客户而不是上司为业务中心，每个人的工作质量由顾客做出评价并与绩效挂钩，而不是公司领导。

(2) 企业管理面向业务流程。将业务的审核与决策点定位于业务流程执行的地方，缩短信息沟通的渠道和时间，从而整体提高对顾客和市场的反应速度。

(3) 注重整体流程最优化的系统思想。按照整体流程最优化的目标，重新设计业务流程中的各项活动，强调流程中每一个环节的活动尽可能地实现增值最大化，尽可能减少无效的或非增值的活动。

(4) 重视发挥每个人在整个业务流程中的作用。提倡团队合作精神，并将个人的成功与其所处流程的成功当作一个整体来考虑。

(5) 强调面向客户和供应商来整合企业业务流程。企业在实施BPR的过程中，不仅要考虑企业内部的业务流程，还要对企业自身与客户、供应商组成的整个价值链的业务流程进行重新设计，并尽量实现企业与外部只有一个接触点，使企业与供应商的接口界面化、流程化。

(6) 利用信息技术手段协调分散与集中的矛盾。在设计和优化企业业务流程时，强调尽可能利用信息技术手段实现信息的一次处理与共享机制，将串行工作流程改造成为并行工作流程，协调分散与集中之间的矛盾。

二、学习型组织

美国学者彼得·圣吉(Peter M. Senge)在《第五项修炼》一书中提出学习型组织管理观念。企业应建立学习型组织，其含义为面临变迁剧烈的外在环境，组织应力求精简、扁平化、弹性应对、终身学习、不断自我组织再造，以维持竞争力。

学习型组织应包括五项要素：

(1) 建立共同愿景。愿景可以凝聚公司上下的意志力，透过组织共识，大家努力的方向一致，个人也乐于奉献，为组织目标奋斗。

(2) 团队学习。团队智能应大于个人智能的平均值，以做出正确的组织决策，通过集体思考和分析，找出个人弱点，强化团队向心力。

(3) 改变心智模式。组织的障碍多来自于个人的旧思维，例如固执己见、本位主义，只有通过团队学习及标杆学习，才能改变心智模式，有所创新。

(4) 自我超越。个人有意愿投入工作，专精工作技巧，个人与愿景之间有种创造性的张力，正是自我超越的来源。

(5) 系统思考。应通过信息搜集，掌握事件的全貌，以避免见树不见林，培养综观全局的思考能力。看清楚问题的本质，有助于清楚了解因果关系。

学习型组织废弃了使管理者和工人之间产生距离的纵向结构，同样也废弃了使个人与个人、部门与部门相互争斗的支付和预算制度。团队是横向组织的基本结构。伴随着生产的全过程，人们一起工作为顾客创造产品。在学习型组织里，实际上已经排除了老板，团队成员负责培训、安全、安排休假、采购，以及进行工作和支付的决策。

部门之间的界限被减少或消除，而且组织之间的界限也变得更加模糊，部门之间以前所未有的方式进行合作。新兴的网络组织和虚拟组织是由若干个公司组成，它们是为了达到某种目的而联合起来。这些新的结构提供了适应迅速变化着的竞争条件所需的灵活性。

三、客户关系管理

最早发展客户关系管理(Customer Relationship Managemant，CRM)的国家是美国，在1980年初便有所谓的“接触管理”，即专门收集客户与公司联系的所有信息，到1990年则演变成包括电话服务中心支持资料分析的客户关怀，最近开始在企业电子商务中流行。

CRM的核心是客户价值管理。客户是企业的一项重要资产，客户关怀是CRM的中心，客户关怀的目的是与所选客户建立长期和有效的业务关系，在与客户的每一个“接触点”上都更加接近客户、了解客户，最大限度地增加利润和市场占有率。

CRM能够有效地解决企业面对顾客的复杂烦琐事务，为企业提供迅速反映顾客需求、弹性响应市场变化、缩短顾客服务时间与流程、增加顾客服务满意度等效益。CRM的三大功能如下。

(1) 行销管理的功能：分析市场价格变化、预测市场趋势及妥善规划市场活动管理。

(2) 销售管理的功能：整合企业的行销资源，统合一切的行销信息。

(3) 顾客管理的功能：提升顾客满意度，抓住核心顾客的需求，开发潜在顾客市场，同时提供线上平台查询接口与通过线上记录，随时响应顾客的问题和抱怨，且实时检讨服务流程和进度。

四、标杆管理

标杆管理(benchmarking managerment)起源于20世纪70年代末80年代初，在美国学习日本的运动中，首开标杆管理先河的是施乐公司，后经美国生产力与质量中心(America Productivity and Quality Center，APQC)系统化和规范化。标杆管理的概念可概括为：不断寻找和研究同行一流公司的最佳实践，并以此为基准与该企业进行比较、分析、判断，从而使自己企业得到不断改进，进入或赶超一流公司，创造优秀业绩的良性循环过程。

其核心是向业内或业外最优秀的企业学习。通过学习，企业重新思考和改进经营实践，创造自己的最佳实践，这实际上是模仿创新的过程。

标杆管理是一种有目的、有目标的学习过程。通过标杆管理，企业能够明确产品、服务或流程方面的最高标准，然后做必要的改进来达到这些标准。标杆管理是一种能引发新观点、激起创新的管理工具，它对大公司或小企业都同样有用。标杆管理为组织提供了一个能够清楚地认识自我的工具，便于发现解决问题的途径，从而缩小自己与领先者的距离。

标杆管理通常包括标准标杆管理、流程标杆管理、结果标杆管理。值得注意的是，标杆管理往往会以同行、同业、竞争者作为比较的对象，但忽略了真正该见贤思齐的对象，以致不能发挥标杆管理的真正效果。

五、价值管理

价值管理(value management)的观念，在企业中广泛地被引入管理行为，定义为：依据组织的远景，公司设定符合远景与企业文化的若干价值信念，并具体落实到员工的日常工作上。一般的工作性质或问题，只要与公司的价值信念一致，员工即不必层层请示，直接执行工作或解决问题。

美国管理学者肯尼斯·布兰佳在《价值管理》一书中，认为唯有公司的大多数股东、员工和消费者都能成功，公司才有成功的前提。为达到此“共好”的组织目标，组织必须逐步建立能为成员广泛接受的“核心信念”，并且在内部工作与外部服务上付诸实施。成为组织的标准行为典范，才能获得顾客满意。

价值管理对企业的好处在于不仅能够传承落实公司的远景，更能设定企业员工守则、工作信条等方法。在组织内部进行各种层面的沟通，凝聚组织、团体、团队与个人的目标成为共同信念，以增加组织成员的生活品质满意度，最终做好顾客服务，持续保持组织的竞争力。

六、知识管理

知识管理(knowledge management)是网络新经济时代的新兴管理思潮与方法。知识管理是指在组织中建构一个人文与技术兼备的知识系统，让组织中的信息与知识，通过获得、创造、分享、整合、记录、存取、更新等过程，达到知识不断创新的最终目的，并回馈到知识系统内，个人与组织的知识得以永不间断地累积，从系统的角度进行思考，这将成为组织的智慧资本，有助于企业做出正确的决策，以适应市场的变迁。

美国生产力和质量中心(APCQ)对知识管理的定义是：知识管理应该是组织一种有意识采取的战略，它保证能够在最需要的时间将最需要的知识传送给最需要的人。这样可以帮助人们共享信息，进而通过不同的方式付诸实践，最终达到提高组织业绩的目的。

知识管理要遵循以下三条原则：①积累原则。知识积累是实施知识的管理基础。②共享原则。知识共享是指一个组织内部的信息和知识要尽可能公开，使每一个员工都能接触和使用公司的知识和信息。③交流原则。知识管理的核心是要在公司内部建立一个有利于交流的组织结构和文化气氛，使员工之间的交流毫无障碍。

一个组织要进行有效的知识管理，关键在于建立系统的知识管理组织体系。这一体系所实现的功能主要包括以下几方面：组织能够清楚地了解自己有什么样的知识和需要什么样的知识；组织知识一定要能够及时传递给那些日常工作中最需要它们的人，组织知识一定要使那些需要它们的人能够获取；不断生产新知识，并使整个组织的人能够获取它们；对可靠的、有生命力的知识的引入进行控制；对组织知识进行定期的检测和合法化；通过企业文化的建立和激励措施使知识管理更容易进行。

七、虚拟管理

虚拟管理(virtual management)是对虚拟团队进行管理与协调，从而提高团队效率，是网络时代的需求。它是指公司成员分布于不同地点时的管理，同时也指团队成员并不一定由单一公司成员组成。它的理想状态是跨越时间、空间和组织边界的实时沟通和合作，以达到资源的合理配置和效益的最大化。

虚拟团队管理的核心问题是信任的建立和维系。从广义来看，信任是对一个人、团队或组织正直、公平和可靠的信仰或信心。其中，虚拟团队是指在虚拟工作环境下，由一些跨地区、跨组织的成员通过通信和信息技术的连接来完成共同任务的组织。虚拟管理主要形式有虚拟实践社团、人力资源外包、员工自助式服务。

但需要注意的是，虚拟管理因为虚拟的特征存在以下潜在的隐患。

(1) 信任为企业的经营管理者与员工的沟通带来了生机，却也把虚拟团队的管理层带入了一个两难的境地。为了团队的高效工作，经营管理者必须足够信任团队的每个成员，然而，团队成员又如何把自己的信任寄托给一个自己看不见的“虚拟化组织”呢？

(2) 在知识经济时代，员工不再是“人力资源”，而应该是“人力资产”。他们所代表的无形资产在很多企业中已经远远超过了有形资产的价值，在高科技领域尤其如此。作为高价值的无形资产的代表者，他们可以轻易离开现在所处的团队，尤其是以信任而非控制为主导管理思想的团队。这一风险的存在往往会引发恶性循环：投资者为回避风险，急于尽快收回投资，不惜采用短期行为；与此同时，管理层迫于投资者的压力，只有拼命压榨现有员工，而这一切又将加速员工的离开。

消除虚拟团队中存在的恶性循环，最理想的方法是改变“员工”的角色定位，把他们从“劳动者”的角色转换为“会员”的角色。作为会员，他们要签订会员协议，享有相应的会员权利和责任，最重要的是参与公司的管理。“劳动者”转换为“会员”，虽然不能等同于把所有权拱手让给他们，但这一改变无疑会削减企业所有者的权利。因此，股东的角色也必须相应地从“所有者”转换为“投资者”，他们追求回报，但同时又要承担风险。另外，他们也不能越过“会员”转卖公司，或是轻易向管理层发号施令。

第四节　小　结

管理创新是指为了更有效地运用资源以实现目标而进行的创新活动或过程。管理者借助系统的观点，利用新思维、新技术、新方法，创造一种新的更有效的资源整合范式，这种范式既可以是新的有效整合资源以达到组织目标和实现组织责任的全过程式管理，也可以是新的具体资源整合及目标制定等方面的细节管理；是以促进企业管理系统综合效益的不断提高，达到以尽可能少的投入获得尽可能多的产出综合效益的目的的、具有动态反馈机制的管理。按照管理创新的来源，管理创新的动因可以划分为两类，即内在动因和外在动因。管理创新的内在动因是指创新主体使创新行为发生和持续的内在动力和原因，主要包括创新思维、创新目标、创新兴趣、创新心理需求、创新的经济性动机、责任心。管理创新的外在动因是指创新主体创新行为所面临的外部环境的变动，主要包括制度环境的变动、技术的改变、社会文化因素的影响、市场竞争的压力、社会生产力发展的要求。管理创新涉及很多方面，其中技术创新主要表现在要素创新、要素组合方法的创新及产品的创新。制度创新包括产权制度、经营制度和管理制度三个方面的创新。组织创新包括企业组织的职能结构、管理体制、机构设置、横向协调、运行机制和跨企业组织联系等方面的变革与创新。目前创新理论发展方兴未艾，包括企业流程再造、学习型组织、客户关系管理、标杆管理、价值管理、知识管理、虚拟管理等都是典型代表。

【关键概念】

管理创新(management innovation)　技术创新(technological innovation)
制度创新(institutional innovation)　组织创新(organizational innovation)
企业流程再造(business process reengineering)　学习型组织(learning organization)
客户关系管理(customer relationship management)　标杆管理(benchmarking management)
价值管理(value management)　知识管理(knowledge management)
虚拟管理(virtual management)

第五节　复习思考题

1. 简答题

(1) 如何理解创新的内涵？
(2) 管理创新的内部动因和外部动因都有哪些？
(3) 简述技术创新、制度创新、组织创新的主要内容。

2. 案例分析

方太管理的有为和无为

1999 年，方太在经历了较大的发展之后，从世界 500 强公司招募了“空降师”：人力资源总监来自日本美能达，企管总监来自日本富士施乐，销售总监来自美国可口可乐，热水器业务总监来自德国西门子。“一方面，500 强培训出来的职业经理人在职业道德上犯错误的概率要低许多，国内(企业)鱼龙混杂，看不清；另一方面，他们可以给我们带来世界 500 强的管理方法。”方太总经理茅忠群如是说。

但是不同企业过来的人相互之间沟通困难，很多过来的人是在一个企业待了很长时间，比较单纯接受的就是这家企业的企业文化、思维方式，和另外一家跨国公司很难有完全共同的语言。茅忠群分别和“空降师”们沟通，并做好记录，他要构建一个集百家之长并和谐共生的管理原则。他自己撰写了讨论的草案，然后与大家一起讨论，形成共识，由此诞生了“方太管理的 25 条原则”。当“25 条原则”最终颁布后，他对诸位说：“你们要忘记原来的企业文化，现在大家一起来执行这个原则。”他们将其定位在“方太文化的重要组成部分，介于方太理念与制度之间”；“理念指出什么对公司是最重要的；制度明确规定员工的具体行为和工作流程等，并强制执行；原则为员工管理行为指明具体的方向和法则，尤其是没有制度规定的管理领域，并倡导自觉执行”。

方太在管理中注重“中西结合”。茅忠群坦言，方太在前十年一直学西方管理，或者说在学美国式管理，在近几年转而向国学和东方文化寻找灵感。“如果中国企业纯粹学西方管理，肯定不可能达到一个很高的境界。”

方太将员工的错误分为 A、B、C 三类，严重程度依次减弱，C 最弱，如迟到早退就属于 C 类。以前，方太的做法是，迟到罚款 20 元。学了儒家思想之后，就对该制度做了创新。子曰：“道之以政，齐之以刑，民免而无耻；道之以德，齐之以礼，有耻且格。”美国式管理以政令刑法，即法家思想来管理企业。按儒家的思路是，要让被管理者树立羞耻之心。儒家有言“不教而杀谓之虐”，所以特别注重“有教”。因此，方太取消了迟到罚款20元的规定。“如果犯了这个错误，我们要求主管找员工谈一次话，谈话的目的就是要建立员工内心的羞耻感。因为任何人都怕因为这样的事情见主管。我们今年整个上半年取消罚款以后，C 类错误的违反率比去年上半年下降50%以上。”在茅忠群看来，美国式管理中的20元钱让人忘掉羞耻之心，因为“20元就像埋单了，我一点都不脸红”。

这样的“成绩”让茅忠群很振奋，当然，他也知道还有很长的路要走。他会组建专门的队伍，带领方太逐步修正制度，为制度中注入东方的“魂魄”。

(资料来源：邓中华. 方太管理的有为与无为[J]. 管理学家(学术版)，2013(11)：68-73.)

【思考题】

(1) 方太的管理创新属于什么创新？

(2) 方太的管理创新具体体现在哪些方面？

3. 管理实战

激励创新精神的拇指印

【形式】集体参与

【时间】10～20分钟

【材料】印台，音乐(疯狂的、戏剧性的或有趣的音乐)

【场地】不限

【应用】创造力培养

【目的】

- 提供学生使用他们右脑思考问题的机会。
- 让学生通过游戏在课间进行休息，放松片刻。
- 让学生讨论分析为什么有时某些规则会阻碍我们从不同寻常的角度思考问题。

【程序】

- 在每一张桌子上放一个印台或者每3～4个人用一个印台。请每一位学生把他们的拇指按在印台上，然后把他们的拇指印印在教材的空白处或空白纸头上。
- 要求他们用他们的拇指印画出一些具体的东西(如臭虫、轿车、宇宙飞碟等)，让他们玩上一会儿。

➢ 让他们彼此交换一下作品，分享一下各自的创意所在。

【讨论】

➢ 当你们被告知要做这个活动时，你们的第一反应是什么？
➢ 在活动进行的过程中，你们感觉如何？
➢ 你们以前有没有用拇指印画过图画？是在什么场合？
➢ 为什么有些人不愿意玩拇指印画？
➢ 你自己或其他人的哪些陈规旧俗会妨碍你尽情地沉浸在游戏的欢乐之中？
➢ 这一游戏的意义在于哪里？

【总结与评估】

许多人可能自囿于成规，妨碍了他们去尽兴游戏的欢愉。这个游戏的意义在于它迫使玩家的右脑思维开动起来，对于我们走出禁锢的思维定式是很有帮助的。

参 考 文 献

[1] [美]彼得·圣吉. 第五项修炼[M]. 上海：三联书店，1998.

[2] [美]菲利浦·L. 胡萨克尔. 管理技能实战训练手册[M]. 张颐，汤永，译. 北京：机械工业出版社，2003.

[3] [美]哈罗德·孔茨，等. 管理学(第 10 版)[M]. 北京：经济科学出版社，1998.

[4] [美]海因茨·韦里克，马克·V. 坎尼斯，哈罗德·孔茨，等. 管理学：全球化与创业视角[M]. 北京：经济科学出版社，2011.

[5] [美]加雷斯·琼斯，等. 当代管理学(第二版)[M]. 北京：人民邮电出版社，2003.

[6] [美]斯蒂芬·P. 罗宾斯，戴维· A. 德森佐. 罗宾斯 MBA 管理学[M]. 北京：清华大学出版社，2011.

[7] [英]柯亨. 亚当·斯密与《国富论》[M]. 王华丹，译. 大连：大连理工大学出版社，2013.

[8] 邓中华. 方太管理的有为与无为[J]. 管理学家(学术版)，2013(11)：68-73.

[9] 丁家云，谭艳华. 管理学：理论、方法与实践[M]. 合肥：中国科学技术大学出版社，2010.

[10] 段俊平. 大道行简——中国化管理哲学经典 36 则[M]. 北京：新世界出版社，2014.

[11] 冯国珍. 管理学[M]. 2 版. 上海：复旦大学出版社，2011.

[12] 广小利，李卫东. 管理学[M]. 北京：北京理工大学出版社，2016.

[13] 胡宁，韦丽丽. 管理学教程[M]. 北京：中国社会科学出版社，2015：18-19.

[14] 黄国庆，巢莹莹. 管理学概论[M]. 2 版. 北京：清华大学出版社，2014.

[15] 黄琴. 浅析宝洁如何吸引和留住人才[J]. 商情，2013(27)：265-265.

[16] 黄颖. 管理学案例精析[M]. 北京：电子工业出版社，2015.

[17] 季辉. 管理学[M]. 重庆：重庆大学出版社，2017.

[18] 马浩. 战略管理学精要[M]. 北京：北京大学出版社，2015.

[19] 马凌. 高级管理学[M]. 北京：科学出版社，2012.

[20]清华大学经管学院. 中国工商管理案例中心[EB/OL]. http://www.ecase.com.cn/KW/Views/Login/User_Login. aspx?DbID=6&PN=1.

[21] 邱均平. 知识管理学概论[M]. 北京：高等教育出版社，2011.

[22] 芮明杰. 管理学：现代的观点[M]. 上海：上海人民出版社，2013.

[23] 司有和. 企业信息管理学[M]. 3 版. 北京：科学出版社，2011.

[24] 苏勇，刘国华. 中国管理学发展进程(1978—2008)[M]. 上海：复旦大学出版社，2011.

[25] 孙寰勇，李敏娟，赵明. 企业内部控制案例分析[J]. 中国科技纵横，2017(7)：231-233.

[26] 唐烨. 管理学概论[M]. 上海：上海财经大学出版社，2016.

[27] 汪雪兴. 现代管理学基础[M]. 北京：高等教育出版社，2011.

[28] 王小合，张萌. 管理学基础案例与实训教程[M]. 杭州：浙江大学出版社，2016.

[29] 王晓丽，等. 管理学理论与实务[M]. 北京：北京理工大学出版社，2016.

[30] 徐国良，王进. 企业管理案例精选精析[M]. 北京：经济管理出版社，2000.

[31] 杨新荣. 中国古代人事管理思想及其对现代人力资源管理的借鉴[J]. 湖南社会科学，2017(5)：91-97.

[32] 余敬，刁凤琴. 管理学[M]. 武汉：中国地质大学出版社，2016.

[33] 张创新，刘雪华. 现代管理学概论[M]. 北京：清华大学出版社，2010.

[34] 张智光，杨加猛. 管理学原理：领域、层次与过程[M]. 北京：清华大学出版社，2010.

[35] 周三多，陈传明，鲁明泓. 管理学——原理与方法[M]. 5 版. 上海：复旦大学出版社，2013.

[36] 周祖城. 企业伦理精品案例[M]. 上海：上海交通大学出版社，2010.